えん罪・欧州拉致

よど号グループの拉致報道と国賠訴訟

「えん罪・欧州拉致」刊行委員会［編集］

［監　修］前田裕司
（弁護士）

［特別寄稿］浅野健一
（ジャーナリスト）

社会評論社

えん罪・欧州拉致
——よど号グループの拉致報道と国賠訴訟——

目　次

まえがき... 9
　　1．私たちの役割を最後まで（ピョンヤンかりの会　小西隆裕）
　　2．「事実と証拠」に基づく反証（刊行委員会　井上清志）
　　3．監修者（国賠訴訟代理人）の一言（弁護士　前田裕司）

第1章　すべてはここから始まった 15
　　1．日航ハイジャック事件＝朝鮮への「政治亡命」から帰国運動へ　15
　　　　(1)“ヨーロッパ拉致”事件の真相は未だに不明
　　　　(2)日航ハイジャック事件から帰国運動へ
　　　　(3)帰国のための活動
　　　　(4)グループの帰国のための活動の態様
　　2．“ヨーロッパ拉致”事件で平壌在住の3人に逮捕状　20

第2章　＜特別寄稿＞“拉致”報道の検証とヨーロッパ拉致 23
　　　　　　　　　　　　　　　　　　　　　　　　　　浅野健一
　　1．はじめに　23
　　2．アジア侵略の罪を認めない安倍派　24
　　3．朝鮮が拉致を認め謝罪した意義と日本の異様な反応　26
　　4．よど号関係者に欧州からの拉致を捏造　28
　　5．平壌宣言10日後の逮捕状発付　29
　　6．2007年の森さん、黒田さんへの逮捕状　32
　　7．朝日新聞にも公安リーク情報　34
　　8．朝鮮への渡航が犯罪なのか　35
　　9．国賠裁判を詳しく報じない日本メディア　36
　　10．客観報道の原則を逸脱　36
　　11．八尾惠氏の証言で動いた公安当局　38
　　12．ジャーナリズムの原則に反する「拉致」報道　39
　　13．訪朝を解雇理由にした同僚教授　40
　　14．朝日は40年前から偽リベラルだった　42

第3章　ヨーロッパ拉致の真相と八尾恵の"嘘と創作" 45

1．八尾恵証言・供述・陳述・著書の"嘘と創作"　45
　　⑴　はじめに
　　⑵　有印私文書偽造事件と公正証書原本不実記載・同行使事件
　　⑶　警察、マスコミを相手とした国家賠償請求と損害賠償請求裁判
　　⑷　金子氏旅券法違反裁判と『謝罪します』
2．"ヨーロッパ拉致"事件の真実　58
　　⑴　石岡氏"拉致"事件
　　⑵　有本氏"拉致"事件
　　⑶金日成主席との謁見はあり得ない
3．八尾恵の現在　62
4．八尾恵証言に対する「よど号」グループとの一問一答（平壌にて）　63

第4章　高沢浩司『宿命』はフィクションである 83

1．高沢の経歴　83
2．救う会の御用「ジャーナリスト」＝「先生」になった高沢　83
3．高沢と「よど号」グループ　88
4．田宮氏の死が高沢の変心につながった？　89
5．田中義三氏が語る高沢の「異能」　91
6．『宿命』は八尾証言、『謝罪します』と同じく
　　嘘と創作に満ちている　94
　　⑴　「秘密工作」への加担はあり得ない
　　⑵　「結婚作戦」は意図的に創られた虚構の産物
　　⑶　嘘の集大成の「ヨーロッパ拉致」事件
7．まとめ　108

第5章　国賠裁判と真相究明 109

1．国賠準備　109
　　⑴　平壌で提訴と帰国に向けた議論
　　⑵　「制裁」合唱のなかで「真実」がかき消される
　　⑶　帰国家族への誹謗・中傷
　　⑷　国賠の課題と弁護団の結成
2．国賠提訴（2013年4月25日）　115
3．国賠口頭弁論の記録　116
　　⑴　第1回口頭弁論（2013年7月22日）
　　⑵　第2回口頭弁論（2013年9月19日）
　　⑶　第3回口頭弁論（2013年11月18日）

⑷　第4回口頭弁論・結審（2014年1月16日）
　　⑸　東京地裁「棄却」判決（2014年3月27日）
　　⑹　東京高裁に控訴（2014年4月18日）
　　⑺　控訴審第1回弁論・結審（2014年7月16日）
　　⑻　控訴「棄却」判決（2014年8月27日）
　　⑼　最高裁へ上告・受理（2014年9月10日）
　　⑽　上告棄却決定（2015年2月5日）
4．支える会の支援活動　*133*
　　⑴　国賠裁判を支える会結成の集いを開催
　　⑵　国賠の終結と逮捕状の撤回を求める会として再スタート
　　⑶　『「拉致疑惑」と帰国』出版記念会
5．真相究明のための調査活動　*145*
　　⑴　『平壌からの手紙』編著者・棟方周一氏の苦悩
　　⑵　石岡亨氏の友人O・S氏
　　⑶　バルセロナ動物園での写真撮影者N氏
　　⑷　ヨーロッパ時代の魚本公博氏のK・N氏への手紙
　　⑸　八尾恵の動向
　　⑹　死の10日前の柴田泰弘氏
6．外務省情報公開請求　*160*
　　⑴　なぜ情報公開を求めたのか
　　⑵　外務省からの通知
　　⑶　不服申立て
　　⑷　情報公開・個人情報保護審査会に諮問
　　⑸　情報公開・個人情報保護審査会答申
　　⑹　審査会の不開示決定と特定秘密保護法
　　⑺　訴訟提起の断念
7．8回の訪朝と変わりゆく平壌　*169*
　　⑴　第1次国賠訪朝団（2010年3月）
　　　　　はじめての平壌
　　　　　旅の醍醐味、平壌訪問記
　　⑵　第2次国賠訪朝団（2010年7月）
　　　　　平壌の変化
　　⑶　第3次国賠訪朝団（2010年11月）
　　　　　緊張、延坪島砲撃直後の平壌
　　⑷　第4次国賠訪朝団と弁護団訪朝①（2011年7月）
　　　　　「万景台学生少年宮殿」の子供たちに感動
　　　　　平壌から150㌔の妙香山へ、そしてテニスも
　　⑸　第5次国賠訪朝団と弁護団訪朝②（2012年4月）
　　　　　「人工衛星」の発射（失敗）直後の平壌
　　⑹　第6次国賠訪朝団と弁護団訪朝③（2013年2月）
　　　　　酷寒の平壌、滞在中に核実験

(7) 第7次国賠訪朝団（2014年4月下旬〜5月上旬）
　　開村した日本人村
　　【コラム】日本人村の家庭訪問
(8) 第8次国賠訪朝団（2016年10月）
　　特別調査委員会の解体、2年半ぶりの平壌

第6章　「朝鮮から日本を考える」活動 ……………………………… 201

序　201
1.「朝鮮から日本を考える」活動をやろうとした理由　202
　(1) 原点は赤軍派総括
　(2) 時代の風―朝鮮から見える世界
2.「よど号"ヨーロッパ拉致"でっち上げ」事件当時、1980年代の
　「祖国のための活動」―季刊『日本を考える』誌の発行　206
　(1) 新しいものに敏感な眼を、肯定に感動する心を
　(2) 時代の風―「反核」と「自主」の結合
　(3)「よど号"ヨーロッパ拉致"」の謀略
　　　「よど号問題」は1988年に始まっていた
3. 民意が政治を動かす今、「祖国と共に日本を考える」活動を　212
　(1) トランプ現象の底流―民意の反乱
　(2) 今、祖国と共に考えなければならないことは？

第7章　日朝平壌宣言と拉致問題を超えて 日朝国交関係の正常化を ……………………………… 219

1. 日朝平壌宣言と国交正常化　219
2."ヨーロッパ拉致"と政治的"思惑"　220
3. 拉致問題の「最終的解決」とは　221
4. 特定失踪者の相次ぐ発見と「疑ってごめん」と言えない国内事情　223
5. ストックホルム合意の宿題　225
6. 特別調査委員会の解体から国交正常化へ　227
　資料1　日朝平壌宣言（平成14年9月17日）
　資料2　ストックホルム合意（日本の外務省の発表）
　【平壌5月30日発朝鮮中央通信】朝日政府間会談で合意した内容

第8章　平壌での座談会と小西隆裕氏への単独インタビュー　235

1. 平壌座談会　235
2. かりの会代表・小西隆裕氏への単独インタビュー
　「よど号」問題の解決をめざして　249

あとがき　258
監修者・執筆者プロフィール　260

＜資料編＞

　　Ⅰ.訴状　263
　　Ⅱ.原告3人（魚本氏、森氏、黒田氏）の意見陳述書（東京地裁）　289
　　Ⅲ.東京地裁判決書　313
　　Ⅳ.控訴理由書　321

　　年　表　331

まえがき

１. 私たちの役割を最後まで

　今、日朝関係は最悪です。少し前まで、解決の兆しが見えかけていた「拉致問題」も今や視界ゼロです。まして、私たち関連の「よど号拉致問題」など、どこかに吹き飛んでしまった感があります。最隣国、朝鮮との間の不幸は、日本自身にとっても大きな不幸です。実際、今、戦争の危険までがかつてない現実味をもって浮上してきています。

　こうしたとき、いやこうしたときだからこそ、渡朝50年を間近にしながら、この間、日朝関係悪化のため、利用されるだけ利用されてきた当事者として、私たちが果たすべき責任と役割はいつにも増して大きくなってきていると思います。それは、一言で言って、日米両政府によってでっち上げられた「よど号拉致問題」の本質を満天下に明らかにして帰国することにより、私たち自身、身をもって日朝関係の改善のため、少しでも寄与するということです。

　もちろん、これまでも私たちは、そのために闘ってきました。2012年から14年にかけて、国内の支援の方々に支えられて行った「『よど号』"拉致"逮捕状の撤回を求める国賠裁判」は、その総括とも言える闘いでした。この闘いを通して私たちは、自らの四十数年に及ぶ闘争、特にこの間のでっち上げ逮捕状撤回の闘争を総括し、それを単行本『「拉致疑惑」と帰国』発刊に結実させるとともに、それに続き、ツイッターでも国内とつながることができるようになりました。その結果、ブラック一色だった私たちへの拉致疑惑がグレイになり、一定の方々の間に私たちのありのままの姿をお伝えできるようになったのは私たちにとり望外の喜びでした。

　そうした中、2014年5月、日朝間でなされたストックホルム合意は、拉致問題などすべての在朝日本人問題の解決を至上命令とする特別調査委員会の設置につながりました。それは、「よど号」拉致問題の真相と全容を解明し、それにともない私たちの帰国への道を広々と開くものでした。

　しかし、日朝間に横たわる不信と対立の溝は、かくも深く暗いということでしょうか。調査の結果発表が引き延ばしに延ばされた末、朝鮮の核実験、人工衛星打ち上げに対する日本の独自制裁により、「合意」それ自体が破綻の憂き目を見ずにはおれなくなってしまいました。

9

これは、進行する時代の大きな流れに完全に逆行していると思います。米覇権の崩壊と一体に、世界的範囲で「自国第一主義」「新しい民主主義」の奔流が堰を切っている今日、問われているのは、米国の言いなりに、自国の国益を犠牲にすることではないはずです。今こそ、「日本ファースト」に朝鮮との友好を図って行くときではないでしょうか。この日本にとっての焦眉の課題実現のため少しでも寄与すること、そこにこそ私たちの役割があります。その私たちにとって、今回、『えん罪・欧州拉致―よど号グループの拉致報道と国賠訴訟』が発刊されるようになりましたことは、この上ない力であり励ましです。この場をお借りして、ご尽力下さった皆様に心より御礼申し上げます。

2017年2月

ピョンヤンかりの会　小西隆裕

2.「事実と証拠」に基づく反証

　"ヨーロッパ拉致"（欧州拉致）逮捕状の撤回を求める国賠裁判は「事実審理」に入ることなく終結してしまいました。逮捕状はでっち上げであり、捜査当局の逮捕状請求行為は違法であり、その根拠（証拠）を明らかにしてもらいたいとの主張に対して被告（東京都・警視庁）は現在、捜査中であり、捜査に支障をきたすので明らかにできない。法律的には「捜査の密行性」を理由にしたものでした。

　国賠のために訪朝を行い、平壌在住の「よど号」グループにもかなりの回数ヒヤリングも実施し、真相（＝事実）に迫るものもありました。ヒヤリング資料には八尾恵供述（偽証）や高沢皓司著『宿命』に対する「事実」に基づく反論もあり、"ヨーロッパ拉致"の虚構性も明らかになってきました。

　逮捕状の更新はいまも行われ、平壌在住の魚本公博、森順子、若林佐喜子の3氏は"拉致犯人"との汚名を着せられたままで多大な損害を被っています。接触した当時はマスコミの反北朝鮮・拉致キャンペーンとその関連報道の大洪水のなかで、「何を言っても無駄」といった「あきらめムード」もありましたが、この国賠を通して「えん罪被害者」（当事者）として"えん罪"を全力で訴えるようになりました。わたしたちは、この訴えを受けて真

実（＝事実）の声をかき消してはならない、という思いで支援を行ってきました。そして、3氏らはヒヤリングにも積極的に協力しました。

これまでの「よど号」は、"ヨーロッパ拉致"は「アメリカの謀略」によるでっち上げであるとの政治的立場からの発信が多くありましたが、ここは、きちんと法的対抗措置として「事実と証拠」に基づき反論していく。真実（＝事実）を武器にでっち上げを明らかし逮捕状の撤回を求めていく。これが国賠提訴の理由でもありました。

本書では国賠訴訟に関わる資料等を網羅しながら"ヨーロッパ拉致"の"えん罪"と逮捕状の撤回を求める闘いの継続性を訴えています。また、「えん罪・"ヨーロッパ拉致"」に加担した北朝鮮・拉致報道を検証しました。"ヨーロッパ拉致"の真相解明にどこまで迫ることができたか。読者のみなさんには「よど号」の訴えに、まず耳を傾けていただき、本書を通して、これまで流布されてきた"ヨーロッパ拉致"の見直し、再評価へと繋がっていけば幸いです。

2017年2月

刊行委員会　井上清志

3. 監修者（国賠訴訟代理人）の一言

日本人をヨーロッパから北朝鮮に拉致したという、いわれなき嫌疑（結婚目的誘拐罪）で逮捕状の発付を受けたので、その逮捕状請求や逮捕状発付の違法を裁判で争えないか。これが、「よど号」関係者である依頼人らの弁護士に対する要請だった。

わが国に居住する人であれば、逃げ回っていない限り逮捕状が執行されないという事態は考えられない。しかし、朝鮮民主主義人民共和国に居住する「よど号」関係者は、日本とは国交のない国に居住するため、日本で逮捕状は発付されたが、これが執行されないまま、逮捕状が繰り返し出され続けていた。

弁護士としては、まずは、直接会って話を聞く以外にはない。2011年7月、一度目の弁護団訪朝で、当事者から事実関係を詳しく聴取した。逮捕状発付の根拠になったと推測される資料（警察捜査の全貌は知る由もないが、本件

の場合には、新聞報道や雑誌等の記事によって、依頼人らが疑われることになった資料がある程度判明していた）を綿密に検討した。その中には「よど号」関係者の供述も含まれていた。

しかし、その供述の信用性をも含めてそれらの資料を検討する限り、逮捕容疑である結婚目的誘拐罪を疑うに足りる根拠は薄弱であり、犯罪の成否につき実体的な判断を求める十分な理由はあると思われた。すなわち、仮に逮捕され起訴されても、無罪を獲得する余地があった。

ただ、それを当該の刑事裁判ではなく、逮捕状請求や逮捕状発付の違法を理由に争う方途とすれば、国家賠償請求訴訟が考えられたが、国賠訴訟となると別の問題があった。わが国では、逮捕それ自体を刑事訴訟手続自体でも争う方法はないとされている。そして、「捜査の密行性」を主要な根拠として逮捕状の請求や発付を民事訴訟手続である国家賠償請求訴訟としては争えないという判断が、既に最高裁で示されていた。したがって、依頼人らの求める裁判を提起しても実体審理に入ることなく、訴えが棄却される見込みは高いものがあった。

2012 年 4 月、二度目の弁護団訪朝は、そのような逮捕状をめぐる国賠訴訟の状況の中で、国賠を提訴するか否か、はたまた、別の方策を模索するかを検討するためのものであった。議論の末に出された結論は、ハードルは高いが裁判所での実体審理を求めて提訴する、そして、裁判を通じていわれなき嫌疑を事実上晴らす、という途だった。そこで、その後、さらに事実調査と証拠収集を行うなどして、提訴の準備に入った。

国賠訴訟を提訴する直前である 2013 年 2 月の三度目の弁護団訪朝では、訴状案を基に最後の検討をするとともに、この裁判を通じての運動を議論した。そして、訴状案を確定し、また、今後の運動の方向を検討した。そして、2013 年 4 月 25 日、警視庁所属の司法警察員による逮捕状請求を違法とする国家賠償請求訴訟を東京地方裁判所に提起した。
国賠裁判は、ある程度予測はしていたが、2013 年 7 月から 4 回の口頭弁論を重ねたものの、実体審理に入ることなく結審し、2014 年 3 月に門前払いの棄却決定が出された。控訴審、上告審と争ったが、結局、2015 年 2 月、最高裁で上告と上告受理申立てが棄却されて終了した。また、国賠訴訟に連動して、「よど号」当事者の執筆による書籍の出版を行って、いわれなき嫌疑であることを世間にもアピールした。

この書籍は、裁判に関わった支援の方々と「よど号」関係者とが、逮捕状請求の違法を求めた国賠訴訟の経過を縦軸にしながら、「よど号」関係者が

関わったとされているヨーロッパ拉致の問題を、事実に即して掘り下げ、論評したものである。国賠訴訟の延長線上にあり、実体審理に立ち入ることができなかった国賠訴訟を補充するものでもあり、貴重な資料になると思われる。

　各執筆者の労を多としたい。

2017 年 2 月

弁護士　前田裕司

第1章　すべてはここから始まった

1. 日航ハイジャック事件＝朝鮮への「政治亡命」から帰国運動へ

(1) "ヨーロッパ拉致" 事件の真相は未だに不明

　本書は、"ヨーロッパ拉致" 事件の「被疑者」＝犯人とされている魚本（安部）公博氏、若林（黒田）佐喜子氏、森順子氏は「犯人」ではない、「犯人」ではあり得ないことを事実に基づき、真実を語ることで証明しようとするものである。

　確かに、"ヨーロッパ拉致" 事件に対する逮捕状をめぐる国家賠償訴訟は、最高裁の上告棄却決定をもって終了した。しかし、地裁、高裁、最高裁の判断は、被疑者が "ヨーロッパ拉致" 事件の犯人であると認定したわけではない。ただ、現行司法制度上における逮捕状発付手続における瑕疵を認めなかったに過ぎない。依然として "ヨーロッパ拉致" 事件の「被疑者」＝犯人は不明なのである。そもそも有本さん、石岡さん、松木さんが「拉致」されたのかどうかもわかっていない。自主的に朝鮮に渡った可能性も否定できないのである。

　朝鮮民主主義人民共和国（以下「朝鮮」と略す）政府は、日本との拉致問題に関する協議で、「拉致は、一部の特殊機関（工作員）が行ったことで、首謀者は既に処分されている」「よど号グループは拉致に関与していない。工作員は、日本語が堪能で、そもそも彼らを使う必要がない」と言及している。つまり、"ヨーロッパ拉致" 事件に関しては、よど号グループが関与したということはまったく証明されておらず、そもそもヨーロッパ「拉致事件」があったのかも未だに不明なのである。

(2) 日航ハイジャック事件から帰国運動へ

　よど号グループは、1970年3月31日、いわゆる日航機ハイジャック事件によって朝鮮に政治亡命し、現在も朝鮮に政治亡命者として在住している。この40年に及ぶ亡命生活、そして、帰国運動の渦中で、9名であったよど号グループのうち、田宮高麿、田中義三、岡本武、吉田金太郎、柴田泰弘の

15

各氏が逝去し、現在は、小西隆裕、魚本公博、若林盛亮、赤木志郎の4氏となっている。

また、ほとんどの者が結婚し、子どもをもうけているが、今回のヨーロッパ拉致事件の「被疑者」＝犯人とされている若林（黒田）佐喜子氏、森順子氏以外の妻と子26人が帰国している。

よど号グループが朝鮮に渡った経過は、周知のように日航機をハイジャックした後、福岡で給油。ピョンヤンと偽ったソウル金浦空港に4月3日まで留め置かれた後、日本政府との交渉で山村新次郎運輸政務次官が乗客の身代わりになるという交渉が成立して、ピョンヤンに飛び立つことができ、その日の夕刻に到着したというものである。

そもそも9人のメンバーが朝鮮に渡った元来の理由は、政治亡命を目的としたものではなく、当時、メンバーが属した共産主義者同盟赤軍派の国際根拠地建設路線に基づき、朝鮮に世界革命の根拠地を築くことにあり、主要には日米安保改定をめぐる1970年秋の「安保決戦」で軍事的に首相官邸を占拠するという前段階武装蜂起とその後の革命戦争のために必要な軍事訓練を受けることにあった。したがってグループは、同年秋までには非合法的手段で日本に帰国するという考えでいた。

しかし、ハイジャック闘争の「勝利」で強化され発展すると期待した国内の赤軍派組織が集中的に弾圧を受けて脆くも壊滅状態になったこと、他方で世界革命なしに一国革命なしと一国社会主義革命論に反対していたグループの革命論が朝鮮の社会主義発展の現実の前に破綻したことなどから、自分たちが人民を信じず、人民から遊離し、人民を主人とする革命の思想、路線を持てていなかったことを総括せざるを得なくなった。

グループの朝鮮での処遇は「政治亡命者」である。グループ自身には、亡命する意図はなかった。しかし、自分の政治目的のために朝鮮側に事前に何の相談もなしに飛び込んできた「無謀な」学生運動家、実質的な不法入国者というグループに対して、朝鮮政府当局は、日本政府の「乗客、乗務員と学生たちを受け入れてほしい」旨の要請、そして朝鮮に残ることを希望するグループの意向を受けて、その処遇を国際法に従って「政治亡命者」として受け入れるというものにしたのである。

この経緯から分かるように、グループは朝鮮側にとって「歓迎されざる客」であり、人道的見地から受け入れた一介の政治亡命者にすぎない。

渡朝後のグループの新たな出発の契機は、田宮高麿氏の著書『わが思想の革命』にあるように、国内の赤軍派の敗北的状況の要因を主体的に問うよう

16

になった1971年に、自身の赤軍派思想、路線の誤りを根本から総括したことであり、人民を信じ、人民の中に入り、人民とともに闘っていくところにこそ革命の勝利があるという真理に目が開かれ、グループ自身、当面まず広範な国民的支持を背景に、合法的で公然たる合意帰国を実現しなければならず、そのためには、何よりもグループ自身が人として日本人として生き認められるようにならなければならないという結論を得たという。この時からグループにとって帰国実現が最優先課題となり、活動の基本は帰国のための活動になったのである。

(3) 帰国のための活動

　帰国のための活動の基本は、人として日本人として生き認められるようにしていくための『日本を考える』誌発行を軸とする思想理論活動（広義では訪朝代表団活動も含む）であったが、他方で重要な活動として、財政的基盤を築くための経済活動があった。

　1980年の女性2名のスペインでの活動は、日本との往来が頻繁になる女性の活動に適した個人輸入業など経済活動の可能性を探るものであった。同時期に他の女性もフランスやイタリアなどで同様の試みを重ねたが、可能性が薄いと判断し、1981年以降、経済は田中義三氏、柴田泰弘氏などに専門化し、女性のほとんどは日本国内の運動との交流などを通じて『日本を考える』誌に反映する活動を行うようにした。有本さんの"拉致"があったとされる1983年7月当時は、グループが「国際指名手配のハイジャック犯人」としてではなく「亡命政治活動家」として国際的に認知を受ける活動に着手した時期である。

　1983年7月2日から6日までピョンヤンで「反帝・親善・平和のための世界ジャーナリスト大会」が開催され、118か国から代表169名が参加した。この会議場で『日本を考える』編集委員会代表として田宮高麿氏が「反帝自主こそ平和への道」と題する演説を行うなど国際的大会参加（田宮氏と小西氏）を認められたことはグループの印象を変える上で転換点となった。

　以下は田宮氏の演説の一部である。

　「自主と平和と正義のための人民の闘争は、必勝不敗であります。

　十三年前、日本軍国主義に反対する闘争の途上で朝鮮民主主義人民共和国をたずねてきたわれわれは、今日、新しい思想・理論で武装し、正義の文筆活動をくりひろげており、今後もわが人民の闘争隊伍にしっかりと立ち、自

主的で民主主義的な日本のために、闘争の筆鋒、勝利の筆鋒を高くかかげて進むでありましょう。

尊敬する代表の皆さん

本世界ジャーナリスト大会の戦闘的な討議精神と採択される立派な文献は、戦争に反対し、平和を要求し、支配に反対し、自主性を擁護して力強くたたかっている五大陸人民の闘争に新しい力をいだかせてくれるでしょう。

われわれは、自主化され平和な新しい世界を創造するための共同戦線で、平和地帯、非核地帯を創設するためのアジア人民の闘争を支持し、核配備に反対し核凍結と反戦自主のためにたたかうヨーロッパとアメリカ人民の闘争を支持し、奪われた祖国をとりもどし、民族的尊厳を守るためのパレスチナとアラブ人民の闘争を支持し、植民地主義と人種主義に反対し、民族的独立と新社会建設のためのアフリカ人民の闘争を支持し、自主、独立、民主主義のためのラテン・アメリカ人民の闘争を支持して、それに戦闘的連帯をおくります。

帝国主義者の戦争政策に平和の旗印を更に鮮明にし、敵の分裂策動に団結の戦略を更にみがき、たたかい進む全世界人民の前途には必ずや、自主化され繁栄する新しい世界が切り開かれていくでありましょう。」

赤軍派の総括から新しく生まれ変わったグループの新しい闘う姿を国際社会に明らかにする演説でもあった。

また同年8月22日から31日まで「全アフリカ青年フェスティバル」がリビアの首都トリポリで開かれ、小西氏と若林氏が『日本を考える』編集委員会代表として主催者全アフリカ青年運動の招請で参加した。この時、国際的認知を得る活動で特筆すべき意義を持ったのは、政治亡命者に発行される「旅券」代わりの「レッセパッセ（朝鮮では外国人旅行証）」で公然と出入国が認められたことである（これまでレッセパッセで海外渡航の経験はあるが、公然と認められたのはこの時が最初）。これは「ハイジャック犯」としてではなく「亡命政治活動家」として国際的認知を受けたことを示すものだった。

参加の経過が『週刊プレイボーイ』誌（83年11/15号）に投稿文として以下のように掲載された。

「第2回全アフリカ青年フェスティバルが、アフリカの北端、地中海に臨む社会主義リビア・アラブ・ジャマーヒリーヤ国で、8月22日から31日まで開催された。われわれ、小西隆裕、若林盛亮両名は、『日本を考える』

編集委員会代表として招待をうけ、それに続く 9 月 1 日のリビア国慶節 (革命記念日) にも招かれることとなった。小西、若林両名は実に 13 年ぶりに再び機上の人となり、モスクワを経て一路トリポリへ向かった。ときに 1983 年 8 月 23 日。この日、空はさわやかな快晴だった。24 日午前 1 時、われわれは深夜のトリポリ空港に降り立った。」

　このように、国際的には政治亡命者としての認知を受ける活動は大きく広がっていった。

　1983 年の魚本公博氏の欧州での活動は、『おー JAPAN』を発行していた日本人留学生グループや欧州の諸団体との交流を通じて反核運動など欧州の運動に学び、それを『日本を考える』誌に反映することであった。欧州の運動に学ぶ活動は 1977 年から行われ、魚本氏は 82 年末から 83 年 3 月までと 5 月から 8 月初めまで『おー JAPAN』の製作のためにウイーンにいて、この活動に責任を負っていたのであり、コペンハーゲンには今まで一度も行ったことがない。

　以上のように、拉致問題が起こった 1980 年、1983 年にグループは、自身の主体的総括から出発して、上記、帰国のための活動を行っていたのである。

⑷ グループの帰国のための活動の態様

　グループの住んでいた居住区兼仕事場を当初は、赤軍派の「国際根拠地建設論」に基づく「日本革命の根拠地」という意味で、グループ自身は「日本革命村」と呼んでいたが、1971 年の総括と新出発以降、単なる「政治亡命者の居住地」となり、「村」と呼ぶようになった。

　海外や日本でのグループの活動への朝鮮側の協力は、「帰国のための活動」の一環としての思想理論活動、経済活動の範囲で外交団事業総局を介して外務省など当該機関から受けていた。欧州や日本への出入国で朝鮮側から受けたのは、欧州の運動の現実、日本の運動の現実を『日本を考える』思想理論活動に反映する活動としての便宜供与である。

　例えば出入国に関して、男性へのレッセパッセ（外国人旅行証）の発行、女性の出入国、特に朝鮮と社会主義諸国間の出入国に当たり朝鮮公民の旅券発給の便宜を受けたりした。

　グループの女性が、出入国の際、朝鮮旅券を使用し、自分の日本旅券とともに二つの旅券を使い分けるために朝鮮の外交官の協力を得たことがあると

いうのは事実である。

なぜ朝鮮旅券を使用したか。当初、女性は自分の日本旅券だけで出入国をしたのであるが、東欧社会主義国のスタンプが多いのが、旅券更新の際に問題にされたり、また東欧社会主義国の場合、滞在ビザの期間が短期に限られており、例えば朝鮮に半年ほどいたときなど東欧諸国での「不法滞在」という形になり、怪しまれたという経験から、朝鮮旅券の使用という便宜供与を受けるようになった。

朝鮮の外交官の協力を得たことについては以下の理由によるものである。朝鮮に帰還する途上で日本旅券と朝鮮旅券二つ必要になるが、万が一荷物検査など受けたとき、二つの旅券を持っていれば、不法行為となることから、外交官特権で荷物検査を免れる外交官にできるだけ預けるようにした。しかしながら特定の協力者がいたわけでなく、出入国の際、協力をしてくれる当該国朝鮮大使館の人に頼んで同じ飛行機に同乗する朝鮮外交官に依頼してもらうようにした。同乗者がいないときは、自分の身体に隠し持つなどの対策をとることもあった。

以上から、グループの活動があくまで自身の主体的な総括に基づいて帰国を実現するための活動、帰国のための活動であるということは明らかである。

こうした帰国のための活動の最中、平壌在住の魚本公博氏、森順子氏、若林佐喜子氏の３人に逮捕状が発付されるのである。

2. "ヨーロッパ拉致" 事件で平壌在住の３人に逮捕状

1980年代前半、ヨーロッパで旅行中(留学中)の石岡亨さん、松木薫さん、有本恵子さんが行方不明となった。1988年、石岡亨さんが札幌の家族宛に「現在、事情あって平壌市に松木薫さん、有本恵子君と共に住んでいる」との葉書が送られてきた。この事実を1991年1月7日、毎日新聞がスクープした。また、1980年4月、バルセロナの動物園で、石岡亨氏が森順子氏、若林佐喜子氏と一緒の写真が1994年3月の『週刊文春』に掲載された。これら記事掲載後、朝鮮に渡ったよど号グループが日本人を拉致しているのではないかとの疑惑の報道が徐々に行われるようになっていった。

疑惑の報道がなされる中、よど号グループの一人、赤木志郎氏と朝鮮で結婚した赤木恵美子氏が、朝鮮から日本に帰国した際、旅券返納命令に違反したとして旅券法違反で逮捕・起訴され、刑事裁判になった。この裁判で、検

察官請求の証人として、八尾惠が出廷し、2002年3月12日、同月27日の2回、証言台にたった。

　八尾惠は「田宮高麿から、金日成（キム・イルソン）の指示に基づき、代を継いで日本革命の中核となる日本人を獲得するように、そして男性は既に獲得しているので今度は女性を獲得するようにと指示をされ、これに基づきロンドンで知り合った有本恵子さんを、魚本公博や朝鮮の工作員キム・ユーチョルと共謀のうえ、朝鮮に市場調査の仕事をしないかと偽って誘い、デンマークのカストロップ空港発の飛行機で朝鮮に連れ出した」と供述（証言）、また、「森順子、若林佐喜子も男性2名を獲得していると聞いていた」との供述も行った。「金日成（キム・イルソン）の指示」からはじまる八尾惠の荒唐無稽な妄想ストーリーの偽証は最高潮に達した。

　八尾惠が供述した同じ年の2002年9月17日、平壌で行われた日朝首脳会談で、金正日総書記は小泉純一郎首相に対し、朝鮮が1977年から1983年にかけて、石岡亨さん、松木薫さん、有本恵子さんを含む日本人13名を朝鮮に連れて来きたこと、そのうち5人が生存、8人が死亡しており、石岡亨さん、松木薫さん、有本恵子さんはいずれも死亡していると伝えてきた。その直後（2002年9月）、捜査当局（警視庁）は、有本恵子さんに対する「結婚目的誘拐罪」容疑で魚本公博氏の逮捕状を請求し逮捕状を発付した。更に、約5年後の2007年6月、捜査当局は、石岡亨さんと松木薫さんに対する「結婚目的誘拐」容疑で森順子氏と若林佐喜子氏に逮捕状を請求し逮捕状を発付する。逮捕状は、現在に至るまで更新され続けている。

　魚本公博氏についての「結婚目的誘拐罪」での逮捕状が発付されたのは、有本恵子さんの「拉致事件」が発生したとされる1983年からすでに20年の歳月が経った2002年であった。また、森順子氏、若林佐喜子氏に対する結婚目的誘拐罪での逮捕状が発付されたのは、石岡亨さんらの「拉致事件」が発生したとされる1980年から27年、1988年8月に石岡亨さん、松木薫さんの朝鮮在住の事実が明らかになった時からも20年を経過した後であった。八尾惠が東京地方裁判所で自らも関与した「よど号グループによる拉致」を供述した2002年から数えても5年もの歳月が経過していた。

　これらの事実は何を意味するのか。一連の逮捕状発付は、国家（安倍政権）

による当時の一定の政治的意図をもってなされたものであり、その後の逮捕状の更新もその延長線上にあるといえる。

　魚本公博氏、森順子氏、若林佐喜子氏の３人は「石岡亨氏、松木薫氏、有本恵子氏を結婚目的で誘拐する行為などしていない」と逮捕状の容疑はでっち上げであり無実であると訴える。えん罪・"ヨーロッパ拉致"の解明とその闘いがはじまった。

第2章　＜特別寄稿＞

"拉致" 報道の検証とヨーロッパ拉致

浅野健一

同志社大学大学院メディア学専攻博士課程教授
（教授地位確認係争中）

1. はじめに

　本書のテーマである、でっち上げの欧州 " 拉致 " 報道を検証するために、まず、日本国の行政機関トップの座にある安倍晋三・日本国総理大臣と「拉致」問題の関係について述べたいと思う。

　米国隷従の安部政権は 2016 年 3 月 29 日に、違憲の侵略戦争法を施行。南スーダンにいる自衛隊に新任務を与えた。本来、人民の知る権利にこたえるために、権力を監視すべき報道機関が安倍官邸と電通（長時間労働強要のブラック企業）など広告代理店に完全支配され、「忖度」と「自主検閲」（自主規制）で政権批判を怠っているために危険な安倍自公独裁政治が続いている。国政選挙に 4 連勝した第二次安倍政権は 2016 年 9 月の内閣改造で靖国反動ファッショ派の日本会議メンバーで固め、安倍氏の腹心である稲田朋美氏を防衛相に据えて、独裁体制を敷いている。

　日本は既に警察国家（壊憲で軍事国家を狙う）になっているが、大分県警が別府市内にある参院選の野党候補支援事務所があった建物敷地内に隠しカメラを設置していたことが発覚、沖縄県東村高江では警視庁などの機動隊を動員してオスプレイヘリパッド建設に反対する住民を弾圧し、取材していた沖縄の 2 紙の記者を暴力的に拘束、排除した。大阪府警の機動隊員は自然を守るために座り込む民衆に対し、「土人」「シナ人」と言い放った。それを松井一郎大阪府知事は擁護した。安倍政権は、これまで 3 回廃案になっている共謀罪を東京五輪対策として「テロ等組織犯罪準備罪」と名前を変えて2017 年 3 月、国会に提出しようとしている。戦前を取り戻そうとする安倍派・日本会議による治安維持法体制の暴走である。

　安倍首相は党大会（2017 年 3 月 5 日）で自民党の党則を改悪し、2 回目の総裁任期の切れる 2018 年 9 月以降も首相を続ける環境作りに成功した。安倍氏は党大会の演説で、改憲について「憲法改正の発議に向け、具体的議

論をリードしていく」と述べた。安倍氏は三選に成功すれば任期は21年9月まで延びる。安倍氏は19年11月には、第一次政権を含めた通算在任日数が歴代最長になる。私はこれを安倍氏の"プーチン化"と呼んでいる。安倍氏は自分の権力維持のために党規約を改定した。安倍氏は、ロシア連邦で憲法を改悪して終身大統領を目指す、ソ連国家保安委員会 (KGB) 出身のウラジーミル・プーチン大統領をならって長期政権を狙っている。

　欧米がクリミヤ問題で対ロ経済制裁を続ける中、安倍氏が地元の長門市へプーチン氏を招き、個人的友好関係を強調し、経済協力を約束したのは、まさに、安倍氏が国連や欧米の普遍的な価値観を共有していないことの表れではないか。「国民の大半ががっかりした」(二階俊博自民党幹事長) というしかない日露首脳会談を「平和条約に向けた大きな一歩」「全く新しいロードマップでの交渉」(岩田明子NHK政治部記者) などと持ち上げる記者クラブメディアは、12月21日の首相の米ハワイ・真珠湾訪問 (初めてではなかった) を派手に報道した。安倍首相の2017年2月のトランプ大統領との首脳会談ゴルフ"外交"も絶賛した。日本の報道機関が安倍官邸のマウスピース、愛玩犬 (Lap Dog) になり下がった。日本の人民にとって安倍政権を打倒する以外に未来はない。それには国際標準のジャーナリズムとアカデミズムを日本に創成するしかない。

　安倍政権は、戦前の皇国史観を継承する極右反動靖国派の日本会議メンバーと北村滋内閣情報官 (元警察庁警備局外事情報部長) を中心とする公安警察がタッグを組んだネオファシスト・レジュームである。安倍官邸の歴史観では、1941年12月に始まった米英などの連合国との戦争に敗れたことは認めるが、1895年の台湾併合に始まり、1910年の朝鮮侵略、1931年の中国侵略へと続いた東アジアにおける侵略・強制占領を国際法違反、人道への罪とは絶対に認めない。

2. アジア侵略の罪を認めない安倍派

　安倍氏は東京裁判の元A級戦犯被疑者で巣鴨プリズンに収監されていた祖父の岸信介 (東条英機内閣の商工相) を崇拝している。安倍氏は、岸らが指揮した中国侵略、朝鮮半島からの強制労働・徴用 (拉致)、アジア太平洋の女性を連行して日本軍慰安婦 (性奴隷) にするなどアジア太平洋における人倫に反する罪を認めない。

　岸の孫で、岸の娘婿の安倍慎太郎元外相の息子という以外に何の取り柄も

ない安倍氏が二度目の首相を務めることができたのは、アジアへの侵略の罪を認めたくない日本の民衆の支持があるからだと私は思う。安倍氏の出自に触れて、「毛並みの良さ」（朝日新聞政治部記者）を持ち上げる憲法違反の言説が罷り通る報道界の退廃が、民衆をミスリードしているのである。

　安倍氏が政治家として注目を浴びたのは、朝鮮民主主義人民共和国（朝鮮）による日本人拉致問題で、まるで皇室メンバーのようなしゃべり方をする中山恭子氏（内閣官房参与で夫は中山成彬氏、現参議院議員）と共に、拉致被害者に寄り添い、拉致問題解決に政治生命を賭けると繰り返し、「拉致問題の解決なくして国交正常化なし」として、朝鮮に対して経済制裁などで強硬姿勢を貫いたという幻想を振りまいたためである（注）。

　蓮池透氏の『拉致被害者たちを見殺しにした安倍晋三と冷血な面々』（講談社）を読めば、安倍氏と中山氏が拉致被害者のことなど考えておらず、政治的に利用しただけであることが明白になっているのだが、日本の民衆はそれを全く知らない。日本の公共放送であるNHKと企業メディアが権力を監視するというジャーナリズムの機能を喪失しているからである。記者クラブ（海外では kisha club と訳されているので正確にはキシャクラブ）に所属する報道機関のほとんどが、安倍氏と安倍氏の周辺にいる政治家たちの危険な思想について取材せず、電通・博報堂などが演出する安倍氏の「強い政治家」という虚像を振りまいてきたからである。安倍氏は、拉致問題でマスメディアを利用し、統制する術を学び、政権奪取と政権維持を実現してきたのである。

　安倍首相は、祖父が主導して押し進めた日本軍性奴隷について「従軍慰安婦の強制連行はなかった」と言い張ってきた。中学校の教科書から慰安婦の記述を消してきたのも安倍グループだ。安倍氏は官房副長官時代の2001年1月、NHKの日本軍慰安婦問題番組について、憲法第21条で禁止されている検閲を行って番組を改竄させた。朝日新聞の本田雅和、高田誠両記者が05年1月に安倍氏らの政治介入をスクープしたが、報道界は安倍氏の犯罪を全く追及しなかった。当の朝日新聞が安倍氏に屈服し、絶対に首相になってはいけない人間が行政権力のトップとなった。安倍氏のNHK番組への介入は絶対に許されない言論弾圧であり、安倍氏は政界から永久追放されるべきだった。

　2007年8月12日の東京新聞は「週のはじめに考える　権力の重さと怖さ」と題した社説で、同年7月参議院選で惨敗した安倍氏が「美しい国」という意味不明のスローガンを掲げて政権にしがみついていることを痛烈に批判

していた。安倍氏は同年9月に退陣した。

　〈改憲を企図し果たせなかった祖父・岸信介元首相と自分を重ね合わせた発言はあっても、体系的な政治思想や理念が語られることはありませんでした〉〈1933年、「全権委任法」をヒトラーに与えたドイツのような過ちを、日本の有権者は犯しませんでした〉〈目立つのは祖父に学んだかのような強引さです。選挙前の国会で相次いだ採決強行は、岸政権末期の1960年、警官隊を導入して新しい日米安保条約の批准承認採決を強行した混乱に似ていました。（略）大衆はナショナリズムの鼓吹で一時的な熱狂を見せても、本質を見破る目は持っています。／拉致問題に関する安倍首相の「毅然（きぜん）たる姿勢」で北朝鮮に対する優越感にしばし浸った人たちも、「戦後レジーム（体制）からの脱却」に危うさを感じるまでにそう時間はかからなかったのではないでしょうか〉

　今この社説を読むと、なぜ政権を投げ出した安倍氏が5年後に首相として復帰できたのかと思う。政治家としてほとんど実績のない安倍氏の再登場を許したのは、日本の新聞・通信社、放送局が安倍氏の虚像を熟知しながら、自民党が選挙の顔として彼を選ぶことになったからだろう。
　拉致被害者に優しく接し、朝鮮に強硬姿勢を貫いたということで有名になった。安倍氏を首相にしたのはキシャクラブ・メディアだった。安倍氏が拉致問題の解決に努力したというのもフィクションだ。

3．朝鮮が拉致を認め謝罪した意義と日本の異様な反応

　2002年9月17日に平壌で行われた日朝首脳会談で金正日国防委員長（総書記）と小泉純一郎首相は日朝平壌宣言に署名した。
　宣言は「両首脳は、日朝間の不幸な過去を清算し、懸案事項を解決し、実りある政治、経済、文化的関係を樹立することが、双方の基本利益に合致するとともに、地域の平和と安定に大きく寄与するものとなるとの共通の認識を確認した」と謳っている。その上で①同年10月中に日朝国交正常化交渉を再開する②日朝間に存在する諸問題に誠意をもって取り組む③日本側は、過去の植民地支配によって、朝鮮の人々に多大の損害と苦痛を与えたという歴史の事実を謙虚に受け止め、痛切な反省と心からのお詫びの気持ちを表明し、経済協力を実施する④1945年8月15日以前に生じた事由に基づく両

26

国及びその国民のすべての財産及び請求権を相互に放棄するとの基本原則に従い、国交正常化交渉においてこれを具体的に協議する⑤在日朝鮮人の地位に関する問題及び文化財の問題を協議する⑥安全保障問題で協議—などで合意した。

　宣言の中に「日本国民の生命と安全にかかわる懸案問題については、朝鮮側は、日朝が不正常な関係にある中で生じたこのような遺憾な問題が今後再び生じることがないよう適切な措置をとる」とあるだけで、宣言には拉致問題に関する直接の言及はない。しかし、金総書記は首脳会談の中で、日本人13人の拉致を認めて謝罪し、再発の防止を約束した。朝鮮側は、このうち13人のうちの8人が既に死亡し、5人が生存していると表明、5人が日本に帰国した。

　小泉首相が平壌宣言に署名した時、小泉氏のすぐ隣にいたのが安倍氏（官房副長官）であることは忘れてはならない。

　平壌宣言と朝鮮が拉致を公式に認めたというニュースは、私が同志社大学の在外研究制度で滞在していた英国のBBC放送などで聞いた。日本の友人からのメールでは、「北朝鮮に対する反発の声がすごい」と書いてあった。後で知ることになったが、大阪や京都の在日朝鮮人の家庭では9月17日夜、日本人の猛反発を予測して、子どもたちにチマチョゴリでの通学をやめさせ、電車の中などで朝鮮語を話さないように伝えていたという。在日の人たちの予感は当たった。同日夜から今日まで、日本列島では「北朝鮮」に対して悪意と憎悪に満ちた報道が展開されていることになった。キシャクラブメディアはそれまで朝鮮の呼称を「朝鮮民主主義人民共和国（北朝鮮）」（新聞）、「北朝鮮、朝鮮民主主義人民共和国」としていたが、正式国名を省き、「北朝鮮」とか「北」と呼ぶようになった。国として認めないという強い意志の表明だった。

　ロンドンにいた私は日本の世論がこれほど拉致事件に憤り、興奮すると予想できなかった。朝鮮の指導者が体制や政府が大きく変化したわけでもないのに、国家機関による犯罪を認めたことに驚いた。また、朝鮮が40年間にわたる侵略・強制占領の賠償請求を事実上放棄して、民間も含めた経済協力を求めたことも意外だった。近代国家が成立して以降、体制が変わったり、クーデターがあった場合には、前政権の悪事を暴くことは珍しくないが、指導者が自分も権力の中にいた時代の国家機関による犯罪行為、とりわけ外国人拉致を認めるというのは例がない。

　日本のメディアに登場した識者で、私と同じような見解を表明したのは作

家の小田実さんだけだった。小田さんは「拉致8人死亡5人生存/金総書記謝罪」の大見出しを一面に掲げた9月18日の「毎日新聞」で次のようにコメントしていた。

〈1963年に日本が韓国との国交正常化に歩み始めた時から北朝鮮と国交回復していれば、拉致はなかった。小泉首相は拉致家族に国の政治責任を謝罪すべきだ。日本政府は拉致された人がどう死んだのか、誰を処罰したのか、北朝鮮に明らかにさせなくてはならない。この究明と（拉致被害者家族に対する）国家補償の追求が、国交正常化の第一歩だ。一方、日本は朝鮮半島を植民地化する国家犯罪を犯した。金正日（総書記）は少なくとも拉致について謝罪したが、日本は従軍慰安婦問題で謝罪も補償もしていない。今こそこれをすべきだ。日本が国家犯罪を清算せず、国交ができないために、北朝鮮の国家犯罪による自国の犠牲者を生んだ。日朝両国が国家犯罪を認め合い反省することが、これからの『国交』の土台となる〉

私は2006年6月29日、小田さんとお連れ合いの玄順恵さんをゼミに招いて、公開講演会を開いた。小田さんが亡くなる前の最後の本格的な講演だった。講演の記録はネットの同志社大学浅野ゼミHP（和田喜彦経済学部教授のサイト内に所収）にアップされている。
http://www1.doshisha.ac.jp/~yowada/kasano/index.html

4. よど号関係者に欧州からの拉致を捏造

日本政府は、朝鮮による拉致被害者を12件17名と認定しているが、この中に欧州で拉致され朝鮮に連れて行かれた日本人が3人いるとしている。札幌市出身の石岡亨さん（当時22）、熊本市出身の松木薫さん（26）、元神戸外大生の有本恵子さん（23）。日本の公安当局、裁判所とキシャクラブメディアは、この3人の「誘拐」によど号関係者が関与しているというのだ。日本外務省のHPによると、欧州における日本人拉致容疑事案として2件を挙げている。

〈1983年7月ごろ、有本恵子さんが欧州にて失踪。「よど号」犯人の元妻は、北朝鮮当局と協力して有本さんを拉致したことを認めている。捜査当局は拉致実行犯である「よど号」犯人の魚本（旧姓安部）公博について、2002年

9月逮捕状の発付を得て国際手配するとともに、政府として北朝鮮側に身柄の引き渡しを要求しているが北朝鮮側はこれに応じていない。北朝鮮側は、有本さんは1988年11月にガス事故で石岡亨さんと共に死亡したとしているが、これを裏付ける資料等の提供はなされていない〉

〈石岡亨さんと松木薫さんの2人は欧州滞在中の昭和55年に失踪。昭和63年に石岡さんから日本の家族に出した手紙（ポーランドの消印）が届き、石岡さん、松木さん、そして有本恵子さんが北朝鮮に在住すると伝えてきた。／北朝鮮側は、石岡亨さんは1988年11月にガス事故で有本恵子さんと共に死亡したとしているが、これを裏付ける資料等の提供はなされていない。また、同様に松木薫さんについても、1996年8月に交通事故で死亡したとして、平成14年9月及び平成16年11月に開催された第3回日朝実務者協議と2回にわたり、北朝鮮側から松木さんの「遺骨」の可能性があるとされるものが提出されたが、そのうちの一部からは、同人のものとは異なるDNAが検出されたとの鑑定結果を得た。／捜査当局は拉致実行犯である「よど号」犯人の妻・森順子及び若林（旧姓：黒田）佐喜子について、平成2007年6月に逮捕状の発付を得て国際手配するとともに、政府として北朝鮮側に身柄の引渡しを要求している〉

政府のHPが、逮捕状が出ているだけの国民を呼び捨てにしていることは問題だ。キシャクラブ・メディアでさえ、1989年末に被疑者・被告人の人権を考慮して、呼び捨てを廃止している。

5. 平壌宣言10日後の逮捕状発付

2002年9月27日に安部（現姓：魚本）さんへの逮捕状が発付された。平壌宣言の10日後のことだ。これは明らかに平壌宣言に冷や水をかけるものだった。

当時、メディアが警視庁公安部から得た情報として、「北朝鮮でマーケティング関係の仕事がある」と誘われて平壌に行ったことが、誘拐や拉致に当たるのかと疑問だった。20歳を過ぎて欧州にいる日本人は、朝鮮がどういう国かを知らないはずがないと思う。当時、欧州に滞在する成人の日本人を強制的に誘拐・拉致して朝鮮へ連れて行くのは無理だろう。

共同通信の記事を見ると、日朝首脳会談前の2002年8月30日、〈今年3月、よど号グループのメンバーの元妻が欧州で83年、安部公博容疑者（54）

らと神戸市外大生有本恵子さん＝当時（23）＝を誘拐したと証言し、警視庁は捜査本部を設置〉しているという記事が出ている。この〈元妻〉とは元よど号メンバーＳさん（故人）の元妻、八尾惠氏である。

共同通信は9月17日、首脳会談で金総書記が拉致を認めたことで、警察庁は〈今後、外交ルートを通じ、拉致に関与したとされる「機関」や被害者が死亡した経緯の調査を朝鮮に要請。一連の拉致事件の全容解明を進める〉方針と報道。この記事に、〈一方、（死亡したとされる）有本さんと同様に、警視庁がよど号グループによる犯行との見方を強めている石岡さんと松木さんの二人の失跡について警察庁は「北朝鮮工作員の関与がはっきりしない」として拉致事件には認定しなかった〉という記述があった。

翌日の9月18日には、〈月内にも安部容疑者ら立件　よど号メンバー元妻も　有本さん拉致で警視庁〉との見出しでこう書いている。

〈有本さん拉致事件で、警視庁公安部は18日までに、よど号ハイジャック事件メンバーの安部（本名・魚本）公博容疑者（54）＝よど号事件で国際手配＝らを結婚目的誘拐容疑で立件する方針を固めた。／安部容疑者については早ければ9月中にも逮捕状を請求、国際手配の手続きに入る。拉致への関与が指摘されているリーダーだった故田宮高麿・元赤軍派幹部とメンバーの元妻八尾惠・元スナック経営者（46）については書類送検する方向で、詰めの捜査を進めている〉。ここで八尾氏の実名が出ている。

9月25日には〈有本さん事件で逮捕状　安部容疑者に誘拐容疑　警視庁、国際手配へ　北朝鮮に引き渡し要求　よど号元妻は書類送検に〉との見出しで、〈有本さん拉致事件で警視庁公安部は25日、結婚目的誘拐容疑でよど号ハイジャック事件メンバーの安部（本名・魚本）公博容疑者（54）＝よど号事件で国際手配＝の逮捕状を取った〉と報じている。

〈拉致を指示したとされるリーダーだった故田宮高麿・元赤軍派幹部とメンバーの元妻八尾惠・元スナック経営者（46）は同容疑で書類送検する〉〈調べでは、「代を継いで日本革命を達成しなければならない」という故金日成主席の教えに基づき、安部容疑者は田宮元幹部、元妻と共謀、ロンドンで日本人女性を誘拐して北朝鮮にいる日本人男性と結婚させようと計画。／83年7月中旬、有本さんをコペンハーゲン国際空港からモスクワ経由で北朝鮮に連れ去り、誘拐した疑い。結婚相手の男性は石岡さんか松木さんだったとみられる。／田宮元幹部が同年1月、平壌で元妻に「25歳ぐらいまでの若い女性を獲得せよ」と指示。5月、元妻が語学留学中だった有本さんに接触した。／　7月中旬、元妻が仕事を紹介するなどとだましてコペンハー

ゲンに連れ出し、安部容疑者と北朝鮮の工作員とされるキム・ユーチョル元外交官を紹介。安部容疑者が「市場調査の仕事をしてきてほしい」とその依頼を有本さんにし、キム外交官がモスクワ経由で連れ去ったという〉

また〈「点」追った警視庁の捜査　元妻の供述手掛かりに　秘密捜査ファイルが威力〉と題したサイド記事は次のようだった。

〈安部（本名・魚本）公博容疑者（54）の逮捕状取得を可能にしたのは、これらの「点」を、「線」で結んだよど号メンバーの元妻八尾恵・元スナック経営者（46）の供述と、北朝鮮工作員とメンバーの妻らとの接触状況を詳細に記録した「パンドラ」と呼ばれた秘密捜査ファイルだった。／公安が元妻から事情を聴き始めたのは昨年五月。メンバーの赤木志郎容疑者（54）＝よど号事件で国際手配＝の妻恵美子被告（47）＝旅券法違反などの罪で公判中＝がその年秋にも帰国することが取りざたされており、メンバーや妻らの欧州での活動実態を解明するためだった。／供述は揺れた。自責の念に駆られた元妻が「有本さんをだまして北朝鮮に連れ出した」と涙ながらに話し始めたのは初の聴取から数カ月が過ぎ、秋も深まったころ。故田宮高麿・元赤軍派幹部の指示、ロンドンから有本さんを連れ出した経緯など詳細な供述だった。／ある捜査幹部は「北朝鮮によるマインドコントロールが解け、ようやく真実を話してくれた。この供述で事件の大半が固まった」と振り返る。／「パンドラ・ファイル」。有本さんを拉致した北朝鮮工作員とされるキム・ユーチョル外交官が欧州で、よど号メンバーの妻らと接触した模様や写真、妻らの日本への出入国状況などが収められた捜査資料だ〉

また、神戸発で、有本さんの両親のコメントが〈安部容疑者に怒りあらわ〉という見出し記事があった。〈「あの人のためにどれほどの人が苦しんできたのか。みっともないうそはもうやめて、すべてを話し、罰を受けてほしい」〉〈父親は「一番重要なことは、犯人の口からほかに誰を拉致したのかを聞き出すこと。逮捕したらあらゆる手段を使い、拷問してでもいいから、しゃべらせなければいけない」と険しい表情〉。

逮捕状が出ただけで、被疑者を犯人と断定して、拷問まで正当化する一連の記事は、共同通信の編集綱領にある「世界の平和と民主主義の確立および人類の幸福を念願して、ニュース活動を行う」という理念に反している。共同の記事は、公安当局の夜討ち朝駆け取材で得た公安当局のリーク情報を裏どり取材もせず、垂れ流している。

共同通信は、よど号メンバーの赤木志郎さんを「容疑者（54）」との呼称

で次のような談話を報じている。

〈逮捕状は、でっち上げの元妻の証言を利用し、われわれの自主的な帰国を妨害する行為だ。帰国させないことで、北朝鮮をテロ支援国家とする口実を残そうとする米国の意図が背景にある。北朝鮮当局が今後、拉致の経緯を明らかにすれば、われわれの無実はおのずとはっきりするはずだ〉。

6.2007年の森さん、黒田さんへの逮捕状

次に、2007年6月13日に、森順子さんと若林（旧姓黒田）佐喜子さんの逮捕状が発付された。これは「テロ支援国家指定解除」に動きつつあった米ブッシュ政権への安倍首相（安倍―漆間ライン）の牽制（ハシゴを外されまいとする"悪あがき"）であった。

安倍首相に近い漆間巌警察庁長官（07年8月退任）は06年11月30日の会見で、「北朝鮮への圧力を担うのが警察」と公言した。07年1月18日の会見では、「北朝鮮の資金源について『ここまでやられるのか』と相手が思うように事件化して、実態を明らかにするのが有効」とまで語っていた。

安倍政権を支えてきたキシャクラブメディアは、在日朝鮮人に対する政治弾圧の共犯者でもある。安倍政権の誕生で公安警察の在日朝鮮人に対する政治弾圧・人権侵害が全国各地で起きた。警察は06年11月から07年2月にかけ、朝鮮総連本部や朝鮮学校などを50回にわたって家宅捜索、無実の11人を不当逮捕した。微罪を口実に被疑事実と無関係な施設に大量の機動隊員を動員し、不当捜査に抗った人たちを逮捕するすさまじい政治弾圧だったが、メディアはその問題点を報じるどころか、公式・非公式の公安情報を確認もせずに垂れ流し、捜索の模様をテレビでオンエアして朝鮮総連や在日朝鮮人団体を犯罪組織のように印象付ける報道を繰り返していた。

メディアは07年5月中旬から、森さんと黒田さんに逮捕状が出るという記事を書き始める。07年5月11日の産経新聞は1面と社会面で3本の記事を載せた。1面の〈よど号犯妻2人立件へ　石岡・松木さん拉致関与〉と題した記事は次のようだった。

〈昭和55年、北海道出身の石岡亨さん＝失跡当時（22）と熊本県出身の松木薫さん＝同（26）＝が欧州から北朝鮮に拉致された事件に、日航機よど号ハイジャックメンバーの妻2人が関与した疑いが強まり、警視庁公安部

は10日、結婚目的誘拐容疑で2人を立件する方針を固めた。検察当局と協議し、5月中にも逮捕状を取り、国際手配する。/立件されるのは故田宮高麿・元赤軍派幹部の妻の森順子容疑者(53)と、若林盛亮容疑者(60)＝ハイジャック事件で国際手配＝の妻の若林（旧姓・黒田）佐喜子容疑者(52)。いずれも旅券法違反容疑で国際手配中。/調べでは、森容疑者らは55年5月ごろ、スペインのマドリードで松木さんと石岡さんを旅行に誘い、オーストリアのウィーンに連れ出した上で、北に連れ去った疑いが持たれている。/スペイン・バルセロナの動物園で、石岡さんと森、若林両容疑者が一緒に写った写真があり、撮影後に松木さんも合流したとみられる。石岡さんは同年6月、「マドリードで知り合った人たちと4人で共産圏を旅してくる」との手紙をウィーンから投函している〉

社会面には〈よど号犯妻　一緒の写真 "物証"　失跡直前の石岡さんと欧州拉致を裏付け〉という見出し記事がある。

〈松木薫さん＝当時(26)＝と石岡亨さん＝同(22)＝を欧州で拉致した容疑で、よど号ハイジャックグループの妻2人を立件する方針が固まった。警視庁公安部が重視したのは、よど号の元リーダー、故田宮高麿元幹部の妻、森順子容疑者(53)＝旅券法違反容疑で国際手配＝ら2人が、石岡さんの失跡直前に一緒に撮った写真だ。欧州拉致解明の包囲網を固めるため公安部は "謎の男" とされた「○○○」の帰国もにらみ、状況証拠を積み重ねてきたとみられる。/「妻2人が拉致に関与した動かぬ証拠がある」。捜査幹部がこう指摘する "物証" こそが、旅行中の石岡さんが失跡する直前、森、若林佐喜子(52)両容疑者とスペインで一緒に写った写真だった〉（○○○は記事では実名、以下Oさんとする）

社会面には〈よど号ハイジャック　北で合流した男、逮捕へ　旅券法違反容疑　拉致事件も追及〉との見出しでこう書いた記事もあった。

〈警視庁公安部は10日、日航機よど号ハイジャック事件メンバーと北朝鮮で合流した男に対し旅券法違反（渡航制限）容疑で逮捕状を取り、警察庁を通じて国際刑事警察機構（ICPO）に国際手配の手続きを取った。11日以降、実家など約20カ所を捜索する。男は6月5日に北から帰国予定で、公安部は帰国次第逮捕する。よど号犯らによる欧州での日本人拉致の事情を知る可能性もあるとみて追及する方針。/男は熊本県出身の○○○容疑者(52)。よど号犯の赤木志郎容疑者(59)＝国際手配＝の妹(53)＝平成15年に帰国＝の夫で、「△△△」のペンネームで機関誌に寄稿していた。調べでは、昭和62年4月ごろ、渡航制限されていた北朝鮮に入国した疑い。/

○○容疑者は56年10月に日本からパリに向け出国後、57年9月ごろから60年にかけオーストリア・ウィーンに滞在〉

　2人に逮捕状が出る1カ月前に、Oさんの帰国時に合わせ、2人への逮捕状が予告されている。

　5月12日の産経新聞に〈「よど号」妻に逮捕状　旅券法違反容疑　拉致関与など捜査へ〉

　という見出しの記事が載った。

　〈よど号ハイジャック事件メンバー、若林盛亮容疑者（57）の妻が、虚偽申請で旅券を取得していた疑いが強まり、警察庁公安部は旅券法違反容疑で妻の佐喜子容疑者（49）の逮捕状を取り、11日、警察庁を通じて国際手配を要請するとともに、群馬県内の実家など5カ所を家宅捜索した。北朝鮮に残るよど号犯の妻のうち、佐喜子容疑者は唯一逮捕状が出ていない"最後の容疑者"だった〉

　6月13日には〈よど号犯妻2人　逮捕状きょう請求　石岡・松木さん、平壌郊外に監禁〉という見出しで、〈よど号ハイジャック犯の元妻が、2人は一時期、平壌郊外のよど号犯の拠点から車で約1時間の場所に監禁されていたと、警察当局に証言していたことが分かった／元妻はこうした事実を、石岡さんらを拉致した疑いが持たれていた、よど号犯の妻2人などから聞かされており、警視庁公安部は、石岡さんらが妻2人に北に拉致されたと断定。（略）〉

7. 朝日新聞にも公安リーク情報

　公安当局のリークに基づく記事は朝日新聞にも載った。朝日は05月11日の夕刊で、〈よど号メンバー妻、旅券法違反容疑で逮捕状　拉致経緯知る可能性〉との見出し記事でこう書いた。

　〈日航機「よど号」ハイジャック事件の実行メンバーの妻で北朝鮮在住の若林（旧姓黒田）佐喜子容疑者（49）に対し、警視庁公安部は、旅券法違反（渡航制限違反と虚偽申請）の疑いで逮捕状を取り、11日、群馬県の実家などを家宅捜索した。近く国際手配する。若林容疑者は、欧州で失踪し北朝鮮で死亡したとされる石岡亨さん（失踪当時22）と松木薫さん（同26）の拉致についても経緯を知っている可能性があり、公安部は関連を調べる方針だ。／調べでは、若林容疑者は84、86、88年に北朝鮮に入国した際、当時必要だっ

た専用旅券を取らなかった疑い。（略）〉

　朝日は6月14日の〈「よど号」妻2人に逮捕状　拉致実行の疑い　石岡・松木さん事件〉という見出し記事では次のように報じた。

　〈80年に欧州で失跡した札幌市出身の石岡亨さん（失跡当時22）と熊本県出身の松木薫さん（同26）の拉致事件で、警視庁公安部は13日、日航機「よど号」ハイジャックメンバーの妻で北朝鮮在住の森順子（よりこ）（54）、若林（旧姓黒田）佐喜子（52）の両容疑者について結婚目的誘拐容疑で逮捕状を取り、警察庁を通じて国際刑事警察機構（ＩＣＰＯ）に国際手配の手続きを取った。これを受け、外務省は北朝鮮に両容疑者の引き渡しを請求した。／公安部は、森容疑者の夫で、よど号グループのリーダーだった故田宮高麿元幹部が両容疑者に拉致を指示したとみており、田宮元幹部についても被疑者死亡のまま書類送検する方針だ〉

8. 朝鮮への渡航が犯罪なのか

　よど号メンバーの義弟であるＯさんは2007年6月5日、警視庁公安部に旅券法違反容疑で逮捕された。1987年に渡航制限のあった北朝鮮に入国したのが同法違反だという。私も1998年から14回、政府から渡航制限されている朝鮮に入国しているので、いつ逮捕されてもおかしくないということになるのだろうか。

　共同通信は〈公安部は、グループが83年に失跡した有本恵子（ありもと・けいこ）さん＝当時（23）＝ら3人の欧州での拉致事件にかかわったとみており、拉致に関する何らかの事情を知っているとみて追及する〉〈公安部は今年5月、旅券法違反容疑で逮捕状を取り、熊本県の実家など約20カ所を家宅捜索していた〉〈公安部は、80年に欧州で消息を絶った石岡亨（いしおか・とおる）さん＝同（22）、松木薫（まつき・かおる）さん＝同（26）＝の拉致に、現在も北朝鮮に滞在するよど号犯の妻2人がかかわった疑いが強まったとして、結婚目的誘拐容疑での立件に向け捜査している〉と報じた。

　メディアは別件逮捕を全く批判しない。Ｏさんは優秀なジャーナリストで、

国際情勢を鋭く分析しているＯさんが編集・発行しているニュースはいつも参考になる。新聞記者は「警察という公権力の権力行使を監視するために、警察は被疑者・被害者の実名を発表すべきだ」といつも言うのだが、報道界はＯさんの事案で、裁判所が逮捕状を出したことと、警察による逮捕状執行が権力濫用かどうかを取材し報道すべきだと思う。

9. 国賠裁判を詳しく報じない日本メディア

　平壌に住む３人に逮捕状が出た時には、連日大きく報道したキシャクラブメディアは、３人が2013年４月25日、「警視庁が拉致容疑の逮捕状を請求したのは証拠の裏付けがなく違法」と、東京都に計1500万円の損害賠償を求めて東京地裁に提訴したことについては、〈訴状によると、メンバーの元妻（57）の虚偽証言に基づき警視庁が逮捕状を請求し、名誉が著しく侵害されたなどとしている。元妻は2002年、魚本容疑者らが欧州での拉致事件に関与していたと法廷で証言した〉〈警視庁訟務課は「訴状を見ていないのでコメントできない」としている〉などと淡々と伝えた。

　共同通信は訴状を入手しているのだから、それを警視庁訟務課長に見せて、コメントを取り直すべきだ。

　共同通信などメディアはこの裁判について、原告の請求を棄却した決定を伝えただけだった。2014年３月27日に東京地裁（菅野雅之裁判長）は「逮捕状はまだ執行されておらず、警視庁の判断に違法性があるかを審理すれば捜査に支障が出る」と請求を棄却。14年８月27日には、東京高裁（難波孝一 裁判長）が「現時点で逮捕状は執行されていないため請求は認められず、警視庁の判断に違法性があるかを審理すれば捜査に重大な支障が出る」として一審判決と同様に請求を棄却した。15年２月５日には、最高裁第１小法廷（白木勇裁判長）は３人の上告を退ける決定をし、原告側敗訴が確定した。

10. 客観報道の原則を逸脱

　共同通信、産経新聞、朝日新聞の記事を引用したが、これを英語にすると海外の報道機関ではほとんどの記述が没になるだろう。

　例えば、５月11日の産経記事に〈（森容疑者らは）スペインのマドリードで松木さんと石岡さんを旅行に誘い、オーストリアのウィーンに連れ出した

上で、北に連れ去った〉〈よど号メンバーは、故金日成主席の「代を継いで日本革命を達成しなければならない」との教示に従い、組織拡大と結婚相手の確保のため、欧州で日本人を拉致した〉〈（森・若林両容疑者は）は関西在住の姉妹に「石岡さん、松木さんと一緒にウィーンへ行かないか」と持ちかけていたことも判明〉などと書いているが、情報源が全く書かれていない。

　警視庁公安部の幹部が、自宅に夜回りで訪れた記者に漏洩した情報だろう。海外メディアでは「警察の幹部が絶対に名前を出さないという条件で私に明らかにしたところによると…」で「この話が真実かどうか、被疑者の言い分は取材できていないのでまだ分からない」と読者に伝えなければならない。捜査官が公式に発表できないことを、名前を隠してリークすることはそもそもフェアではないという前提がある。当局に自信がないか、情報を流して捜査をやりやすくするという意図があるか、そのどちらかだ。

　拙著『客観報道　隠されるニュースソース』（筑摩書房）で詳しく論じたが、報道機関は当局者を監視するべきで、情報操作には乗っていけないという職業倫理がある。ところが、日本では「捜査関係者への取材で分かった」とか「警視庁の調べでは」と書けばいいということになっているのだが、これは先進国のジャーナリズムの基準に完全に違反している。

　また、法学部の学生程度の法知識があれば、平壌で市場関係の仕事があると聞いて朝鮮へ向かった日本人が拉致されたというのは無理があるとすぐわかるだろう。ましてや、３人が仮に日本人３人の訪朝に何らかの関与をしているとしても、それに親告罪である結婚目的誘拐罪を適用するのも難しいのも分かるはずだ。誰が告訴・告発したのかも明らかにされていない。

　日本人を拉致する目的は、日本語の教師をさせるためというのだが、朝鮮には日本語が堪能な人はたくさんいる。よど号メンバーに協力をそういう理由で要請するはずがない。

　Ｏさんの逮捕は、政府が朝鮮への渡航を自粛するよう要請しているのに、朝鮮へ渡ったのが違法だという理由だが、渡航の自由は憲法で保障されており、訪朝を理由に逮捕するというのはあまりに乱暴だ。Ｏさんの逮捕状を発付した裁判官の氏名を報道すべきだ。

　バルセロナの動物園での写真一枚が、どうして拉致の証拠になるのか。記者は、写真を撮ったＮさんの周辺を含め徹底して取材すべきだった。

　逮捕状を発付した裁判官の氏名、役職が記事にはない。裁判官は証拠をきちんと調べて逮捕状を出したのだろうか。かつて寺西和史裁判官が朝日新聞

への投書で、逮捕状や勾留状が自動販売機のように出ている事態を告発したが、記者は令状が適正手続きに従って出ているかどうか監視すべきだ。

平壌で暮らすよど号のメンバーの4人は、朝鮮では米帝国主義のベトナム戦争に反対した政治亡命者として処遇されている。しかし、4人は事件以来ずっとよど号乗っ取り事件の被疑者として国際手配されている。普通に考えれば、朝鮮当局がよど号の4人とその家族が、朝鮮による日本人拉致に関与させるはずがないと分かるはずだ。ましてや、金日成主席からの教示を受けた田宮氏がロンドン留学中の有本さんに声をかけて騙し、朝鮮に連れ出すよう指示したなどという話を誰が信じるだろうか。

11. 八尾恵氏の証言で動いた公安当局

平壌の3人に逮捕状が出たのは、新聞・通信社の記事に度々登場した八尾恵・元スナック店主が、高沢皓司氏らと共に、公安当局に情報提供したことが契機になっている。

八尾氏は1988年6月、朝日新聞に〈北朝鮮工作員と接触の女性逮捕　神奈川県警　別の容疑で　「よど号」犯と関連追及〉（記事では仮名）と報道され、産経新聞などは実名を出した。神奈川県警外事課は同年5月25日、有印私文書偽造・同行使（通称でのアパート賃借）などの容疑で八尾氏を逮捕していた。県警は6月15日に釈放、略式起訴で罰金5万円の判決を受けた。

八尾氏は私が世話人の一人を務める人権と報道・連絡会などに救援を求め、89年3月の人報連定例会に出席して、「警察はもとよりマスメディアも絶対に許せない」と訴えた。その後、八尾氏は朝鮮に住んでおり、よど号メンバーSさんの妻だったことが分かった。私は1989年から92年まで共同通信ジャカルタ支局長を務めていたので、八尾氏が人報連などで「北朝鮮には行ったこともない」と発言したのがウソだったことを謝罪する手記を発表し、2001年5月ごろから公安警察にマインドコントロールされていったプロセスをよく知らない。

日本に帰ってから、94年に同大教授になり、新聞学の講義で使っていた1990年1月13日放送のテレビ朝日「ザ・スクープ」の特集「報道被害」の最初も映像で、八尾氏と彼女の母親が「テレビや新聞でスパイと報道されて生活を破壊された」というシーンが出てくるので、学生に説明するのが厄介だった。

私は1998年に初めて訪朝し、八尾氏の二人の娘さんに会った。その二人

38

が帰国してからも何度か会ったことがある。二人は「母を絶対に許せない」と言っていた。

八尾氏がなぜ公安当局の言いなりになったのか分からないが、残念なことだった。

12. ジャーナリズムの原則に反する「拉致」報道

2002年9月以降の拉致問題をめぐる報道の問題については、『検証・「拉致帰国者」マスコミ報道』（人権と報道・連絡会編、社会評論社）の拙稿〈欧州で考える「拉致」報道〉を参照してほしい。

2003年5月末、ＮＨＫスペシャル「よど号と拉致」が放送されるなど、一方的な報道が展開されている。

朝日新聞の劣化は拉致問題でもはっきり表れている。安倍自公政権にひれ伏した朝日新聞は、拉致被害者に感情移入する記事をよく載せている。朝日新聞の投書欄「声」欄の担当者から聞いたのだが、朝日新聞トップは、日朝関係の投書を載せる際、必ず朝鮮による拉致事件を非難する投書を載せて、その下に日本の過去の植民地支配の未精算などに関する投書を載せるよう指示している。横田夫妻と一緒に写真展を開催していることもあり、地方版などで夫妻の講演や集会の記事を載せている。

朝鮮に関しては、両者の言い分を取材して報道するという原則は無視されている。

日本のメディアは、1953年に停戦になった朝鮮戦争が今も続いているのは、米国が平和条約を締結するという米朝の約束を反故にして、朝鮮の体制崩壊を狙ってきたためだということは全く伝えない。米韓が朝鮮の指導者の「斬首」作戦まで入れた朝鮮侵略のための露骨な軍事演習を強行していることも批判しない。米国が何を根拠に東アジアまで来てこんな挑発行為を続けるのかを問うこともない。

朝鮮の人工衛星発射を「ミサイル発射」と報道する。海外メディアはロケット発射とかミサイル発射実験と報じている。日本共産党機関紙のしんぶん赤旗も1面トップで「北朝鮮ミサイル発射」と報じる。米政府が、人工衛星が軌道に乗ったと発表しているのに、ミサイル発射だと言い張るのは、余程の悪意があるのだろう。「人工衛星ロケットもミサイルも同じ」と言いながら、日本の種子島や朝鮮以外の外国が打ち上げるロケットはミサイルとは決して言わない。

日本の政府とメディアは、朝鮮・韓国・中国が揃って「東海」と呼ぶ海を「日本海」と表現し、「ミサイルが日本海に落下した」と報じている。

人工衛星は日本、韓国、中国も飛ばしている。どの国の人工衛星打ち上げもミサイル発射実験と見ることもできる。なぜ朝鮮の打ち上げだけ「ミサイル発射」と決めつけて非難し、臨戦態勢を敷くのか。

かつては「ミサイル発射実験」と言っていたが、12年ごろから「実験」という言葉が消えた。外国が「ミサイル」を日本に向けて発射したら戦争だ。ミサイルを外国へ発射している国は米国とイスラエル以外にはほとんどない。

安倍政権に批判的な東京新聞、沖縄二紙なども朝鮮に対する姿勢は他紙とほとんど変わらない。朝日の社説や天声人語には引用もはばかるような罵詈雑言が並んでいる。これは朝鮮民族への憎悪を煽るヘイトスピーチではないか。

「拉致問題と核問題の解決なしに国交正常化はない」という姿勢は全党一致だ。「核とミサイル」に対する非難決議、制裁強化は国会では、自由党の山本太郎参議院議員が棄権したぐらいで、いつも満場一致だ。「反北」では挙国一致だ。

「北朝鮮は日本人を拉致した危険な国だ」という声だけが叫ばれ、日本が朝鮮人民全体の人権を蹂躙し、徴用・徴兵、軍性奴隷などで拉致・監禁した歴史を直視し、過去の清算をして国交正常化すべきだと言う声を聞かない。

13. 訪朝を解雇理由にした同僚教授

私は2014年3月末、大学院教授に100%求められてきた70歳までの定年延長を拒否され、大学から完全追放された。私は14年2月3日、学校法人同志社を被告とする地位確認訴訟を京都地裁第6民事部に起こした。この裁判で堀内照美裁判長は3年間もかけた証拠調べの結果を無視して「原告の請求をいずれも棄却する」との不当判決を言い渡した。私は大阪高裁に控訴し、逆転勝訴を目指す決意だ。

私が所属する社会学研究科の同僚教員4人（小黒純・竹内長武・佐伯順子・池田謙一各氏）が2013年10月30日、私を「不良教授」と認定した審議資料と称する怪文書を研究科員会（教授会、35人）で配付し、研究科委員会は前代未聞の無記名投票で私の解雇を議決した。この配付文書には、私が学科にいることで突発性難聴や帯状疱疹を発症した教員がいるという信じら

れない記述もあった。また、怪文書は私が大学院教授として不適格な理由の一つとして、「期末試験に立ち会わなかった（2013年7月）」と書いてあった。期末試験は13年7月26日に行われた。当時の社会学研究科長の冨田安信教授は15年5月の陳述書にこう書いている。

〔私は当初、期末試験のスケジュールが学生に発表された後、原告がどうしても行きたい海外出張の予定が入り、それが試験日と重なってしまったと考えていました。／ところが、その後の事務室への聞き取りで、原告は、すでに予定が入っている海外出張のため、試験に立ち会えないことが最初からわかっているのに、その日を期末試験日に指定したことがわかりました。／私たち教員は自らが担当する講義の期末試験に立ち会うことは当然だと考えており、私は、原告がはじめから試験に立ち会うつもりがなかったと知って、唖然としました。〕

　周知のように、朝鮮では、外国人は入国手続きの中で携帯電話を空港で預けるので、携帯電話ですぐに連絡はできないので、冨田氏の理屈に従うと、平壌への出張はできない。私は冨田氏の指示に従って試験日を決めた。大学支給の個人研究費を使った公務出張での訪朝を許可したのは社会学部長の冨田氏自身だ。私は期末試験と出張が重なりそうになった段階で、事務室の学部教務担当の角厚志氏（正規職員）と松隈佳之事務長と協議を重ね、角氏と試験科目「新聞学原論Ⅰ」のTAである矢内氏を試験監督代行者・監督補助者にすることを決めて、出張稟議書を提出した。

　私は期末試験の翌日（私の誕生日でもある）にあった朝鮮戦争勝利60周年記念行事に参加するため日本代表団の一員として訪朝していた。怪文書には、朝鮮に行っていたとは明記されていないが、日本政府が自粛を求めている訪朝をしたことを問題にしている。当時の代表団団長だった日森文尋・朝鮮の自主的平和統一支持日本委員会議長(元社民党衆議院議員)が私たちの訪朝が「日本や世界にとって重要なことであった」などと指摘した陳述書を京都地裁へ提出してくれた。

　私はこの怪文書を作った4人と渡辺武達教授（15年4月から名誉教授）の5人を京都地裁第3民事部に名誉棄損で提訴している。5人の代理人の小國隆輔弁護士は被告側準備書面で、「朝鮮民主主義人民共和国を訪問した」と初めて明記した。

　私を追放した主犯の小黒氏は5人裁判の陳述書（16年12月20日）で、「自

らの主義・主張、政治的信条を前提とした講義が行われている」と私を非難
した。私の雇用闘争については、ネットのＨＰ「浅野教授の文春裁判を支援
する会」を参照してほしい。

14. 朝日は 40 年前から偽リベラルだった

　ある在日朝鮮人は、「朝日はあまりにひどいので東京新聞に変えた」と言っ
ている。彼は同時に、朝日は最近になって反動化したわけではないと言う。
彼から 1965 年 3 月 31 日付の朝日社説「『法的地位』には筋を通せ」が画
像で送られてきた。

　日本と韓国の間で国交正常化を目指して、漁業、財産請求権および法的地
位の三懸案について大詰の交渉が行われており、交渉当事者は一両日中に関
係諸協定の仮調印をすませたいという時期の社説である。

　〈交渉の最後の「詰め」が甘くなってはいまいか、という心配があるから
だ。こうした疑念は、すでに国会でも野党側から質問の形で提起されている
が、この際とくに重視したいのは、在日韓国人の法的地位の問題である。/
法的地位については、いわゆる永住許可の範囲と退去強制の二点について交
渉がまとまり、いったんは協定の仮調印が合意された。ところが、韓国側が
この合意をくつがえし、在日韓国人の処遇問題をも併せて一挙に解決すべき
ことを要求したため、交渉がこじれて現在に至っている。しかも、韓国側の
いう「処遇」とは、参政権と公務員になる権利だけが除かれるに過ぎないよ
うな広範囲で包括的な内国民待遇だといわれ、また永住権の問題でも許可の
範囲をさらに広げるような要求がむし返されているという。/率直なところ、
この韓国側の主張は、余りにも重大なものを含んでいる。子孫の代まで永住
を保護され、しかもそのように広範囲な内国民待遇を確保するとなると、将
来この狭い国土のなかに、異様な、そして解決困難な少数民族問題をかかえ
込むことになりはしまいか。出入国管理上の、一般外国人の取扱いに比して
あまりにも〝特権的〟な法的地位を享受することが、果して在日韓国人のた
めになると、一概に決め込むことが出来るかどうか。民族感情というものの
微妙さ、複雑さはいまさら言うまでもなく、その意味で将来に禍根を残さな
いよう、法律上のスジを通しておくことがとくに肝要だといいたい〉

　社説は〈明治末年の韓国併合以来の、不幸な日韓関係の歴史〉〈在日朝鮮

人の多くが、事実上のいろいろな社会的〝差別〟を知っていると指摘した上で次のように論じた。

〈だが、例えば韓国併合といった歴史も、これから二十年、三十年の先を考えた場合、それは大多数の日本人にとって、遠い過去の一事実以上のものではなくなるだろう。独立国家の国民である韓国人が、なにゆえ日本国内で特別扱いされるのか、その説明にそれこそ苦労しなければならない時代が来るのではないだろうか。財産請求権のように、いわば過去の清算に属する事柄と、在日韓国人の法的地位のように、それこそ子々孫々につながるものとは性質が違うのである〉〈あらゆる見地からみて、〝拙速〟は許されないことを強調しておきたい〉と結んでいる。

　朝日は、この狭い国土のなかに、異様な、そして解決困難な少数民族問題をかかえ込むことになってはならないと主張した。排外主義そのものだ。事態は朝日の予測に反して、大多数の日本人は今もなお、在日朝鮮人を差別している。日本が41年間、朝鮮人民に与えた苦痛を省みず、日本人「拉致」問題の解決を叫ぶ安倍極右反動がいまだに公然と活動を続けている。朝日と日本社会は、マイノリティを「異様」「解決困難な少数民族問題」と形容した排外主義からの脱却ができていないのである。

　朝日新聞が、米国が仕掛けた朝鮮戦争はいまだに終結しておらず、日本政府は朝鮮との間で、侵略と強制占領の過去について清算を終えていないことを伝えないのは、この社説の誤りを訂正していないからだろう。拙著『天皇の記者たち』（スリーエーネットワーク）に書いたが、朝日はアジア各地で侵略軍と共に新聞を発行したことを反省していない。

　安倍政権は、日朝国交正常化を目指すとした平壌宣言を無視する姿勢を続けている。平壌宣言の署名の際、当時官房副長官だった安倍氏は小泉純一郎首相の隣に座っていた。両国の関係を「敵対から友好、対立から協調」に変えたいと表明した小泉首相の政権幹部として、安倍首相は国交正常化に向けて努力すべき義務があると私は考えている。

　日本政府はストックホルム合意で、日本側の行動措置として〈不幸な過去を清算し、懸案事項を解決し、国交正常化を実現する意思を改めて明らかにし、日朝間の信頼を醸成し関係改善を目指すため、誠実に臨むこととした〉と約束している。

日本の政府と人民は、日朝ピョンヤン宣言を誠実に履行して、国交正常化実現へ向け、朝鮮との人的交流を増やして、相互理解に努めたい。

（注）　筆者は日本の政府と記者クラブメディアで使われている「北朝鮮」という呼称を使わない。大韓民国（Republic of Korea）と朝鮮民主主義人民共和国（Democratic People's Republic of Korea）は1991年に国連へ同時加盟した。朝鮮民主主義人民共和国の略称は朝鮮とすべきである。朝鮮のことをどうしても北朝鮮と書きたいなら、韓国のことを「南朝鮮」と書かなければならない。

朝鮮民主主義人民共和国という主権国家の国名をいくら短縮しても「北朝鮮」にはならない。朝鮮共和国ならいいだろう。大韓民国の略称が「南韓」にはならないのと同じだ。

日本外務省高官や村田晃嗣同志社大学学長(15年11月の学長選挙で落選、16年3月辞任、現在法学部教授)は、講義の中で「国交がないから国と認めていない、『北朝鮮』というのは地図上の概念だ」と説明しているが、平壌宣言にサインしたのは「日本国内閣総理大臣、小泉純一郎」と「朝鮮民主主義人民共和国国防委員長、金正日」であった。国連メンバーである主権国家を「国ではない」と言い放つ村田氏は学者失格だ。

第3章 ヨーロッパ拉致の真相と
八尾惠の"嘘と創作"

1. 八尾惠証言・供述・陳述・著書の"嘘と創作"

⑴ はじめに

　ヨーロッパ旅行中の有本恵子、石岡亨両氏を朝鮮が拉致したとされる"ヨーロッパ拉致"事件の「真相の証言者」八尾惠。

　八尾惠は1955年兵庫県で生まれ、1977年21歳のときに朝鮮人民民主主義共和国（以下、朝鮮と略す）に渡り、そこでよど号ハイジャック犯の柴田泰弘と結婚して「よど号」グループに合流し、11年間にわたって海外と日本でいわゆる「よど号」グループの活動を行ってきた。そして、1988年5月の夫柴田泰弘氏が日本において逮捕された後、同月に神奈川県警外事課に有印私文書偽造・同行使の容疑で逮捕され、その後、住民票を知人の家においたという公正証書原本不実記載・同行使の容疑で合計22日間勾留された。本容疑については、略式起訴で罰金5万円を収め釈放されたが、勾留中に行われた彼女への「北朝鮮のスパイ」とする警察・検察の取り調べ及び当時のマスコミ挙げての過剰報道に対し、八尾は、釈放の2日後に記者会見を行い、その後4年間にわたり、北朝鮮スパイでっち上げを告発する運動を行ってきた。

　この運動は、八尾が、よど号グループの一員として朝鮮で生活し、柴田氏と結婚していたことなどが分かる中で崩壊するが、運動崩壊後の2002年3月12日及び同月27日のよど号の赤木志郎氏の妻K・E氏の旅券法違反裁判の公判において有本恵子さん拉致を「よど号」グループの指示のもとで実行したという「証言」を行い、その後、同趣旨の内容の『謝罪します』（文芸春秋社）を出版した。また、検事の求めに応じて、2002年9月29日と10月4日にこの証言に添う「供述」を金子氏公判のために行った。これら「証言」「供述」と『謝罪します』を拉致容疑の証拠とすることによって「よど号」グループが朝鮮支配下の拉致集団であるとされ、安部公博、森順子、若林（黒田）佐喜子の3名に逮捕状が出された。

　八尾は、1988年5月の有印事件による初めての逮捕以来、多くの供述書、

陳述書、また、運動体におけるパンフレット、著書等にその時々の「事実」
を披瀝している。しかし、それらの内容は、幾度も変遷し、一貫しておらず、
常に自分の置かれている状況を自分に有利に持っていくために、周りに合わ
せて都合良く作ってきたものに他ならない。すなわち八尾惠の証言、供述、
陳述、著書のすべては嘘と創作でしかない。

　八尾惠の供述の変遷は、様々な形（朝鮮との関係、よど号との関係など）
で出ているが、それを典型的に表しているのが、八尾によって朝鮮の工作員
とされたキム・ユーチョル氏に対する供述である。そこで、キム・ユーチョ
ル氏を例示として、八尾の供述の変遷について明らかにしていく。

　なお、キム・ユーチョル氏は、1938年4月17日平壌生まれで、1978年
11月、在デンマーク朝鮮大使館勤務、1980年秋、在ベオグラード朝鮮大使
館勤務、1981年、ユーゴスラビア在ザグレブ朝鮮領事館副領事であった朝
鮮の外交官である。そして、八尾も含む「よど号」グループの朝鮮—欧州出
入国に際して在外外交部の担当者として便宜を図っていた人物である。した
がって八尾とキム・ユーチョル氏は当然互いに顔見知りである。

⑵ 有印私文書偽造事件と公正証書原本不実記載・同行使事件

　キム・ユーチョル氏は、有本さん拉致事件における最も重要な役割を担っ
たとされる人物であるが、八尾の1988年の有印私文書偽造事件及び公正証
書原本不実記載・同行使における供述では、キム・ユーチョルなる名前は一
度も出て来ていない。八尾は、自分が海外旅行のとき、コペンハーゲンで声
をかけられたのは、中国人の劉さんであると一貫して供述し、また、劉さん
より頼まれた多くの仕事を遂行し、その見返りとして相当額の金を受け取っ
ていたことを供述している。

　　劉さんと初めて会ったのは、1981年だった思う。コペンハーゲンで声
　をかけられた。中国物産品を輸出していて本社は台湾、コペンハーゲン
　に事務所がある、と言っていた。仕事を頼まれたが、電話の取次や市場
　に出ている商品の調査など簡単な仕事だと言われ、やらせてもらうこと
　にした。最初はフランスやイギリスでホテルのパンフレットを手に入れ
　たり、衣類、装飾品、日用品などの買い付け。1981年9月か10月頃、
　シンガポールに行ってほしいと言われ、日本円で50万円、ミノルタ製
　カメラ、シンガポールの市内地図を渡され、指定した市内の写真撮影と

ホテルのパンフレットを手に入れることを頼まれた。

（昭和63年6月5日有印私文書偽造同行使事件供述調書）

1982年2月、男性の名前は劉さん。年齢40歳代で身長172センチくらいでやせ型。昭和57年、コペンハーゲンで声をかけられた。華僑で貿易の仕事をしているとのことだった。日本に行ったこともあるとも言っていた。また、東ヨーロッパに行ったことがあるか、行きたければ連れて行ってあげるとも言われた。

（昭和63年6月3日有印私文書偽造同行使事件供述調書）

劉さんからコペンハーゲンで会いたいと電話、飲食店を持ちたいと話した。これを機会に交際が始まり、コペンハーゲンで会ってからベオグラード、東ベルリン、モスクワを案内してもらった。お金をいただくとき、劉さんから貿易の仕事の関係で電話の取次を頼むかもしれないと言われた。仕事の内容は、自分の伝言をメモして相手に伝えることで、引き受けたが、そのとき、それ以外にも頼む事があるかもしれないと言われた。

（昭和63年6月3日有印私文書偽造同行使事件供述調書）

外国人の男性からお金をはじめてもらったのは、昭和57年2月から59年7月までに旅行の際、フランで貰い円に換金して250万円くらい。

（昭和63年5月31日有印私文書偽造同行使事件供述調書）

1984年に7年ぶりに帰国したが、帰る直前に劉さんから、日本に帰ったらやってほしいこととして、日本の生活用品の購入、日本の書籍の購入、東京都内の写真撮影、ホテルの調査を頼まれた。

（昭和63年6月5日有印私文書偽造同行使事件供述調書）

1984年12月に海外旅行で劉さんに仕事の結果を渡した。

（昭和63年6月5日有印私文書偽造同行使事件供述調書）

外国人の男性から6回目のお金。昭和62年1月から3月、1万ドル。

（昭和63年5月31日有印私文書偽造同行使事件供述調書）

劉さんに自分宛に電話が入ったら伝えてほしいとメモを渡され、用が済

んだら破ってほしいと言われたが、その後劉さんからの電話で破ってほしいと言われ、伝言はしなかった。人の名前だったと思う。

（昭和63年6月3日有印私文書偽造同行使事件供述調書）

1985年11月から86年2月まで海外旅行をした際、劉さんから、知り合ったお客さんの出身地、性格、趣味などを調べて名簿を作る仕事を頼まれた。次の渡航で20名程の名簿を書いた手帳を渡し、2、3日後に返してもらった。仕事の内容の割にたくさんお金をくれるので、変な人だと思いながらも仕事を頼まれて来た。

（昭和63年6月5日有印私文書偽造同行使事件供述調書）

第3回目の旅行のとき、劉さんから預金口座をいくつか作った方が良い、作るならこの暗証番号にこの番号を使うようにと5種類の番号を言われたので、なぜ自分の暗証番号を劉さんに言われなければならないのかと言いましたが、そのうち劉さんが預金通帳とキャッシュカードを持ってこさせようとしているのではないかと思うようになった。

（昭和63年6月5日有印私文書偽造同行使事件供述調書）

　しかし、劉さんがキム・ユーチョルであるとは一度も供述してはいない。そして、逮捕後、警察から複数の男性の写真を見せられ、劉さんを特定したとされる。

　10枚の写真のうちの③が劉さんです。

（昭和63年6月8日有印私文書偽造同行使事件供述調書）

　さらに、劉さんに頼まれて自分がやった仕事がスパイ行為であったことを認めるようになっていった。

　私が劉さんに言われてやったことはスパイ行為の一つであると思います。　　（昭和63年6月10日有印私文書後蔵同行使事件供述調書）

　私が思うスパイというのは会社や国の秘密を盗むこと、つまり産業スパイや映画の「007」のようなものだと思っていましたので、私のやっていたことがスパイというふうに言われるほどではないと思っていまし

48

たが、確かに人の秘密に関することを調査したり、日本の場所を写真撮影したりすることがスパイ行為の一つに当たるようにも思いますので、私が劉さんに言われてやっていたこともスパイ行為の一つであると思います。確かに、直接会社や役所に忍び込んで秘密を盗むことだけがスパイと言われる行為ではなく、そのように忍び込む前に忍び込む場所を事前に写真に撮ったりすることなどもスパイ行為の一つに当たるものと思います。私は劉さんのことを中国のひとと思っていましたので、結局、私は中国のスパイの一つをやっていたということであります。

（昭和63年6月10日有印私文書偽造同行使事件供述調書）

しかし、これらの供述書でも、劉さんは中国人であると供述し、劉さんがキム・ユーチョルであり、朝鮮の人であること、自分が朝鮮のスパイであるとはまったく言及していない。

(3) 警察、マスコミを相手とした国家賠償請求と損害賠償請求裁判

ところが、略式起訴で罰金5万円を収め釈放された、その2日後に記者会見を行い、警察でのひどい取り調べで「嘘の自供」を強いられ、北朝鮮スパイにされたと訴えた。そして、スパイとして取り調べた警察やスパイと報道したマスコミを相手に国家賠償請求ならびに損害賠償請求裁判を起こした。

釈放後に行った八尾自身の一般旅券返納命令処分取消等請求事件における陳述書においては、上記有印私文書事件等での供述のそのほぼ全部について、捜査当局の誘導による虚偽であるとしたのである。

市場調査は頼まれたが、電話の取次は頼まれていない。市場調査もできないまま終わった。ホテルのパンフレットも頼まれていない。金額も覚えていない。検事から何もしないで金だけくれるなどあり得ないと言われ、買物だけだと言っても信じてもらえず、思いついたことを話した。

（平成元年（行ウ）第219号旅券事件陳述書）

シンガポールに行って仕事をしてほしいと頼まれていない。50万円も受け取っていない。自分の意志で観光旅行に行ったにもかかわらず仕事を頼まれて行ったことになった。検事の誘導があったので、それに従って答えたものである。　（平成元年（行ウ）第219号旅券事件陳述書）

写真を撮る場所など全て思いつきで話した。

（平成元年（行ウ）第219号旅券事件陳述書）

初めて会ったときにどんなことを話し、何回目に話したかなど、7、8年もまえのことを覚えていないので、ぼんやりとした記憶をたどって話していくしかなかったが、それが検事の勝手な解釈で断定して書かれた。

（平成元年（行ウ）第219号旅券事件陳述書）

私の方から日本に帰ろうと思うので、買物でもあれば言ってくださいとは話したことがあると思うが、劉さんから仕事を手伝ってくれとは言われていない。刑事の誘導により供述したもの。

（平成元年（行ウ）第219号旅券事件陳述書）

名簿は作っていない。全くの作り話でやっていない。

（平成元年（行ウ）第219号旅券事件陳述書）

メモしたり、細かく破くか燃やすように言ったことを聞いたことはなく、私の思いつきで話した。検事の誘導により供述したもの。

（平成元年（行ウ）第219号旅券事件陳述書）

③の写真の人は劉さんに何となく似ているが、若すぎて私が会っていた劉さんとは言いがたい。検事に似ていると言ったら、検事がこの写真が劉だと言ってきたのでそれに従った。

（平成元年（行ウ）第219号旅券事件陳述書）

この写真は2枚とも私だとは思わない。ピンぼけで服装や持ち物も私が持っていないものもある。ヘアスタイルも違う。刑事から絶対私だと言われ、母親から泣きつかれたりして、言いなりになれば出してくれるようだと思い、私だということにした。

（平成元年（行ウ）第219号旅券事件陳述書）

逮捕されて6日目の6月1日、警察や検事は、母をだまして関西から横浜に連れて来て私に会わせました。私は逮捕7日目か8日目頃から恩を感じたなだめ役の野田刑事の言いなりになっていきました。私は、

刑事が与えるヒントをもとにしてやってもいないことをやったと話していくことに必死になりました。それが「自白調書」として造られていきました。野田刑事から、「お礼の手紙」を書くように頼まれたり、私が刑事や検事の気持を推し測って迎合的にならざるを得なかったのです。私が真意から供述したものではありません。決して任意に供述しているものではないこと。　　　　（平成元年（行ウ）第219号旅券事件陳述書）

そういう中で恋も何度か経験しました。私は、中国人で貿易商をしていた人にも恋をしました。「劉」という名前でした。劉さんは、父親のような包容力を持ち、ダンディで紳士的な人でした。私は彼に、自分の生い立ちや福祉についてのことなど、いろいろ話しました。これから、お金を一杯貯めて将来、施設が作りたいという夢も話しました。劉さんは、私の夢をとてもよく理解してくれ、賛同してくれていました。劉さんは、仕事が大変忙しい人なので、私が、衣類や装身具類の買い物を手伝ってあげた事が何度かありました。時間があるときは、食事や旅行に連れていってもらったこともありました。私の生活のことを心配して、買い物を頼んでは、そのお礼という口実で、さり気なく生活の援助もしてくれたりしました。　　　　　　　　　　　　　　　（パンフレット『私のこと』）

その後、まもなくその逮捕勾留理由とは、まったく関係のない“スパイ”容疑の取調べ一色になり、河野検事から顔が判らないピンボケ写真を見せられ“これは君だろう。君なのだ”と言われ出しました。私が自分でない写真を“違う”と認めないでいると、検事の取調べでも刑事らの取調べでも、ありとあらゆる罵声や脅し、だまし文句を投げつけられ続けました。時には、大声で怒鳴り散らしたり、机をバンバン叩いてわめかれたり、取調べに当たっていない刑事ら数人になじられたり、そしられたりしました。　　　　　　　　　　　　　（パンフレット『スパイ大作戦』）

私は、野田刑事は、私が“スパイ”でも何でもないと判っているのではないのか。だから、他の刑事と扱い方が違うのではないかと思うようになり、野田刑事の言う通りになると早く外に出してもらえるかもしれないと思うようになっていきました。私は、野田刑事が納得いくように思いつきを話したり、刑事が与えるヒントをもとにしてありもしないことをあったと言い、やってもいないことをやったと話すことに必死になっ

ていきました。野田刑事が納得するように話していくと、他の刑事たち
からも喜ばれ、皆がなだめてくるようになりましたが、彼等の思うよう
に話さないと嫌がらせをしてきたり、野田刑事が病気になってみせたり、
韓国人歌手が唄う物哀しい歌のテープを聞かせたり、「野田刑事がこん
なに心配しているのが解らないのか」「野田刑事を悲しませても平気な
のか」「「野田刑事を信じなさい」などと泣き落としを使ってきたり、恩
を売り付けようとしました。それは自分でもない写真を自分だと認める
ことから始まり、「スパイ」に結論付けられるまでの「自白調書」とし
て造られていきました。　　　　　　　　（パンフレット『スパイ大作戦』）

　そして、各メディアに対する損害賠償請求事件における本人尋問において
は、当初の有印私文書事件等の供述書にはそのような記載がまったくないに
もかかわらず、以下のように述べ、取り調べの内容がもっぱら自分を北朝鮮
のスパイにでっち上げるためのものであったとする。

代理人：尋問内容についてどんな尋問を受けたか、覚えておられるところ
　　　を幾つかおっしゃってください。
八尾：どういう尋問を受けたかというのは、具体的にそういうふうに言わ
　　　れていませんけれども、韓国に行ったことがあるようだとか、朝鮮民主
　　　主義人民共和国の工作員と会っていたのではないかとかっていう、そう
　　　いう尋問は受けたと思います。
代理人：逮捕あるいは勾留の罪名に関する尋問はほとんどなかったという
　　　ことは、いわゆる北あるいは朝鮮民主主義人民共和国の工作員と捜査当
　　　局が思っていた人との関係について、ほとんど尋問を受けたということ
　　　でしょうか。
八尾：そういうことだったと思います。
　　　　　　　　　　　　　（平成5年9月17日読売報道事件本人調書）

八尾：何の訓練か分かりませんが、早く吐けと、吐かないのは訓練を受け
　　　ているからだろうとか、それからあと北朝鮮が日本を襲おうとしている
　　　と、襲おうとしているけれども襲ってきたらお前の責任だぞとか、金賢
　　　姫の話、私よく知らなかったんですけれども、その当時、知らないのは
　　　おかしいと、わざと隠しているんだろうと、嘘つき、お前みたいな嘘つ
　　　きは見たことないとか、そういうふうな形でいろいろと、なんか朝鮮に

関係のあることで、あと韓国へ私行ったことないんですけれども、行ったことがあるのに行ったことがないと言ってるということも嘘つきだと、全部調べてあるんだぞというふうに言われました。そういう中で朝鮮との関係で私が何かやっていると、それからそういうことはやっぱり言われてたと思います。

代理人：捜査当局からの尋問の中で、あなたが北朝鮮の工作員と会っているのではないかと、言い方は別としてそういう趣旨の尋問は受けたんですか。

八尾：はい、受けました。

代理人：捜査当局が言っている北朝鮮の工作員というのは何という名前の人であるか、捜査当局は何か言ってましたか。

八尾：捜査当局というか検事が言ってたんじゃないかと思いますけれども。

代理人：検事はどんなふうに言ってましたか。

八尾：キムというふうに言ってたと思います。

代理人：キム・ユ・チュルというような名前ですか。

八尾：ユ・チュルというふうに言ってたかどうかはよく覚えていませんけれども、後になって見ればそういうふうに書かれてるものをたくさん見たので、その当時そういうふうにキムというふうには言ってました。

代理人：検事でもあるいは警察官でもいいんですけれども、あなたに対してヨーロッパで劉という名前の中国人と会ったことがあるんではないかというような尋問はしていましたか。

八尾：いいえ、していません。

代理人：ではヨーロッパであなたが会っている人が先程のキムという名前の北朝鮮のスパイあるいは工作員であると、そういうような尋問はしていましたか。

八尾：その話……まず朝鮮民主主義人民共和国の工作員というのがいて、その人間とまず会っただろうという尋問はありましたけれども、それが私がだれかと会っていて、それとこの人が同じだろうという話ではなくて、こういう人間がいて、こういう人間とお前は会ってただろうという話でした。

代理人：こういう人間というのはキムという人間のことですか。

八尾：そうですね。

代理人：ではあなたがヨーロッパでだれかの、名前は別として、男性と親しくしていたのではないか、あるいはその男性と何回も会ったことがあ

るのではないかというような尋問は受けましたか。

八尾：それはちょっと覚えてません。

（平成5年9月17日読売報道事件本人調書）

　これらの事件の供述、あるいは陳述書、本人尋問等において、はじめてキム・ユーチュルの名前が出てくるが、逆に劉については尋問すらしていないことになっている。また、柴田泰弘氏との関わりの件、朝鮮との関わり、よど号との関わりについては、すべて「プライベートなことである」として一切語っておらず、自分がそのようなものとの関わりのない、善良な一市民であること、そして、朝鮮のスパイにでっち上げられるという悲運の被害者を演じきったのである。これらの供述は自ら行った有印私文書偽造同行使事件等における供述ともまったく異なるものであり、悲運の被害者を演じるために八尾が創作したと断じざるを得ない。

(4) 金子氏旅券法違反裁判と『謝罪します』

　前述のように、柴田泰弘氏との関わり、朝鮮との関わり、よど号との関わりが明らかになったことで、悲劇のヒロインを演じきれなくなった八尾惠が次に演じたのが、2001年9月のK・E氏の帰国にあわせ、2002年3月の金子氏旅券法違反裁判の公判に2回、検事側証人として出廷し、旅券法違反とは関係なく「私が有本さん拉致実行犯だ」という証言である。

　1975年5月6日、キム・イルソン主席がよど号グループと謁見し、日本革命をやるためには、代を継いで革命を行っていくようにしていなければならないと、そういうふうな教示を受け、よど号グループも結婚相手を見付けるように教示されたと田宮やほかの男性グループ、また、朝鮮の労働党の人から聞いている。

（金子氏裁判平成14年3月12日第3回公判）

　1978年末、よど号グループの中で総会。田宮から、キム・イルソン主席の教示を受けた新しい活動の課題などが示された。日本をキム・イルソン主義化するための戦略戦術や方法論に対して、どういうふうにそれを遂行していくか、貫徹していくかという、具体的な内容を明らかにする総会。党創建準備委員会を設立。委員長に田宮、副委員長に小西がなった。日本革命の指導中核となる日本人の発掘、獲得、育成。田宮が思想

的に獲得する場合もあるが、いろんな口実を作って人を獲得する方法を打ち出した。朝鮮労働党連絡部56課の協力を得た。

（金子氏裁判平成14年3月12日第3回公判）

革命村の田宮の執務室で、八尾とF・Tさんが執務室に呼ばれて、日本人を獲得するための任務与えられた。イギリスのロンドンに行って、日本人の指導中核を発掘、獲得してきてほしい。特に若い女性を連れてきてほしいという任務を与えられた。年齢は25歳くらいまでがいいと言われた。人数についても何人でもいいというふうに言われた。

（金子氏裁判平成14年3月12日第3回公判）

1983年の5月の半ばか下旬ごろにロンドンに入り、有本恵子とロンドンで出会った。有本恵子とは、ロンドンのインターナショナルハウスという語学学校で知り合った。ロンドンからザグレブの前線基地に電話して、ザグレブにいた安部公博にいい人が獲得できそうだという内容のことを話した。　　　　　（金子氏裁判平成14年3月12日第3回公判）

有本の了解を得て、ザグレブの前線基地に報告し、電話連絡だけではなく、実際にどういう方法で有本を獲得するのかを討論するために、ロンドンからコペンハーゲン経由でザグレブに戻った。ザグレブの前線基地で更に詳しく報告した相手は朝鮮労働党56課のキム・ユーチョルと、それからチェという人と、それから安部公博だった。テレックスを使って、ザグレブの領事館からピョンヤンの田宮に連絡した。

（金子氏裁判平成14年3月12日第3回公判）

有印私文書偽造罪などで神奈川県警に逮捕された写真を見せられ、中国人の劉さんと言った。それはキム・ユーチョルの本当に使っていた名前でなく、キム・ユーチョルは、劉という名前は一度も使っていない。そのときは北朝鮮に行ったことやよど号グループと関係があることは組織の秘密でしたので嘘をついた。（金子氏裁判平成14年3月12日第3回公判）

キム・ユーチョルと八尾とFさんでロンドンに行き、その後フランスに行った。　　　　　　　（金子氏裁判平成14年3月27日第4回公判）

コペンハーゲンのチャイニーズレストランで、有本さんを安部公博とキム・ユーチョルに会わせた。(金子氏裁判平成14年3月27日第4回公判)

有印私文書偽造同行使で逮捕。キム・ユーチュルの写真を見せられて中国人の劉さんというふうに供述。 88年当時は中国人の劉さんと男女関係にあったというふうに供述した。

(金子氏裁判平成14年3月27日第4回公判)

そして、さらにその著書『謝罪します』では、以下のように述べている。

　1980年3月、私が北朝鮮に帰ってすぐに森順子さんと黒田佐喜子さんがスペインに現れています。彼女らは、4月にバルセロナの動物園で旅行中のIさん(当時22歳)と出会い、Iさんと一緒に旅行していたIさんの友人のカメラに収まりました。　　　　　　　　　　　(『謝罪します』)

　森さんと黒田さんは、バルセロナから、Iさんと同じマドリッドに行き4月20日から23日までホスタル・アマディオに泊まりました。彼女たちは、その後市内にアパートを借りました。私は、3人がマドリッドに来たのは偶然ではなく、マドリッドで会う約束をしていたのではないかと思います、Iさんはサンペドロで語学の勉強に来ていたMさん(京都外国語大学大学院生・当時27歳)と出会います。森さん達は、5月中、IさんとMさんを何度も、自分達のアパートに招待し手料理をご馳走したようです。そして、彼女達は一緒に旅行しようと2人を誘い、4人でウィーンに行きました。Iさんがウィーンから日本の友人に出した葉書があります。この葉書の消印は80年6月3日、ウィーンとなっています。それを見ると森さん達は、ウィーンで彼らに共産圏を旅行しよう、頃合いを見て北朝鮮にも行こうともちかけて平壌に連れてきました。

(『謝罪します』)

　1983年1月、私とF・Tさんは、田宮に執務室に呼ばれ任務を与えられました。「ロンドンに行って、未婚の若い女性を獲得して共和国に連れてこい」「できたら25歳くらいまでだ」「何人でもよい」という内容でした。　　　　　　　　　　　　　　　　　　　　　　　(『謝罪します』)

ロンドンでの活動は一旦、中止となっていましたが、1983年の5月頃、ザグレブの「前線基地」で、田宮から1人で、もう一度、ロンドンでの日本人発掘、獲得活動を行うように任務を与えられました。獲得条件は前と同じでした。この任務を受けたのは、「前線基地」の談話室でした。田宮は「どうや、1人でできるか？できるやろ。1カ月くらいでできないか？」とも言いました。私は、1人で取り組むのは初めてだったので、つい張り切って「大丈夫です、1人でできますよ。1カ月でやります」と答えました。そして、私は5月の中旬か下旬頃、単身でロンドンに向かったのです。ロンドンでの滞在先は、Fさんと来た時に借りたことがある、週極めの家具つきの部屋でウエストケンジントン地区にある下宿でした。地下鉄ピカデリー線のバロンズコート駅で下りキャッスルタウンロードに面した3階建ての建物で、インド系のオーナーが経営していました。私が借りた1階のシングル部屋は、玄関からすぐの所にあり、室内はシングルベッド、洋服ダンス、テーブル、椅子、洗面台、ガスコンロと食器が少し備えられた質素な部屋で、トイレとバスは共同でした。獲得活動のために日本食を作って対象者を招待する必要があったからです。　　　　　　　　　　　　　　　　　　　　　　　（『謝罪します』）

　以上のように、八尾の金子氏裁判における証言においても、『謝罪します』においても、ヨーロッパ拉致に対するキム・ユーチョルの関わりには枚挙に暇がないほど証言しながら、あるいは検事側もそのことばかりを質問しているが、かつて互いに愛し合ったと語った劉さんことキム・ユーチョルと自分との関わり、あるいは劉からの依頼で行った「スパイ行為」については、まったく供述していない。有印私文書事件等における供述が正しいのであれば、朝鮮の工作員であったことを知りながら自ら進んでその片棒を担いできたことになるからだろうか、そのことについては一切語っていないのである。
　以上のように、八尾の語るところは、自己保身のために捜査当局に迎合したものか、逆に捜査当局の非道の被害者「恵ちゃん」としての顔を維持するための方便か、さらには反省して勇気ある告白をしたと賞賛される「拉致実行犯」など、その時々の自分の置かれている状況によって変遷しており、いずれも真実を語っていると断じることのできるものはまったくない。特に八尾の金子氏裁判における「よど号グループの欧州留学生拉致」証言、「有本さん拉致実行犯」告白、さらには『謝罪します』というこれらの一連の「告

白」は、それがまるで八尾が「朝鮮支配下のよど号グループ」のマインドコントロールが解け、良心に目覚める過程であり、告白や証言が、あたかも「良心の告白」「真実の証言」であるということを示す根拠であるかのように巧妙に作られている。

　しかし、八尾の供述の変遷を見るならば、本件逮捕状発付の証拠とされたと推測される金子氏裁判における証言と告白、あるいは『謝罪します』は、有印私文書偽造事件等において捜査当局によって作られたストーリーをベースに、その後の周知の事実を巧みに組み合わせて作られた八尾と当局によって創作されたフィクションであり、到底証拠たる価値を見いだせる真実を述べたものとは言えない代物であることがわかる。

　以上、"ヨーロッパ拉致"事件の逮捕状は、犯罪が行われたという疑いすら立証し得ない八尾証言を証拠として発付されたものであり、違法であるとの譏りを免れない。

　さらに不可思議なことに、警察あるいは検察は、2002年3月12日及び同月27日に「有本恵子拉致実行犯」であると告白した八尾の逮捕状を一度も取ることもなく、14年間にわたり身柄を放置したままである。しかるに、2002年9月、有本恵子氏に対する結婚目的誘拐罪容疑で、魚本公博氏の逮捕状を請求し、逮捕状が発付され、さらに、2007年6月、石岡亨氏と松木薫氏に対する結婚目的誘拐容疑で、森順子氏と若林佐喜子氏の逮捕状を請求し、逮捕状が発付された。これらの逮捕状は、現在に至るまで更新され続けているのである。

2. "ヨーロッパ拉致"事件の真実

⑴ 石岡氏"拉致"事件

　このように、有本氏あるいは石岡氏の「拉致」に関する「唯一」の「証人」である八尾恵の証言・供述・陳述・著書が全てにわたりおよそ真実の暴露にあたらず、全く証拠価値のないものであることは明白である。

　では、"ヨーロッパ拉致"事件とは一体なんだったのだろうか。結論から言えば、ヨーロッパ旅行中の有本氏あるいは石岡氏、さらに松木氏が自分の意志で朝鮮に行ったということではないか。それに当時の朝鮮外交官であるキム・ユーチョルが入国の便宜を図ったことは容易に想像できる。

　以下、"ヨーロッパ拉致"事件のうち、"石岡氏拉致"事件の実行犯とされた森順子氏及び黒田（若林）佐喜子氏の国賠における陳述書を引用しなが

ら、事実を明らかにする。

八尾は、金子氏公判証言において、「森と黒田（若林）が二人の男性（石岡氏と松木氏のことのよう）を獲得したと聞いていた」と供述し、石岡氏については、著書『謝罪します』においては、「彼女ら（森と黒田）は、4月にバルセロナの動物園で旅行中の石岡さんと出会い、石岡さんと旅行していた石岡さんの友人のカメラに収まりました。私は、3人がマドリードに来たのは偶然ではなく、マドリードで会う約束をしていたのではないかと思います。」と、述べている。しかし、これは全くの事実無根である。

森氏と黒田氏は、スペイン語の熟達のためと朝鮮で行っていた帰国運動の財政基盤を作るための商売活動のための商品の調査のために、ヨーロッパを目指した。ピョンヤンから空路でモスクワを経由してベオグラードに行き、ベオグラードから列車でマドリードに着いた。マドリードでは、スペイン語の熟達のために語学学校に通い、また商売活動のための商品の調査をパリとマドリードで行った。

二人が石岡氏とバルセロナの動物園で写真を撮ったことは事実であるが、会った直後にバルセロナで別れ、その後全く会っていない。

二人は、1980年4月中旬、マドリードへ向かう途中の駅であるバルセロナで、列車乗り継ぎの間に、旅行本に載っている「雪片」（スノーフレイク）を意味するコピート・デ・ニエベと呼ばれる白ゴリラを見るため、バルセロナ動物園に行き、園内で石岡氏とその友人に声をかけられ、一緒に見て回った。そして、帰り際に石岡氏から「写真でも」と言われ、二人と石岡氏の三人を石岡氏の友人が自分のカメラで撮った。動物園で石岡氏と友人と別れ、駅に向かいマドリード行きの列車に乗った。石岡という名前を知ったのも1994年3月の『週刊文春』に実名が載ったときである。

石岡氏の友人が撮った写真は、石岡氏と森氏、若林氏の三人が写っている本件写真以外にも撮影の前後に多数あることは撮影者である石岡氏の友人との面談で確認されている。もし八尾の言う通りであったら、二人と石岡氏、撮影者である友人は、動物園以降も一緒に食事をしたり、さらにはウィーンへの旅行をしていると言うのであるから、相当の枚数の写真に二人が写っており、それこそ拉致の有力な証拠であるはずであり、撮影者である友人は全部の写真を警察に提出しているのだが、一切証拠として出されておらず、撮影者にも返還されていない。二人と石岡氏、撮影者である友人は、八尾によれば1カ月近く一緒に行動していたことになっているのに、である。すなわち、警察当局は、三人が一緒に写っている1枚の写真を"拉致"事件の

証拠とするため、"拉致"事件なるものに、森氏、若林氏がまったく関与していないことを明らかにできる多数の写真を隠匿したのである。

石岡氏と同時期に起こったとされている松木薫氏拉致事件に関しても、森氏、若林氏による"拉致"事件であるとするのであるが、森氏、若林氏が関与したとする証拠はまったくない。松木氏に関する限り、"拉致"されたとする証拠もまったくないまま、「事件」となっており、極めて奇妙なことであるが、複数の事件をでっち上げる必要性から松木氏の渡朝も"拉致"とされたものと思われる。

(2) 有本氏"拉致"事件

八尾は、1983年5月の半ばに有本恵子氏とロンドンのインターナショナルハウスという語学学校で知りあい、1983年7月15日、コペンハーゲンのチャイニーズレストランで、有本氏を安部（魚本）公博氏とキム・ユーチョル氏に会わせたと言う。

このことが全くの虚偽であることを同じく安部公博氏の国賠における陳述書等を引用しながら明らかにする。

安部氏は、彼がコペンハーゲンで有本氏と会い北朝鮮に送り出すための話しをしたという1983年7月15日にはウィーンに居住しており、コペンハーゲンにはいなかったのである。

安部氏がウィーンに居たのは、当時、欧州で盛んになっていた反核運動の実情を知り、それを日本人向けの機関誌『日本を考える』に反映するため、ウィーンで『おーJAPAN』というミニコミ誌を発行していた人たちと交流するためだった。安部氏はウィーンに居住しながら、『おーJAPAN』の人たちや、その周辺にいる人たち、欧州の活動家たちとも交流し、ウィーンにあったアジア・アフリカ協会が経営する留学生会館に出向くなどして、反核運動に関する様々な資料を収集し、それを整理し、頼まれれば『おーJAPAN』の記事を書くなど多忙な日々を送っていた。『おーJAPAN』に書いた記事は、当時の『おーJAPAN』の欧州での責任者であったK・N氏に頼まれたもので、1983年4月号や同年6月号の「街から村から」欄の無署名記事などである。住居は、民宿や知り合った運動圏の人の所に居候したりしていた。また、K・N氏が居住していたアパート（オーストリア・ウイーン）は彼の夫人の両親が所有していたもので借り易かったため、K・N氏から部屋を借りた形にして住んでいたこともあった。

さらにはまた、1983年8月21日から31日までリビアで開かれた「第2

回全アフリカ青年フェスティバル」に参加する仲間（小西、若林）のリビア
への渡航を実現するために、7月中はアフリカ人の留学生を経てアジア・ア
フリカ協会のアフリカ人スタッフに会って、便宜をはかってもらうように働
きかけ、リビア政府のビザ発給を受けることができた。このように安部氏
は1983年7月から8月にかけてウイーンにおいて極めて多忙な日々を送っ
ており、コペンハーゲンに行っておらず、行く必要もなかったのである。こ
のことは、『おーJAPAN』の製作を手伝っていた日本人ジャーナリストO
氏が、安部氏が、82年末から83年3月までと同年5月から8月初めまで
『おーJAPAN』の製作のためにウイーンにおり、コペンには今まで1度も行っ
たことがないと話していることからも明らかである。また、O氏は、『おー
JAPAN』のK・N氏の奥さん、L氏の家は大きくて部屋がいくつもあるの
で安部氏が間借りしていたことも知っていた。

　石岡氏あるいは松木氏、さらには有本氏が"拉致"ではなく、自身の意思
で朝鮮に入国したということも十分あり得ることである。当時ヨーロッパか
ら朝鮮に行くことは比較的容易だったと思われる。前述した日本人ジャーナ
リストO氏は、当時の朝鮮は、本人が行く意思があり、朝鮮側に受け入れ
る意思があれば入れたと述べており、事実、O氏は自ら望んでヨーロッパ
から朝鮮に入国し、後日、日本に帰国している。

⑶ 金日成主席との謁見はあり得ない

　以上のように、詳細な事実を照らし合わせていけば、そもそも"ヨーロッ
パ拉致"事件は、事件としては存在せず、ヨーロッパ旅行中の有本氏、石岡
氏、松木氏らが、何らかの理由で自らの意思で朝鮮に入国したと考えるのが
順当である。

　八尾の嘘と創作による虚偽事実は以上に留まらない。

　八尾は、供述や『謝罪します』等で、「よど号」グループが金日成主席と
謁見したと言う。しかし、日本の亡命者であり、招かざる客であった「よど
号」グループに朝鮮の最高指導者金日成主席が謁見することはあり得ない。

　また、謁見した際には以下のような「教示」があったとする。

　キム・イルソン主席がよど号グループと謁見し、日本革命をやるためには、
代を継いで革命を行っていくようにしていなければならないと、そういうふ

うな教示を受け、よど号グループも結婚相手を見付けるように教示されたと田宮やほかの男性グループ、また、朝鮮の労働党の人から聞いている。（金子氏旅券事件平成 14 年 3 月 12 日第 3 回公判）

　「よど号」グループも結婚相手を見付けるようにという教示されたことが"拉致"の目的であったと言うのである。しかし、「よど号」グループはいずれも日本人妻を迎え、朝鮮において子どもをもうけているが、妻の誰一人として"拉致"によって朝鮮に渡り、結婚したと言う人はいない。例えば、黒田（若林）佐喜子氏の結婚経緯である。黒田氏は、1976 年当時、日本において主体思想研究会活動を行っていたが、職場、家族との関係で悩み、しばらく研究会を休みたいと考え、フランスに旅行に出た。そこで「よど号」グループの若林氏と知り合い、悩みなども話せる仲になり、自分がぶつかっていた問題解決の糸口を見付け、結婚を合意し、1977 年 4 月に朝鮮に入国し、正式に同居を始めたのである。救う会が"拉致"被害者として認定させようとした福留貴美子氏は、よど号グループの岡本武氏と結婚し娘が二人生まれている。福留貴美子氏は岡本氏とともに事故で死亡しているが、一度自分の意志で帰国し、また朝鮮に戻っているため、警察当局も"拉致"被害者とは認定していない。他の「よど号」グループもそれぞれ妻を迎えているが、きっかけは違っても全員が妻本人の意志に基づき朝鮮に行き、結婚を決め、朝鮮に在住することを選んでいる。

　また、駐在外国人の生活一般を見る政府機関として外交団事業総局が担当しており、「よど号」グループが朝鮮労働党と接触することはまったくない。

3. 八尾恵の現在

　かつて朝鮮で「ヘンボクさん」（幸福さん）と呼ばれて「よど号」グループやその妻たちみんなから愛され、「よど号」グループの一人である柴田泰弘氏と結婚した八尾恵。日本に帰国後、「北朝鮮のスパイ」容疑に国賠と損賠で闘った八尾。しかし、その後突如として変貌し、有本氏拉致実行犯であったと「告白」した八尾。

　八尾恵は日本に帰国した直後に逮捕されたことに対し、旅券返納命令取消訴訟やスパイでっち上げ国賠、報道被害の損賠訴訟（14 件）で「闘った」。私たちの中には、これらの訴訟の支援を行ってきた者もいる。そして、一連の訴訟の最後に八尾恵は「支援してもらうために事実を隠し、嘘をつきまし

た」「支援してくれる人たちの人の良さにつけこんで利用しただけでした」
と支援した仲間に謝罪してみせた。これは支援者への裏切り行為であった。
「裏切り」は、かつての仲間であった「よど号」グループ、そして自分の子
どもたちにまで及び、次々、仲間と家族を失って現在に至っている。

　壮大な虚構のなかで生き続ける八尾恵。彼女はこれからも周囲を裏切り続
けていくのであろうか。

　八尾の夫であった柴田泰弘氏は、逝去するしばらく前、私たちの「八尾は
どんな人なのか」という質問に「目立ちたがり屋なんですよ。それに自分の
思ったことが事実だと思ってしまう人でした」と答えていたが、果たしてそ
れだけだったのだろうか。初めての逮捕と留置、取調べによる国家挙げての
脅しと利益誘導の中での孤独の闘いに敗れた八尾の姿が浮かんでくる。

　2012年3月、わたしたちの仲間（支援）は沖縄にいた。八尾恵は沖縄で
生活をしているとの情報があったからだ。国賠準備のためにも八尾恵へのヒ
ヤリングが可能かどうか見極める必要があった。結局、沖縄には3回、訪
問したが、残念ながら接触することはできなかった。なぜ、八尾が沖縄に渡っ
たのか。沖縄でどんな生活をしているのか。生活の糧は。その生活は今も警
察の保護下にあるのか。八尾の今は謎に包まれたままだ。ただ、最近の情報
によると、再び「運動」の周辺に現れているという。また、世の中の、世間
の耳目を集めようとでもするためだろうか。なおも身に覚えのない犯罪者と
して逮捕状が発行され続け、故に祖国に帰国することのできない人々が晴れ
て帰国することができない限り、それは、決して許されることではない。

4. 八尾恵証言に対する「よど号」グループとの一問一答（平壌にて）

　2011年7月、平壌で国賠訴訟のために「八尾恵」証言（供述）に対する
ヒヤリングを行った。東京地裁での金子氏公判（旅券法違反）における八尾
恵の2回にわたる証言（2002年3月12日第3回公判証言、同年3月27
日第4回公判証言）についてのものである。

　当初、八尾恵の「偽証」を損害賠償の対象にし、そのウソを暴いていこう
と検討されたこともあった。八尾恵の「偽証」は金子氏公判で宣誓のうえ行
われたもので、法律的な弾劾として有効であった。そのための一問一答でも
あった。

　証言を項目別に整理しヒヤリングを行った。①場所（例えば、日本革命村
があり、これは日本を金日成主義化するための根拠地であったと述べるなど

の部分）、②通信方法（例えば、ザグレブから平壌はテレックス、日本で短波放送でのモールス信号とか）、③諸外国への出国・入国方法（北朝鮮外交官から旅券の受け渡しを受けたなど）、④組織関係のこと（党創建準備委員会、総会、経験発表とかの会合、また、指示の関係。普通は田宮から任務を受けて活動に出るが、朝鮮労働党から直で任務を受けて活動にでることもあったと八尾が証言していること）等の項目に整理し、一問一答方式で、八尾恵が自分自身の体験として語っている事実の中で嘘がないか、あるいは、嘘だといえる具体的根拠を示すものがないか、ヒヤリングを行った。

　Ｑ（質問）は、金子氏公判での八尾の証言（供述）。Ａ（答え）は、「よど号」グループ（平壌）の回答である。

①場所

Ｑ１：日本革命村について。ピョンヤンに日本革命村がある。77年5月から10年くらい、生活及び活動の本拠地として暮らしていた。

Ａ：「日本革命村」という呼称は、赤軍派当時の国際根拠地論（「日本革命の国際根拠地」）から来たもので、総括以降ただの「亡命者の居住地」になったので「村」と呼んだが、昔の名残で「日本革命村」と言ったりしたので、それを八尾が耳にはさんで使ったのだろう。いまは「日本人村」というのが一般的な呼称になっている。

Ｑ２：77年5月から87年10月までは革命村を本拠地に生活していた。キム・イルソンの教示を基に革命するための根拠地だった。

Ａ：金日成主席の教示に基づいて「代を継いで革命をする」目的で「若い男女を拉致」したという八尾の「証言」を根拠づける話だが、冷静に考えれば荒唐無稽なものだ。朝鮮では私たち「よど号」は一介の亡命客に過ぎず、主席の接見を受け、「教示を受ける」などという境遇にはない。

Ｑ３：よど号犯人及びその妻達が生活し、活動の本拠地としていた、革命村の所在地について。ピョンヤンの郊外にあるウォンシンリという地区がある。そこにテドンガンが流れていて、テドンガンのほとりに大きな敷地の村があった。

Ａ：元来、学者などが論文執筆などで宿舎として使用していたところで、近年、われわれの家族、親戚が訪れており、秘密区域のようなものではない。しかし、朝鮮側からそれ以外の人は入れないでほしいとなっており、われわれが帰国した場合、別の目的で使われることもあるからだろう。だから具体的な地名などわれわれの口から言うのは控えたい。テドンガンのほとりにあるのは事実だ。

　＊2014年。日本人村は開村されている。

64

Ｑ４：革命村の敷地は外側とは、ゲートや垣根などで隔てられていた。ゲートに
　　は人民軍隊が常に銃を持って歩哨に立っていて誰でも自由に出入りはでき
　　ない状態だった。
Ａ：ゲートや垣根があったり、警備隊（人民軍隊ではない）がいるのは事実。
　　それは大使館や他の外国人居住地（外人アパートなど）と同様に一般の朝
　　鮮人居住区と外人居住区とは区別するため垣根があり、警備隊がいる。垣
　　根も象徴的なもので、「村」には冬には凍ったテドンガンを渡って向こう岸
　　から薪を取りに来たり、春の山菜取りや墓参り（敷地内の山に墳墓もある）
　　に一般の人が入って来る時もある。

Ｑ５：革命村敷地内の施設。よど号グループのために「居住用のアパート」、活
　　動するための「本部」と呼ばれる事務所があった。その中に田宮の執務室
　　や応接室があった。「会館」という、学習会や映画会をするところがあった。
　　「食堂」があった。「本部」の中には、朝鮮労働党連絡部の56課の指導員が
　　いる「事務室」があった。
Ａ：事務室はあったが「本部」とは呼んでいない。田宮の執務室はあったが応
　　接室は皆共用のものでＴＶを見たり、朝の打ち合わせをやったりに使用。
　　また56課指導員の「事務室」はない。56課そのものがなく、ただ外交団
　　事業総局の人や講師（講義を依頼した大学の先生など）が宿泊できる部屋
　　は管理所にあった。

Ｑ６：よど号グループのための施設以外には「管理所」という、その村を管理す
　　るために働いている労働者たちがいるところがあった。他に建物では、キ
　　ム・イルソン総合大学や社会科学院から来た学者たちが研究をする「研究室」
　　があった。
Ａ：「村」はわれわれ「日本人亡命者居住地区」であって、朝鮮の学者が何か研
　　究するところではない。したがってそのような「研究室」はない。朝鮮の
　　学者は講師として講義を依頼する時に来るだけで宿泊所があれば事足りる。

Ｑ７：招待所。77年２月にピョンヤンについてからは、ピョンヤン郊外の招待
　　所で思想教育（映画、芸術鑑賞など）を受けた。招待所は革命村とは別。
Ａ：当初、八尾が学習のために非公開で来たのだから、招待所で勉強したのだ
　　ろう。

②通信方法

Ｑ８：電話。革命村には、よど号グループが使う範囲内では、国内で話す電話も、
　　国際電話もなかった。革命村の労働党の事務室には、国内用の電話はあっ
　　たみたいだ。
Ａ：「労働党の事務室」などないが、管理所には電話がある。

Q9：革命村に住んでいた当時は、電話で日本国内の人と話をすることはなかっ
た。日本に電話するときは、ピョンヤンの市内に行って、交換手を通じて
電話をしていたと聞いている。郵便については、革命村から日本に向けて
手紙その他の郵便物を送ることはできた。方法としては、ピョンヤン市内
に国際郵便局があるので、そこから出した。日本で任務に就いていたとき、
革命村の田宮ら指導部に対しては航空便による手紙で報告していたが、航
空便で手紙を送った場合は、何度か出したが、大体1週間前後で田宮の手
元に届いていた。
A：手紙は権力に見られるのが前提だったから、日本国内から「報告」を手紙
で送ったというのはありえないことだと思う。理解できない。

Q10：海外情報。革命村にいたとき、日本の情報をリアルタイムで知ることが
できた。各家に短波を聞けるソニーのラジオを持っていた。本部では、総
務部というところに、感度のいい短波を受信できる大きなラジオがあった。
田宮の執務室にも感度のいいラジオがあった。そのためNHKのニュース
を毎日リアルタイムで受信できた。
A：総務部という「部」ほどのものはなく「総務担当係」の人がいて、その部
屋にもラジオがあったのは事実。皆だいたい持っていた。

Q11：NHKの海外向け短波放送でニュースを聞いていたが、周波数は、時間
や季節ごとに変わっていた。ラジオ以外の日本の新聞や雑誌を読むことも
できた。朝鮮労働党から、1週間遅れの新聞や雑誌を革命村に運んできてい
たので、それを読んだ。毎日ではなく、大体1週間分、まとめて来た。
A：労働党からではなく外交団事業総局から送ってもらった。朝鮮の人が見た
ものを回してもらうからかなり遅れたものだった（3週間程度）。日本から
航空便郵送になっても4、5日遅れになる。

Q12：新聞は、朝日、読売、毎日、産経、赤旗があった。雑誌は、朝日ジャーナル、
週刊プレイボーイ、週刊ポスト、平凡パンチがあった。
A：当時、朝鮮側から借り受けたのは朝日、赤旗、朝日ジャーナルだけ。

Q13：そのような日本の新聞や雑誌は、本部の中に、新聞や雑誌をまとめて小
部屋に置いてあった。椅子があって腰掛けて自由に読めるようになってい
た。総務部の人に断れば、自分の部屋に持って行って読むこともできた。
日本のラジオを聞いたり新聞を読んだりすることは義務ではなく規則もな
かったが、日本の情勢を知っていることは当然のことだと考えられていた。
A：「当然のことだ」という言葉には、官報による「旅券返納命令」を知ってい
て当然だという意味があるようだが、毎日欠かさず聞いているわけでなく、
知らないことだってありうる。

Q 14：日本の情勢を知ることについては、朝皆で集まって会議するときなどに
　　　話題になったので、（ラジオを）聞きそびれても直ぐに知ることができた。
　　　ＮＨＫの短波放送で流れる日本の重要なニュースについて、革命村で誰も
　　　知らないということはありえない。例えば80年5月に韓国で起きた光州事
　　　件について、当時革命村には小西とＭと自分しかいなかったが、このとき
　　　は小西が光州事件の事を聞いていた。
Ａ：「誰も知らないということはあり得ない」というのも上記「官報」（「知って
　　　いて当然」という）がらみの発言だろうと思われる。

Q 15：ヨーロッパでの任務中の田宮への連絡方法。
Ａ：（前置き的に言えば）われわれには不要の前線基地自体がないのだから八尾
　　　の言う連絡方法は嘘。ただ海外や国内に出る人は、出入国手続き依頼の必
　　　要から、また緊急の用事などの時に連絡を入れる自分の電話連絡先（出入
　　　国協力を依頼する在外朝鮮大使館関係）はあった。

Q 16：ヨーロッパでの活動の場合は、主に電話でザグレブの前線基地に連絡を
　　　した。ザグレブの前線基地から、常駐者がザグレブの領事館の労働党の先
　　　生たちに頼んで、そこから領事館の人達がテレックスを打つという方法で
　　　ピョンヤンの田宮に連絡をした。ピョンヤンの田宮からヨーロッパで任務
　　　に就いている八尾に連絡する場合は、ピョンヤンからザグレブ領事館にテ
　　　レックスを打ち、そこで前線基地の人達が回答を聞き、そこに八尾が何日
　　　かしてから連絡をするという方法。2日あれば連絡は取り合えた。ヨーロッ
　　　パにいたときは、どこにいる等ということは、手紙でザグレブの前線基地
　　　に伝えていた。日本での任務遂行中の連絡方法。ピョンヤンの田宮には、
　　　手紙を郵送。北朝鮮ピョンヤンの架空の住所と架空の名前宛に送っていた。
　　　そうすると革命村の田宮に届くと聞いていた。
Ａ：先述したように、私たちの活動で八尾の言うような「前線基地」を必要と
　　　しなかったので、このような連絡方法も不必要。怪しげな工作活動のストー
　　　リーとしては必要だったのでしょう。

Q 17：日本にいる支援者の人達から郵便でピョンヤンの革命村に連絡する場合
　　　は、ピョンヤンにある国際郵便局に置いてある私書箱宛に郵便物を出した。
　　　その手紙は航空便で送る。逆に田宮ら指導部からの指示や連絡は、八尾の
　　　場合は、短波の周波数でモールス信号を打って連絡を受けていた。言葉で
　　　はなく、数字を音で暗号化して伝えるという方法。モールス信号を理解す
　　　るための訓練も受けていた。モールス信号の暗号化された数字を解読する
　　　ために、特殊な言葉を記憶して、それを基に乱数表を作って、その乱数表
　　　から、その暗号と足したり引いたりしながら、その連絡内容を知るという
　　　方法を訓練した。
Ａ：そもそもモールス信号で連絡するようなこと自体がなかった。だから八尾
　　　の場合もありえない。

Ｑ18：したがって、日本で任務に就いている時は、短波放送が聞こえるラジオ
　　　は必需品だった。
Ａ：ニュースを聞く必要性から自分のラジオを持っていっただけでは？

Ｑ19：短波の周波数を使った指示は、たまにしかなかったが、指示があるかな
　　　いかの確認のための決まった日があって、それが月２回あった。
Ａ：暗号で伝えなければないような「秘密工作」をやっていたということを根
　　　拠づけるためのものとしか言いようがありません。

Ｑ20：八尾はモールス信号だったが、朝鮮語で数字を読み上げる方法で受けて
　　　いる人もいるし、幾つかの方法で連絡を受けていた。
Ａ：前述の回答の通りです。

③諸外国への出国・入国方法

Ｑ21：諸外国への出国・入国方法について。北朝鮮外交官から旅券の受け渡し
　　　を受けたなど。
Ａ：前置き的に言えば、旅券問題では論点が二点ある。①自分の旅券を「当初、
　　　朝鮮労働党の人に預けていた」（自分の手元にはなかった）という八尾証言
　　　は嘘であり、自分が保管していたことを明確にすべきである。その理由は、
　　　「朝鮮労働党が日本旅券偽造に使った」という根拠にしている。②出入国の
　　　際、朝鮮旅券を使用し、二つの旅券を使い分けるために朝鮮の外交官の協
　　　力を得たという話。第一に、なぜ朝鮮旅券を使用したかの理由を明白にす
　　　ること。当初、日本人旅券だけで出入国したが、東欧社会主義国のスタン
　　　プが多いのが、旅券更新の際、問題にされたこと、また東欧社会主義国の
　　　場合、ビザの期間が限られており、例えば朝鮮に半年ほどいたときなど東
　　　欧諸国での「不法滞在」という形になり、不審に思われる（怪しまれたと
　　　いう）経験から、朝鮮旅券を使用するようになった。第二に、朝鮮の外交
　　　官の協力を得たことについては以下の理由による。朝鮮に帰還する途上で
　　　日本旅券と朝鮮旅券二つが必要になるが、万が一荷物検査など受けたとき、
　　　二つの旅券を持っていれば、不法行為となることから、外交官特権で荷物
　　　検査を免れる外交官に預けるようにした。それは特定の協力者がいたわけ
　　　でなく、出入国の際、協力をしてくれる当該国朝鮮大使館の人に同じ飛行
　　　機に同乗する朝鮮外交官に依頼してもらうようにした。同乗者がいないと
　　　きは、八尾がやったように身体に隠し持つなどの対策をとった。朝鮮労働
　　　党特別課、「ザグレブ前線基地」（領事館）のキム・ユーチョル、チョウ、チェ
　　　という特定の人間が協力者として固定されていたという八尾証言はまった
　　　くの嘘である。

Ｑ22：八尾が最初にピョンヤンに来たルート。77年に北朝鮮に来たのは、在日

朝鮮人活動家の松山という人に3ヶ月ほどの短期留学として誘われたため。

A：彼女が、朝鮮に学習と見学のために来たことは知っているが、誰の協力を得たとかいう経緯については知りません。

Q 23：77年2月24日、伊丹→香港→マカオ→北京→ピョンヤン。このときはマカオで北朝鮮の人2人と会い、日本のパスポートを預け、代わりに朝鮮公民という北朝鮮の旅券をもらい、それで中国に入国し、ピョンヤンに入った。

A：ありうることだと思う。

Q 24：78年の教育期間が終わる前くらいから、子供を産んだ人から順に海外に活動に出るようになった。ヨーロッパや日本に行った。それは組織としての活動で、任務を与えられて行った。

A：「教育期間が終わる」とか「子供を産んだ人から順に」というのは、「洗脳」とか「子供を人質に」という意味合いを込めており、悪意ある表現だ。活動に出る基準は必要性と適材適所ということだ。帰国のための活動の本格開始（女性の活動開始も）は1980年からである。

●**外国で活動する場合の任務の段取りや旅券について**

Q 25：任務のため北朝鮮からヨーロッパに出るときは、北朝鮮→ベルリンやベオグラードなど東側諸国に→西側諸国に、と言うルートだった。ピョンヤンからモスクワ経由ベオグラード、ザグレブに入国し、東側のベオグラードやザグレブの国からヨーロッパに出て行くという経路を取っていた。ヨーロッパの西側からピョンヤンに戻るときは逆で、まずコペンハーゲンかオーストリアのウィーンに行き、そこで北朝鮮の人たちと会い、そこからザグレブ、ベオグラードに戻り、そしてピョンヤンに帰るという経路をたどった。コペンハーゲンやウィーンを利用していたのは、そこでパスポートの交換をしていたから。昔から北朝鮮と国交があり、大使館があり、朝鮮の人達が自由に活動できたのでパスポートの交換をしやすいところだった。ここで北朝鮮の人達というのは、外交官の肩書きを持つ人達のこと。北朝鮮から日本に行くときのルートもヨーロッパに行くときと同じで、まずザグレブ、ベオグラードから西側諸国に入ってから日本に入った。

A：上記項目で八尾の場合、そうだったかもしれないが、色々な経路がある。

●**旅券について**

Q 26：77年2月に初めて日本を出国して北朝鮮に行ったが、その時に日本旅券は北朝鮮の人に預けた。その日本旅券は、次に八尾が初めて活動に行くまでは、朝鮮労働党の人達が持っていた。ピョンヤンに行って、日本旅券はずっと自分の手元にはなかった。

A：旅券は手元に持っていたはず。

Q 27：最初に北朝鮮に入国する前に北朝鮮の公民旅券を受け取って入国したが、
　　　その時の公民旅券の名前は北朝鮮の名前だった。写真は自分の写真。79 年
　　　12 月頃にスペインに活動に行く際に日本旅券を返してもらい、それを使っ
　　　て活動に行った。
A：自分の手元にあるから、「返してもらい」ということはない。

Q 28：任務のため北朝鮮を出る時は、まず公民旅券を使っていた。マカオから
　　　中国に入るときに使っていたものと同じ名前・同じ写真。
A：八尾の場合、そうだったかもしれないが、そうでない人もいる。

Q 29：その後ザグレブかベオグラードから西側に出国するが、そのときは、西
　　　側の空港で、ザグレブ領事館の朝鮮労働党の人（外交官）が外交官旅券で
　　　一緒に出てパスポートを使って出国手続を終えた後に、飛行場の中で出国
　　　するのに使った公民旅券を外交官に返して、代わりに日本旅券を受け取る
　　　という方法で交換していた。
A：「朝鮮労働党の人」ではなく外交官。同じ便に朝鮮の外交官が乗る場合は、
　　その人に依頼して（出入国協力を依頼した当該国大使館関係の人が）一方
　　の旅券を預かってもらうが、そういう人がいないときは自分が隠し持った。

Q 30：日本旅券は、外交官の荷物検査されない封筒などに入れて別途ザグレブ
　　　やベオグラードまで送られていた。
A：そういうことがあったということが理解できない。

Q 31：その後の西側諸国からの移動は本来の日本旅券で行っていた。逆に西
　　　側からピョンヤンに帰るとき。まずコペンハーゲンやウィーンに行き、そ
　　　こにいる朝鮮労働党の人達と一緒に出国し、出国の際に朝鮮の公民旅券を
　　　使って出国した。一緒に出国する外交官として、キムユーチョルやチョウ
　　　という人が手伝った。実際に一緒に出国したことがある。コペンハーゲン
　　　やウィーンで公民旅券で出国するが、その時は日本旅券は自分が持ってい
　　　るか、あるいは労働党の先生達に渡していた。
A：「労働党の人たちと一緒に」は作為的表現、「キム・ユーチョルやチョウと
　　いう人が手伝った」というのは「よど号専門の課が担当」につながる作為
　　がこめられている。

Q 32：出国手続をするとそのまま公民旅券で北朝鮮まで帰る。日本旅券は、当
　　　初は返していた。しかし 84 年頃から日本に活動に入るようになってから
　　　は、返さないようになった。出国してもそのまま日本旅券を持ったままで
　　　動いていた。革命村に戻ってからも、日本旅券は自分の部屋に置いていた。
　　　新しい任務のため出国するときはその日本旅券も一緒に持って出た。ピョ
　　　ンヤンを出てから東側諸国を通過する間は公民旅券なので、日本旅券は自
　　　分で作った布製のパスポート入れに入れて太ももにサポーターをしてその

サポーターに挟んで移動していた。

A：「日本旅券を返していた」というのはおかしい。朝鮮側がその旅券を流用したという根拠になる話にしている。

④組織関係のこと

●メンバーの結婚等

Q33：ピョンヤンの日本革命村には、よど号ハイジャック犯人達の他にその妻8人が暮らしていた。革命村では本名では呼ばないで組織名を使っていた。

A：八尾の言う「組織名」（というより別名）はあった。それは赤軍派当時から活動家名、別名（ペンネーム）を持つという習慣の名残。

Q34：77年5月4日、日本革命村に入った翌日に柴田と結婚式を挙げた。田中義三とM・Kはその前に結婚。それまでに全員が結婚式を挙げたと聞く。田宮や労働党の人や柴田から聞いた。

A：私たちの結婚が主席の教示に基づいたものであり、皆の結婚が終わった77年5月に主席の接見があったというストーリーのための話（それまでに全員が結婚を終えていなければならない）だと思う。八尾の結婚式はその頃だが、田中とM・Kさんは翌年だ。

Q35：(77年) 5月3日にKと赤木が結婚の儀式を挙げたと聞いた。労働党の人や田宮や他のよど号グループの男性達から聞いた。

A：Kと赤木の結婚は、赤木が欧州での活動を終えた翌78年の秋のことだから、事実に合わない。

Q36：吉田金太郎とは一回も会ったことがない。皆が結婚をしたのは、75年5月6日にキム・イルソンがよど号グループと謁見し、代を継いで革命を、として結婚相手を見つけるように教示があったから、と田宮・他の男性グループ・労働党の人から聞いた。

A：私たちの結婚が、主席の「代を継いで革命を」として「結婚相手を見つける」という「教示」によるものとしたのは、後の「よど号"ヨーロッパ拉致"」も同様の主席の「教示」に基づくものとした「八尾証言」を根拠づけるための目的から作られた話だと思う。

Q37：結婚の儀式の中で、キム・イルソンとキム・ジョンイルに結婚に対する感謝と忠誠を誓う誓約の手紙を送った。

A：「誓約の手紙を送った」というところが、いかにも私たち「よど号」が「朝鮮労働党支配下」にあるという印象を与えようとしたものと思われる。

　　　＊メンバーの結婚等については『「拉致疑惑」と帰国』（河出書房新社）
　　　に詳しく掲載されているのでご覧いただきたい（刊行委員会）

●よど号グループ内の指揮命令系統

Q38：よど号グループの中では、田宮が指導者、小西が副指導者で、その下に
男性全員が指導部としてあり、その末端に女性達がいた。上の者が下の者
に指示し、指示を受けた下の者が上の者に報告する組織だった。

A：上意下達、あるいは男性優位の封建的組織であるかのように描いている。
実際は編集委員全員の討議で決めた。意見のまとめ役として代表の田宮が
いた。

●革命村での日課

Q39：朝6時半に起床し、体操、ランニングをし、その後に女性は食事の支度、
男性はアパートの掃除という日課が始まった。

A：男性だけの合宿生活の時はそうだったが、結婚してからは朝の出勤時間ま
で各人に任せて時間を過ごす。

Q40：朝食後は本部に集まって、男性も女性も一緒に朝の会議を行った。朝の
会議では、その日予定している計画、週初めでは週の予定している計画日
程を総務の人が発表し、労働新聞の論説、キム・イルソンやキム・ジョン
イルの論文、回想記学習を行った。

A：基本はその日の打ち合わせ会議（ミーテイング）、必要に応じて読み合わせ
をやったが、日本のものも朝鮮のものもあった。論文など重いものは朝の
会議にやれるものではない。

Q41：回想記とは、抗日武装闘争時期の金日成の闘いを一緒に闘った人が回顧
して記録を作ったもの。総務の人。よど号グループの中で担当制にしていた。
朝鮮労働党への連絡をしたり、日常的な雑用処理をしていた。

A：朝鮮労働党ではなく管理所との連携で日常生活上、提起される諸問題の処
理をした。

Q42：教育期間が終わった後、午前中は各自の活動準備。その後昼食。食事は
食堂で皆で一緒に。昼食後は2時間ほど昼寝の時間。3時頃まで。それま
で家に帰って休憩し、また午後から本部に出る。

A：昼寝制度は、男性だけの合宿生活でやっていた習慣から来たもので、女性
が来て「昼間の明るい仕事すべき時に寝て、夜は明け方2時、3時まで起
きているというのは不合理で無駄な働き方」「家はただの宿泊所なのか？」
などという意見が出てやめた。いまは昼食後、午後2時出勤だが。午後、
事務所に出てからは、平日はそのまま各自活動準備。週1回くらい映画が
はいる。その後夕食。夕食は84年頃までは食堂で全員で一緒に食べた。84
年以降は女性が家に帰って各自各家で食べるようになった。朝食は家で、
あと土曜日は夕食、日曜日は全部家でつくる。

Q43：夕食後はそれぞれの課題をやる。たまに夜の映画や講演会が入った。土

曜日は、午前中はキム・イルソン主義学習をよど号グループの中でやっていた。学習会という名前だった。

A：学習会はやるが主に情勢討論、講演会や、必要に応じて主席の労作などもやる。「キム・イルソン主義学習」というのは八尾の命名。

Q 44：この学習会では、皆でキム・イルソン、キム・ジョンイルの著作集、論文を学習し、討論し、その正当性や偉大性を学習した。

A：上記の通りだが、主席や総書記の労作、文献の学習をやるときは、日本の問題と結びつけて実践的に学習していた。

Q 45：土曜の午後は生活総括の時間にあてられた。生活総括とは、自分にキム・イルソン主義に反するブルジョア思想があるかを考え分析したことを皆が集まって自己批判や相互批判した。

A：これも事実を歪曲。総括の基準は集団主義か個人主義、自己中心か集団、人民中心かだ。

●教育期間
Q 46：77年5月から、78年末か79年初め頃まで、女性たち8人が集まり女性組織を作り、そこで集中的な教育プログラムを組まれ、教育期間になった。

A：時期が異なるので、個別に先にやったが、女性全員がそろった79年には女性皆で学習した。女性の班をつくったのは、育児や家庭上の女性特有の問題を自分たちで解決する必要から。

Q 47：教育内容は、チュチェ思想講義、チュチェ哲学講義、政治経済講義、階級教育の学習、回想記学習、朝鮮労働党の歴史、朝鮮語の学習など。講義で指導するのは、キム・イルソン総合大学や社会科学院の教授。

A：男性としては自分たちを理解してもらうため、女性からは運命を共にする「よど号」の男性たちの考えを知るための学習。力を入れたのは、われわれの新しい出発点、その思想的立場として、当時まだ未確立だったが「日本主体、人間主義、真の民主主義」という三つの視点、及び「民主、自主、平和の日本」という基本スローガンについての解説講義が基本。他には基礎的な科目として哲学、政経を、また朝鮮にいる条件で朝鮮の革命史を大学の教授などを講師に迎えて学習するようにした。朝鮮語学習もやった。

●78年末の「総会」
Q 48：78年末、よど号グループの中で「総会」が開かれ、田宮から、キム・イルソンの教示を受けた新しい活動の課題が示された。代を継いで革命を行わなければならないとの教示があり、それで結婚して子供を産んで革命を続けた方が良いということから自分たち全員が結婚したとの内容が明らかにされた。また、「党創設準備委員会」を設立することになったとも話した。

A：「主席の教示」自体が存在しないものだから、そのような「新しい活動」の

ための「総会」というのもあり得ないものだ。

Q 49：「党創設準備委員会」の委員長は田宮、副委員長は小西だった。それで
　　　田宮は委員長同志、小西は副委員長同志と呼んでいた。
A：上と同じ理由で、これも八尾の「創作」。

Q 50：『日本を考える』編集委員会の代表は田宮、副代表が小西、呼び方は組
　　　織名で小西を山口同志と呼んだが、田宮は組織名の「斉藤同志」よりも「田
　　　宮同志」と呼んでいた。田宮は日本で党を創設するために日本革命の指導
　　　中核となる日本人を発掘、獲得、育成しなければならないという課題を明
　　　らかにした。そのために全員がその活動にでなければならないと言った。
A：『日本を考える』編集委員会に関しては事実通りだが、後半部分は八尾の「創
　　　作」だ。

Q 51：発掘とは海外や日本に行き、革命をやれる条件に合う人を探し出すこと、
　　　獲得とはその人を北朝鮮に連れて行くこと、育成とは北朝鮮で教育すると
　　　いうこと。
A：「日本人獲得」もすべて主席の教示に基づくものとしているが、「主席の教示」
　　　自体がないのだから、この話も全て八尾の「創作」だ。

Q 52：田宮は、獲得方法について、対象者に合わせて、いいアルバイトがある
　　　とか世界を一緒に見せてあげるという口実で獲得すると言っていた。
A：そんな安易なやり方で「指導中核」となるような人を獲得できるのだろうか。

●朝鮮労働党連絡部 56 課
Q 53：キム・イルソンがよど号グループと５月６日に会って教示したので 56
　　　課という名前がついた。
A：そもそも 56 課という名前の由来とされる「５月６日の教示」ということ自
　　　体がなかった。

Q 54：56 課は、よど号グループのための専属部署で、キム・ジョンイルの直属
　　　と聞いている。
A：私たちは、朝鮮では「亡命客」以上でも以下でもなく、私たちの窓口は外
　　　務省傘下の外交団事業総局（在留外国人担当）である。「直属」云々という
　　　のは、私たちを「朝鮮労働党支配下」にあるという印象を持たせるためで
　　　あろうと思う。

Q 55：56 課に属する人としては、キムユーチョル、チョウという人、チェとい
　　　う人など。
A：56 課がないのだから、これも八尾の「創作」だ。

●キムユーチョルについて

Q56：キムユーチョルとは77年3月か4月、招待所に1人で入っていたとき
　　　に会って、何か生活に必要なものはないか等と聞かれた。
A：八尾の場合のことはよくわからないが、あり得ないと思う。

Q57：キムユーチョルは革命村にも来ていて田宮と活動の討論をしていた。
A：「キム先生」はただの外交官、出入国時の協力を仰いだだけの人だから、村
　　に来ることも活動討論することもない。

Q58：キムユーチョルのことをよど号グループはあだ名で、カゲッソ、カゲッ
　　　ソの先生、と呼んでいた。カゲッソというのは朝鮮語で行くという意味。
　　　いつも帰るとき何々カゲッソと言っていたので。
A：キム先生がそういうあだ名で呼ばれていたことを知っていた人はいる（知
　　らない人は知らない）。「56課副課長」として特別に親しい関係にあること
　　を示そうという作為が込められたもの（「カゲッソの先生」と呼んでいた）
　　であろうと思う。

Q59：キムユーチョルは連絡部56課の副課長と聞いていた。
A：56課自体がないのだからその副課長というのも存在しない。

Q60：キムユーチョルは旧ユーゴスラビアのザグレブ、オーストリア、デンマー
　　　ク、フランスなどに行っていた。
A：よくわからないが、ありうることだろう。

Q61：ザグレブの北朝鮮領事館では、副領事の肩書きを持っていた。八尾が神
　　　奈川県警に逮捕された際は、捜査官には中国人の劉さんだと説明した。キ
　　　ムユーチョル自身はその名前を使った事はない。キムユーチョルは、ウツ
　　　ノミヤオサムという名前を使っていたことがある。日本人の旅券にそう書
　　　いてあった。その日本旅券は、フランス、アジアで見た。
A：キム・ユーチョル氏について知っていることは、彼がザグレブ領事館の外
　　交官であるということだけで、私たちとは出入国の際の協力を求めた以外
　　に連係はなく、彼がどこで何をやったかはまったくわからないし、知る必
　　要もなかった。

●チョウについて

Q62：下の名前は知らない。77年の5月か6月頃に革命村で会った。田宮や
　　　活動に出る人と討論するために来ていた。
A：キム・ユーチョル氏の場合と同じで、出入国時にザグレブ領事館の外交官
　　の協力を頼む以外に活動上の関係はない。彼らが「村」に来ることもない。

Q63：朝鮮労働党連絡部56課の副課長と聞いている。

Ａ：56課がないのに副課長も何もない。

Ｑ64：ザグレブの領事館の副領事をやっていた。
Ａ：よくわからない。

Ｑ65：チョウも海外では、よど号グループの活動の手助けをしていた。当初日
　　　本語は片言だったが次第に上手くなった。
Ａ：日本語についてはよくわからない。

● 八尾の「海外活動」
Ｑ66：79年12月頃から80年1月頃までスペインに活動に出ていた。ヨーロッ
　　　パで活動していたのは83年末ころまで。84年7月から日本に活動に行った。
　　　日本人獲得目的以外に、パスポート更新、朝鮮労働党関係、連絡任務のた
　　　め海外にでることあった。
Ａ：「パスポート更新のため」以外のことは、「朝鮮労働党支配下」にあるとい
　　　う印象を持たせるための八尾の「創作」。

Ｑ67：工作活動の場所の偵察のような活動もした。
Ａ：「工作活動の場所の偵察」という何か秘密活動的な印象を持たせるための八
　　　尾の「創作」。

● 革命村での生活費
Ｑ68：革命村での生活費は、朝鮮労働党から外貨と交換したお金を受け取って
　　　いた。女性は一律月130ウォン。配給もあった。よど号グループの者それ
　　　ぞれがもらっていた。この金は朝鮮の普通の人達が持っている金の数十倍
　　　の価値があった。1ウォンで子供の下着が1枚買えた。生活費を稼ぐため
　　　海外に行く必要はなかった。
Ａ：結婚前は、合宿生活のようなもので生活費なしで、生活必需品は供給を受
　　　けていた。服などもみなで背広を作りにいったりした。結婚してから皆が
　　　家庭単位に生活するようになり生活費を頂いた。当時はルーブルとの兌換
　　　券だったと思う。子供用のものなど家庭生活に必要なものを外国人専用の
　　　大使館街の商店などで買った。外交団事業総局から来る金額は責任者と他
　　　の人との差はあったが、全員分の金額をまとめてもらって、われわれが平
　　　等に分配、男女とも各自130ウオン（八尾の言う）くらいだったかなと思う。

● 日本人獲得の任務
Ｑ69：日本人獲得の任務のためにヨーロッパや日本に行くことを、よど号グルー
　　　プの人達は「出張」と呼んでいた。
Ａ：「出張」という言葉は子供などにそう言っていた。「日本人獲得の任務」と
　　　いうのはない。

Q70：日本人獲得の任務に関しては、いつも田宮から指示を与えられていた。場所は、日本革命村の田宮の執務室で。任務を与える際には、場所や任務の内容をまず言われた。具体的な国、都市まで指定された。

A：嘘。（朝鮮労働党支配下で）田宮一人が指示を出し任務を与えていたような印象を与えている。運動実態を知る活動の必要性は、編集委員会で労働運動の何が問題かなど討論があって、誰が行くかも意見を出しあって、最終的に田宮がまとめるという形をとった。

Q71：任務に就くときは、田宮から資金を与えられた。

A：金は田宮が管理、活動の度に個人、または組に与えた。

Q72：田宮からは、獲得対象になる日本人の条件について指示があった。思想的に無色か思想的に傾向のいい人、正直で素直な性格の人、義理堅い人、警察関係が家族などにいない人、親とのしがらみがなく自由に行動できる人などが条件に挙げられた。

A：そもそも「主席の教示」に基づく「日本人獲得工作」自体が八尾の「創作」だから、このような条件も彼女の「創作」。

Q73：田宮から任務を与えられると、その後、活動のための詳しい具体的な案（「方案」という）を作り、それを基に田宮や朝鮮労働党56課の人と討論した。

A：活動（運動実態了解）の任務は編集委員会から受け、担当者が計画書をつくり、田宮代表と討論し決める。八尾の場合、柴田の一方帰国関連の活動は、田宮と個別に（本人の安全のため秘密保持）討論して決めていた。

● 「任務」の態様

Q74：共同で任務に就くことがあった。79年12月から柴田とスペインで共同で任務についた。81年3月か4月頃から7月頃まで、魚本民子と一緒にフランスで活動した。83年3月ころ、Fとロンドンで一緒に活動した。共同で任務に就く場合は、他のよど号グループのメンバーがどこでどういう任務に就いているか、或いはこれから就くか分かっていた。革命村での生活の中で、或いは「経験発表」の中で、或いは見送り、帰ってきたり、事務室での活動準備の姿などから分かった。任務に出向くときは、「決起集会」を開いたことがある。自分やA・Eが行くときも、決起集会があった。

A：決起集会をやるような性格の活動ではない。本質は思想理論活動の一環であり、運動実態を了解しに行く活動だから。ただ「頑張れよ」という歓送会はやった。

Q75：「決起集会」では、活動に出る者が偉大な首領様に勝利の喜びを捧げよう等と決意を述べたり、見送る方が日本革命の課題を貫徹しよう等と檄を飛ばすなどした。

A：「主席の教示を貫徹する」活動という印象にリアル感を持たせるための創作

された「エピソード」だと思う。

Q 76：「経験発表」は、革命村の会館で行われたり、ザグレブのよど号グループの活動拠点（「前線基地」と呼んでいた）で行われた。
A：「村」でやったのは事実、ザグレブでのそれは嘘。

Q 77：日本人獲得の任務については、男性は国際指名手配を受けていたので、女性が中心になって活動を担っていた。
A：そもそも「日本人獲得の任務」自体がなかった。

● ザグレブの前線基地
Q 78：ザグレブの前線基地には、赤木志郎、田中義三、安部公博が交代で常駐していたことがある。
A：ザグレブ前線基地というものを設ける必要性がなかった。活動は欧州や日本の運動の実態を『日本を考える』誌に反映するための活動だから、朝鮮に入ってから個別の担当地域の了解結果を報告すればよいような活動だから、活動途中で集まって対策を討論したりする「前線基地」を設ける必要はなかった。当時、欧州にいたのがその３人であったのは事実だ。

Q 79：この前線基地では、他に、Ｋ・Ｅ、Ｕ・Ｔ、Ｆ・Ｔ、Ｍ・Ｋ、黒田佐喜子、森順子、出宮、小西、柴出に会った。
A：前線基地があったかのように見せる八尾の「創作」だ。

● 森、黒田の活動について
Q 80：83年７月頃、有本恵子を獲得し北朝鮮に連れ出したことがある。83年１月、革命村の本部、田宮の執務室で。八尾とＦ・Ｔが呼ばれた。田宮から、ロンドンに行って日本人の指導中核を発掘・獲得して欲しい、特に25歳くらいまでの若い女性を連れてきて欲しい、何人でもいい、と言われた。それまでは性を特定することはなかったが、このときは若い女性と性を特定した。田宮は、男性ばっかり獲得したやろ、女性も獲得せなあかんやろ、と話していた。森と黒田が、それまでに獲得してきた男性がピョンヤンにいるということは聞いていたので、それ以外にも男性が何人かいるということは聞いていたので、それ以外にも男性がいるということは大体分かっていた。森と黒田が２人の男性を獲得したと聞いていた。田宮から聞いた。有本恵子は、森や黒田が連れてきた２人の男性と今一緒に３人で暮らしているんだけれども、３人で仲良くしてしまって、どっちとも、どっちにも結婚するという気がないみたいやで、困ったなというふうな話をしていた。当時森は小島朝子という組織名で小島同志と呼び、黒田は島田康子という組織名で島田同志と呼んでいた。このような田宮の話からすると、有本は森と黒田が獲得した男性と結婚させるためだったということに間違いない。
A：この前提である「代を継いで革命を行う」ために有本恵子さんを「拉致」

する活動計画自体がなかったことだから、この話はすべて八尾の「創作」にすぎない。

●**他のメンバーの活動**

Q 81：F・TとK・Eは1981年頃、ストックホルムで任務に就いていたとFから直接聞いた。84年12月末頃のザグレブ領事館で行われた経験発表で、森とKが2人でグループとして活動して、その時の活動でうまくいっているとの発表を森がした。若い労働者を1名発掘し、獲得できそうである旨発表した。その内容から、日本で任務に就いていたと思った。

A：「ザグレブ前線基地」がないのだから、そこでの経験発表という事実自体もあり得ない。

Q 82：84年年末頃、その経験発表以前に、Kから、昼間は工場で働き、夜は喫茶店でアルバイトをしていると聞いたことがある。大阪と話していたかも知れない。ザグレブの領事館かピョンヤンの革命村のどちらかの場所で聞いた。

A：「ザグレブ領事館で聞いた」というのはありえないが、話の内容自体は合っている。

●**活動に際して教えられたこと**

Q 83：朝鮮労働党の学者が、革命村で、具体的な活動の細かい方法、方法論、注意すべき事柄などについて、講義をした事がある。対象者獲得のための方法や注意点など。その中で一番大事だと言われたのは、警察権力から組織を守り任務を貫徹すること、そのためにどういうことが必要なのかを具体的内容にまで入って講義をした。

A：そんな講義を受ける必要性自体がないものだ。

●**活動の具体的段取り**

Q 84：77年にピョンヤンに飛んだ後、84年7月に日本に戻ってきたが、それから何度も日本からの出入国を繰り返した。その間日本で任務に就いていた。高校生を対象にしていた。84年に日本に帰ってくる直前に、田宮から、自衛隊工作のために防衛大学に入学させるための高校生を発掘し、獲得するという任務を与えられた。

A：われわれの帰国のための活動からは考えられないことだ。基本は柴田の補助でスナック経営など財政地盤づくりであったと理解している。

Q 85：田宮から任務を与えられると、いつものことだが、「方案」を準備した。方案には、最初に、任務は何か、任務の目的、任務を遂行し無条件で貫徹するための方法を書いた。方法については、具体的には、身分偽装をどうするか、経歴をどうするか、活動費は幾らぐらいかかるか、活動地域はどこで住居をどのように決めるか、職業をどのように決めるか、等具体的な

内容を書いた。どこに任務に行く場合もこのようなものを書いた。

A：八尾（柴田）の一方帰国を助けるという任務の場合、ありえたかもしれない。

Q 86：任務に出る前には活動資金を与えられた。ピョンヤンから、或いはどこかユーゴスラビアの前線基地から、その活動地に入るまでの往復の交通費、その活動地で住居を定め生活していく 1、2 か月分の生活費を計算して、これを最初に活動資金として与えられた。その活動資金は、田宮から与えられた。現金のＵＳドルで受け取った。元々は北朝鮮の労働党から金が出ていた。それは田宮から聞いた。

A：嘘。資金（200 万／年程度：旅費）源は、カンパ（代表団、人士からけっこうあった）、女性が持参した自分の貯金など、あと半分くらいは経済活動（田中）で稼いだ。

Q 87：有本のロンドンの任務の時も、ＵＳドルで資金を受け取った。数千ドルくらいあった。

A：「有本のロンドン任務」自体があり得ないこと。

Q 88：方案で、住居を書く場合には、注意点があった。住所は自分の出身地は避けた方がよいと考えられていた。家族や知人と遭遇するのを避けるため。八尾は兵庫出身で、神奈川で活動していた。森やＫは大阪で活動していたが、同じ理由（出身地ではないから）と思う。方案に書く身分偽装等について。本名を隠し、誰にも分からないように名前を定め、経歴も真の経歴を書かないで作る。活動の際に偽名を使ったり、経歴をごまかすことについては、朝鮮労働党の学者の講義でも教えられた。

A：「朝鮮労働党の学者の講義」で「秘密工作」について教わったかのごとく印象づけることが、ここでの八尾の「創作」のポイントだと思うが、前にも述べたようにそんな講義は必要なかった。ただ女性たちが家族を偽って「よど号」と結婚して朝鮮にいることから、家族に知られない地域を選び本名を避けたことは事実に近いと思う。

Q 89：中小企業を選ぶ、ということなどの他にも獲得任務に際しての留意点があった。信頼関係を作るようにする、北朝鮮に誘って乗ってくるように誘導する、など。

A：八尾の「創作」。

●中間総括
Q 90：たまに具体的な指示があった。その内容は、「中間総括」のために、「接線」を要求する、という指示だった。

A：運動実態了解のための海外、国内活動は「中間総括」自体必要ない。しかし柴田、八尾の一方帰国の活動ではありえた。「接線」という言葉はわれわれの活動の用語ではない。映画などで聞く言葉だ。

Q 91：中間総括とは、任務を受けている活動内容を中間で報告するというもの。その報告は、大体、アジアやヨーロッパやピョンヤンで行われた。接線を要求する、というのは、約束した日に会う、接触する、という意味。時間は既に方案で書いていたので、何月何日どこでという内容を簡単に連絡してきた。中間総括で報告する相手は決まっていない。たいていは田宮だったが、田宮が来ない場合は、それ以外の男性の指導部が中間総括に来ていた。
A：八尾の活動は不特定多数がかかわるべき活動ではない（一方帰国保障）から、せいぜい小西が田宮の相談に乗る程度。

Q 92：中間総括で接触する場所の指示もあったが、それは都市の名前で指示された。あらかじめ方案を作るときに、都市の名前を行った時に、どの都市ではどの場所と決めていたので、都市の名前だけ指示して接触することも可能だった。中間総括で接触する都市としては、タイのバンコク、中国の広州市、パキスタンのカラチ、シンガポール、ヨーロッパの国があった。中間総括は、短くて2、3日で終わった。長い場合は、仕事先を辞め、短い場合は休暇を取って行った。具体的に、84年12月21日に日本からソウルに出国し、85年1月7日に帰国しているが、これは中間総括のため旧ユーゴスラビアのザグレブに行った。このときは、ザグレブでは、田宮、小西、安部、T、森、K、黒田、F、Uと会った。赤木志郎がいたかは覚えていない。
A：「前線基地」がないのだから、「ザグレブ中間総括」はあり得ない話。

Q 93：84年末にザグレブで経験発表があったのもこのとき。中間総括と共に、経験発表も会った。
A：上と同じ理由であり得ないことだ。

Q 94：85年4月9日に日本からカラチに出国し、5月26日に帰国しているが、これは、ザグレブの前線基地に行き、田宮と会って新しい任務を受けて日本に戻ったもの。
A：上と同じ。

Q 95：85年11月20日に日本からバンコクに出国し9月3日に帰国しているが、これは中間総括のためバンコクに行ったもの。田宮と会って報告した。87年1月16日に日本からソウルに出国し3月1日に帰国しているが、これは、ピョンヤンに行って新しい任務を受けて帰国したもの。87年10月6日に日本から香港に出国し、10月12日に帰国しているが、これは中間総括のため中国の広州市に行ったもの。田中義三と会った。
A：田中が八尾の活動に関わることはあり得ない。

以上

第4章　高沢浩司『宿命』は
フィクションである

1. 高沢の経歴

　高沢皓司（たかざわ　こうじ、1947 年〜）は、日本のジャーナリスト。大阪府生まれ。明治大学在学中、全共闘運動に参加。その後、記者、編集者を経てフリージャーナリストとなる。1990 年以降北朝鮮を数度訪問し、よど号グループへの取材を行う。1999 年『宿命』で講談社ノンフィクション賞受賞。そのほか、中国やカンボジアへも取材に赴く。現在は時折、拉致被害者家族の集会等で講演を行なっている。主な著書には、『全共闘グラフィティ』、『カンボジア、いま』、『ブント [共産主義者同盟] の思想』、『慟哭の民』『さらば「よど号」!』。そして、『宿命』がある。(Wikipedia より)

　明治大学在学は嘘だと言われている。また、1960 年代後半から 1970 年代前半にかけて共産主義者同盟（通称：ブント）の一員、のちにその分離組織の赤軍派の一員として新左翼運動に参加していたと称しているが、これも本当かどうか。

2. 救う会の御用「ジャーナリスト」＝「先生」になった高沢

　その高沢は、今や救う会（北朝鮮に拉致された日本人を救出するための全国協議会）の集会で「先生」と呼ばれる「拉致問題」専門家のジャーナリストとして「活躍」している。少し古いが 2010 年 11 月 14 日に 救う会神奈川の主催で開かれた第 24 回藤沢市民集会で高沢が述べていることから、高沢の今を推測してみることから、本章を始めたい。

　司会 K（救う会神奈川代表）（以下、司会 K）：先生、お話したいことを。
　ジャーナリスト・高沢皓司さん(以下高沢)：さっき有本さんの許可をもらったので。ようやくそのことをしゃべりたいんですが。公安調査庁の方はいらっしゃいますでしょうか？（会場笑い）

83

司会 K：今日は APEC（アジア太平洋経済協力会議・11 月 7 日～14 日 神奈川県横浜市で開催）に忙しいので、警察の方がこちらに来ていないんじゃないかと思います。私は分かりませんけど。

高沢：公安調査庁の方がいらっしゃればたぶんご存知だと思うんですが。実はさっきから田原総一朗がどうのこうのという話でずーっと話が展開してきているわけなんですが、その話の内容っていうのは「生きているか、死んでいるか」っていう話でしょ？そういう話になってくると、その取材源を出せとか何とかかんとかいう話になってくると、この日本ペンクラブとかいうのがあって、取材源は秘匿すべきだとか何とか、ややこしいこと言ってくるところがあるんですよ。で、そういう話になってくると、これはモグラたたきなんですよね。

　　そういう時に私は別なやり方を考えた方が良いと常に思っているんですが。別なやり方は何かっていうと、目撃情報をキチッとしたものを揃えれば良いんですよ。それで最近の有本恵子さんと横田めぐみさんの（北朝鮮での）目撃情報を入手したんですよ。

司会 K：先生、それはいつぐらいの話ですか？

高沢：最近。

司会 K：最近っていつぐらいの？

高沢：ここ半年以内。それで相手はプロです。

司会 K：プロっていうと？

高沢：情報のプロです。

司会 K：インテリジェンス機関ということですか？

高沢：そうです。インテリジェンス機関です。日本のインテリジェンス機関じゃないよ。（会場笑い）日本の公安調査庁みたいないい加減なところじゃないよ。MI6。"007" ですよ。

司会 K：MI6 っていうのはイギリス秘密情報部、イギリスの情報機関ですね。

高沢：あいつら今、ものすごいやり放題勝手なことやってるよ、北朝鮮で。この前なんかデビ夫人だったか何か言ったじゃないですか。横田さんに「自分で捜しに行きなさいよ、草の根を分けても捜したらどうですか」って。よし分かった、じゃあ MI6 に捜させてやろうって。で、あいつらね、MI6 は大変だよ、見事に有本恵子さんと横田めぐみさんを捜し出した。本当は今日はこれをしゃべりたかった。（拍手）

　　2 人とも元気で生きています。（拍手）この話はさっき有本恵子さ

んのご両親に言って、今日話をすることの許可をもらった。横田めぐみさんのご両親にもちゃんと伝えてあります。で、目撃場所が普通の所じゃないんですよ。

司会K：それは先生どこですか？

高沢："リトルアメリカ"っていうアメリカ工作村だよ。

司会K：北朝鮮国内の？

高沢：そう、平壌ですよ。俺は一度しか入ったことないけど。

司会K：あっ、先生行かれたんですか？アメリカ村に。

高沢：うん、紛れ込んじゃったんですよ。（会場笑い）やばいんだよ、英語しか通じない。だから英語の工作村があるんですよ。「そこで買い物していた」っていうんだよね。ちょっとだから普通の人の目撃情報じゃないからかなり信憑性高いと思うんだ。

司会K：よく脱北者の方が、三浦さん（北朝鮮帰国者の生命と人権を守る会代表）にまた怒られちゃうかもしれませんが、脱北者の方で「横田めぐみさんを見た」とか、そういう話が私の方にも来るんですよね。

高沢：そういう話は他人の空似だったりするんだよ。

司会K：まあそれはお金目的とかそういうので。ですから先生の話が本当だとすれば確度が高い話だと思います。

高沢：相手もプロだから。

司会K：イギリスに関しては、大使館は北朝鮮にないのですが、北朝鮮と国交は今あるんですよね。

高沢：連絡情報部っていうのがあるんですよ。

司会K：ですから平壌には外交官は在留しています。それはもう表に出ています。だからその中に。

高沢：そこを足がかりにしてMI6何ていうのはやり放題好きなことやっているんだよ。

質問者①：すみません。今の話、極めて重大な話しだと思うんですけれども。その裏付けとか証拠とかはあるのですか？極めて興味のある重大な問題だと思うんですけれど。

高沢：証拠はないですけど。もしあなたがその裏を取りたいのだったらMI6に電話をしてみてください。（会場笑い）

司会K：まああのインテリジェンスっていうのは、やっぱり情報の取りようっていうのは難しい部分があるし、例えば一番最初に横田めぐみさんの件が出たのは安明進（アン・ミョンジン）っていう北朝鮮元工作

員が「めぐみさんを見た」と。あの時も実は外務省の役人は「そんな元工作員の言うことは信用できるのか」というようなことを言ったんですよね。で、実際に高沢先生の本に関しても98年当時「これはウソだろう」と批判を受けたのですが、全部正しかったんです、先生の書いた内容が。ですから、やっぱりその辺の裏付けが取れないのは非常に歯がゆい部分があるのかもしれませんが。まあ先生の話が本当にMI6から聞いたということであればですね。

高沢：それは電話をして聞いたら裏取れますよ。

司会K：まあ教えてはくれないでしょうけどもね。

高沢：いや、それは外交ルートを通じれば何とでもなるのじゃないでしょうか。もしそういう努力をする気持ちがあれば。もう一つ、同じようなことを言っておけば“PET”（ペット）ってご存知でしょうか？ペットボトルじゃないですよ。デンマークの秘密情報部です。(* 保安・情報庁 Politiets Efterretningstjeneste - PET)

司会K：先ほど有本さんの写真云々という話の中で、デンマークの空港で撮った写真というのがありまして、それがPETなんですが、デンマークの情報機関が撮った写真なんですよ。それが日本の警察当局に流れてきて有本さんの所に来たという流れがあるのです。

高沢：そういう経緯なんだけど、デンマークの秘密情報部っていうのは。何だかこの前「もっと話を聞きたい」とかいうので、俺も態度がでかくて「用事があるならこっちに来い」って言ったんだよ。そしたら本当に来ちゃって、何だか知らないけど「コペンハーゲンで有本さんの拉致が本当に起こったんだとすれば、これはもう主権の侵害は明らかだから国交解消問題に発展する」って言うんだよね。だから「もう国交解消した方が良いよ」って俺は言っておいたけど。コペンハーゲンが使えなくなると北朝鮮はものすごいダメージだよ。あれはヨーロッパに対するウィーンと並んでものすごい玄関だから、北朝鮮のね。ちょっとおもしろいかなと思って。

司会K：先生の話、非常に興味深いですね。横田さんにもそれはお伝えになったんですか？

高沢：横田さんには「めぐみちゃんの目撃証言があるよ」っていう話はもうしてあります。

司会K：分かりました。

高沢：そこの“リトルアメリカ”っていうのは場所が場所だからさ、普通

の人が入れる所じゃないから。俺は偶然入っちゃったんだ、そこに。
司会K：日本の政府はそれ知っているのですかね？
高沢：知らないと思うよ。
司会K：公安調査庁はMI6とやり取りありますよね、確か。
高沢：それは知らない。公安調査庁はだって総連とベッタリだもん。（会場笑い）

　高沢が語る横田めぐみさん、有本さんの生存証言。確かに会場ではウケタかも知れないが、高沢の胡散臭さがプンプンする。「目撃情報をキチッとしたものを揃えれば良いんですよ」と言いながら、「情報源はイギリスのMI6だ、証拠はない、MI6に電話して聞け」と言う。また、「朝鮮には"リトルアメリカ"っていうアメリカ工作村があり、そこで二人が買物をしていた。自分も一度だけ"リトルアメリカ"に入ったことがある」とあたかもトップシークレットに接することができる"特権"をひけらかす。また、救う会全国協議会ニュース（2013.6.25）の「よど号犯による拉致事件を考える―東京連続集会報告」として、「『宿命』を書かれた高沢さんが来られた時に、『私は、よど号ハイジャック犯の田宮さんと心安いので何度も北朝鮮に行っています。田宮さんから聞いたことによると、今3人だけとなっていますが、田宮さんが言うには（ヨーロッパから）20人くらいは連れて入ってい

『宿命』（1998年8月　新潮社発行）

る』と言ってました。」とある。何一つ確証のない、伝聞にもならない「情報」＝妄想を基に会場受けの良い話で拉致問題の専門家面をする。『宿命』で一世を風靡した、かつての「ジャーナリスト」の成れの果てを高沢に見る。
　前記以外でも、「1995年11月平壌で田宮高麿が『有本さんらを日本に帰したい』と語ったと、1996年有本家を訪れた高沢皓司氏が有本さんご両親に伝えた。」という報告もあるなど、高沢の救う会へのリップサービスには枚挙の暇もない。

3. 高沢と「よど号」グループ

　高沢と「よど号」グループの関係について、様々な文献から概括してみる。
　高沢と「よど号」グループとの関わりは、「かりの会」（「よど号」グループの帰国運動における団体名）の『高沢「宿命」に対する我々の見解』（1999年3月31日発行）にその経緯が書かれているので引用する。

　　「彼との最初の出会いは、一九九〇年の正月に救援連絡センター事務局長の山中氏らと高沢が訪朝したときであった。このとき、彼は我々の国内での出版活動に協力を申し出た。国内での出版が思うに任せなかった我々がこんな彼に少なからず『期待』をかけたのは事実である。こうした弱点を当初からわかったうえで接近したのか、本当のところは彼の胸のうちに秘められている。」

　高沢は、もちろん「よど号」グループではないし、「よど号」グループもかつて属していた「共産主義者同盟（赤軍派）」に属していたと称してはいるが、元赤軍派の中で高沢を記憶している人はいないと「よど号」グループは言う。
　また、2003.12.30発行の『かりの会ブックレット No.5』では、高沢について以下のように書いている。

　　「彼は訪朝後、それまで簡単でなかった単行本の出版、テレビ取材、貿易の仲介など約束したことはすべてやってきた。高沢氏は1994年まで私たちの女性の紹介、私たちの経営体『二一企画』の宣伝をテレビ、雑誌などマスコミを舞台にして熱心におこなってくれていた。普通、私たちの宣伝は、さまざまな妨害を受けるのに、彼の場合はなんの障害もなくすべてが非常にスムーズに実現していった。こうして、高沢氏は、私たちの熱心な『理解者』『支持者』として情報を収集しながら、アメリカ当局の謀略の主な『役者』としての準備を進めていったのである。
　　　彼がそれまでの態度を公式に一変させたのは、キム・イルソン主席逝去、田宮高麿急逝を受けての頃であった。最初の兆候は彼との連絡がプッツリ途絶えたことである。田宮の談話を単行本化する話が中断のまま連絡がとれなくなっていた。まったくの行方不明状態がかなりの期間つづ

いた。私たちをとりまく環境が急変する事態を前に、誰かと謀議をこら
していたのは、ほぼ間違いない」

　キム・イルソン主席の逝去は1994年7月8日である。田宮氏は1995年
11月30日に逝去している。「かりの会」の述べる通り、高沢が変心したの
か本心を発揮したのかは定かではないが、田宮氏の逝去を機に「よど号」
擁護から攻撃に態度を変えたことは間違いない。
　1997年4月16日、雑誌『サピオ』での集中連載、「よど号グループは北
朝鮮の日本人拉致に使われていた」「よど号メンバーの拉致関与を示すパン
ドラファイル」「有本恵子さん拉致と北朝鮮工作はこうして繋がった」など
の記事の数々。また、この頃、タイにまで出かけて「偽ドル容疑」で裁判中
の田中義三氏（完全無罪となる）に「新しい生活を」というCIAのお先棒
を担ぐ転向・変節を勧める手紙を手渡すようにしたこともあったという。
　1998年8月から9月上旬にかけての朝米高官協議において、朝鮮とアメ
リカは9月28日にテロ協議、10月1日にはミサイル協議を行うことに合
意した。報道では、このテロ協議には、「よど号グループ追放問題」が議題
の一つとしてはじめて正式にとりあげられると伝えられていた。まさにこれ
と時を同じくして、同年、9月、「よど号問題の決定版」といわれる『宿命』
（新潮社）が出版された。高沢の『宿命』は、「よど号」グループを「朝鮮労
働党の指示のもとでしか活動できない『宿命』にある日本人工作員」として
描き、朝鮮の保護下にある「テロリスト」の「追放」を朝鮮に迫るという意
味をもっていたのである。

4. 田宮氏の死が高沢の変心につながった？

　高沢は、1996年2月ころから、「田宮は謀殺された」ということを言い出し、
『宿命』の中で、田宮氏が晩年、「北朝鮮の手先」であることに疑問を持つよ
うになったため、「非業の死」をとげたとし、「知りすぎた男の早死」として
「よど号」グループ、あるいは朝鮮当局の謀殺を強く匂わせている。
　かつて、高沢は『田宮高麿　ロングインタビュー「祖国と民族を語る」』
（1996年2月10日発行　批評社）において、田宮氏への熱い思いを次のよ
うに語っている。

　「この単行本一冊分の分量にものぼるインタビューは、人民共和国の首

都、ピョンヤンで行われた。『よど号』事件から二五年の歳月がたち、おりから戦後五〇年の年でもあった。そのことで一九七〇年の『よど号』ハイジャック事件が日本の戦後史の、ちょうど分水嶺に位置することに、あらためて思いが至ったのである。『よど号』事件のリーダーだった田宮高麿氏と、ピョンヤンで、そのことの意味を語り明かしてみたい。ふと、そういう思いにとらわれたのは、その春、中華人民共和国の北京の下町を、とりたててあてもなく歩いていた時のことである。それは、戦後史の総括としても、あの時代をもう一度とらえ返すことにおいても、なにがしかの意味あることに違いない。その後の二五年、道は遠く隔たったが、その二五年の意味も同時に明らかになるに違いない。この提案は快く受け入れられた。その後、四月に、国際スポーツ祭典のツアーでピョンヤンを訪れ、簡単なうちあわせをした。インタビューが実ったのは、六月のことである。

　六月のピョンヤンは、もう初夏の気配を漂わせ、議論に疲れると二人でピョンヤンの街を散策に出かけた。大同江のほとりや裏通りを、ときに小西隆裕氏をまじえて歩きながら、よもやま話に花を咲かせた。いつも通りの忙しさではない、ゆったりとした時の流れるピョンヤンの休日だった。二五年の歳月は、そのゆったりとした時の流れの中で、急速に溶解していった。この議論とインタビューに思い掛けない親しさと暖かさ、無遠慮さがにじみ出ているとすれば、たぶん、それはこの六月の風のせいである。それに、やはり田宮高麿という人間の持っていた器量というものがあろう。ぶしつけな質問にも寛容をもって答えてくれる度量と豪放磊落さを彼はあわせ持っていた。聞き手としては、もっと謙虚に彼の言葉に耳を傾けることが必要だったし、そのように努力をしたのだったが、かなりな程度、聞き手としての範囲を逸脱したものとなった。しかし、その結果、予期せぬ言葉のやりとりが展開されたことも事実であろう。インタビューが始まってすぐに、求められている聞き手の立場が、すぐれた対立者であることも納得した。このことについては、充分にその役割を果たし得なかった、という悔いが残る。いずれ、一切の制約がないところで、もう一度、この話の続きを継続させてみたい、という新しい宿題が聞き手の気持ちの中には残った。語りつくせぬ思いは、田宮氏にとっても同じであったのではないだろうか。その機会が永遠に奪われてしまったことが残念でならない。

　ピョンヤンの街に、木枯らしが吹き始めるころ、田宮高麿は不意に不

帰の客となった。葬儀の日の空は、青く澄んでいたという。この長いインタビューは、突然、彼の最後の肉声となった。

頁の背後からは、彼の語り口、笑い、笑顔が立ち上ってくる思いがする。しかし、もう、別れを告げなければならない。別れを告げなければならない相手は、確かに、ここにいる。」

「いずれ、一切の制約がないところで、もう一度、この話の続きを継続させてみたい」という高沢の田宮氏への「熱い思い」は田宮氏の死によって消滅するのだが、「田宮を謀殺した」朝鮮とその手先「よど号」グループを憎んだという「無理からぬ動機」が『宿命』を書かせたとでも言いたいのだろうか。その田宮氏が「朝鮮の手先」となっていることの苦渋の胸中を高沢に打ち明けたとする『宿命』は、田宮氏の祖国と民族に対する崇高とも言うべき生き様を落とし込めることになるものでしかない。高沢は田宮氏を自分が「ジャーナリスト」として「名声」を得るために利用したに過ぎない。

5. 田中義三氏が語る高沢の「異能」

「偽ドル」容疑で逮捕され、無罪となり、「ハイジャック」容疑で日本に強制送還・逮捕・起訴され、獄死した田中義三氏は、『「宿命」・高沢皓司に対する私の見解』において、次のように述べている。

　「高沢皓司なる人物は、ただ者ではなく、突出した能力を持っていることは、疑う余地もありません。今の異様な時代の『寵児』として称賛を浴びはじめるだけのことはあると言えます。

　ハイジャック前後の、すでに断片的に知れ渡っている内容は、それとして、まとめて書き触れ『私は、事実のみを書く』という印象を強く打ち出しています。また、『よど号』関連者のインタビューなるものは、ほぼそのまま、時には、異常なほど詳しく触れながら、あたかも『よど号』関係者の主張にも深く耳を傾ける『客観的立場』なるものにも考慮した面も伝えています。そうした前提を踏まえた上で、私達が語った言葉、言葉の中から高沢が、自分の立場から都合のよい解釈が出来る部分を巧みに引用し、『よど号』の人々が自身で述べているという実証方法も用いています。加えて、日本の普通の人々が絶対に知り得ないと思われる様々な状況描

写に至っては、さも真実らしく生き生きと『再現』させたりもしています。そして決定的な問題に限っては、権力側と共に推測、憶測を重ねながら、時には、こんな筋書きになってもらいたいという願望をまじえ『事実』として断言していきます。

　『宿命』は、それに賭ける高沢の思想的立場、決意、迫力も普通ではなく、合わせて、その執筆に傾けた並々ならぬ労苦すらも感じとれる『力作』となっています。」

　「高沢皓司の何よりも優秀な能力として真っ先にあげねばならないことは、計画的、意識的に接触をはかり、田宮をはじめ『よど号』の人々の信任を得ようとした活動にあらわれています。

　私達が喜びそうな記事を書いては、雑誌に載せるため、あるいは単行本として出版するための積極的な『努力』を基本手段に、強く深い信頼関係を築こうとしました。特に、高沢は、将来の『重要な仕事』で、決定的な環となることを読んだ上で、田宮との接触、何とか二人だけで話す機会を多く持つことに異常なまでの神経を使っていたというのが、今となってよくうなずけます。」

　「誰の目にも明確なことですが、高沢の立場は、田宮の死を機とし、境として、全く正反対のものとなりました。一般的には、豹変といわれますが、私には豹変ではなく、本質は何も変わったのでなく、手段と方法がかわったのだ、と考えてこそ、彼の今の立場を最も自然に理解し、納得することが出来ます。即ち、最初の段階は、田宮をはじめ『よど号』の人々の信用を得るために、自分の本来の立場、気持ちをおし殺して書かざるをえなかった時期です。そして、田宮が死亡したという事実を知るや否や、時機到来とばかりに、手の裏を返すが如く、彼本来の立場からの『仕事』に着手しはじめた、第二段階ということです。まさに、今の時期だということです。」

　つまり、田中氏は、高沢を、虚構を「事実」として描くたぐいまれは才能＝異能を持った人物として「評価」しながら、高沢の描く『宿命』がそうした手法によって書かれていることを喝破した。

　『宿命』はノンフィクションだと言われ、講談社ノンフィクション賞を受賞さえしている。しかし、これは、高沢が描いた虚構＝フィクションである。『宿命』の「19 接線」の項から以下を引用する。

「一九八〇年六月、パリ。

　街路樹のマロニエもそろそろ花の盛りがすぎた。白い花が落ちて一段と緑が濃くなった。パリはなんだか浮き足立っている。そんな気がした。バカンスの季節が近づくといつもそうだ。

　それにしても、この混雑ぶりはどうだ。道路は渋滞でふさがってしまってる。暑い。この暑さだけでも何とかならないか。その日、突然のように六月のパリには珍しく気温が上昇した。モンパルナスからリュクサンブールに抜けようとしたがなぜか道路がふさがれていた。迂回してサン・ジェルマン・デ・プレに回り込もうとしてみたが、故障車でもあるのかここでも車の列だった。

　田中義三は焦る気持ちを押さえながら時計を見た。《接線》の時間までもうあまり余裕がなかった。」

「接線」とは、数学上の用語で「曲線（曲面）の一点に触れる直線」のことである。それ以外の意味はない。ステファン・グラビンスキが書いた怪奇幻想小説『狂気の巡礼』の中に『接線に沿って』という短編がある。その中に「惑星系から始めて、様々な個人や出来事の人生の経過を細長い楕円（だえん）として図形で示してやると、所与の個人は数学的な点が回るような方法で回った」と書いてあり、人と人との出会いと読めないことはないが、『宿命』では、「秘密めいた」イメージを作るためにわざとらしく使っているに過ぎない。高沢得意の目くらまし手法である。

　上記『宿命』の描く情景は、高沢が経験したことではなく、高沢が創作したものである。

　例えば、文豪藤沢周平の小説が描く江戸の風景、情景は、藤沢氏が直接見たわけではない。作家の鋭い感性と筆力が読者をしてあったものとして感じさせ、見させているのである。実際に体験したことではなくても、感性と筆力によって風景、情景をつぶさに描くことができる。

　高沢は、ノンフィクションと銘打っている限り、体験したこと以外は書けないはずである。しかし、意図的に有りもしないことでも描くことはできる。高沢は、2006年12月のあるインタビューでこう話している。

　「高沢さんの著書『宿命』は、よど号メンバーのヨーロッパでの秘密工作の様子などが大変細かい描写で書かれており、読む者を驚かせます。よど号グループから直接取材したことですか。

高沢：90年正月から6年間に亘って北朝鮮に何度も行きました。話を聞いた人の安全の為、ニュースソースは明らかに出来ませんが、田宮高麿さん（95年に死亡）等から聞いたことです。読み物風にしてありますが、ウラは全部とってあります。」

つまり、『宿命』で書かれたことは全てウラを取ってある、事実だというのである。であるとすれば、「ヨーロッパ拉致」事件の舞台となったパリで田中氏が「接線」を求めた情景は高沢自身が見た、ないし田中氏から聞いたことでなければならない。しかし、田中氏が高沢に語ることはあり得ないし、何度も繰り返す「田宮氏から聞いた」は、高沢にとって好都合の「死人に口無し」なのである。

以上のことから、高沢の変心ないし本心の露呈が書かせた『宿命』は八尾証言・『謝罪します』と同じく、嘘と創作であることは疑いようもない。もちろん、田宮氏をはじめ「よど号」グループと接触をしていた高沢の語ることがすべて嘘と創作とは言えないところもあるが、それは、総論としてある「嘘と創作」を覆い隠すために誇張され、あるいは事実と虚構をない交ぜにすることで描かれている素材としての「事実」でしかない。とりわけヨーロッパの詳細な描写は、読む者をして高沢が「見てきたような」情景として感じるように巧妙に作られている。

6.『宿命』は八尾証言、『謝罪します』と同じく
　　嘘と創作に満ちている

以下、『宿命』が高沢の嘘と創作であることを三つの点から明らかにしていきたい。

⑴「秘密工作」への加担はあり得ない

第1点は、「よど号」グループが「日本人拉致」など朝鮮の「秘密工作」活動に加担するようになったのかという契機である。『宿命』はこの根本的な問題で、ほとんど馬脚を表している。

『宿命』によれば、1970年代後半から80年にかけてヨーロッパでは朝鮮の外交官が「密輸」行為などで、当地の情報機関の「厳しい監視下」に置かれるようになった。それで急きょ、「よど号」の日本人がその身代りに使われるようになったというのである。『宿命』には、「当局の強い監視下で身動

第4章 高沢浩司『宿命』はフィクションである

きがとれず、実際の工作任務に支障をきたしていた北朝鮮工作エージェントを肩代りする任務が、日本人である『よど号』グループに課せられたということになる」と書かれている。

これほど非現実的な話はない。そもそも「よど号」グループは、ハイジャック以来、日本の公安当局によって国際指名手配されており、「密輸」「拉致」といった「秘密工作」をするには、もっとも不適切な人間である。国際警察の注目するような「よど号」グループを使うという、そんな愚かな「方策」を考える「北朝鮮工作エージェント」がいると思う方がおかしい。

八尾恵著 『謝罪します』

仮に高沢の言うとおり、朝鮮がこれまで「よど号」グループを「秘密工作員」と活動などに使ってきたとしよう。では「よど号」グループがどれだけ大きな仕事をしてきたというのか。テロの「実績」はあっただろうか。ソウルオリンピックの際には、柴田泰弘氏が「オリンピック破壊テロ」だと言われた。次には田中義三氏が「偽ドルに関わった」とされ、逮捕、起訴された。いずれもいかなる物証もなく、柴田氏の場合は、うやむやになり、田中氏の方は、唯一の逮捕、起訴の根拠であった関係者の証言が本人たち自身「偽証」であったことを暴露するに至って、完全無罪となった。数十年にわたり、なんの「テロ実績」もあげられない働きの悪い「秘密工作員」を、しかもいるだけで米朝外交の足かせになっている「よど号」グループを政治亡命者として扱い、米日の圧力に屈することなく、朝鮮政府は在留を認めてきた。また、「よど号」グループは合計20人の子どもたちを産み育て、5人の妻と共に全員が日本に既に帰国している。高沢に言わせれば「ブレーンウォッシング」された大量の「工作員」が帰国したことになる。しかし、誰一人として「工作員」として問題にされたこともなく、日本において暮らしている。一度、田宮氏のご子息であるT氏が地方選挙に立候補したとき、産經新聞が「北朝鮮の工作員」という悪質なキャンペーンを行ったことがあった。しかし、結局何の問題にもならないまま、うやむやとなっている。

⑵ 「結婚作戦」は意図的に創られた虚構の産物

　第2点は、高沢は、『宿命』において、後の「ヨーロッパ拉致」へと直結していく「よど号」グループの「結婚作戦」なるものを紹介しているが、そもそも「結婚作戦」なるものが高沢によって意図的に創られた虚構の産物だということである。そして、それは、八尾の証言にある「キム・イルソン主席がよど号グループと謁見し、日本革命をやるためには、代を継いで革命を行っていくようにしていなければならないと、そういうふうな教示を受け、よど号グループも結婚相手を見付けるように教示された」と一致する内容であるが、この「教示」を受けて田宮氏等は「結婚作戦」について会議を持ったと高沢は田宮氏とのインタビューを収録した『祖国と民族を語る』の「革命任務は女性の獲得」と題された章にある田宮氏の以下の言葉を根拠として述べる。

　　「それから二年後、一九九五年の初夏、田宮高麿が急逝する半年前にピョンヤンでおこなった最後のインタビューでも、彼はわたしにこう語っている。
　　《僕らが結婚しているって怒った人もいるけど、男はやっぱり結婚せなあかんと思うよ。男だって、女だって、結婚せんとあかん。やっぱり運動している人が結婚できないとなったら運動の魅力ないじゃないか。……女性を獲得するということは夫人を獲得するということもあるけど、より大きなことは最も親しい同志を獲得するということだから。それで男性みんなが一年以内に女性を獲得しようという会議をやった。……革命任務は女性獲得だということで、一年から一年半ぐらいかかって、みんな忠実に革命任務を遂行した。それが七七年ころで、ここから「よど号」の新しい歴史が始まるわけ……》
　　　彼がここで述べていることは、『結婚作戦』と名づけられた女性獲得『任務』は、『よど号』グループの自主的な発意とメンバー全員の意見の一致をみて彼らがヨーロッパに出かけ、そこでたまたま出会った日本人女性と『革命的』な恋愛のすえに結ばれ、北朝鮮に連れ帰った、という女性たちの語るストーリーと同じものである。」
　　「事実としての『結婚作戦』は、田宮や彼女たちが言うようなものではなかった。その言葉も内容も、実際は『よど号』のものですらなかった。『結婚作戦』は朝鮮労働党が『よど号』メンバーを結婚させ、子どもをつく

らせるための作戦だったのである。」

なるほど、ここだけを読めば、「キム・イルソン主席の教示に基づき、朝鮮労働党が計画した『結婚作戦』が遂行され、結果として『よど号』グループの妻が『獲得』された」となる。また、これが「ヨーロッパ拉致」を「よど号」グループが行った根拠とされるが、高沢の狡猾さが最も露骨に表れた部分である。

『祖国と民族を語る』の「革命任務は女性の獲得」と題された章の高沢が故意に引用しなかった部分を読めば、高沢の「結婚作戦」なるものは高沢が言ったことであり、田宮氏が軽く相槌を打っただけだったことがわかる。

田宮氏はこの章の冒頭にこう述べている。

田宮：僕らが結婚しているっていって怒った人もいるけど、男はやっぱり
　　　結婚せなあかんと思うよ。男だって、女だって、結婚せんとあかん。やっ
　　　ぱり運動している人が結婚できないとなったら運動の魅力ないじゃな
　　　いか。だからさ、『わが思想の革命』(新泉社) にも書いたことだけど、
　　　僕らも七五年まではだいたい思想の総括が基本だった。でもいつまで
　　　も人間、思想総括ばかりやってられないじゃない。
　　　　　　　　　　　　　　　　(中略)
田宮：それで、みな適齢期だし、そろそろ結婚も考えようとなった。それ
　　　にＦさんが小西を尋ねて朝鮮にきたというのも大いに影響したしね。
高沢：うん、そうでしょうね。
田宮：あれは、やっぱり小西が偉かったね。僕は何回も小西を説得したん
　　　や。今時の女性ってのは、何年も待ってなんかいるはずがないからあ
　　　きらめろって。しかし彼は絶対あきらめなかった。
高沢：えっ？　小西さんがあきらめないと言ったの、あれは。
田宮：そうそう、いや、彼女は必ず俺を愛し続けるっていうわけ。それで、
　　　僕が、そんなこと今どきあるわけないって言ったら、あったんだなこれが。(笑)おれもしょうがないから説得を諦めたけど、あれも小西
　　　の引力だよな。結局、彼女が朝鮮にまできたのは。
　　　　　　　　　　　　　　　　(中略)
田宮：そういうこともあって、やっぱり家庭をもった方がええんとちがう
　　　かなと思ったわけ。それで女性を獲得するということは夫人を獲得す
　　　るということもあるけど、より大きなことは、最も親しい同志を獲得

するということだから。それで男性みんなが一年以内に女性を獲得し
　　　ようという会議をやった。

高沢：会議を開いて、結婚作戦？

田宮：うん、革命任務は女性獲得だということで、一年から一年半ぐらい
　　　かかって、みんな忠実に革命任務を遂行した。それが七七年ころで、
　　　ここからよど号の新しい歴史が始まるわけ、大体。

高沢：それで、大体成功を納めるわけですか？　結果としては成功をおさ
　　　めているね。

田宮：それは、今後の結果から総括するしかないだろう。わからないから、
　　　これからどうなるか。

高沢：あれは失敗だった、なんてね。(笑)

田宮：だけどはっきりしているのは、わが男性たちにはもったいない女性
　　　たちじゃないの。

高沢：それは言えてる。僕は女性達にそう言いました。あなた方はよど号
　　　のメンバーにはもったいないと。万雷の拍手ですよ。

田宮：うん、僕もそう思っているよ。ここは活字になることを考えて言っ
　　　てるんじゃないよ。(爆笑)

高沢：男性の皆さんにそう言ってくださいね、と言われた、女性のほうから。

田宮：いや、だけどね。僕は本当に女性を尊敬しているわけ、冗談じゃな
　　　く。というのも、男性メンバーは、家族の関係なんか勿論切れたよね。
　　　切れたけど朝鮮に来たことは家族は知っているわけですよ。

高沢：そりゃ、そうですよね。ハイジャックで来たのですからね。

　「結婚作戦」という言葉は高沢の言葉であり、270ページもある『宿命』
の中で「結婚作戦」なる言葉は高沢が言ったこの一つしかない。
　田宮氏の妻となった森（田宮）順子氏が逝去した田宮氏への思いを書いた
『いつまでも田宮高麿とともに』で森氏は田宮氏との結婚についてこう書い
ている。

　　「日本のことを話すのに、何か熱いものを感じたし、真剣に日本の現状
　　を心配しているのが彼の話から伝わってきた。私が日本にいたとき知っ
　　ている数少ない活動家といわれる人は、なにか義務感で活動をやってい
　　るように思えるところがあった。それは当時は、闘争が踏み潰されていっ
　　た時代だったから、生きる目的とか理想とかがなくなっていたのも仕方

がないことだと思う。田宮たちがハイ・ジャックをしたのも、こういう背景があったかららしい。

　話を聞いていて私は、田宮が自分自身、日本人であること、日本を離れては生きていけないと思っていることをはじめて知った。私はそれまでチョソン民族としての誇りを持って生きている人には出会ったことがあるが、日本民族としての誇りを持った人には出会ったことはなかった。それで、右翼のような人という印象しか頭に浮かばなかったのだろう。自分と自分の祖国である日本とを一体に結びつけ生きていこうとしていることは、チョソンの血を持っているという自覚も、日本人としての自覚もない私には、すごく新鮮で羨ましいことに映った。私は、こういう田宮にだんだん惹かれていったようである。

　その後の田宮との結婚は、私にとって特別なことではなかった。私も田宮を好きになり、田宮も私を好きになった。それだけのことだ。田宮も私に求婚するつもりだったようである。そして、何回か会ったある日、こんな会話をした。

「あんた、これからどうするんや」と田宮。

「そうですねえ」と私。

「俺と一緒になろうや、どうや」と田宮。

「そうですね、出会っちゃったからね」と私。

「そうか、それじゃ、いいんやな、決まりや」ということで、七八年五月、私は田宮高麿の妻になった。」

　また、森氏は結婚目的誘拐罪での逮捕状の撤回を求める国賠裁判の陳述書で以下のように書いている。（陳述書は資料編Ⅱに全文掲載）

　私は1953年5月12日、神奈川県川崎市で生まれました。朝鮮民主主義人民共和国（以下共和国と略す）に行ったのは、1977年11月1日のことです。

　私は父の遺骨を故郷に返すため共和国に来ました。私の父は帰化しませんでしたが母国語も話せず身内もなく孤独に生き、死にました。そのような父を私は死んでからでも朝鮮人にしてやりたく、また家族のもとへ返そうと決め、私は遺骨とともに1977年3月30日、羽田から日本を発ちました。香港に行き中国を経由して共和国に行くことになっていましたが、共和国の事情でマカオにしばらくいるようになり、それが長

引き、結局、半年近く共和国行きを待っているという状態でした。その間の生活は共和国側にお世話になりました。共和国に来てからは父の家族は見つかりませんでしたが、墓をたて何とか娘としての道理は果たせたと思いました。その後、私が田宮高麿と出会ったのは、共和国に居る赤軍派に会えるのなら会ってみたいと希望したからです。本当に会えるようになったのにはびっくりしました。田宮らは海を隔てた朝鮮の地から日本のことを常に思い、その現実にしっかり立脚して考えていること、そして、自分と生まれ育った国である日本を一体に結びつけて生きていこうという姿勢は、私に、異国である日本で死んだ父の生きた姿勢とは真逆のものであることを感じさせました。そして、また私は田宮と父の生き方をみて人間の幸と不幸の両極をみたようにも思いました。私はこうして田宮らを日本に帰したいという思いを強くもつようになり、田宮高麿と結婚し3人の子どもをもうけ、日本への帰国の道を追求しながら生活と活動を共にしてきました。

　森氏は田宮氏を好きになり、求婚されて結婚した。それだけである。森氏は自分の意志で朝鮮に来て、田宮氏と出会った。どこにでもある普通の恋愛によって1組のカップルが誕生した。どこに「作戦」と呼べるような作為性があるのか。
　高沢は、自分が冗談で言った「結婚作戦」なる言葉を使って、普通の恋愛と結婚を「キム・イルソン主席の教示に基づき、朝鮮労働党が計画した『結婚作戦』が遂行され、結果として『よど号』グループの妻が『獲得』された」としたのである。
　若林佐喜子氏の場合はどうだったのか。
　森氏と同じく結婚目的誘拐罪での逮捕状の撤回を求める国賠裁判の陳述書で若林佐喜子氏は以下のように書いている。(陳述書は資料編IIに全文掲載)。

「私は1954年12月13日、埼玉県で生まれました。朝鮮民主主義人民共和国(以下「朝鮮」と略す)に入国したのは、1977年4月のことでした。
　私は、その前年の76年6月、チュチェ思想研究会活動にいきづまり、しばらく休みたいという衝動に駆られて海外旅行に出ました。
　当時、私は勤めていた保育園で「24時間教育者たれ」という園長先生との関係と研究会活動の両立問題で頭を悩ませていました。さらに、所属地区の責任者が家の反対でこなくなり、私も家族から勘当され、い

つかは理解を得られると自分を納得させて活動していたので、前に進めなくなってしまいました。しばらく研究会活動を休みたいという気持ちに駆られ、すぐに戻れないところという気持ちが強くはたらき海外旅行を考えました。研究会に相談すれば反対されるのは目にみえ、誰にも言わずに日本を発ちました。この時は、2週間位のヨーロッパ旅行を予定し、その間は研究会の事は忘れ日本に帰ってから考えようと思っていました。

　モスクワ経由でヨーロッパにいきました。フランスのパリで観光名所など見て歩くなかで、現地に住んでいる日本女性と知り合い、安いアパートが借りられ、ベビーシッターやレストランでのバイトができたので、結局、半年くらい滞在するようになりました。

　77年2月頃に、若林と知り合い、いろいろ話すなかで、互いの抱えている問題も話せる仲になりました。若林と共に、77年4月に朝鮮に入国しました。しばらくして、よど号の若林であると紹介されました。若林は、日本での闘いの教訓や、朝鮮に来て赤軍派路線を総括して再出発を決心したこと。日本人民のために尽くせる人間になりたい。日本人民が主人となる社会変革の道を研究していることなどを話しました。若林の話と姿は私に衝撃的でした。日本でキム・イルソン伝や朝鮮のことを学び、朝鮮は人間が大切にされているすばらしい国だと言えても、日本の進路について語ることができないでいたからです。自分の目を開かせてくれ、異国の地にあって、日本に対する熱い想いをもって、日本人民のために尽くしていこうとしている若林（たち）の力になりたい、ともに日本の進路開拓のために歩んでいきたいと考え、結婚し、よど号の人たちと運命をともにするようになりました。その後2人の子供をもうけました。」

　もう十分ではないか。「結婚作戦」なるものは、高沢が「よど号」グループによる「ヨーロッパ拉致」事件の根拠として捏造したものでしかない。
　決めとして小西隆裕氏が『拉致疑惑と帰国』（河出書房新社）のなかで書いている「結婚のこと」（48頁）を紹介する。

結婚のこと
　私たちの生活を語る上で、結婚の問題を抜かすことはできない。帰国の問題から少し脱線するが、この時期にあった結婚について触れること

にする。

　私たちの間で結婚の問題が意識に上ったのは、一九七五年十一月、日本にいた頃から付き合っていたＴ子（東大病院の看護婦だった）がはるばる私を訪ねて朝鮮にやって来たときからだった。それまで、誰も結婚のことなど考えなかった。朝鮮はあくまで仮の宿りだったからだ。朝鮮側から私たちの宿舎の周りに果樹を植えようとの提案があったとき、それを言下に断ったのもそのためだった。「桃栗三年、柿八年、冗談じゃない」ということだ。

　だが一方、私が日本に残してきた彼女のことを人知れず気にしていたのは事実だ。「今年秋には武装蜂起のために帰国する。もし帰れなかった場合は呼び寄せる」と約束していたのだ。それで、家族との手紙のやり取りができるようになったとき、彼女への連絡を頼んでみた。田宮さんからは「五年も待っている女がどこにいる」とからかわれたが、私には、真面目な話し、待っているように思われた。家族を通し、彼女からの手紙を写真とともに受け取ったとき、嬉しいと同時に、その信頼にどう応えるかと考えた。それで田宮さんに相談した。答えは明快だった。「呼び寄せよう」。直ちに田宮さんが朝鮮側に提起してくれた。朝鮮側から返事が来るのにも時間はかからなかった。彼女が自分で来るなら受け入れようということだった。私たちが迷惑かけているのに、その上、彼女までも。何とも有り難いことだった。そこで彼女への手紙には、「自分の運命は自分で切り開け」、どこか第三国の朝鮮大使館を訪ねればＯＫだと示唆した。それから数ヶ月、彼女は私たちの宿舎の玄関先で車から降り立った。あのとき、皆の中にいるはずの私を探し出せずぼう然としていた彼女が目に浮かぶ。五年半ぶりの懐かしい姿だった。

　そのときから私たちの結婚生活が、合宿所の一室を空けてもらって始まった。それは、私としてはかなり面はゆいものだったが、皆は自分のことのようにこの結婚を喜んでくれた。それに、男所帯に女性が一人加わっただけで、生活にも少なからぬ変化が生まれたようだ。私が言うのも何だが、それは悪くないものだったと思う。人間生活は合宿生活ではなく、そこに家庭生活があるのは自然な姿だ。私たちが人として日本人として生きていくためにも、それは大切なことのように思われた。

結婚しようよ

　結婚生活も悪くない。私と彼女が結婚して約半年、皆の意識がそうな

る中、誰彼となく田宮さんは言った。「今まで結婚など考えたこともな
かったが、どうだ、小西だけでなく皆も結婚しないか。誰か日本に彼女
を残して来た者はいないか。隠さず言ってみろ」。誰も呼び寄せるよう
な彼女がいないのを確認した上で、田宮さんが提起したのは、「朝鮮には、
朝鮮をあこがれ、結構日本の女性たちが来ているらしい。そういう女性
たちの中に我々に会いたいという女性がいたら、紹介してもらったらど
うや」だった。そう言われて、異議のある者がいるはずがない。早速そ
れは、朝鮮側に正式に提起されることになった。

　しばらく後、朝鮮側からＯＫの返答があった。それで、田宮さんと私
に次いで年長で、当時三一歳だった岡本武から会ってみることになった。
勇んで出ていった後、しばらく消息がなかった。相手の女性は私たちに
会ってみたいと言っていたようだが、どうなることか。幾日か後のこと
だった。朗報がもたらされた。結婚まで約束したという。さすが思い切っ
てことを運ぶところのある岡本の面目躍如だった。満面に笑みをたたえ
車から降り立った彼、そして少しはにかみながら明るく笑って後に続い
たＦさんをやんやの喝采と紙吹雪で迎え、皆で結婚式をやった。記憶に
鮮やかに残る意義深い結婚式だった。それから「村」が一段とにぎやか
になったのは言うまでもない。

　しかし、私たちと会ってみようという女性がそれ以上いなかったのか、
朝鮮側からの話はそれっきりだった。一方、思想理論活動のため、現実
を知ろう、ヨーロッパに出てみよう、という話が持ち上がった。それで、
若林から年齢順にヨーロッパに出、現実に学ぶ一方、気に合う女性がい
たらということになった。ヨーロッパには同じ先進国として、日本にも
通じる現実があるということもあったし、比較的多くの日本女性が出て
来ているということもあった。朝鮮側もこれに同意してくれた。旅費は、
それまで帰国のために、翻訳や通訳、日本語教授などで細々と貯めてき
た基金やカンパなどを当てた。旅先での生活費は、長引く場合、当然本
人が稼いで充当するということだ。

　初めてのヨーロッパ行きで勇んで出かけた若林がＳ子さんをともなっ
て帰ってきたのは、翌年春になっていた。現実に学ぶのはともかく、気
の合う彼女を見つけるのは簡単でなかったようだ。パリの学食で、Ｓ子
さんに革命の講義をしたという若林の逸話は、簡単に消えることはない
だろう。

第４章　高沢浩司『宿命』はフィクションである

皆の結婚が続いた

　若林に続いたのは、赤木志郎、安部公博、田中義三の三人だった。だが実は、彼らがヨーロッパに旅立つ直前、しばらく途絶えていた朝鮮側からの話が入ってきたのだ。私たちと会いたいという女性が現れたようだ。これに対してどうするか。彼ら三人は、予定通りヨーロッパ行きを望んだ。それで、最年少の柴田にお鉢が回ってきた。ヨーロッパ行きを憧れていた柴田がごねたのは当然だ。それでも、会うだけ会ってみろという私たちと朝鮮側の勧めで、不承不承会いに行った。しかし、その日のうちに一度帰ってきた柴田の顔は、見違えるほど明るくなっていた。彼の不安や不満が吹き飛ぶような人だったのだろう。それから間もなく彼が連れて来た八尾恵さんは、予想通りの美人で明るく元気いっぱいな女性だった。

　田宮さんは、自分の結婚は最後、それも朝鮮でと決めていたようだ。しかし、翌年二月、ヨーロッパに旅立った三人の中、安部はまだ帰ってきておらず、赤木はまだ彼女を連れて来てはいなかったが、Mさんが田宮さんに紹介されるようになった。それからしばらく経って五月にあった、大柄で貫禄のあるMさんを迎えての田宮さんの結婚式もよく憶えている。この日は、いつにも増して、皆が酒に酔った。

　田宮さんの結婚式があって幾日もせず、田中とK子さんの結婚式を行った。女性たちの中で最年少でインテリジェンスのあるK子さんの加入は、カレーなど食べ物のうちに入れていなかった田中をその愛好家にしただけではなかった。私たちの集団の幅が広がったように思う。

　その年の秋、ようやく赤木が彼女を連れて帰ってきた。一緒に来たのはKさんだった。大柄で素朴、知性的な人だった。ヨーロッパで会って、話が合ったという。ヨーロッパの現実を学びながら、その過程で、会っては離れ、離れてはまた会いながら、機が熟してくるのを待ったようだ。赤木らしい慎重さだった。

　最後は、安部とU・Tさんの結婚だった。ときはすでに一九七八年十一月になっていた。最初に岡本が結婚してから二年半近くの時間が経っていた。初めて会ったU・Tさんには他の女性たちにはない、何か親しみというか通じ合うものを感じた。それはおそらく、彼女が新左翼の活動家だったからだろう。二人は結婚式の前にメキシコへの「婚前旅行」をしていた。それもあってか、結婚の翌月には長男の誕生と相成ったのだった。

⑶ 嘘の集大成の「ヨーロッパ拉致」事件

　第3点は、見てきたような嘘の集大成、「ヨーロッパ拉致」事件である。『宿命』の「13　マドリッドの失踪者」から引用する。

　「『よど号』グループが、いわゆる『マドリッド作戦』を計画し、遂行するために、この街に到着したのは一九七九年暮れから翌年の春。工作対象となったのが、こうしたバック・パッカーたちをはじめとする旅行者・留学生だった。工作任務の多くは〝首領様の花嫁〟『よど号』の妻たちが担うことになっていた。女性たちの方が、顔や名前が割れている男たちに比べて幾倍もソフトで、警戒心を持たれることもなく、この日本人獲得工作に向いていると判断されたからである。妻たちにとってもこのスペインでの活動は、日本を出国して北朝鮮に渡って以来、最初の海外活動の舞台だった。彼女たちのほとんどがこのとき、長期短期の別はあってもマドリッドにいくつかの足跡を残している。小西隆裕の妻、F・Tもちょうどこの時期、旅券の更新に訪れたジュネーブの日本総領事館で、応対した領事館員に『友人がいるのでスペインに行く』と話している。」

　「マドリッド作戦」なる「よど号」グループによる拉致工作の舞台がマドリッドとして描かれるが、1979年暮れから翌年春は、「よど号」グループは帰国のための活動を本格化させていた時期である。

　80年という年は、渡朝10年に当たる。渡朝10周年に際して『祖国を離れて十年』（田宮高麿）を小田実氏の紹介で季刊雑誌『使者』（未来社）に発表した。赤軍派総括から新しく出発し、10年に及ぶ学習、研究、模索の時期を終え、帰国に向けた活動を本格的に開始するという国内に向けたメッセージだった。そして、日本からの訪朝代表団との活動が開始され、また、『日本を考える』誌発行準備に入る時期でもあったため、原稿執筆、印刷、国内発売元など総力をあげて準備していた。このころ、女性は自分の旅券をもって自由に動けるので、将来、日本国内に入ることを念頭に、日本と欧州、朝鮮帰還の往来の財政的条件をつくるものとして欧州と日本との間で、個人輸入など個人的規模でできる商売の可能性を探っていた。女性たちはこのような理由で海外に出た（K氏のフランスでの絵本関係、T氏のイタリアの料理学校）。こうした経済活動は模索段階、手探り段階だったと言えるが、結局、女性が海外で慣れない商売は無理だとなり、81年からは女性たちは雑誌を

出版していく活動を日本においてすることになった。

K・T氏は80年にマドリッドには行っていないことは、旅券をみればすぐわかることである。『宿命』は、至るところで、高沢が知る由もない「事実」を捏造することで、なかったこと、あり得ないことを「あったこと」にするのが常套手段となっている。

例えば、次の文書である。

「このころ1980年代に頻繁に出入国を繰り返していたほかの『妻』たちと柴田泰弘の任務とはどのようなものだったのだろうか。田宮は国内での工作課題についてこう語っていたことがある。日本人を獲得していくためには、海外旅行中の日本人や留学生を対象とするよりは日本国内そのもので獲得するのがいちばん効率よく手っ取り早い。それが『マドリッド作戦』から始まった一連の日本人獲得工作の、ひとつの「総括」であり、結論でもあったのである。」

日本での彼らの活動は明確である。妻たちの日本入国の目的は、80年に『日本を考える』編集委員会を組織し、81年に『日本を考える』誌を発行するために、雑誌の内容を保障していく必要があった。そのために国内の状況（主に運動）を知り、それを『日本を考える』誌に反映する仕事を行っていた。例えば、森氏は大阪で働きながら各党派の労働運動のことを知った。

『日本を考える』誌発行の目的は「よど号」グループが過去の赤軍派、ハイジャック犯人から、「人として日本人として」日本のために尽くそうという「亡命政治活動家」であるという「顔」を示すことであった。その具体的な形として、過去の教訓をふまえ『日本を考える』誌発行を自分たちと日本国民の共同作業の場にしていくことではないかと考え、このことを目的にした思想理論研究団体として『日本を考える』編集委員会を設立した。

『日本を考える』誌を発行するに当たっては、まず朝鮮を中心に思想理論活動をする上での指針として、「日本を考える三つの視点」（日本主体、人間主義、真の民主主義）を確立することを先行させた。これは田宮氏が編集委員会代表として1980年頃から執筆に取りかかり、1981年末には一つの論文として完成させ、これを以後の『日本を考える』編集委員会の思想理論活動の綱領的指針とした。

『日本を考える』誌創刊号の表紙には次の言葉が載っている。

第4章　高沢浩司『宿命』はフィクションである

「日本を考える　愛するがゆえである
日本を考える　今日の祖国の惨状を憂え
明日の日本に希望を託すからである
われわれは　人間として、日本人として、国を愛するものとして、
日本の進むべき道を
懸命に考えていこうと思う」

季刊『日本を考える』創刊号

『自主と団結』創刊号

　そして、季刊『日本を考える』誌は1981年11月から1990年2月まで30号が発行され、その後、1990年7月より『自主と団結』誌として発展し、1995年3月まで8号が発行された。高沢は『日本を考える』誌を日本の読者に向けた雑誌であることを意図的に隠し、朝鮮の意図にそった「日本人獲得工作」のためのものだと執拗に語るが、その根拠を示そうとはしない。いや、「よど号」グループによって朝鮮工作員とされた日本人はいないことを見れば、「日本人を獲得していくためには、海外旅行中の日本人や留学生を対象とするよりは日本国内そのもので獲得するのがいちばん効率よく手っ取り早い。」と田宮氏から聞いたという高沢の話は全く根も葉もないことは明らかである。
　石岡氏が拉致されたとする「マドリッド作戦」については、第3章で明らかにしているので、ここでは触れない。

107

7. まとめ

本章のまとめとして、田中義三氏の次の言葉を再度掲載する。

「私達が語った言葉、言葉の中から高沢が、自分の立場から都合のよい解釈が出来る部分を巧みに引用し、『よど号』の人々が自身で述べているという実証方法も用いています。加えて、日本の普通の人々が絶対に知り得ないと思われる様々な状況描写に至っては、さも真実らしく生き生きと『再現』させたりもしています。そして決定的な問題に限っては、権力側と共に推測、憶測を重ねながら、時には、こんな筋書きになってもらいたいという願望をまじえ『事実』として断言していきます。

『宿命』は、それに賭ける高沢の思想的立場、決意、迫力も普通ではなく、合わせて、その執筆に傾けた並々ならぬ労苦すらも感じとれる『力作』となっています。」

高沢皓司の書いた『宿命』はフィクションである。

高沢が決して知ることのなかった愛。田宮氏と祖国を愛して止まなかった田宮氏の最愛の妻森順子氏の『いつまでも田宮高麿とともに』エピローグを紹介して、本章を終わる。

「やはり、田宮との出会いが決定的でした。田宮のおかげで私は、祖国というものを持てるようになり、愛するものが何かということがわかるようになりました。そして、愛するということは、一緒にいたいという感情、尽したいという感情と一体であるという思いを強く持つようになりました。日本を愛し、家族を愛し、そこに自分の生を見出したいと思うことは、誰もが持つ素朴な思想感情であり、願いだと思います。」

「『愛することは罪ですか?』という問いに、『そうです』と答える人はいません。だから、もっと、もっと日本を愛そうと思います。もっと、もっと日本のために尽くせる人間になろうと思います。

しかし、私たちの行く先は、もっと試練が続くかもしれません。もっと辛いことがあるかもしれません。でも、私には同志たちがいます。そして、頼もしい青年たちや可愛い子どもたちがたくさんいます。私たちは、いつまでも田宮とともに、この道を歩き続けて行きたいと思います。」

第5章　国賠裁判と真相究明

1．国賠準備

(1) 平壌で提訴と帰国に向けた議論

　2010年3月、はじめての訪朝であった。HJ（ハイジャック）から40年。山中訪朝団（救援関係者3名、ジャーナリス4名）に救援関係者の一員として同行した。ベールに包まれたあの国を覗いてみたいというものであった。

　朝鮮は、「よど号」（ハイジャック犯）を人道的立場から受け入れていた。ある意味で「政治亡命者」としてであった。EUの議員も訪朝したことがあったらしいが、ヨーロッパであれば「政治亡命者」の帰国問題は交渉での解決が行われ、それほどハードルは高くないらしい。日本はどうか。拉致問題で制裁一辺倒の国内世論。日朝関係は身動きがとれない中で帰国問題のハードルはかなり高いようだ。改めて40年前のHJの経緯から帰国問題を人権問題として「国際水準」から捉え返すことも必要ではないか。そんな思いが残った。「政治亡命者」と帰国問題のハードルが高いこと、そして"ヨーロッパ拉致"はでっち上げであり、逮捕状の撤回を求めていること、直接、当事者から聞いたのは、この1回目の訪朝であった。一方で「よど号」関係では、国賠ネットワークとして、あの八尾恵（北朝鮮スパイでっちあげ事件）国賠の苦い経験があった。八尾国賠を支援していたが、その八尾のウソに裏切られたことがあったのだ。

　同年7月には2回目の訪朝を行った。提訴と帰国に向けた議論がはじまったのはこの2回目の訪朝からであった。訪朝に同行する予定であった鳥越俊太郎氏らジャーナリスト・報道関係者の4人は査証（ビザ）が発給されなかった。日本国政府（報道姿勢）に対する"報復的"措置なのか定かではない。北京の朝鮮大使館（ビザ申請）から入国までではどこかピリピリしたある種の緊張もあったがスムーズに入国できた。

　平壌在住の「よど号」グループとの議論は平壌産院近くの「よど号」グループの事務所の会議室で行われた。「よど号」グループの帰国の意思は固いが、日本政府と今後いかに交渉によって帰国を実現させていくか。よど号問題を

109

解決していくか。過去、「政治決着」の動きもみられた時期もあったが、日本政府は制裁一辺倒で日朝関係の出口が見えない中、「政治決着」による「よど号」問題の解決はほとんど絶望的な状況であった。日朝ピョンヤン宣言以降は"拉致"問題が、そして核・ミサイルなどによる軍事的脅威が叫ばれ、6カ国協議も停止状態、日米韓の包囲網の強化、各国の思惑もあり、「よど号」問題はある意味で、この間、外交の「道具」にも使われてきた。「亡命者の保護」であったものが「テロリストの保護」となり「北朝鮮工作関与」「欧州留学生拉致工作」、そして「引き渡し要求」というふうに翻弄されてきたと言っても過言ではない。日朝関係は最悪の状況なのかもしれない。国内では民主党政権（2010年当時）になり期待もあったが、「外国人の地方参政権」の進展もなく、また「高校無償化」「こども手当支給」では朝鮮人「差別」ともいえる状況が続いていた。

　この流れを変えること、活路を見出すことはできないか。議論の中でいくつか検討された。帰国者の日本政府の旅券発給拒否に対する「行政訴訟」、かりの会（平壌）3人の逮捕状（令状は簡易裁判所、国際指名手配は警察庁とＩＣＰＯの連携）の無効と国賠提訴の可能性、八尾恵や高沢浩司に対する損賠について検討をしてみようということになった。

　帰国者の日本政府の旅券発給拒否に対する「行政訴訟」については人権問題（往来の自由）として提訴できないか。当事者の意向を再確認し、発給申請をしたらどうか。出来れば発給を拒否されている帰国者6人全員。しかし、それぞれ生活があり訴訟には慎重な人もいるので、議論を続行していくことになった。国際指名手配の逮捕状は結婚目的誘拐の容疑で"拉致"事件にかかわったとされているが、流布されている一葉の写真と八尾証言などが根拠となっているらしい。実際には逮捕状の疎明資料には何があるのか、その根拠は全く明らかにされていないようだ。国賠で逮捕状の疎明資料を明らかにさせること、「拉致」とは無関係であり、その不当性を「事実」をもって主張し、捜査の実態（国策）も明らかにすること、同時に「よど号」問題の見直しについても、その「見直し」のきっかけ、流れをつくり出せないか、課題について整理されてきた。

　「よど号」問題は政治亡命者としての「よど号」グループと日本政府の日日問題であったはずだ。それが、いつの間にか日朝問題に変質。改めて日日問題として見直すことであった。安倍政権以降の硬直した日朝関係では「政治亡命者」の「帰国問題」としての「政治決着」はあまりにもハードルが高いが、その打開を目指すべく、その道筋、「交渉」へのテーブルにつかせる

ための前段の闘いとして「国賠提訴」を視野に検討してみようということになった。

　朝鮮側の対応についても議論された。この頃、拉致被害家族会は朝鮮との人的交流の制限にまで言及していた。当時の菅政権は哨戒艇事件で「北朝鮮」を批判、Ｇ８でも名指しで批判、批判の主導的役割を果たしてきた。こうした状況の中、少数派ではあるが「かりの会」は日朝のわずかなパイプ役として帰国問題を通して、ある意味で日朝の「架け橋」になり得るのではないか。当面は民間レベルでの連続的訪朝と交流を加速させ、その過程で解決方法も見出せるかもしれないとの思いがあった。

　"拉致"について朝鮮は、一部の「盲動主義者」の「犯行」という認識をしつつ金正日総書記は自ら「謝罪」したが、日本は朝鮮人強制連行があったという歴史事実については、しっかりと歴史認識をしようとはしてしない。「拉致」と「強制連行」の認識の落差は大きいようだ。この落差は日朝の避けて通れない歴史的産物といってもよいであろう。国交もなく、ある意味で戦争状態の継続されているような状況の中では「情報戦」「心理戦」が続くのは避けられないことかもしれない。しかし活路を見出していく以外ないのだ。翻弄されてきた「よど号」帰国問題の解決は、この落差を如何に埋めていくかにかかっている。それは日朝の国交回復問題の解決の中で包括的に行っていく他ないのかも知れないが…。

⑵ 「制裁」合唱の中で「真実」がかき消される

　2002 年 9 月の日朝首脳会談での朝鮮の"拉致"発表は、「日本国（人）民」、「よど号」、そして支援関係者にも大きな衝撃が走った。その後の「反北朝鮮・拉致」報道キャンペーンは凄まじく、日本中を「横田家の一員」にしてしまったようだ。朝日新聞社なども「横田家の写真展」の全国展開に協力するなど、国を挙げての大政翼賛的報道が続いていた。このキャンペーンが続く中、「事実」を無視した「ねつ造」も多くみられる。「ねつ造」が「事実」のごとく報道され、日本国（人）民のほとんどがそれを信じ切ってしまっているようだ。「よど号」グループのヨーロッパでの日本人拉致の関与（工作員）報道もそうだ。この大洪水の中で「よど号」グループは、帰国者家族（26 名）を含めて「孤立無援」、そして「萎縮」状況が続いていた。世論の目（動向）は厳しく、いわば「非国民」の如くだ。詳細は第 2 章の〈特別寄稿〉"拉致"報道の検証とヨーロッパ拉致　を参照。

　三浦和義氏（故人）といえば"ロス疑惑"。生前、三浦氏は集会などに講

演者として呼ばれた際、「わたしのことを"犯人"と思っているひとは手を
挙げてください」とよく口にしていた。そして、手を挙げるひとは必ずいた。
三浦氏の犯人像をつくりあげてしまった当時の"ロス疑惑"報道の大洪水。
この国の"民"を完全に"洗脳"してしまった。一旦、インプットされた"情
報"は体内で消火不良を起してしまい、なかなか排泄されることはないよう
だ。事実（真実）に基づく無罪確定があったにもかかわらず、である。どこ
かでこの事実をかき消そうという力が体内で働くようだ。"疑惑"は疑惑の
まま払拭できない力、周辺の運動仲間（支援者）からもこの"疑惑"を疑惑
として語るひとが少なからずいた。

　「よど号」グループの"ヨーロッパ拉致"関与を信じている人も多いであ
ろう。八尾証言（偽証）報道と特に八尾恵が有本恵子さんの両親に跪く"謝
罪"のテレビ映像などは強烈であった。マスコミの一連の報道（リーク）は
成功したかのようだ。『宿命』（高沢浩司著）（何と「講談社ノンフィクショ
ン大賞」）、更に『謝罪します』（八尾恵著）と出版が続いた。高沢は、その後、
拉致家族会の集会にもたびたび出席し"朝鮮通"を演じ、八尾とともに反北
朝鮮・拉致キャンペーン側に加わっていった。詳細は第4章の「高沢浩司『宿
命』はフィクションである」参照。

(3) 帰国家族への誹謗・中傷

　この反北朝鮮・拉致キャンペーンは現在も続いているが、2011年4月、
帰国家族のT・T氏が都内の市議選に立候補した当時、凄まじい誹謗・中傷
があった。

　当時は、国会やTVタックル番組でもとりあげられ、産経新聞でも報道さ
れた。同新聞の記事の中で東京基督教大学教授・西岡力は「菅直人首相が、
拉致実行犯として指名手配されている容疑者の長男が所属する政治団体に献
金をした。その長男は北朝鮮で生まれ日本革命村で育ち、日本革命を目指す
北朝鮮のスパイ、洗脳教育がなされて、拉致に関する情報も隠蔽している」「北
朝鮮から司令を受けた自主革命党員でスパイ、洗脳教育を受けた容疑者の息
子は選挙に出ること自体おかしい」などと書いている。

　T・T氏は「捏造と報道の自由を悪用した人権侵害に憤りを感じる」、ま
た、「教育の鍵を握る教授が教壇に立ちこんな根拠もないことを平気ででっ
ち上げ誹謗中傷し、知らない人に"長男は北の工作員"と植えつけることが
教授として、教授以前に人間として疑わしいし、許せない」「北朝鮮から帰っ
てきたらスパイなのか。何をもってスパイ、何をもって洗脳教育だと言うの

か」とも語っている。

　Ｔ・Ｔ氏は、拉致問題に関して「一日も早く解決して欲しいと願っている。拉致とはまったくの無関係であるのに、"拉致事件と関連"を挙げることは名誉毀損ではないかと思う」「事実を捏造し困惑させること、拉致という冠を付ければどんな暴言でも許されるように思い上がっては、真の拉致問題解決にもならないと思う」と訴える。

　悲痛な訴えであった。あまりにも酷いとしか言いようがない。

⑷ 国賠の課題と弁護団の結成

　国賠のための弁護人をどうするか。反北朝鮮・拉致報道キャンペーンの中での弁護活動、しかも実務に長けた弁護士。果たして引き受けてくれる弁護士はいるのであろうか。

　まず、氷見冤罪国賠の弁護団長でもあり、日弁連刑事弁護センター委員長（当時）でもあった前田祐司弁護士にお願いすることになった。同弁護士は快く引き受けてくれた。ありがたいことであった。弁護団には渡邉良平弁護士、さらに大谷恭子弁護士が加わった。

　訪朝は 2010 年 3 月（第 1 次訪朝団）、2010 年 7 月（第 2 次訪朝団）に続き、国賠のため訪朝が本格化していった。2010 年 11 月（第 3 次訪朝団）、2011 年 7 月（第 4 次訪朝団）、2012 年 4 月（第 5 次訪朝団）、2013 年 2 月(第 6 次訪朝団)、2014 年 4 月(第 7 次訪朝団)の 7 回、第 4 次、第 5 次、第 6 次の各訪朝には弁護団も同行した。

　国賠をどう闘っていくか。わたしたちは 7 回の訪朝で平壌在住の「よど号」グループへのヒヤリングなどを通じて、そして、これまで収集してきた証拠、そして関係者証言からしても「よど号」グループの拉致への関与は全くあり得ず、関与する理由もなく、3 人（平壌在住）に対する"拉致"逮捕状は完全なでっち上げであると確信した。

　「よど号」グループはこれまでは逮捕状に対する抗議の意思表明を行ってきたが、「拉致被害者」感情に乗った「制裁」合唱の前に、「真実」の訴えがかき消されがちであった。北朝鮮支配下の拉致集団というレッテルが貼られ「孤立」した状況も続いていた。この状況から何としても活路を見出していく必要があった。国賠提訴を通して直接当局と対峙しながら「よど号」グループの訴えを広く伝えていくことでもあった。

　魚本氏の逮捕状は「八尾偽証」、日朝首脳会談での共和国の謝罪の直後、黒田氏、森氏の逮捕状は安倍政権下、漆間官房副長官（元警察庁長官）が"圧

力"（制裁）のため"北朝鮮が困る事件の摘発"の大号令を発した直後でもあったため、このころ日本国内で「北朝鮮」関連の逮捕事件が多発していた。"拉致"逮捕状の証拠らしきものはなく、国の政策的逮捕状、つまり「国策」による逮捕状発付であった。その逮捕状は更新され続けている。国賠はこの国策（捜査）と対峙し、弾劾していく闘いでもあった。

　国賠では「よど号」グループ"拉致"の真実（でっち上げ）を明らかにし、でっち上げ逮捕状の撤回を求め、反転攻勢への第一歩としていくこと。東京都（警視庁）を被告として逮捕状の請求行為は違法であるとの提訴の内容は、ほぼ固まってきた。また、法律的にもクリアすべき課題があり、どうすべきか検討に入った。

　逮捕状（請求行為）の違法性を争う国賠裁判では、御崎直人氏（国賠ネットワーク会員）の逮捕令状国賠の判例と小山氏国賠の判例がある。アリバイがあり、裁判所でもアリバイ証拠・証言が証拠保全されていたにもかかわらず、裁判所と警察はアリバイを無視して15年後の時効まで逮捕令状（指名手配）を出し続けた事件。御崎氏は時効成立（15年）後、国賠を提訴。一審は一部勝訴したものの、高裁、最高裁で逆転敗訴（確定）した。

①最高裁判例では、逮捕状発付に対する不服申立ができないとされていること。②国賠では「被疑者が罪を犯したことを疑うに足りる相当な理由」がないのに、逮捕状の請求をした行為を違法と主張するが、刑事手続に先立っては許されないとする司法判断（小山判決）がある。

　本国賠ではこの最高裁判例などをどう突破していくかが、大きな課題でもあった。

　提訴までには高いハードルがあるが「法的救済を求める手段として刑事手続上の救済が現行法で存在しない（準抗告）以上、民事で解決を求める以外には方法がないこと」「刑事手続上の救済手続の不備を民事（国賠）で補うことを許容しなければ、違法な逮捕状により身体拘束を受ける者の不利益が余りにも過大」ではないか、法学者の意見なども参考にしながら提訴に向けた準備を進めていった。

　弁護団を含め7回にわたる訪朝、平壌での会議を経て訴状を練りあげていった。そして、ひとつの物語としても読める長文の訴状が出来上がった。訴状は＜資料編＞に全文掲載。

2. 国賠提訴（2013年4月25日）

2013年4月25日、東京地裁に訴状を提出（国賠提訴）した。国賠準備には約2年の歳月を要したが、真実（事実）を武器に闘っていくしかないとの決断であった。「よど号」グループは、「ヨーロッパ拉致」の関与を全面否定し、でっち上げを訴えてきた。「アメリカの謀略」によるでっち上げであるとの政治的立場からの発信が多かったが、ここは、きちんと法的対抗措置として「事実と証拠」に基づき反論していく。真実（事実）を武器にでっち上げを明らかし、逮捕状の撤回を求めていく。そして、世論に訴え、困難な局面を打開し反転攻勢への第一歩としていく。その思いで提訴に踏み切った。

原告は魚本公博、森順子、若林佐喜子の3氏（平壌在住）。被告は東京都（知事 猪瀬直樹 当時）。請求金額は1500万円。石岡亨さん、松木薫さん、有本恵子さんらを拉致・誘拐したとして「結婚目的誘拐罪」で逮捕状が発付されているが、逮捕状の被疑事実は全くの事実無根であり、警視庁の違法な逮捕状請求行為により"拉致犯人"との汚名を着せられ多大な損害を被った。この警視庁（被告東京都）を相手に国賠を提訴した。原告の主張（訴状の骨子）は以下の通りである。

魚本氏の逮捕状は「八尾偽証」と日朝首脳会談での朝鮮の謝罪の直後であった。その根拠としては ①八尾供述（偽証）、②デンマークのカストロップ空港で有本さんと朝鮮の外交官が一緒に写っている写真、③石岡さんの手紙、④有本さんを朝鮮に連行したことを認める朝鮮当局の発表、などがある。中でも八尾供述の存在が大きいと推察される。しかし、この八尾供述には、いわゆる「秘密の暴露」がなく、一見、石岡さんの手紙とカストロップ空港での有本さんの写真などと整合しているように見えるが、供述はこれらが周知になった後の供述であり、また、魚本氏はコペンハーゲンには行ったことがない。そもそも2002年の八尾供述は、「1983年に有本さんを誘拐した」とするもので、19年前の供述で信用性が乏しいものだ。また八尾供述には多くの変遷があり、これまでにも虚偽の主張を述べ立てて多数の訴訟を提起した事実があり信用できないものだ。

森氏、黒田氏の逮捕状は「拉致強硬（制裁一辺倒）」策に転じた安倍晋三

政権下のもので逮捕状の根拠らしきものはなく「国策」による逮捕状であることは明らかだ。石岡さんを誘拐したとする証拠は、八尾惠の伝聞供述（数年前に聞いたというもの）とバルセロナの動物園での写真のみである。石岡さんは朝鮮から来た森さんらと一緒の写真を撮り、その数ヶ月後に行方不明になり、その後、朝鮮にいることが判明した。石岡さん自身のその後の葉書により、バルセロナで森さん、黒田さんとは別れ、その後、接触はなく、一人で旅行を続け、マドリードで知り合った3名と一緒に行動を共にするようになった。その後、行方不明となったことが明らかになっている。松木さんに関しては、さらに根拠薄弱である。松木さんとの接点は、八尾惠の伝聞供述（刑事裁判では、伝聞供述は証拠にならない）のみだ。警視庁は、この程度の証拠で松木薫さん誘拐の逮捕状を請求したことになる。また、2004年には、朝鮮は「よど号」グループの「拉致」関与を明確に否定している。

　国賠と最高裁判例については、平成5年の最高裁判決(小山事件)として「捜査の遂行に重大な支障を来す」「逮捕状請求行為に対する損賠を否定」「捜査の密行性を理由に国賠請求を制限」しているという判例（解釈）がある。訴状ではこの判例についても批判を展開している。①国家賠償請求を禁ずる規定は存在しないこと　②刑事訴訟での手続と民事訴訟とは異なること　③捜査の密行性は否定の根拠にならないこと　④刑事手続での不服申立の不存在は否定の根拠にならないこと　⑤民事と刑事の時効の違いによる弊害　⑥民事訴訟自体を封ずることによる不利益、などが批判の論点であった。
　そして、国賠裁判が始まった。口頭弁論は4回にわたって行われた。

3. 国賠口頭弁論の記録

⑴ 第1回口頭弁論（2013年7月22日）
被告東京都は「これ以上、答弁するするつもりはない」と門前払いを求める
　2013年4月25日提出の訴状に対する被告東京都の答弁書（6月21日）、原告第一準備書面（7月18日）を陳述。また、原告提出の証拠関係（甲1〜16号証）は全て採用。陳述書（甲1〜4号証）については原本(平壌で押印)の確認（原告3人の陳述書は資料集に掲載）。原告第1準備書面の求釈明に対して、被告東京都は「これ以上、答弁するつもりはない」と門前払いを求めた。原告は5項目の求釈明を行った。さらに親告罪に関して、同罪は起訴の要件として告訴権者による告訴が必要となるとの主張を行った。

①有本恵子、石岡亨、松木薫から、警視庁警察官に対して、上記被疑事実に関する告訴がなされているのか。

②被害者らからなされていないとすれば、これに代わる告訴状を得ているのか、あるいは、得る見込みがあるのか。

③逮捕状の発付及び原告らを国際手配した経緯に関しては、スペインのマドリードに滞在していた「訴外石岡ら」とあるが、「ら」とは、石岡亨と松木薫ということか

④「ら」が、松木薫を含むということであれば、松木薫も昭和55年5月ころにマドリードに滞在し、かつ、マドリードから、忽然と姿を消したことになるが、そのように理解してよいか。

⑤「捜査の密行性」を理由とする国賠請求の可否については、「捜査の密行性」は、国賠請求それ自体を封ずる理由にはなり得ない。原告の主張を踏まえての被告の見解はいかなるものか。

　原告の①〜⑤の求釈明事項に対して被告は「答弁書以上の答弁するつもりはない」と事実上拒否。被告の主張は、逮捕状の更新が繰り返されているにすぎない時点で国賠請求を許すと、民事事件の審理のために、捜査の内容や捜査資料の開示を余儀なくされ、証拠隠滅などの捜査遂行に重大な支障が生ずるというもの。「捜査の密行性」の主張を繰り返すだけであった。被告の対応は予想されたことであった。

　「結婚目的誘拐罪」という容疑についての争点が大きく浮上してくる。渡邉弁護士の判例分析の成果であった。原告代理人の主張（争点）は画期的なものであった。

結婚目的誘拐罪は親告罪、だれが告訴

　原告代理人は逮捕容疑の結婚目的誘拐罪について以下のような主張を行った。

　刑訴法234条の適用による告訴は無効である。結婚目的誘拐罪は親告罪、判例（部落出身者との結婚の事例）もわずかだ。告訴がないと成立しない。同234条の適用は被害者（同231条）だけでなく、それ以外の告訴権者（同231〜233条）のすべてが存在しないか、すべて生死不明・所在不明である場合に、はじめて234条が適用される。つまり被害者とされた石岡さんらは、それぞれ直系親族や兄弟姉妹が生存している。したがって同234条の適用は不可能なはずだ。被告は逮捕状請求で、この同234条を適用した

（可能性）と主張しているが、同234条に基づいて検察官の指定する者の告訴状であったのであれば、告訴状は無効であり、逮捕状の請求行為は違法ということになる。被告は、231条2項は「被害者が死亡したとき」の規定であり原告主張は「失当」であり、「231条2項の適用がない以上、生死不明・所在不明である場合に、親族等がいたとしても」「親告罪に告訴をすることができる者がない場合」に該当するとの"解釈"を行っているが、学説でもこのような見解はない。

⑵ 第2回口頭弁論（2013年9月19日）

被告「これ以上の主張はない、結審すべき」。裁判長「原告主張に反論すべきところは反論すべきではないか」。被告「…裁判所がそうおっしゃるのであれば…」

東京地裁民事30部（菅野雅之裁判長、篠原礼裁判官、樺山倫尚裁判官）の611号法廷、午前10時45分から定刻通り開廷。被告東京都は代理人5名、原告代理人は前田弁護士、大谷弁護士、渡邉弁護士が出廷。傍聴人は報道関係者（NHKのみ）を含めて20名。傍聴席にはテレビ朝日の番組で八尾惠に有本恵子さん両親の前で土下座させ偽証を実演させたプロデューサー（当時）の姿も。

原告第2準備書面を提出

被告東京都の答弁書、特に「捜査の密行性」の主張に反論した原告第2準備書面の陳述が行われた。また、原告から『拉致疑惑と帰国』（河出書房新社から発売）が書証（甲17号証）として提出された。前回弁論から被告は「これ以上の反論は必要ない」と審理の打ち切り（結審）、実質的な「門前払い」を求める態度をとり続けてきたが、ここへきて裁判長は被告に対して再「反論」の必要性があるのではないかと被告に再考を求めてきたのだ。これは思いよらぬ裁判長の対応（訴訟指揮）であった。以下は法廷での、そのやりとりである。

　　裁判長：「被告は原告第2準備書面への反論は何かありますか？」
　　被告：「特に反論はない、従前に主張した通りだ。早期に結審していただきたい」
　　裁判長：「原告は、本件は最高裁判例とは一致していないと主張している。被告側で主張（争点）を整理し、原告主張に対する反論をしたほうが

よいのではないか…」
被告：「…裁判所がそうおっしゃるのであれば…書面を提出する。1か月
　　　半の時間をいただきたい」
原告代理人：「原告代理人としては裁判所の判断に従うが、入口のところ
　　　での論争であり前回の求釈明についても答えてもらいたい。新たに被
　　　告の書面がでたところでさらにそれに対する書面を提出していきた
　　　い」
裁判長：「被告東京都は原告の主張に答えるべき」

　裁判長は、原告主張（争点）に対して被告は答えるべきではないか、との
訴訟指揮を行った。これに対して被告はしぶしぶこれを受け入れ書面を提出
することになった。
　原告は「捜査の密行性を理由とした制度上の制約の中でも逮捕状請求の違
法を理由とする国賠訴訟は審理すべきである」「国賠請求自体を許容しない
とする理由はなく、法が許容していないとする被告の解釈は、現行法の規定
からは導けないものである」「国賠請求自体を封ずるという方法で捜査の密
行性を保護しようとする発想であって、必要性に欠けるばかりか、余りにも
政策的な解釈」であるとの主張を行った。
　原告主張に対して被告はきちんと答えてもらいたい。次回弁論までに提出
されるであろう被告の主張（書面）に注目である。
　今回の裁判所の対応（訴訟指揮）は当然であろう。争点が十分に審理され
ていない段階での結審はありえない。判断はできない、ということであろう
（前田裕司弁護士談）。原告としては何としてでも事実審理（逮捕状請求行為
の違法性、八尾偽証などを根拠）に踏み込ませたいところであるが、裁判所
が次回弁論以降どう判断するのか、対応が注目されるところだ。とりあえず
早期結審の壁を突破したということ、一歩前進だ。

⑶ 第3回口頭弁論（2013年11月18日）
　東京地裁民事30部（菅野雅之裁判長、篠原礼裁判官、樺山倫尚裁判官）
の411号法廷、午前10時開廷。被告東京都は代理人4名、原告代理人は前
田弁護士、大谷弁護士、渡邉弁護士の3名が出廷。傍聴人は報道関係者(NHK)
を含めて25名。支援者は大阪のKさん、痴漢冤罪国賠の元原告Oさんを含
めて支援者が15名。かなりの傍聴だ。ほかは東京都の関係者か。傍聴席は
約7割。

		原告の主張	被告東京都の主張	判決
最高裁判例	国賠請求を制限	国賠請求を制限するには法律の規定が必要である	明文の規定がなくとも国賠の時期を制限できる。捜査の密行性が制度的に保障されている。	最高裁判例を引用し「捜査の密行性」（捜査の遂行に重大な支障をきたす）を追認
	刑事と民事の矛盾回避	刑事と民事の矛盾回避のため国賠請求の制限の理由は本件では適用されない	刑事と民事の矛盾回避する必要を判示していない	刑事上の責任と民事上の責任は別個。逮捕状が執行されず更新がくりかえさている、刑事上の責任の存否は予定されていない
	立証活動と証拠	立証活動が捜査書類の提出に限定されない	捜査書類の提出状況だけに着目した主張	触れず
	「捜査の密行性」が侵害	「捜査の密行性」が侵害されるというが内実が伴っていない	人権保障のみに焦点を当て「捜査の密行性」が侵害される捜査上の障害の考慮がない	被告追認
	民事上の権利が不当に侵害	民事上の権利が不当に侵害される可能性がある	「捜査の密行性」に支障がきたさない時点での国賠は可能	被告追認
	民訴と審理制限	民事訴訟の提起と審理自体を制限する理由はない	刑事手続き進行中は刑事手続き法規に基づく審査が優先される。現行法制度では容認されない。	被告追認
原告の求釈明	親告権者による告訴	有本恵子、石岡亨、松木薫から、警視庁に対して、被疑事実に関する告訴がなされているのか（準1）	釈明なし（法律論で有効な告訴、刑訴法234条）（準1）	231条1項は被害者が死亡したときに配偶者・直系親族・兄弟姉妹の告訴権を認める規定。原告は石岡、有本らの死亡を主張、立証していない。死亡を前提にした同条項を発動する余地はない。
		被害者らからなされていないとすれば、これに代わる告訴状を得ているのか、あるいは、得る見込みがあるのか（準1）	釈明なし（法律論で有効な告訴、刑訴法234条）（準1）	触れず
	逮捕状の発付及び原告らを国際手配した経緯	スペインのマドリードに滞在していた「訴外石岡ら」とあるが、「ら」とは、石岡亨と松木薫ということか（準1）	釈明なし	触れず
		「ら」が、松木薫を含むということであれば、松木薫も昭和55年5月ころにマドリードに滞在し、かつ、マドリードから、忽然と姿を消したことになるが、そのように理解してよいか（準1）	釈明なし	触れず
	「捜査の密行性」を理由とする国賠請求の可否。	「捜査の密行性」は、国賠請求それ自体を封ずる理由にはなり得ない。原告の主張を踏まえて、改めて、この点に関する被告の見解（準1）	答弁書以上の反論はしない。準1を追加	触れず

被告都は原告第2準備書面への反論準備書面1を提出（陳述）。被告都は事実審理に入らせず、入り口の法律論争で結審させたいという内容だ。

　刑訴法234条を引用して告訴権者が生死不明であっても、利害関係人の申立により告訴できる人を検察官は指定できるとの「解釈」を文献引用（大コメンタール刑事訴訟法第3巻678頁）しながら導こうとしている。これは、石岡さん、有本さんが死亡しておらず告訴がなかったとしても刑訴法234条を根拠とした告訴を前提とした本件逮捕状請求は可能であるとの主張だ。しかし、これも一般論で本件での証拠関係（事実関係で、たとえば利害関係者とは誰か、送致記録の有無など）は全く明らかにされておらず、説得力のあるものではない。被告都は「捜査の密行性」で事実関係の証拠類を封印したまま、まともな法律論争からも逃げているのである。また、被告都は、逮捕状（簡易裁判所が発付）の更新は現在も行われており、裁判所のお墨付きももらっている。したがって逮捕状の請求行為には違法性はなく「適法」であるとの主張も行った。

　弁論終了後、控室で弁護団からの報告があった。これには傍聴した支援者・報道（NHK）12名が参加。ハードルの高い国賠ではあるが、「原告側の主張の一部でも受け容れ事実関係を明らかにすべきであるが、裁判所がどう判断するか。原告側として利害関係者とは誰か、など釈明を求めつつ、被告主張への反論（文献引用の解釈批判）を更にやるしかない」（前田弁護士談）。今後は第3準備書面の提出、新たな証拠（外務省の情報開示・日朝実務者会議の9件の記録の開示、写真撮影者など）を提出していくことになった。

⑷ 第4回口頭弁論・結審（2014年1月16日）

　原告は準備書面3を陳述。被告都は原告準備書面3に反論する準備書面2を提出（陳述）した。裁判所はこれをもって結審を宣言する。「結審を許さず実質審理を」との原告主張（弁論）は、結局、法律論の争い以上の展開までには至らなかった。被告は「捜査の密行性」を理由に事実関係の求釈明を拒否、証拠関係の一切も封印、実質審理のないままの結審してしまった。もともとハードルの高い国賠であり、早期結審（棄却）も予想されたが、4回の弁論ではあらゆる手を尽くしつつ、論争（争点）では被告の逮捕状の脆弱性明らかにしリードした。特に被告の主張する刑訴法234条の法令適用の誤りについては、学説上の展開も含めて行い、逮捕状請求行為の違法性についても明らかになってきたが…。

⑸ 東京地裁「棄却」判決（2014年3月27日）

　東京地裁民事30部（菅野雅之裁判長）611号法廷。被告東京都は代理人2名、原告代理人席は海外出張のため不在。傍聴席には支援者も多数かけつけマスコミを含めて約30名。この日の午前中は静岡地裁で袴田再審事件の再審開始の画期的な決定、この歴史的瞬間に立ち会い後、静岡からかけつけてくれたU氏も傍聴。2分間のテレビ撮影。いつもの「判決」直前の一瞬の緊張。裁判長は「原告の請求を棄却する」。その後、民事にはめずらしく判決理由を述べる。

　「原告らは逃亡中であり現時点で逮捕状は執行されておらず、警視庁の判断に違法性があるかを審理すれば捜査に重大な支障が出る」と被告主張の「捜査の密行性」を完全追認、また刑訴法324条「告訴権者の指定」についても原告主張を退けた。全くの不当判決であった。すでに平壌在住の原告3人は控訴の意思を明らかにしている。判決文は＜資料編＞に全文掲載。

　「判決」を報道したWEB記事を掲載する。判決後、平壌の原告らは声明、支える会は「抗議声明」を発表した。

＊＊＊＊＊＊＊＊＊＊＊＊＊＊＊＊＊＊＊＊＊＊＊＊＊

よど号事件メンバー：誘拐容疑の逮捕状賠償請求を棄却

毎日新聞　2014年3月27日

　1980年代に欧州で日本人拉致に関わったとして、結婚目的誘拐容疑で国際手配されているよど号ハイジャック事件メンバーら3人が「警視庁の逮捕状請求は証拠の裏付けがない」として東京都に計1500万円の損害賠償を求めた訴訟の判決で、東京地裁は27日、請求を棄却した。

　菅野雅之裁判長は判決理由で「現時点で逮捕状は執行されておらず、警視庁の判断に違法性があるかを審理すれば、捜査に重大な支障が出る」と指摘。

　原告はメンバーの魚本（旧姓安部）公博容疑者（66）と、メンバーの妻森順子容疑者（60）、若林（旧姓黒田）佐喜子容疑者（59）の3人で、全員北朝鮮で暮らしている。（共同）

＊＊＊＊＊＊＊＊＊＊＊＊＊＊＊＊＊＊＊＊＊＊＊＊＊

2014 年 3 月 27 日

<平壌からの声明>

ピョンヤン　かりの会一同

「よど号拉致でっちあげ逮捕状撤回」を求める国賠訴訟第一審判決を受けて

　結果は残念なことになりましたが、誰もが「無理」と断言した「よど号拉致逮捕状」の不当性を訴える国賠裁判を昨年 4 月提訴から約一年もの間、維持することができたことはとても意義のあることだと思っています。早期結審、早期門前払いをはかる被告東京都に対し、その逃げを許さない堂々の論陣を張ってくださった前田裕司先生はじめ弁護団及び「支える会」の皆様の多大のご尽力に心から感謝する次第です。

　「拉致逮捕状の不当性」を問う本論以前の入り口論議で結審したことは遺憾このうえありませんが、私たちはひきつづき控訴をもってよりいっそう積極的にこの国策逮捕状の撤回を求めていく決心です。

　周知のように「よど号拉致逮捕状」とは、なんらの物証もなく「八尾証言」のみを拠り所として発付された、実に粗雑かつ恣意的で不当なものです。唯一の「物的証拠」とされるバルセロナでの石岡さんの友人が撮影した石岡さん、森、黒田の記念写真は、彼女らがスペイン入国直後、マドリッドに向う列車待ち時間を利用した動物園見物時に撮られたものであり、それを「そのときに石岡さんとマドリッドで会う約束をしたはずです」という八尾の憶測を根拠に「マドリッドでの拉致の物証」であるかのようにつくったところに、「逮捕状」の不当性、虚偽性がこれ以上ないほど明白に示されていると思います。

　にもかかわらず敢えて「逮捕状発付」がなされたのは、朝鮮敵視という米日の古い政治の要求からだというのは、これまで私たちが繰り返し述べてきたとおりです。

　「よど号拉致疑惑」は、「よど号追放」をやれば「テロ支援国家指定」を解除すると、私たちを朝鮮を屈服させるための道具に使った米国の政治によって生まれ、「よど号拉致逮捕状」は、朝鮮に対する「よど号引渡し」要求の矢面にわが国が立つようにしたものだと言えます。

　私たちはこのような米国の古い政治、またそれに無批判に従う日本のあり方を、それがおかしいとはっきり言い、それを見直すべき時に来ていると考えています。

　この国賠訴訟を通じて「よど号拉致でっち上げ逮捕状」の不当性を明らかにし、その見直しを実現するために私たちは全力を注ぎ、この闘いが、日朝敵対の古い時代、古い日本のあり方を見直し終わらせることに少しでも寄与できれば幸いに思います。今後ともご理解、ご支援をお願いする次第です。

＊＊＊＊＊＊＊＊＊＊＊＊＊＊＊＊＊＊＊＊＊＊＊＊＊

2014 年 3 月 27 日

＜抗議声明＞

「よど号」" 拉致 " 逮捕状の撤回を求める国賠裁判を支える会

　本日の「棄却」判決（東京地裁民事 30 部　菅野雅之裁判長）は不当な判決であり、到底納得できないものである。判決文が届いていないが、控訴の方向で検討している。提訴は 2013 年 4 月 25 日、口頭弁論は 4 回、約 1 年の国賠裁判であった。逮捕状請求の根拠を明らかにすべきとの原告主張に対して被告は「捜査の密行性」を理由に証拠関係の一切を封印し実質審理のないまま結審した。4 回の弁論ではあらゆる手を尽くし、法律論争（争点）では被告の逮捕状請求行為の脆弱性（違法性）を明らかにしてきた。特に被告の主張する刑訴法 234 条（告訴権者の指定）の法令適用の誤りについては、学説上の展開も含めて行ってきた。

原告の主張―逮捕状更新と帰国

　逮捕状は現在も更新され続けている。原告魚本さんの逮捕状は「八尾偽証」、日朝首脳会談での朝鮮の謝罪の直後であった。その後の原告黒田さん、原告森さんの逮捕状は「拉致強硬（制裁一辺倒）」策に転じた安倍晋三政権下のものであり、証拠なるものは「八尾偽証」とバルセロナでの動物園でのスナップ写真一葉（偶然撮ったもの、会ったのもこの時のみ）であり、ともに逮捕状の根拠らしきものはなく、国の政策的逮捕状、つまり「国策」による逮捕状である。この事実無根の容疑による逮捕状により、原告は現在も、帰国できずにいる。

結婚目的誘拐罪での逮捕状はあり得ない

　結婚目的誘拐罪は親告罪、告訴がないと成立しない。被告は刑訴法234 条（告訴権者の指定）の「告訴をすることができる者がない場合には、検察官は、利害関係人の申立により告訴をすることができる者を指定することができる」とし逮捕状請求で、この同 234 条を適用できるとの主張（可能性）を行ってきた。

　しかし同 234 条の適用は被害者（同 231 条）だけでなく、それ以外の告訴権者（同 231 ～ 233 条）のすべてが存在しないか、すべて生死不明・所在不明である場合に、はじめて適用される。つまり「拉致」被害者とされた石岡さん、有本さん、松木さんは、それぞれ直系親族や兄弟姉妹が生存している。従って同 234 条の適用は不可能なはずだ。同 234 条に基づいて検察官の指定する者の告訴状であったのであれば、告訴状は無効であり、逮捕状の請求行為は違法ということになる。

朝鮮政府は「よど号」グループの「拉致」関与を明確に否定 - 外務省への情報公開

　朝鮮政府は"「よど号」の「拉致」関与を明確に否定"（日朝実務者会議2002年、2004年）している。この件で外務省へ日朝実務者会議の全議事録の情報公開申請を行ったところ、9件の関連文書が存在することが明らかになった。現在、内閣府の情報公開・個人情報保護審査会に諮問され同事務局が外務省に文書の取り寄せ申請（取り寄せ後、審査員がインカメラ方式で実際に閲覧）行っているが大きな進展はない。「真相」を明らかにするためにも外務省は開示に応じるべきでる。（本章5参照）

『「拉致疑惑」と帰国』（河出書房新社）を出版

　国賠提訴を契機に本の出版『「拉致疑惑」と帰国』（河出書房新社）なども行い、「よど号」グループの"拉致"逮捕状のでっち上げを世論に訴えてきた。世論の変化も少しはあったかもしれないが、反北朝鮮の大キャンペーンは相も変わらず続き、"拉致"報道もその文脈の中で行われ「よど号」グループの"拉致"についての「真実」の訴えもかき消されがちである。しかし、今後も「真実」を武器に闘っていくしかない。

⑹ 東京高裁に控訴（2014年4月18日）

　一審判決（菅野雅之裁判長・東京地裁民事30部）は「原告らは逃亡中であり現時点で逮捕状は執行されておらず、警視庁の判断に違法性があるかを審理すれば捜査に重大な支障が出る」と被告主張の「捜査の密行性」を完全に追認、また刑訴法324条「告訴権者の指定」についても原告主張を退ける「棄却」判決を言い渡した。「判決」を受けて訪朝（7次）し、原告らと平壌で拡大会議を行い控訴内容を検討。4月18日に控訴状を提出し、6月9日には控訴理由書を提出した。控訴理由書は＜資料編＞に全文掲載。

⑺ 控訴審第1回弁論・結審（2014年7月16日）

　控訴審第1回弁論が開かれた。午後2時30分開廷、東京高裁民事12部（難波孝一裁判長）。809号法廷。傍聴は約20名。報道各社はNHK、毎日、テレ朝など数社。

　原告は控訴理由書、補充の準備書面を陳述。また、日朝政府間協議合意の日本政府の発表（甲18：2014年5月30日毎日新聞東京版朝刊）、朝鮮政府の調査概要の発表（甲19：2014年7月4日朝日新聞東京版朝刊）、原告魚本公博氏の陳述書（甲20）を証拠申請した。被告東京都は、棄却判決は当然との答弁書を提出した。

　陳述後、裁判長は結審を宣言。裁判長は「判決は8月27日　11時30分。

高裁809号法廷で行います」。この間、約1分。以下、提出された控訴理由書、準備書面などの要約である、

控訴理由書

　一審判決を批判。「原告らは逃亡中であり現時点で逮捕状は執行されておらず、警視庁の判断に違法性があるかを審理すれば捜査に重大な支障が出る」とした「捜査の密行性」、さらに、刑訴法324条「告訴権者の指定」についても批判、再度、控訴審の判断を仰ぐ。

　控訴理由書の概要。①逮捕段階で逮捕状請求の違法性を争うことはできる。②罪を犯していないとの理由での国賠を禁じる合理的理由はない。条文は禁じていない、捜査の密行性は維持しても裁判できる。民事と刑事は別（刑事で無罪、民事で不法行為認定、の例は多数）。③本件では手続が違法―親告罪において、被害者が生死不明で被害者の直系親族等がいる場合に検察官が指定する者の告訴状は有効か（判例なし）④告訴できる者は、被害者（230条）、被害者が死亡したときは直系親族等（231条2項）、告訴できる者がない場合は検察官指定（234条）。原判決は生死不明の場合も「告訴できる者がない場合」に当たるとしている。被害者死亡の立証がないから親族等は告訴できない、だから検察官指定者の告訴状は適法有効であるとの原判決は刑訴法の学説と異なる。「『告訴をすることができる者がない場合』とは告訴権者すべての死亡、又は告訴能力の喪失の場合と考えるべきである」（大コンメンタール）。被害者又は親族等のどちらかは必ず存在する。死亡の立証があるなら親族が、立証ないなら被害者が告訴できる。原判決は「告訴をすることができる者がない場合」を「告訴できない場合」と拡大解釈しており、事実上の立法、親告罪の趣旨に反する。刑訴法学説に反する。

補充の準備書面―特別調査委員会の調査

　日朝政府間交渉を踏まえ控訴理由書でも展開した「逮捕状請求の違法を理由とする国家賠償請求の可否に関する原判決の判断の誤り」についての補充の準備書面を提出。また、同書面では、特別調査委員会についても触れた。以下はその要旨である。

　特別調査委員会で収集され、明らかとなった資料に基づいて、原告らに対する逮捕状請求における嫌疑の相当性判断が、民事訴訟の場で可能となる。逮捕状請求の違法を理由とする国賠請求においても、請求それ自体を

封ずるのではなく、請求を受け入れて、捜査の密行性に配慮した審理を進め、請求が認容されるものであるか否かを判断すべきである。特別調査委員会の調査結果次第では、控訴人らへの嫌疑が解消し、刑事手続上の逮捕状の更新がされなくなることもあり得る。控訴人らに対する結婚目的誘拐罪での刑事裁判も提起されないこともあり得る。

原告魚本公博氏の陳述書

　日本と朝鮮との外交交渉の経緯及び今回の日朝交渉が控訴人らに与える影響について詳細に展開。以下は要旨である。

　2002年9月17日の日朝平壌宣言が行われた当時の拉致問題に関する現地事実調査結果から、2004年の第2回日朝実務協議、そして今回の2014年5月の日朝合意に至る。日朝平壌宣言によって開かれた日朝国交正常化の流れは、その後の拉致問題調査の進展にもかかわらず、朝鮮側の報告が虚偽であり不誠実だとして協議が中断。また、日本は朝鮮に対する経済制裁も強化、拉致問題の解決はほぼ不可能となった。しかし、経済制裁一辺倒の日本の対応では、拉致問題の解決は無理だということが次第に家族会等にも理解されるようになり、交渉による解決という声が家族会の中からも出るようになった。

　日朝平壌宣言は「不幸な過去を清算し」、「日朝が不正常な関係にある中で生じたこのような遺憾な問題が今後再び生じることがないよう適切な措置をとること」にあるとしている。この「日朝が不正常な関係にある中で生じたこのような遺憾な問題」とは当然にも拉致問題を含んでいる。そして、その中に本件に関連した石岡さん、松木さん、有本さんらのヨーロッパ「拉致問題」が調査項目となることは疑いがない。現に、朝鮮側が約束した特別調査委員会の設置に対して、原告らは、ヨーロッパ拉致についての「再調査、事情聴取という形で疑惑解明に協力する用意がある」旨を表明しており、今回の調査の進展によって本件の核心が明らかになることの可能性は大である。日朝平壌宣言以降の日朝外交の内容と推移を見れば、本件国賠にとって重要な証拠、証言が常に開示されている。今回の日朝交渉の進展、特別委員会の調査結果がもたらす重大な結果が本件の結論を左右する証拠となることは必定である。

記者会見

　弁論終了後の記者会見（日比谷公園内の喫茶室）には、日本人村の公開、

日朝政府間交渉の影響であろうか、記者クラブ（警視庁）から12社（ほぼ全社）が出席。ほか支える会メンバーも多数参加。裁判傍聴よりも多く、喫茶室の一角は異様な人だかり。弁護団の前田、渡邉両弁護士がレクチャーし、質疑応答を行った。弁護団は記者からの質問に丁寧に答え、今後、日朝政府間交渉の進展を注視、本国賠裁判に対する影響は必至であると、締めくくった。

⑻ 控訴「棄却」判決（2014年8月27日）

　8月27日、東京高裁809号法廷（難波孝一裁判長）。控訴審判決。傍聴席には約25人。報道関係は3社、満席とはいかないがかなりの傍聴人だ。同裁判長「主文を言い渡す。一、本件各控訴をいずれも棄却する。二、控訴費用は、控訴人らの負担とする」。わずか一分間の言い渡し。何回、聞いたであろうかこのような言い渡し（回し）。判決は審理過程から予想されたこととはいえ、わずかな望みがなかったわけではない。極めて残念な結果である。判決後、日比谷公園の「グリーン」で弁護団を含めて二〇人で今後の闘いについて話し合った。これにはマスコミ一社も出席。この日の判決のために準備されていた平壌からの声明文を配布（司法記者クラブにも幹事社を通して配布）。原告らは抗議の声明文（別掲）で既に上告（最高裁）の意思を明らかにしている。今後も原告とともに最高裁で闘っていくことになる。

「棄却」判決の内容

　一審（東京地裁）は「棄却」判決後、原告は即控訴。そして今回の二審でも棄却。以下は控訴審での原告（追加）主張に対する判決内容である。

争点1──「捜査の密行性」と特別調査委員会の設置

　原告の主張「逮捕状請求の違法を理由とする国賠においては捜査の密行性に配慮した証拠収集活動がされる限り捜査に重大な影響を及ぼすこともない上、国賠の消滅時効の問題もあるから、捜査の密行性を理由として国賠を許容しないことは相当ではない」。判決では「逮捕状請求の違法性について適切な判断をするに当たり、捜査状況等に関する証拠資料に基づく必要があることは否定できないところであるし、これらに基づかずに適切な判断をすることが可能であることを認めるに足りる特段の事情は認められない」と一審判決の説示の通りとした。

特別調査委員会の設置について、原告は「朝鮮は日本との協議に基づき7月に拉致被害者等についての調査のため特別調査委員会を設置、日本の協力を得て調査すること、その進捗状況を日本に随時報告すること。調査の結果次第では拉致被害者とされる石岡さんなどの朝鮮への入国の経緯が明らかになり、拉致容疑が一挙に解消する可能性もある。同委員会により収集された資料に基づいて『捜査の密行性』に配慮することなく審理判断することが可能であり、調査結果によっては嫌疑が解消され逮捕状の更新がなされなくなり刑事裁判が提起されないこともあり得る。『捜査の密行性』が、審理により侵害される懸念が生じることはない、『捜査の密行性』を理由に国賠の時期を制限する平成五年最高裁判決の射程が及ばない」と主張。原告主張に対して控訴審判決は「特別調査委員会による調査結果により、捜査の密行性を理由とする立証上の制約を受けることなく国賠の審理、判断が可能となる可能性があることを述べるに止まるものであること、調査の結果やその進捗状況の報告等がされていない現時点においては、『捜査の密行性』に配慮することなく本件訴訟において適切な解決を図ることが可能であるとまで認めることはできない」として採用することができないとした。最高裁では同委員会の調査結果次第では新たな展開の可能性もあるということだ。

争点2——有効な告訴を欠くことを理由とする逮捕状請求行為の違法性

原告は逮捕状請求においては、刑事訴訟法234条の「親告罪において告訴をすることができる者がない場合」の要件を満たしていないと主張。判決では「被害者である石岡ら及び有本が生存しているか死亡しているかすら不明であり、また、同法231条ないし233条所定の告訴権者の存否も判然としない。そして、本件においては有効な告訴がされていないことを認めるに足りる事情は存在せず、逮捕状が発付され、これが繰り返し更新されている事実が認められるに過ぎない。逮捕状請求が上記要件を満たしていないとまではいえず上記主張は採用することができない」とした。これは原告側に告訴人（特定）の「挙証責任」があるとしたものだ。

****

声 明 文

原告一同（魚本公博・森順子・黒田佐喜子）

　控訴審「棄却」判決に抗議します。

　今日、東京高裁は、「よど国賠」控訴審をなんら審理もなされないまま「棄却」判決を下しました。東京地裁での不当な第一審判決に対し、弁護団から出された「捜査の密行性」を根拠とする逮捕状の不当性を訴える国賠訴訟を否定したことへの反論、結婚目的誘拐罪の親告罪についての重大な刑事訴訟法上の問題点指摘について、なんら考慮もされなかったことは、まことに遺憾なことです。これについては弁護団からの見解があると思うので、これ以上触れません。

　私たちが述べたいのは、この国賠訴訟を通じて明らかになったことについてです。その一例が「結婚目的誘拐罪」が親告罪であるにもかかわらず、告訴権者でもない者を立てるという法律違反を犯してまでも、発行されたのが「よど号拉致容疑逮捕状」であるということです。従来から逮捕の要件自身も、一枚の写真と八尾証言以外に物証らしいものもなく、「立件不可能」とされていたのが「よど号拉致容疑」です。この「結婚目的誘拐罪」を口実とした「よど号拉致容疑逮捕状」が、告訴権者でもない者が告訴するという違法すれすれの行為を犯してまでもなぜ発行されねばならなかったのか、このことをよく考えていただきたいと思います。この逮捕状がどのように使われてきたのかを見ればそれは一目瞭然です。この逮捕状を根拠に日本政府は朝鮮政府に対して「拉致犯引渡し」を要求してきたことは周知の事実です。このような形で「よど号問題」は朝鮮に対して屈服を迫る圧力手段として政治的に使われてきました。このような意味でこの逮捕状は朝鮮に対する政治的圧力を加えるという国策に利用されてきた国策逮捕状であるといえます。

　しかし、いまやこの国策自体、破綻が明らかになりつつあります。先の日朝合意は2002年の日朝ピョンヤン宣言に戻ることを明記しましたが、その基本精神は日朝敵対という古い時代を清算して、友好と協力の新しい時代に入ろうということではないでしょうか。これまでの対朝鮮圧力一辺倒の敵対的な姿勢を見直すことが問われるようになったのです。

　朝鮮敵対の国策が見直されようというのですから、古い国策から出た私たちへの国策逮捕状も当然、見直されるときに来たといえます。

　ときあたかも朝鮮の特別調査委員会の調査結果が発表されようという時期であり、この調査結果次第では私たちに対する「拉致容疑」がまったく根拠のないことがいっそう明瞭にされる可能性も出ている時期です。このような時期に東京高裁が「よど号拉致でっち上げ逮捕状」の撤

回を求める国賠訴訟をなんら審理もなく棄却したことは無責任のそしり
を免れません。
　私たちは東京高裁の事なかれ主義的な無責任さに抗議するとともに、
最高裁への上訴を通じてこの国賠訴訟が日朝合意という新局面にふさわ
しく真摯にかつ正しく審理されることを切に願う次第です。

⑼ 最高裁へ上告・受理（2014 年 9 月 10 日）

　2014 年 8 月 27 日に控訴棄却判決後、9 月 10 日に上告（最高裁）受理。
11 月 7 日に上告理由書と上告受理申立理由書を提出した。

朝鮮政府の特別調査委員会との面談はじまる

　この頃、朝鮮政府の特別調査委員会から平壌在住の原告らに 2 回の面談
があった。「第 1 回はあちらの事務所で 1 時間ほど全員で顔合わせ、2 回目
は向こうが村を訪れた時に資料提供。八尾証言資料、八尾、高沢の各著書、
『よど号問題年表』、ブックレット『欧州留学生拉致疑惑に答える』、『「拉致」
疑惑と帰国』などの文献、そして写真（家族アルバムなど）など」を提供し
たという。「よど号」"拉致"については、朝鮮政府は「よど号」の関与を
否定しているが、日本政府はこれを認めていない（逮捕状を更新）。特別調
査委員会の報告で石岡さんら 3 人の入朝の経緯などの詳細に触れることに
なれば（日本政府が合意）、"拉致"逮捕は吹っ飛んでしまうことになる。
この点については上告理由書の中でも展開した。

⑽ 上告棄却決定（2015 年 2 月 5 日）

　一審（東京地裁）、二審（東京高裁）、そして今回、上告（最高裁）も棄却
された。これで、国賠裁判の手続は全て終了したことになる。
　2 月 5 日、最高裁第一小法廷の白木勇裁判長（裁判官出身）は「東京高
裁が 2014 年 8 月 27 日に言い渡した判決に対する「上告人兼申立人らか
らの上告及び上告受理の申立て」について「裁判官全員一致の意見で」上
告を棄却した。「上告審として受理しない」との不当な決定を行った。理
由は上告については「民事事件について最高裁判所に上告をすることが許
されるのは民訴法 312 条 1 項又は 2 項所定の場合に限られる。違憲を
いうが、その実質は事実誤認又は単なる法令違反を主張するものであって、
上記各項に規定する事由に該当しない」。上告受理の申立てについては「民
訴法 318 条 1 項により受理すべきものとは認められない」というもの。①

上告理由書での憲法32条（裁判を受ける権利）に違反、②上告受理申立理由書での刑訴法234条に違反、との原告主張を共に斥けた。原告主張は以下の通り。

①憲法32条（裁判を受ける権利）に違反。控訴審判決、一審判決は「犯罪の嫌疑がないことを理由に逮捕状請求の違法を理由に国賠は許されない」という判断であったが、これに対して原告は「逮捕状が出された者は逮捕・勾留後の刑事手続において逮捕の違法を主張する以外に手段はなく、裁判を受ける権利を保障した憲法32条に違反する」としていた。

②刑訴法234条に違反。控訴審判決、一審判決は「有効な告訴のない逮捕状請求が刑訴法234条（親告罪）に違反する」との主張に対して「その違反が立証されていない」と判断し、「刑訴法234条の解釈を誤った違法がある。法令の解釈に関する重要な事項を含むものと認められる事件というべきであり上告審として事件を受理すべきである」としていた。

　この国の司法（最高裁）の限界か、「事実審埋」に踏み込むことはなかった。今回の決定は最高裁も被告（捜査当局・警視庁）の「捜査に重大な影響を及ぼす」、「捜査の密行性」に配慮すべきであり、「国賠は許されない」との主張に追認したものだ。逮捕状請求の根拠となっている証拠資料（捜査関係資料）を一切開示することなく、残念な結果ではあるが、「法律論争」（入口）に留まり「事実審理」に入ることなく「終結」した。また、「結婚目的誘拐罪」は親告罪であり有効な告訴があったかのどうか。刑訴法234条の「親告罪において告訴をすることができる者がない場合」の要件を満たしているのかどうか。逮捕状請求の脆弱性が明らかになったが、これについても原告側に告訴人（特定）の挙証責任（控訴審判決）あるとして捜査関連資料は明らかにされることなく「終結」した。

闘いの継続
　最高裁の決定は遅くとも３月中かと弁護団会議でも話されていた。わずかな望みもあったが予測の範囲内か。もし上告棄却決定前に朝鮮政府の特別調査委員会の「よど号」拉致関与否定の詳細な報告（即、最高裁へ証拠申請）があれば、もう少し事態が変わっていたかもしれない。当面は同委員会の報告待ちで、報告次第（日本政府の合意が前提）では、捜査当局は"自主的に"

逮捕状を撤回する可能性（1％）はわずかに残っていた。これは日朝政府間交渉がどう進展するかにかかっている。包括的な交渉の中で本件がどう扱われるか。朝鮮総連中央本部ビル（事実上の大使館）の競売問題は、日朝政府間交渉の中で朝鮮側は「強い懸念」を表明していたが、一応、継続的使用も可能となりそうだ。日本政府としても応えたことになるのかどうか、「落としどころ」としてベターな選択だったかもしれない。果たして本件はどうか。今後は、この国賠裁判で得たもの、失ったものは何か、“拉致”逮捕状撤回に向けたこれからの活動（帰国問題を含めた）をどうするか、真摯に総括する必要がありそうだ。更なる法的手段、情報公開の行政訴訟（2014/11/19不開示決定）、朝鮮政府の特別調査委員会（原告らに聴取）の「よど号」拉致関与否定の詳細報告、それぞれの可能性を探りつつ、当事者（平壌の原告ら）の提起を含めて智慧を出し合っていくしかない。「継続は力なり」ということか。

4. 支える会の支援活動

支える会事務局会議は 50 回を重ねる。平壌での国賠裁判の平壌拡大会議は 7 回に及んだ。弁護団の訪朝も 3 回行われた。支援者会議から支える会（準）結成へ改組は、2014 年 6 月 29 日、控訴審に向けて「支える会」を正式に発足させた。また、提訴にあわせ原告らは在朝 43 年、「ヨーロッパ拉致」の関与の全面否定と帰国問題を手記としてまとめた『「拉致」疑惑と帰国』（検証・鳥越俊太郎）を河出書房新社から出版（2014 年 4 月 20 日発売）。「国民の審判を仰ぐ」と世論に訴えた。出版には全面的に協力し、出版記念会も開催した。

(1) 国賠裁判を支える会結成の集いを開催

2014 年 6 月 29 日、水道橋の「スペース　たんぽぽ」で「よど号“拉致”でっち上げ逮捕状の撤回を求める国賠裁判を支える会」結成の集いが開催された。本集会の呼びかけ人・賛同人は 30 名。集会には 35 名が参加。日朝政府間交渉の影響か、報道各社（NHK、朝日、TBS など）の記者の姿も。

司会挨拶後、事務局の井上が提訴から国賠裁判の経緯、3 月 27 日一審判決の内容と批判、支える会の活動、同時進行の外務省への情報公開（日朝実務者会議議事録）の経緯などを報告、日朝政府間交渉の動向にも触れ、控訴審に向けた国賠裁判の支援と「支える会」への参加を要請した。

その後、弁護団の渡邉良平弁護士が「控訴審をどう闘うか」というテーマで講演。被告が主張する「捜査の密行性」、「告訴権者の指定」を批判。特に親告罪である「結婚目的誘拐罪」の刑訴法234条「告訴権者の指定」の適用の誤りの指摘についてわかりやすく大きな拍手があった。
　集会後の懇親会（2次会）も21名と盛況、話は尽きなかった。

「支える会」結成の集いで講演する渡邉良平弁護士（正面右側）

　講演後、5月連休の訪朝時に撮影した日本人村のスライドを放映。原告らの「生活を見てもらいたい」との気持ちが伝わってくる内容だ。その後、原告らのビデオメッセージが流され、控訴審での闘いの決意と支援要請のメッセージが伝えられた。最後に帰国家族から閉会の挨拶があり感謝とこれからの闘いへ支援のお願いがあった。

　この頃の日朝政府間交渉の動向。5月29日に電撃的に発表された拉致問題を含む日朝合意があった。日本と朝鮮の同時発表。極めて珍しいことだ。「拉致問題は解決済み」の朝鮮と「圧力一辺倒」の日本が歩み寄ったかたちだ。この10年以上、拉致問題を含む日朝交渉の進展がなかったという現実は重い。今回失敗すれば、永遠に解決しないリスクもある。安倍（政権）は十分に認識すべきであろう。合意文書では「1945年を前後にして共和国領内で死亡した日本人の遺骨および墓地と残留日本人、日本人配偶者、拉致被害者および行方不明者を含むすべての日本人に対する調査を包括的かつ全面的に実施することにした」として「調査が進ちょくすることに合わせて…それを確認できるように日本側関係者の共和国滞在、関係者との面談、関係場所の訪問を実現させ、関連資料を日本側と共有して適切な措置を講じることにした」との内容もある。「よど号」も事情聴取（拉致関与の否定）に応じると言っており、また、これまで朝鮮政府も「よど号」の拉致への関与を否定してきたが、更に「事実と証拠」に基づいて詳細を明らかにしてもらいたい。

＊＊＊＊＊＊＊＊＊＊＊＊＊＊＊＊＊＊＊＊＊＊＊＊

「よど号"拉致"でっち上げ逮捕状の撤回を求める国賠裁判を支える会」結成の呼びかけ文

　2013年4月25日、「日本人拉致容疑（結婚目的誘拐罪）」で逮捕状の出ている魚本さん、森さん、若林さんの三人（平壌在住）を原告とし、この逮捕状を請求し更新し続けていることを違法として東京都（警視庁）を被告とする国家賠償請求訴訟を起こしました。私たちはこの訴訟を通じて、三人の原告に対する逮捕状の撤回を世論に訴え、実現することで帰国をなしとげようと考えました。しかし、本年3月27日に出された判決は、「棄却」（東京地裁民事30部　菅野雅之裁判長）でした。この判決はまったく不当であり、到底納得できないものです。

　原告魚本さんの逮捕状は「八尾偽証」、日朝首脳会談での朝鮮の謝罪の直後でした。その後の原告黒田さん、原告森さんの逮捕状は「拉致強硬（制裁一辺倒）」策に転じた安倍晋三政権下のものであり、証拠なるものは「八尾偽証」とバルセロナでの動物園でのスナップ写真一葉（偶然撮ったもの、会ったのもこの時のみ）だけです。ともに逮捕状請求の根拠としてはあまりにも適格性を欠くものであり、原告3名に対する逮捕状請求は、「国策」による逮捕状であることは明らかです。この事実無根の容疑による逮捕状が請求・更新されていることにより、原告は現在も帰国できずにいるのです。

　逮捕状請求の根拠を明らかにすべきとの原告主張に対して被告は「捜査の密行性」を理由に証拠関係の一切を封印し実質審理のないまま結審しました。私たちは、4回の弁論においてあらゆる手を尽くし、原告陳述書や多数の客観的証拠を提出し、また、法律論争（争点）では被告の逮捕状請求行為の"脆弱性"（違法性）を明らかにしてきました。特に被告の主張する刑訴法234条（告訴権者の指定）の法令適用の誤りについては、学説上の展開も含めて綿密かつ正当な主張を行ってきました。

　結婚目的誘拐罪は親告罪、告訴がないとそもそも成立しません。被告は刑訴法234条（告訴権者の指定）の「告訴をすることができる者がない場合には、検察官は、利害関係人の申立により告訴をすることができる者を指定することができる」を根拠とし、この事件において同234条を適用できるとの主張（可能性）を行ってきました。しかし同234条の適用は被害者（同231条）だけでなく、それ以外の告訴権者（同231～233条）のすべてが存在しないか、すべて生死不明・所在不明である場合にはじめて適用されるとの規定であり、「拉致」被害者とされた石岡さん、有本さん、松木さんは、それぞれ直系親族や兄弟姉妹が生存しており、同234条の適用は不可能なはずであり、告訴状そのものが無効となり、従って逮捕状の請求行為は違法ということになります。

　裁判所の判決（判断）は被告の主張を追認するものでした。原告は判

決を不当とし4月18日、東京高裁に控訴、新たな闘いを開始しました。この新たなそして困難な国賠裁判に勝利していくためには、一層の広がりと強さを持った支援体制作りが不可欠です。そこで、これまで「支える会」準備会として支援活動を行ってきましたが、正式に会として発足させることにしました。控訴審に向けた「支える会」結成の集いを6月29日（日）に開催します。多くの方のご参加をお願いします。

よど号"拉致"でっち上げ逮捕状の撤回
を求める国賠裁判を支える会（準）

＜呼びかけ人＞　笠原優、鈴木邦男、谷口のぼる、山中幸男、土屋翼、新居崎邦明、小西タカ子、高木公明、原渕勝仁、浅野健一、杉山寅次郎、植垣康博、井上清志（順不同）
＜賛同人＞　二谷仁吾、吉安一朗、山崎智尋、椎野礼仁、大野透、山際永三、日野豊、柳田健、和田悌二、大道万里子、渡辺亜人、馬込伸吾、塩田ユキ、石本剛、蔵田計成、大河内次雄、大河内淑子、ファンキー末吉、西浦隆男、森てるお、小林蓮実、平野悠、高木あさこ、磯部忠、（順不同）

＊＊＊＊＊＊＊＊＊＊＊＊＊＊＊＊＊＊＊＊＊＊＊＊＊

2014年6月29日

平壌からの原告アピール

　このたび、皆様のご尽力によって、「支える会」が正式に発足される運びになったことは、この国賠訴訟の原告である私たち3人にとって大きな喜びです。
　私たち3人への「結婚目的誘拐罪」容疑での逮捕状発行は、何ら根拠もない不当なものです。私たち3人が、有本さん、石岡さん、松木さんの3人を拉致して朝鮮に連れてきたというようなことは全く身に覚えのないことであり、それは捏造、でっち上げです。
　私たちへの容疑について客観的な証拠は一切ありません（ありえません）。魚本公博の件で見れば、「八尾証言」が一人歩きしているだけで、八尾が魚本、キム・ユチョルと共謀して有本さんを「拉致」したというコペンハーゲンに魚本は出入りしたことは一度もありません。当日、「西側情報機関」はキム・ユチョルが接触する人物について膨大な量の写真を撮影したとされていますが、そこに魚本の写真は一枚もありません。
　また森順子、黒田佐喜子の件で証拠らしきものは、スペイン・バルセロナの動物園で石岡さんと3人で並んで撮った写真一枚ですが、その写真は、スペインに列車で入国した二人がマドリッドへの列車の乗り換えまでの待ち時間に動物園を訪れ、偶然に石岡さんとその友人に会い記念に撮っただけのものです。二人への容疑は、「そこでマドリッド」で会う

約束をしたと思います」との八尾「憶測証言」によって成り立っているに過ぎません。

このように証拠と言えるものが一切なく、しかも、事件から19年後、26年後になって私たち3人に「結婚目的誘拐罪」容疑で逮捕状を発行するという異常なことを敢えてしたのは、そこに極めて大きな政治的企図があるからだということは明白です。

米国は、1988年に朝鮮に対して「テロ支援国家指定」を行って以来、数々の「北朝鮮支配下のよど号テロ工作事件」をでっち上げ、朝鮮に「よど号追放」を迫ってきました。3人への「結婚目的誘拐罪」容疑の逮捕状は、「よど号関係者の引渡し」の前面に日本政府を立たせるようにしたものですが、米国が「よど号追放」要求をあきらめて「テロ支援国家指定」を解除して5年以上もたった今、「よど号」でっち上げ逮捕状は名実共に古い時代の遺物となっています。

私たち原告3人は、この逮捕状見直しを要求する国賠訴訟は、朝鮮敵視政策も含め、古い時代の遺物を一掃し、これまでの古い日本のあり方を見直す闘いと一体の問題だと考えています。何としても「結婚目的誘拐罪」逮捕状を見直させ帰国すること。これが「人として、日本人」として生き、帰国を目指してきた私たちの闘いの総決算です。

私たちは、「拉致攻撃」と「非国民世論」の中で、少しの言い分も聞いてもらえず無念の思いに苛まれてきました。しかし、「支える会」(準備会)の皆様の支援を受けながら、ようやく国賠訴訟の闘いを始めることができました。ようやくさし始めたこの光明に、さらに明るい光が増すように、多くの方々が「支える会」にご参加いただくことを心からお願い申し上げます。

(2) 国賠の終結と逮捕状の撤回を求める会として再スタート

平壌在住の魚本さんら3人(元原告)は、ヨーロッパ拉致に関与したとして、いまも「結婚目的誘拐罪」(親告罪)のでっち上げ逮捕状が更新され続けている。この逮捕状の撤回を求めた国賠裁判(警視庁の逮捕状請求行為は違法)は、上告(最高裁)棄却で裁判手続は全て終了した。

これまで原告、弁護団とともに国賠裁判を闘ってきた「よど号"拉致"逮捕の撤回を求める国賠裁判を支える会」は、逮捕状の撤回を勝ち取るまでこれからも闘いを継続し、「よど号"ヨーロッパ拉致"逮捕状の撤回を求める会」に改組し再スタートしていくことになった。会の名称にある"拉致"は国内で発生した"拉致"と混同されやすいという意見もあり"ヨーロッパ拉致"に変更。そして当面、以下の課題について会として取り組んでいくことになった。

・朝鮮政府の特別調査委員会の報告。「よど号」拉致関与否定の報告次第(日

本政府が合意が前提）では、捜査当局は"自主的に"逮捕状を撤回する可能性（1%）もわずかに残っている。報告を待って日本政府に法的手段を含め何が出来るかを検討していく。同委員会は「よど号」とも面談し、「よど号」からは国賠裁判をはじめとした膨大な資料も提出し、同委員会による本格的な調査が始まろうとしていたが、新たな動きがないようである。日朝政府間交渉がどう進展するかにかかっているが、現状は最悪だ。京都府警らが「マツタケ」不正輸入容疑で朝鮮総聯議長宅を「家宅捜索」し同議長の二男を逮捕した。拉致問題解決への圧力なのか、拉致問題の行き詰まりを朝鮮の責任に転嫁するためなのか。日本政府は「制裁」強化に舵をきりつつある。ストックホルム合意のひとつである日本人拉致被害者らの再調査の報告は現時点でない。「拉致」しか頭にない日本政府（安倍）は、ここで何らかの手を打たなければ、拉致被害者家族だけでなく日本国民に対しても説明がつかない状況となっている。制裁復活のカードを出さざるを得ないのだ。ストックホルム合意の「日朝国交正常化日朝平壌宣言に則って、不幸な過去を清算し、懸案事項を解決し、国交正常化を実現するために、真摯に協議」するしかないはずである。

・旅券問題。シリアへの渡航を計画していたフリーカメラマンに外務省は旅券返納命令を行ったが、取り消し訴訟を検討中という。その後、新たに発給申請したが、4月になって、外務省は、イラクとシリアへの渡航を制限する新たな旅券を交付（例外的な二重発給）したという。1988年に「よど号」帰国家族（子供たちは除く）の6人に「北朝鮮工作員と接触した疑いがある」と返納命令が出され、その後も旅券の発給を拒否している。この機会にもう一度、「渡航の自由」を定めた憲法に違反しないか、「国益を害するといったあいまいな基準」の不当性を訴える損賠の可能性はないか、最高裁の損賠判例である「公共の福祉のための合理的な制限」は合憲との判断を突破できないかを検討していく。

・外務省への情報公開（審査会の2014年11月19日の不開示決定）の行政訴訟の検討。

・出版活動。国賠のために弁護団を含め訪朝は7回（当時）に及んだ。平壌在住の原告らにかなりの回数ヒヤリングも実施し「真相（＝事実）」に迫るものもあったが、国賠では「事実審理」に入ることなく終結してしまった。実際のヒヤリング資料には八尾恵証言や高沢皓司著『宿命』に対する事実に基づく反論も多々あり、両者の虚構性も明らかにしてい

る。ヒヤリング資料や国賠裁判などの記録から"ヨーロッパ拉致"逮捕状が両者を利用しながら「国策捜査」の一環として行われた実態を本にまとめ出版していく。

⑶『「拉致疑惑」と帰国』出版記念会

提訴にあわせ、原告らは在朝43年、特に「ヨーロッパ拉致」の関与の全面否定と帰国問題を手記としてまとめた『「拉致疑惑」と帰国』（検証・鳥越俊太郎）を河出書房新社から出版（2014年4月20日発売）。4月25日提訴後の同月27日、その出版記念会が小石川後楽園内の「涵徳亭（かんとくてい）」で行われた。出席者は100名を超えた。多彩な顔ぶれが出席した。鳥越俊太郎氏が平壌在住の原告ら6人と国際電話するなど企画もあり、盛りだくさんの記念会であった。以下は同書の編集を担当した椎野礼仁氏の出版記念会の報告である。また、平壌在住の若林氏がこの出版記念会に平壌から「風が吹いている」との感想を寄せた。

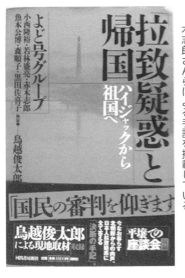

＊『「拉致疑惑」と帰国』（よど号グループ著／鳥越俊太郎・検証）河出書房新社 2013年4月20日発売、定価1890円。「拉致疑惑」を晴らし、平壌在住の全員の帰国を実現するために「在朝43年を検証し、日本国民の審判をあおぎたい」との強い意思から、逮捕状の出ている魚本さん、森さん、赤木さんをはじめ、小西隆裕さん、若林盛亮さん、赤木志郎さんらによる手記を掲載している。

1）『「拉致疑惑」と帰国』出版記念会に100余名が参加

4月27日（土）午後六時、東京は飯田橋の小石川庭園内にある涵徳亭で『「拉致疑惑」と帰国』出版記念会の幕が開いた。残念ながら、著

者が不在の会ではあったが、100名余りの人々が集まった。押えた部屋の定員は70名。主催者側の思惑をはるかに上回った。

大盛況の出版記念会（小石川公園内涵徳亭）

　私から、まず出版の経緯を簡単に説明した。「訪朝した鈴木邦男さんが、小西さんたちと会い、出版の意向があることを知り、フリーの編集者（椎野）を紹介。そこで昨年7月に椎野、植垣康博（連合赤軍）など5人がピョンヤンを訪れ、内容の打ち合わせを行う。帰って河出書房新社に企画を提出、快諾を得る。それと並行して、国家賠償訴訟の話が進んでいたので、結果的に同時期に提訴（4月25日）と出版（4月20日）ができた」
　続いて、国賠訴訟の弁護団代表・前田裕司先生より、提訴に至った経過や意味の説明があり、最後は本の出版と同時期になったことへの謝意も述べられ、乾杯の音頭もとっていただいた。

鳥越俊太郎さんの挨拶
　次に発刊を引き受けた河出書房新社の編集者が挨拶。そして、この記念会の呼びかけ人（7名）の代表として、多忙のなか駆けつけていただいた鳥越俊太郎さんがスピーチした。「自分のテレビ番組ザ・スクープでよど号ハイジャックの謎を取り上げてから、小西さんらのことはずっと気になっていた。実際にピョンヤンを訪れて、とりわけ朝鮮戦争の休戦協定の破棄を発表した当日の街の様子が、日本で想像するのとは全く違ってのどかなものであったこと、そしてピョンヤンの街の活気に驚いた。短い期間しか会ってないので、厳密な検証機会が得られたわけではないが、彼らと話した限りでは、有本恵子さんらの拉致に関わってないという彼らが嘘を言ってるようには思えなかった」

もう一人、呼びかけ人代表として出席予定だった池口恵観さんは、競り落した朝鮮総連本部の土地・建物の資金調達が金融機関から断られたという報道の真っ最中。残念ながら、臨席はかなわなかったが、師と親しい佐々木道博さん（京都総合研究所）がメッセージを代読し、この間の事情も説明した。「恵観さんの落札の発表の後、国税局が最福寺（恵観さんの寺）の税務調査に入り、鹿児島県警も動くなど様々な露骨な妨害行為があり、銀行や商社の腰が引けた」

成功したピョンヤンとの電話中継

前半のハイライトは、ピョンヤンと結んだ電話中継だった。電話は、鳥越さんとピョンヤンの事務所で控えた六人のメンバーとの、１か月ぶり（鳥越さんの訪朝は３月）の会話となった。小西さんは、今回の本には自分たちの手記だけでなく、ぜひ第三者、それも見識のあり、客観性も担保された人物の検証がほしかったこと。その筆頭候補が鳥越俊太郎というジャーナリストであったことを明らかにし、鳥越さんをはじめ本に関わった人々への感謝を表明。やや話が長くなりかけたところで、森順子さんに代わると、鳥越さんは「カラオケでデュエットできなくて残念だった」。会場は笑いに包まれた。森さんは最後に「本にも書いてくださったように、先生がこれからもこちらに来て真相に迫ってほしい」と話を締めた。安部さん、赤木さん、黒田さんと順に話したところで、日本側は鈴木邦男さんに代わった。鈴木さんは「本を出しなさいと焚き付けたのは僕だったでしょ！」と念を押した。

森達也さんなども登壇

しばらくの歓談をはさんで、出席者からの挨拶をいただいた。

田中義三さんの裁判支援の中心だった山際永三さん（人権と報道・連絡会事務局）。「よど号の人たちと係るようになったのは、田中さんの逮捕から。これからも冤罪事件とは関わっていく」

月刊創の篠田編集長。「八尾さんが最初に原稿を書いたのは『創』だった。塩見さんの発言を載せたのも『創』だった。何かと縁が深く気にかけていた。この本を河出書房新社が出したのは英断」

柴田泰弘さんの支援をしていた倉澤治雄さん。「柴田さんと同じ歳で、田中さんが亡くなった時、柴田が泣きながら電話してきた」

二木啓孝さん（ジャーナリスト・ＢＳイレブン取締役）。「同世代とし

て、この問題を着地させたいという思いがあった。この本はありがたい」

　森達也さん（作家・映像作家）。「北朝鮮に入ったことなく、肩身が狭い。今年こそ行く。日本でキム・ジョンイルのことを呼ぶとき将軍様と訳すが、同じことでも韓国ドラマでは様がつく単語（先生様、社長様）も先生、社長と表現する」と予断を与える報道のしかたについて指摘。

　植垣康博さん。「ハイジャックが簡単に間違いだったというより、その結果、何ができたのかを問題にしたほうがいい」「北朝鮮報道については、いたずらに騒がないほうがいい」

　足立正生さん（映画監督・脚本家）「彼らが政治宣伝ではなく、このような真面目な本で発言することはあっぱれ」

　新聞は、日経以外は産経新聞も含めて全社が来場。週刊新潮の記者はメモを取っていた。ＴＢＳ、日本テレビ、ＮＨＫも、ピョンヤンとの電話の所だけはカメラを回していた。その他、ノンフィクション作家の高山文彦さんなども参加されていた。会場の片隅のパソコンにはモランボン楽団のＤＶＤを常に流していた。

会場に緊張が張りつめた二人の挨拶

　会も大詰めに差しかかって、「帰国者挨拶」の時間となった。

　Ｋ・Ｔさんは以下のように話された。

「今日、ここにお集まりくださった皆さんに心から感謝している。とくに、お忙しい中、急遽、ピョンヤンに飛び、６名と会い、検証という形の取材を通して本の出版に尽力してくださった鳥越さんに感謝している。彼らは在朝43年あまりになるが、帰国は玄界灘を渡ったその時からの強い思い。田宮さんが作詞し、魚本さんが作曲した『祖国よ』という歌にはその時の心情がよく現れている。『ああ祖国よ　母なる地　いつか必ず帰って来るぞ　今は行く　われらなれど　心お前にいつもある』と歌詞の一部を紹介。私たちは「拉致」などしていない。しかし、日本では多くの人々が「よど号」を拉致犯のように思っている。政治情勢も関係していると思うが、直接的にはかつての仲間の法廷での証言や『謝罪します』によるところが大きいと思う。しかし、松下竜一先生はご自分が「『謝罪します』を手に取ることはない」とはっきりおっしゃってくださった。私たちのことをまだ、よく知らない先生が私たちを信じてくださったのはなぜか。ずっと考えていて、彼女が同志を裏切ったからだと思った。私たちがいつも考え、思っていることは、日本の地で、日本の人々

と共に、日本のために尽くしたいということだけ。最後になってしまったが、4月25日に国賠提訴できた。弁護団、支援者会議の皆さん、山中さんに感謝する。これから本格的な闘いになると思うが、私も微力ながら全力を尽くす」

　日頃、大声で話すのを見たことのないタカ子さんの10分にも及ぶスピーチには感動した。ハイジャックで飛び去った小西さんを追って、5年もたってから単身でピョンヤンに飛び込んだ人なのだと、実感した瞬間だった。

　そして田宮さんの長女・Ａさんがみんなの前に立ったとき、会場の緊張と興奮はクライマックスに達した。

「2001年に第一陣として帰国。もう12年たった。よど号＝拉致をした人たちの子供として見られていることに、ずっと葛藤があった。家族たちが少しづつ帰国するたびに、報道や警察の調べが入ったりするので、みんな一括で帰国してくれればいいなと思った時期もあった。実は1週間前に里帰りしたばかり。母に、よく“よど号”の人たちと結婚したね、と聞いたこともあるが、その結果として、いま自分はここにいる。自分の運命を素直に受けて、前向きに考える。母を見ても拉致はしてないと思うし、父たちのハイジャックは問題あると思うが、そのまっすぐな気持ちは汲んでやってほしい。こういうことを身内が言ってもだめ。皆さんがみんなと話して、事実を伝えてほしい。今からが“拉致疑惑”と帰国の本当の闘い。これからも親たちのことをおねがいします」

井上さんと山中さんが結語

　井上清志さん（支援者会議）のスピーチ。「すべて米帝の仕組んだことと片付けていて、これでは闘えないなと思っていたが、国内の調査活動を通じて、彼らは拉致とは無関係と確信した。彼らも、一つひとつ裁判で争っていく、本を出して訴えるという姿勢に変わっている。帰国者とともに、この裁判を支えたい」。閉会の辞は、山中幸男さん（救援センター事務局長）が立った。「柴田泰弘さんの逮捕以来、付き合いが続いている。家族は26人が帰ってきた。6人残っている帰国を実現したい」。二次会には30名近くが参加したことを最後に申し添えます。

（椎野礼仁　かりはゆく133号から転載）

2）風が吹いている

「隔世の感です！」─鳥越俊太郎氏の「いかがですか」の問いに私はこう答えた。

私たちの手記『「拉致疑惑」と帰国』（河出書房新社）発売を記念して4月27日、出版記念会があって、会場と電話をつないでのインタビューでのことだ。100名もの人が集まったと聞いた感想を述べたものだ。

私たちの本が、一般（河出の場合、「由緒ある」というべきか）出版社から出ること、その出版を100名もの方が喜んでくれたこと、私たちにとってはまさに「隔世の感！」なのだ。

「よど号問題」、特に「拉致疑惑」関連のことは長らく誰も耳を傾けてくれる人もないという時期が余りに長く続いた。ましてや私たちの本を出すなどということも想像すらできなかった。

世の中、風向きが変わってきたのだ。自己流にいえば「見直し」の風が吹き始めたのだ。

「朝鮮はどうですか？　子供たちはいまもインフイン・スケートやってますか？」─鳥越氏の質問は、日本で騒がれている「北朝鮮の戦争挑発」を煽るマスコミを意識したものだ。3月初旬、鳥越氏が訪朝されたまさにその時「停戦協定白紙化」の朝鮮側発表、「軍事停戦ラインは存在しない」のだから聞きようによっては「いつでも攻め込む」という話になる。実際は、「停戦」という戦争でも平和でもないあいまいな状態をやめよう！　ということなのだが、鳥越氏も一瞬「すわ大変か！」と思ったことだろう。ところが金日成広場ではたしかに赤衛隊服姿の青年男女が手旗信号の訓練をやっていた、がその横では大勢の子供たちがローラースケートですいすい楽しんでいた。インライン（一列ローラー）のローラースケートが一大ブームなのだ。これを見てジャーナリスト鳥越氏の眼は、「軍が横暴な好戦的な国」「市民は肩をすぼめて歩いている」という「北朝鮮報道」は偏向報道なのだと理解した。

鳥越氏も正味たった一日のピョンヤン滞在で朝鮮の姿を知った。前に「百聞は一見に如かず」と書いたが、一日でも「一見」の価値はあると思う。

国賠ネットのN氏が「朝鮮の核実験に賛成する理由」と題した小西論文を読んで「よくぞ言ってくれた」と評価していたとのこと。反核、脱原発の第一人者、京都大学原子炉実験所の小出裕章氏も、自分は核（兵

器）はない方がいいと思うが、朝鮮の核やミサイルを捨てろとは言えない、というようなことを言われていた。反覇権の核、戦争抑止力とする「朝鮮の核」の意味を理解する日本人が増えた。

　朝鮮をそのまま見ようという風も吹き始めている。

　25日、「拉致でっち上げ逮捕状」撤回のための国賠提訴！　主要新聞は小さくそのことを伝えていた。「よど号」関連の「拉致容疑逮捕状」などというものも、米国が「よど号関係者の追放」を朝鮮に迫るのに日本も引き入れる目的で、日本に出させたものだ。日本政府はこれを根拠に「拉致実行犯引き渡し」を朝鮮に迫ることで「よど号関係者追放」の米国の対朝鮮圧力政策に力を貸してきた。ところが本家本元の米国が「よど号追放」なしに対朝鮮「テロ支援国家指定」解除をやって「よど号問題」から撤退した。根拠もろくにないまま「拉致容疑逮捕状」まで出した日本政府は、米国という後ろ盾を失って苦境に立たされていると言える。いわば二階まで上がってハシゴを外されてしまったのだ。まさにわが国の対米追随による悲喜劇の集中的表現が「拉致でっち上げ逮捕状」なのだ。

　だから国賠提訴、「拉致でっち上げ逮捕状」見直しの闘いは、古い日本見直しの闘いそのものなのだ。

　こういったことがだんだん国民的理解を得ていく、そんな風が吹くことを祈っている。

　国賠へのご理解、ご支援と『「拉致疑惑」と帰国』をお読み下さることを願ってやまない。

（若林盛亮　かりはゆく133号から転載）

5.真相究明のための調査活動

　国賠提訴に向けた調査がはじまった。北海道、大阪、沖縄、首都圏へと「真相究明」のために私たちは動いた。ヨーロッパへの調査も検討されたが費用の関係でこれは断念。調査にはそれぞれ目的があったが、"ヨーロッパ拉致"事件からかなりの年月を経過しており、関係者の記憶の曖昧さ、関係者の所在不明など、調査は厳しいものであった。しかし、一連の調査から、これまで表に出てこなかった事実も一部明らかとなり、「真相」を垣間見ることもできた。

　北海道では拉致家族会の闇の部分、大阪では病死の直前に会った柴田氏。

145

パートナーでもあった八尾恵への評価、それはどのようなものだったのか。沖縄では面談を拒否し続ける八尾恵。その避け続ける理由とは何なのか。柴田氏、八尾恵については第2章「"ヨーロッパ拉致"の真相と八尾恵の"嘘と創作"」で触れた。バルセロナ動物園の写真撮影者は今どこで何をしているのか。ヨーロッパで魚本氏らと接触していたK・N氏はどこにいるのか。

　予想していた通り「真相究明」の調査は厳しいものがあった。えん罪を立証するための「真相究明」、これは容易なことではなかった。しかし、原告3人のえん罪"ヨーロッパ拉致"の立証のためには決定的となるであろう人物へのヒヤリングはどうしても必要であった。

[写真撮影者] スペインのバルセロナ動物園での森さん、黒田さんと石岡氏の写真を撮影したとされる、その写真撮影者。
【不在証明（アリバイ）の立証者】 ヨーロッパでの魚本さん生活状況を一番よく知っている人物。八尾証言では魚本氏と拉致の"共謀"から引き渡しまでしたとされるコペンハーゲンに魚本氏は行ったことはない、その不在証明（アリバイ）の立証をしてくれる人物、それは当時のヨーロッパでの魚本さん生活状況を一番よく知っている人物へのヒヤリングは是非、やっておく必要があった。

この二人の人物への調査（ヒヤリング）が最大の目的でもあった。

(1)『平壌からの手紙』編著者・棟方周一氏の苦悩

　一冊の本がある。『平壌からの手紙』（寿郎社発行）。寿郎社は札幌の出版社だ。本の副題には"札幌の拉致被害者 - 石岡亨の軌跡"とある。編著者は棟方周一氏。棟方氏と石岡氏は恵庭北高校の同級生。石岡亨氏は高校2年の時、江刺高校から同校への転校性であった。高校時代からの親しい友人でもあり、卒業後は北海道からともに上京し、石岡氏がヨーロッパに旅立つ前まで手紙のやりとりをしていた。その後、音信不通（失踪）となっていたが、8年後の1980年、"平壌からの手紙"ではじめて「北朝鮮」で生きていることを知る。

1980年失踪から8年後の1988年に届いた平壌からの手紙

　　家族の皆様方、無事に居られるでしょうか。長い間、心配をかけて済みません。私と松木さん（京都外大大学院生）は、元気です。途中で合

流した有本恵子君（神戸市出身）共々（供）、三人で助け合って平壌市で暮らして居ります。事情があって、欧州にいた私達は、こうして北朝鮮にて長期滞在するようになりました。基本的に自（括）活の生活ですが当国の保護下、生活費も僅かながら月々支給を受けて居ます。

　但し、苦しい経済事情の当地では、長期の生活は苦しいと言わざるを得ません。特に衣服面と教育、教養面での本が極端に少なく、三人供（共）困って居ります。取り敢へず、最低、我々の生存の無事を伝えたく、この手紙をかの国の人に託した次第です。とに角、三人、元気で暮らして居りますので御安心して下さる様、御願い至（致）します。

　松木さんの実家（熊本市）、有本君の実家（神戸市 [以下略]）の方へも連絡願います。更に、この手紙を送ってくれた方へ、そちらからも厚く御礼をしてくれる様、御願いします。　　　　　　　　　　息子・亨より

棟方氏は友人から「…北朝鮮で生きてる…」と連絡のあった当時の心境をこう語っている。

　当時私は、北海道南西部の磯谷郡蘭越町に手造りのログハウスを建てて自給自足を目指した生活をしていた。ある日高校時代のクラスメート（後に何度も登場する「爺様」─から、「突進太が北朝鮮で生きてるって……」という興奮した電話が入った。その友人がいうには、札幌の豊平警察署から連絡があり、当時、仲の良かった人物を紹介してほしいと頼まれているから、私のことを教えても良いかとのことだった。私も真相を知りたかったので、もちろん諒解して受話器を置いた。（突進太が生きている）ご家族同様、80 年 6 月 3 日ウィーン消印の絵葉書を最後に彼とは音信不通になったままだったので、本当に驚くばかりだった。

そして、『平壌からの手紙』の出版の動機についてこう語っている。石岡亨氏の友人として当然のことであったかもしれないが…。

　私の手許には、私が札幌へ戻ってから彼が出国するまでの二年間に、私宛に送ってくれた手紙が十数通残っている。この手紙を手がかりにして、今、北朝鮮で行方不明となっている石岡亨という人間像に焦点を当て、この人間の存在を、家族の立場からではなく、政治的な告発という動機からでもなく、ただ純粋に共に青春を過ごした友人として、暗闇の

中からサーチライトを当ててもう一度探し出し、以って、危険を顧みず、平壌から手紙を託した彼の勇気と決断に報いたいと強く願う。

　石岡氏の勇気と決断に報いたいという動機は十分理解できたとしても、その情報の偏り、情報不足は否めない。同書の中で八尾恵との手紙も紹介されているが、八尾恵の証言を信じ切っているようだ。八尾恵の手紙には、よど号の組織構成員の一員として魚本氏と打ち合わせをし有本恵子氏をだまし、領事のユーチュル氏に引き渡しコペンからそれを見届けたこと、石岡氏、松木氏は森氏、黒田氏がだまし４人で朝鮮に入国、招待所でしばらく４人で生活していたとも書いている。八尾恵の荒唐無稽な妄想ストーリーが手紙に綴られているのだ。

　安部氏はコペンに行ったこともなければ、八尾恵と共謀し有本氏を騙したこともない。森氏、黒田氏はたまたま写真撮影に応じただけであり、それ以降は会ってもいない。これが真実だ。何故、八尾恵妄想ストーリーが出来上がり、荒唐無稽な内容を、手紙を信じ切ってしまったのであろうか。わたしたちは直接、棟方氏に会ってヒヤリングしてみることにした。

　2013年1月下旬。まず、札幌市内にある同書を出版した寿朗社社長の土肥寿朗氏を訪ねた。生憎、不在（事務員が対応）であった。もともとこの件では、これ以上、話したくないということも山中幸男氏からも聞いていたので、今回はヒヤリングを断念せざるを得なかった。その足で北広島市内の棟方氏の自宅を訪ねることにした。ここでも本人は不在であったが、外で雪掻きをしていた家族の方と短時間話すことができた。棟方氏は仕事中であり、体調を悪くしている。出版を巡るトラブルもあり、かなりナーバスになっているとのことであった。夕方、連絡（電話）がとれたが棟方氏は、現在、肺炎を患っていて、しかも昨年末には家族の不幸があり、人と話をする気力がわかない。また、石岡家とのトラブルもあり、これ以上話したくないということであった。石岡家とのトラブルとは一体、何であったのか。

　その後、石岡亨氏の家族を訪ねた。『平壌からの手紙』は、編著者の棟方周一氏と出版社社長が、家族の了解を得ずに出版したもので憤慨している。石岡亨氏から手紙がきて以降、いろんなところに相談したが、あくまでもクローズでやってきた。それは「命」を考慮してのことであった。害を及ぼすことがあってはならないということだ。Ａ氏の拉致被害者家族、救う会、八尾恵、「よど号」について当時の認識を語ってくれたが、「交渉による解決」しかないという言葉が印象的であった。「真相」に迫る話は特になかった。

(2) 石岡亨氏の友人Ｏ・Ｓ氏

同書の中では八尾恵のほか、石岡亨氏のお母さん、有本喜代子氏、横田滋氏、そしてＯ・Ｓ氏の手紙が紹介されている。Ｏ・Ｓ氏は大学（日大農獣医学部）入学時代から石岡亨氏と同級生で学科も研究室も一緒であった。同書ではこのＯ・Ｓ氏は実名で記されている。棟方氏は、実名は本人の了承を得てのことであり、協力的であり感謝をしているとも書いている。Ｏ・Ｓ氏と石岡氏とはヨーロッパ出発の直前までつきあっており、石岡亨氏に最も近い友人のひとりでもあった。

わたしたちは同書に掲載されたＯ・Ｓ氏の手紙を細部にわたり精査した。その結果、おそらく首都圏・北関東の地方公務員であることがわかり、その確認を急いだ。その結果、その所在が判明。早速、連絡をとり、面談の機会をもつことができた。立場が違うとはいえ「真相究明」については協力的であり、弁護団会議にも何回か参加してもらい、ヒヤリングにも応じてくれた。Ｏ・Ｓ氏は「拉致」については冷静な見方をしており、平壌在住の３人は「えん罪」を訴えており、逮捕状の撤回を求める国賠を準備中であることも伝えたが、「真相究明」への手がかりを求めているようでもあり、大きな「解明」に結び付く事実は確認できなかったが、「協力」を約束してくれた。

バルセロナ動物園での写真撮影者Ｎ氏とも連絡したことがあるようであったが、Ｎ氏もこの件ではナーバスになっており、直接会っていないということであった。

(3) バルセロナ動物園での写真撮影者Ｎ氏

わたしたちは別のルートでバルセロナ動物園での写真撮影者Ｎ氏の所在を調査、神奈川県内に在住していることが判明した。

原告である森氏、黒田氏は、弁護士のヒヤリングに応じてもらいたいとの手紙を書いた。間接的にＮ氏にわたされた。切々と訴える手紙に対しては現在までもＮ氏からの反応はない。以下は、森氏、黒田氏の手紙（全文）である。

＊＊＊＊＊＊＊＊＊＊＊＊＊＊＊＊＊＊＊＊＊＊＊＊＊

写真撮影者Ｎ氏への手紙

突然ですが、はじめてお手紙を差し上げる非礼をお許し下さい。

私たちは、朝鮮に滞在する「よど号関係者」の森順子、黒田佐喜子と申します。

すでに 30 年以上の歳月が過ぎましたが、1980 年 4 月、N 様には、石岡亨さんとともにバルセロナの動物園で偶然お会いし、別れ際に石岡さんと私たち二人の記念写真を撮って頂きました。

その 1 枚の写真が私たちの運命を変えてしまいました。N 様も非常に心を痛められていることとお察しします。

私たちは、それから 20 年以上も経過して後に、石岡さんを朝鮮に拉致した容疑者とされ、2007 年には「結婚目的誘拐罪」で逮捕状が出されるまでになりました。この逮捕状によって、念願していた帰国もままならなくなり、長い間、「拉致犯人」、「売国奴」と言われ続けていることに、大きな精神的苦痛を受けています。また、このことが日朝両国の関係に否定的影響を及ぼしていることにも心を痛めています。

こうした苦境に思い余った私たちは、弁護士の方々と相談のうえ、この度、身に覚えのない逮捕状によって被害を受けたことを、裁判で争うことを決意しました。

そして、そのためには、N 様に、バルセロナの動物園で起きたこと、その後の石岡さんのことをお伺いできないかと、弁護士にこの手紙を託した次第です。

私たちには石岡さんを朝鮮に連れていく理由も必要もなく、ましてや拉致など考えも及ばないことです。あのとき私たちは、お二人と動物園で別れ、そのままマドリッドに向かい 1 ヶ月ほど滞在しましたが、バルセロナで別れた後、石岡さんとはお会いしたことはありません。どうか私たちの思いを受けとめていただき、弁護士に当時のことをそのままお話くだされればありがたく存じます。

まことに不躾な申し出ですが、どうかよろしくお願いいたします。

森　　順子

黒田佐喜子

＊＊＊＊＊＊＊＊＊＊＊＊＊＊＊＊＊＊＊＊＊＊＊＊＊

N氏宅へ

N 氏は石岡亨氏とバイト先で知り合い、シベリア鉄道での渡欧計画に急遽参加し、その後、バルセロナ動物園での写真を撮影した人物である。森氏、黒田氏連名による手紙が送付されたが、手紙の返信はなかった。その後、7 月中旬、N 氏宅を訪ねることになった。森氏、黒田氏の手紙は受け取っているようであったが、「かかわりたくない」ということであった。一時期、警察や新聞記者が来て大変だった。自分も忘れたいと思って、つけていた日記を捨てようと思っていたころ、騒ぎが大きくなってきて、日記と写真全部を警察に渡し、包み隠さず、すべて話した。あとは警察に任せるしかない、とのことであった。平壌の森さん、黒田さんは「バルセロナで別れた後は石岡さんに会っていないと言っています」「バルセロナの動物園の様子だけでも教えてもらえないか」との伝言を依頼した。

「伝えておく」との返事が返ってきたが、残念ながら連絡はなかった。

⑷ ヨーロッパ時代の魚本公博氏のK・N氏への手紙

　ヨーロッパでの魚本さんの生活状況を一番よく知っている人物でもあり、コペンハーゲンには行ったことはないという魚本氏の不在証明（アリバイ）の立証をしてくれる人物でもあるオーストリア在住のK・N氏にだすことになった。魚本氏の2013年4月にだした長文の手紙への返信はなかった。

　　　＊＊＊＊＊＊＊＊＊＊＊＊＊＊＊＊＊＊＊＊＊＊＊＊

K・N　様

魚本公博

拝啓
　突然お手紙を差し上げる失礼をお詫びいたします。
　私は、安部（現姓魚本）公博と申します。1970年4月3日、赤軍派学生による「よど号ハイジャック事件」によって、朝鮮民主主義人民共和国（以下「共和国」と略します）に政治亡命し、現在も共和国に政治亡命者として在住しているものです。
　と申しましても、K・Nさんは思い出していただけないかと思いますが、私はかつてウィーンに居住しながら、Kさんが関わっていた『おーJAPAN』の方々と交流し、頼まれれば『おーJAPAN』の記事を書くなどしていたこともあります。そのころは、安部とは名乗ってはいませんでしたが、『おーJAPAN』に書いた記事は当時の『おーJAPAN』の欧州での責任者であったKさんに頼まれたもので、1983年4月号や同年6月号の「街から村から」欄の無署名記事などがあり、英字新聞を利用したりして苦労したことを思い出します。
　このたびお手紙を差し上げたのは、K・Nさんに私が1983年当時、ウィーンに在住しており、K・Nさんの家に下宿させていただいたり、『おーJAPAN』の活動に協力していたりで、およそコペンハーゲンに行くことはあり得ないことを陳述書という書面にまとめていただけないかということをお願いするためです。
　というのは、現在、私に対して、いわゆる共和国による日本人拉致事件の一つであるヨーロッパから有本恵子さんを騙して朝鮮に連れて行ったという拉致事件の犯人であるとして「結婚目的誘拐罪」なるものによって逮捕状が出されているからです。
　しかし、この逮捕状は、客観的な証拠に基づいてなされたものではなく、唯一、かつて私たちの仲間であった八尾恵の「証言」や著書『謝罪します』によっているとされています。逮捕状が出されたことを知った時、私としては、全く身に覚えのないこと、まさに青天の霹靂でした。

私が有本恵子さんの拉致に一切関与したことはなく、この逮捕状が根拠の全くない当局によるでっち上げであることから、本年4月25日に、東京都（警視庁）を被告として、逮捕状の請求を違法であるとする国家賠償請求訴訟を起こします。そして、私がこうした拉致事件に関与した事実のないことをどうしても証明したいのです。そのため、K・Nさんから事実をお伝えいただけないかと、厚かましいお願いとは知りつつ、すがる思いでお手紙を差し上げた次第です。

　私は、1982年の10月頃、ウィーンに行き、83年の3月に一度朝鮮に帰り、5月に再びウィーンに入り、そこで生活していました。住居は、民宿や知り合った運動体の人の所に居候したりしていました。また、K・Nさんが居住していたアパートに、Kさんから部屋を借りた形にして住んでいたこともあります。

　2002年3月の同じ亡命者の一人である赤木志郎さんの妻の赤木恵美子さんの旅券法違反容疑での公判で証人として出廷した八尾証言の概要は、「1983年6月にザグレブ前線基地に居た安部に有本さんを獲得したことを知らせ、その後7月にザグレブで有本さん誘拐の具体的方法を協議したということ、それに基づいて、コペンハーゲンで安部が貿易会社の社長に扮し、北朝鮮の工作員であるキム・ユーチョルが北朝鮮の貿易の仕事をしているということにして、安部が有本さんに、北朝鮮で市場鯛査の仕事をしてみないかと誘い、7月15日か7月中旬に、コペンハーゲンからモスクワ経由で北朝鮮に送った」というものです。

　しかし、この八尾証言は、まったく事実無根です。

　私が、K・Nさんを含む『おーJAPAN』の方々と知り合いになるに至るには、以下のようなことがありました。

　1977年ころ、朝鮮において日本向け機関誌発行準備を計画していた私たちは、日本の現状に直接関与できない中で、まず欧州に運動の経験を学ぼうとして、77年末からウィーンにいた日本人留学生のグループと交流を始めました。留学生のグループと知り合ったきっかけは、ピョンヤンで会った訪朝団の中に第三世界連帯運動などをやっている欧州の活動家がいて、その方から日本人留学生グループの存在を伝え聞いたことでした。そして、その方に仲介の労をとってもらって、交流が実現したものです。

　私は、ユーゴスラビア経由でウィーンに入り、『おーJAPAN』の事務所に電話しました。事務所は主宰者のK・Yさんの住居兼用になっており、確か、ウィーン北駅の近くにあるということで、市電で近くまで行って喫茶店（食堂）に入り、そこから電話をしたと思います。電話口に出てきたK・Yさんに、田宮高麿（亡命者のリーダーだった）さんの仮名を伝え、自分の仮名である○○というものですが、と話すと、さえぎるように「聞いています」という返事が返ってきたことを覚えています。

　私は、電話だけで意思が通じるのかどうか不安でしたが、K・Yさんは、すぐに事情を悟ったのか淡々とした事務的な話し方で、K・Nさんを紹

介してくれ、会うべき喫茶店（食堂）を教えてくれました。

　翌日だったか、指定された場所でK・Nさんに会ったと思います。K・Nさんは同年代の方で、地方の国立大学を出て有名会社に入社したが、そこを辞めて、ヨーロッパ放浪の旅の果てにウィーンに居つき、『おーJAPAN』の活動に参加するようになった人だったと記憶しています。

　私のことについてはK・Yさんが「全共闘運動など運動の経験者で反核運動のことを知りたがっているので教えてやって」と紹介してくれていたので、その線に沿って、全共闘運動のことや、その後の運動での苦労話などをしながら、ヨーロッパで反核運動を知ろうと最近ヨーロッパに出かけてきたことなどを話しました。さすがに最初から打ち解けたという感じにはなりませんでしたが、K・Yさんからの紹介ということで、それなりに信用していただけたと感じました。

　こうして私は、『おーJAPAN』と連携をもち、そこを通じて、欧州反核運動を研究することができるようになりました。私も運動経験者として結構頼りにされ、色々運動のことでも相談されたり愚痴をこぼされたり、ときには助言を求められることもありました。また、前述したように、K・Nさんは、当時、『おーJAPAN』のヨーロッパでの編集責任者でしたので、K・Nさんから穴埋め記事を書いてくれと頼まれ、英字新聞を見て、「街から村から」欄などの雑記事を書いたりもしました。とくにK・Nさんの住んでいるアパートはオーストリア人の夫人の両親の所有でしたので、手続きなしにそこの一部屋を借りて住まわせてもらったりもしましたし、使っていない地下室を改造して集会場にしようとしていたのを手伝ったことなども記憶に残っています。

　ところで、『おーJAPAN』というミニコミ誌について、八尾の「証言」や著書『謝罪します』では、私たちよど号グループが作った日本人を拉致するための隠れ蓑であるかのように書かれています。しかし、そうでないことは明らかです。K・Nさんもご存知のように、『おーJAPAN』は、82年に久野収さんや宇井純さんを顧問に迎えますが、佐高信さんは、その著書『面々授受　市民久野収の生き方』の中で久野収さんが顧問になった経緯についてこう書いています。「…パリへ行く前から注目していたこの雑誌の関係者に会いたいと思っていた久野は、パリ到着後まもなく、偶然の機会を得て、同誌のパリ連絡部の責任者、K・ZとそのパートナーH・Hと知り合い、親交を結ぶ。H・Hについて久野は次のように紹介しているが、それはそのまま、久野がどういう若者に期待するかを語っている。『…パリには、こういう日本の女子学生もいて、かなり見事な語学力でフランス系学生と競争し、アジア、アフリカ系学生と親交を深め、日本と日本人を国際的に理解させる国際的交流の一役を果たしている事実を、日本人はもっと知るべきでしょう。』そして、K・Z、H・H両君の報告を受けて、ウィーンから、『おーJAPAN』の編集長K・Yが久野を訪ねて来る。飛行機ならパリまで三時間余なのに、費用を節約するため、K・Yは夜汽車に揺られて十五時間かけてやってきた。彼は一等通

訳の資格を取り、それで生計を立てながら、ウィーン大学に学び、そして、『たいへんな費用とエネルギーを割き、仲間たちの中心になってもう四年以上、この雑誌の発行をつづけてきた』と久野は書いている。のちに私も、私とほぼ同年輩のK・Yと会ったが、久野はK・Yのような人が現われたことを本当に喜んでいた。K・Y、K・Z、H・Hとともにほとんど徹夜で語り合った一夜は、パリ滞在中の最も有意義な夜だった、と久野は回想している。…『おーJAPAN』は硬い雑誌に思われるかもしれないが、そうではなく、内容は世界各地の旅行記あり、宿泊施設の紹介あり、民俗風習のルポあり、食べものの記事から料理法の説明まで、多種多彩だと付け加えている。K・Nたちの熱心な希望を受け入れて、久野はこの雑誌の顧問となった。

そして、『私は余力のかなりの部分を割いて、この雑誌の内容の向上と普及に努めたいと決心し、彼らと会って話しあうため、もう一度、欧米に足を向け、今度はかなり準備したうえで、この雑誌のフランス語版とドイツ語版を出せたらと願っている』と語っていたが、その機会は無念にも訪れなかった。」

このように、『おーJAPAN』は自立したミニコミ誌として独自の評価を受けながら、1987年に廃刊されるまで91号を数えたことはKさんが良くご承知なことだと思います。このような評価を受けた『おーJAPAN』に対して、それを私たちが人を獲得するための、あるいは拉致するための隠れ蓑として作ったものだというのは、K・YさんやK・Nさんたちをはじめとした欧州の日本人留学生、それを支持した多くの人々に対して失礼ではないでしょうか。

そもそも私がコペンハーゲンで有本さんと会い北朝鮮に送り出すための話をしたという1983年7月15日や、その翌日、空港からモスクワに送ったとされる7月16日に、私はウィーンに居住しており、コペンハーゲンにはいませんでした。

前述したように、私がウィーンに居たのは、当時欧州で盛んになっていた反核運動の実情を知り、それを機関誌『日本を考える』に反映するため、ウィーンで『おーJAPAN』というミニコミ誌を発行していた人たちと交流するためでした。

当時、私たちは、日本に帰国することを最大の目的とし、そのためには、過去の思想を総括し、真に日本のために尽くそうとしていることを広く日本国民に知ってもらう必要があると考えて『日本を考える』を発行し、その充実に全力を傾けていました。そのために、その頃、欧州で盛んになっていた反核運動が反米もしくは離米をはらむ自主の運動になることに注目した私たちにとって、それを現地で詳しく知ることは切実な問題でした。私のウィーンにおける活動は、『日本を考える』の充実に全力を傾けることでした。ですから、ウィーンを拠点として活動していた『おーJAPAN』の人たちと交流することが何よりも大事な仕事であり、ウィーンを離れて他のことをするなどということはなく、ましてや日本人拉致

に関与するはずがありません。

　それに、私たちはあくまで学ぶという立場であり、亡命者であったことから、『おーJAPAN』の活動や行事に出席しても何か意見を言うということはまったくありませんでしたし、『おーJAPAN』は、私たちが「隠れ蓑」とできるような余地のまったくない、徹頭徹尾、Ｋ・Ｎさんをはじめとする日本人留学生たちによって作られ、担われた運動でした。

　私が、有本恵子さんを拉致したとされる件に一切の関わりがないという事実は、八尾証言を証明する証拠が存在しないことによっても明らかです。

　この事件で客観的な証拠とされるものは、西側情報機関が1983年7月15日にコペンハーゲンに現れた共和国領事のキム・ユーチョル氏の動静を監視する中で、7月16日にカストロップ空港の搭乗便待合室の椅子にキム・ユーチョル氏と有本恵子さんが並んで座っている所を撮影した写真と、その日、有本さんが朝鮮名（HOUN SUK KIM）の朝鮮パスポートを使ってキム・ユーチョル氏と共にモスクワ行きの飛行機に乗ったという「通報資料」です。

　しかし、ここには私がその現場に居たという写真や証言は一切ありません。この時、西側情報機関はキム・ユーチョル氏を尾行・監視し、彼が7月15日に市内の中国料理店で会った人物、空港で会った人物について多数の写真を撮影したとなっています。そうであれば、その現場に私が居たのなら、当然私の写真も撮られていたはずです。しかし、それが一切ないということは、逆に私がそこに居なかったという傍証になるのではないでしょうか。

　私がコペンハーゲンに居たということを傍証するためか、有本さん事件の前年82年の3月にコペンハーゲンで私が森順子さんと共にいるところを西側情報機関が撮ったという写真について、日本の科学警察が安部と鑑定していますが、それは私ではなく同じ亡命者の一人である岡本武です。この写真に写っている森順子さんも、「私は1982年3月に旅券再発給の申請でコペンハーゲンに行きました。写真はそのときに金（ユーチョル）先生と偶然会った岡本さんと一緒にいるところを撮られたものだと思います。岡本さんはたしかこの年、4月に金日成主席の生誕70歳の行事に参加するために朝鮮に帰還する途上にあって、出入国の世話をする金（ユーチョル）先生とコペンハーゲンに来たのだと思います。皆がスムーズに共和国に入れるようにと、この金先生が手続きをしてくれたと記憶しています。岡本さんは、この時、ドイツに行って欧州の運動の了解活動をしていたと聞いています」と述べています。

　八尾証言では、八尾は、83年の6月にザグレブの前線基地に常駐していた安部に、有本さんを獲得したことを電話で知らせ、7月には、そこで有本さんを誘拐する具体的な方途を相談したと言っています。しかし、私の活動は、前述したようにウィーンで『おーJAPAN』の人たちと交流

して、欧州反核運動の実情を知ることであり、ザグレブに常駐した事実もなければ、居住したという事実もありません。

　以上、私が有本さん「拉致」に関与したという八尾証言は、まったく事実無根です。

　私自身について言えば、八尾証言によって、私に有本さんを結婚目的で誘拐したという容疑で逮捕状が出されているのであり、そのために私の帰国が困難になり、また、私自身の精神的苦痛、家族の精神的苦痛や実害は耐えられないものです。

　最後に、私が、常に祖国日本を考え、帰国を最大の目標にしながら、人として、日本人として生きようとしてきたかを示す資料を引用しながら、その思いをお伝えできたらと思います。

　私は、私たちが日本の人たちに向けて発行していた1993年6月発行の機関誌『自主と団結』6号で、日本への思いを以下のように書いています。

　「私は、チョソンに非常に長く住んでいる。日本にいたときよりも長くなった。ただ長く住んでいるというだけではない。私はチョソンの人々に限りない恩義を感じている。日本では私たちは『暴力団』か何かのように誹謗中傷されてきた。今でも根拠のない不当なレッテルを貼られている。しかし、チョソンの人々は、私たちを立派な志をもった青年だと言って、その志を認めてくれた。私はチョソンの人々のそのような信頼と愛の中で、革命の真理を知るようになり、真の人間として生きる道を知るようになった。一言で言えば、生きがいある生をチョソンに来て得たと言える。だからこそ私たちは、チョソンの人々に恩を感じているし、チョソンの人々も好きだし、愛している。

　しかし、私は日本人である。チョソンを愛しているからといって、チョソンの人々がチョソンを愛しているほどに私がチョソンを愛しているとは思えない。私自身も、チョソンに対する愛よりも祖国日本に対する愛の方がより深く強い。チョソンに住んで何年たっても、この情感を押さえることはできない。私にとって、いつまでも忘れることができないのが祖国日本である。私たちを誹謗中傷ばかりする『憎き』祖国ではあるが、それでも日本は私の祖国なのだ。私は祖国日本を愛し、死ぬまでには祖国日本のために何かしたいと思っている。私は日本を愛す。私は日本だけではなく、世界各国、各民族、人民も愛す。私だけでなく、自国自民族を愛する人は誰もが、他国他民族人民をも愛すると思う。世界の人々を愛するがゆえに、私は、日本のために、日本の自主化のために闘う。

　世界は国と民族から成り立っている。世界のために尽くすことは、まず何よりも自国を良くすることである。自国を良くすることによって世界を良くしていかねばならない。それが世界各国人民の使命だと思う。日本が自主化されるならば、世界の自主化にどれだけ寄与できるかしれない。

　『国際貢献』のため、他国人民のためと言って、他国に出かけて闘った

としても、日本が、自主とはまったく反対の従属と侵略の道を歩むなら、世界のため、世界の進歩のため、世界の自主化のために闘っていると言えるであろうか。まず何よりも我が国の自主化のために。だからこそ自主愛国主義が決定的に必要である。日本を愛し、日本の自主性を何よりも貴重に考える。何よりも日本の自主化のために我が身を捧げよう。これが私の確固たる信念である。これこそが世界の進歩のため、自主化のためである。」

　私たちは、このような思いをもって、この43年を共和国で生きてきました。そのような私たちにとって日本人を拉致して共和国に連れてくるというような行為が生まれてくることはありえません。そして、こうした謂れのない『拉致疑惑』の汚名を晴らし、愛する日本への帰国を果たしたいと心から望んでいます。そのためにもどうしても今回提起した国家賠償請求訴訟に勝ちたいと思います。私の無実を訴える一つの大きな証拠が、有本さんが拉致されたとされる1983年当時、私がウィーンに在住しており、K・Nさんの家に下宿させていただいたり、『おーJAPAN』の活動に協力していたりしていて、およそコペンハーゲンに行くことはあり得ないことを陳述していただくことにあります。

　どうか、私の窮状をご理解いただき、また、かつてウィーンにおいて『おーJAPAN』の活動にひと時とはいえ、関わった者としてお願いする次第です。

　Kさんには以下の点で事実が分かれば陳述書を作成していただけないかと考えております。

　八尾証言によれば、有本さんと八尾が接触したとされるのは1983年5月半ばないし下旬にロンドンでとなっている。そして、有本さんが6月6日付け両親にあてた絵はがきには帰国する旨が書かれていた。しかし、その後、実家に「シゴトガミツカルキコクオクレル KEIKO」との国際便が届いた。7月16日にコペンハーゲンのカストロップ国際空港出発ロビー待合室にいるところを撮影されているので、この日にコペンハーゲンから出国したと見られる。

　つまり、有本さんは、1983年5月から7月までの間に何者かと接触し、その勢いで共和国に入国したと考えられる。そして、この事件に私（安部）が積極的に関与したとされているが、それを裏付ける客観証拠は皆無であり、ただ八尾の証言のみである。

　従って、1983年5月から7月までの間、私がウィーンに在住し、コペンハーゲンには行かなかったこと、ウィーンでの滞在中の活動がもっぱら『おーJAPAN』に関することであり、K・Nさんの家に下宿していたことなどが分かれば、私が有本さん「拉致」に関与していなかったことの有力な証拠の一つになると思う。

　具体的には、私が述べたことの裏付けとなる以下のことをご記憶かどうか確認願えれば幸いです。

① 私とK・Nさんとの交流の経過等覚えていること

② 私の『おー JAPAN』における活動で覚えていること

③ 私が K・N さんの家に下宿していたこと、及びその時期

④ 1983 年 5 月から 7 月までの間に私がウィーンに在住して行っていたことで覚えていること

⑤ 私がコペンハーケンには行かなかったことを裏付けるようなことで覚えていること

　　以上、突然のお便りを差し上げた上に不躾なお願いまでして、誠に申し訳ありませんが、私の思いをご理解いただきますよう、よろしくお願い申し上げます。敬具

⑸ 八尾恵の動向

　2012 年 3 月、わたしたちの仲間（支援）は沖縄を訪ねた。八尾恵が沖縄で生活をしているとの情報があったからだ。国賠準備のためにも八尾恵へのヒヤリングが可能かどうか見極める必要があった。結局、沖縄には 3 回、訪問したが、残念ながら接触することはできなかった。沖縄での生活は捜査当局の保護下にあるのかどうか、謎に包まれたままだ。

　八尾恵は日本に帰国した後、北朝鮮スパイ事件（1988 年頃）はでっち上げであるとし、旅券返納命令取消等訴訟や報道被害の損賠訴訟（14 件）を行っていた。沖縄訪問の前には、この事件の舞台ともなった神奈川・横須賀のスナック「夢見波」の現地にも伺い、当時の支援関係者にも接触を試みたが、多くを語ることはなかった。むしろ、もう「かかわりをもちたくない」ということであった。わたしたちも、その支援を行ってきたことがあったが、一連の訴訟の過程で八尾恵は「支援してもらうために事実を隠し、嘘をつきました」「支援…ひとのよさにつけこんで利用しただけでした」と謝罪した。大変なショックであった。これは支援者への裏切り行為であった。この「裏切り」は、かつての仲間であった「よど号」グループ、そして自分の子どもたちにも拡大し、現在に至っている。壮大な虚構の中で生き続けるこの女性は、これからも周囲を裏切っていくのであろうか。

　「ピース缶」（えん罪）事件でも「事件にかかわった」との偽証を行った菊井良治という人物がいた。朝霞自衛官殺害事件（竹本修氏も巻き込まれた事件）にも登場してくる人物でもある。国賠では菊井良治の「偽証」が認定され、賠償金（200 万円）を払わされることになったが、こうした人物は「えん罪事件」では少なからず登場してくる。避けられないことかもしれないが、どこかで八尾恵にストップをかけねばならない。（第 2 章「ヨーロッパ拉致の真相と八尾恵の"嘘と創作"」参照）

⑹ 死の 10 日前の柴田泰弘氏

　2011 年 6 月 22 日、柴田泰弘氏は亡くなった。その 10 日前、わたしたち（支援者）は、住まいのある大阪を訪ねた。そのアパートの一室での面談であったが、体調は思わしくなく、精神的にもかなり疲れている様子であった。平壌在住のころ、八尾恵のパートナーでもあった柴田氏が、八尾恵の変節した姿をどう思っているのであろうか、そして、仲間を裏切り、なぜ偽証をつづけるのか、是非、聞いてみたかった。八尾は、著書『謝罪します』の中で、柴田氏とは強制結婚させられ、あまりに酷い生活であったと振り返り、柴田氏に対して「罵詈雑言」を浴びせている。わたしたちは、この日のためにその著書や八尾供述を分析・精査した詳細な質問事項も準備していた。しかし、柴田氏は質問事項をざっと見るだけで多くを語らなかった。しかし、帰り際に柴田氏は「目立ちたがり屋なんですよ。それに自分の思ったことが事実だと思ってしまう人でした」と漏らした。この言葉がいまも印象に残る。(第 2 章「ヨーロッパ拉致の真相と八尾恵の " 嘘と創作 "」参照)

　ピョンヤンかりの会は柴田泰弘氏の一周忌に当たって、以下のメッセージを発信している。

＊＊＊＊＊＊＊＊＊＊＊＊＊＊＊＊＊＊＊＊＊＊＊＊＊

戦友、柴田泰弘　一周忌に当たって

ピョンヤンかりの会

　彼は十六歳だった。われわれはあしたのジョーである！　「よど号」の翼に青春の決意を託した三月三一日、高校一年生最後の時期に彼はわれわれの「戦友」になった。

　あれから四十余年、「よど号」に逆風まだやまぬ中、誰もいないアパートの一室で独り逝った彼、柴田泰弘。

　でも「そんなに寂しい人生じゃなかった」と娘や友人に送られて五十八年の生涯を終えた彼は「戦友」という言葉をわれわれに遺してくれた。

　この六月二二日は、柴田泰弘の一周忌になります。柴田が遺した「戦友」という呼称には、戦いの中で苦楽を共にした「友」のみが知る特別の感情が込められています。

　「よど号」渡朝のための戦い、渡朝後の赤軍派の思想、路線総括の戦い、新たな目標、進路のための戦い、帰国のための新しい戦い、逮捕、獄中

での戦い、「よど号問題」攻撃との戦い、私たちの四十余年には、いろいろな戦いがありました。もちろん朝鮮での「亡命者生活」ですから、何か特別にやったというほどのことはありません。でも私たちの四十余年には、朝鮮にいるというだけで強いられたものも含めて苦しい戦いもあったのです。戦いの過程では、喜びや達成感もあれば、失敗や過誤、動揺もあります。その戦いを経たもの同士が持つ、特別の友愛で結ばれた感情、それが「戦友」という言葉だと思います。

　私たちの戦いには、苦もありましたが楽もありました。みなでやるサッカーでは柴田夫婦がそれぞれのチームのゴールマウスを守る「守護神」（キーパー）をやって競技が盛り上がった微笑ましい時間もあり、若さゆえの夫婦喧嘩もあり、八尾「ヘンボク（「幸福」という朝鮮語で呼ばれた）」さん、そして二人の娘たちとの新しい生活は、彼に安らぎを与えるものであったのは間違いありません。

　頭が切れる柴田、そして明るく太っ腹の「ヘンボク」さんの二人に、田宮は一方帰国の難しい仕事を任せました。そしてこの難しい仕事を二人はやり遂げようとしました。その後のことは、周知の通りです。二人の逮捕が明暗を分けました。「ヘンボク」さんは、証言台に立って「よど号拉致」を告発する偽証者、「八尾恵」として立ち現れたのです。最愛の人を敵に奪われ、その人が牙をむいて来るという現実を柴田はどのように受けとめたのでしょう。このことについて、彼は一切、発言しませんでした。そういったこともあって、私たちが煮え切らないものを感じたのは事実でした。

　二人の娘は辛いことや気苦労の多い青春でしたが、帰国後、結婚して一児の母親に、自分に磨きをかける女性にと、それぞれ前向きに生きていて、私たちに力をくれています。

　いま、私たちは、「拉致容疑でっち上げ逮捕状」の不当性を訴える国家賠償請求を準備しています。昨年、その一環として支援者の方が聞き取り調査のため、柴田を訪ねた折、彼はじっと質問状を見つめていたそうです。その数日後、彼は逝ったのです。彼は何を言いたかったのか？今となっては知る由もありません。

　私たちは、「戦友」という言葉を遺してくれた柴田の心情を推し量り、戦友の義理に応えられるように、八尾偽証を暴き、真実を明らかにする戦いとなる国賠訴訟をしっかりやっていきたいと思います。それが戦友、柴田の霊魂を鎮めることになるのを信じて…

6. 外務省情報公開請求

(1) なぜ情報公開を求めたのか

　わたしたちは、「よど号」が拉致に関与していないことの証拠を探していた。「よど号」がどのような活動をしていたのかを聞き取り、文書、書類等調査

していた時、2004年9月に北京で開催されていた第2回日朝実務者会議の新聞記事で、共和国側からの伝聞記事を確認した。

　この内容を裏付ける資料を探したが、見つけだすことができなかった。新聞記事といえども、日本政府の高官が話した内容である以上、日朝実務者会議の資料、議事録、メモ等にそのことが記載されているはずであるとして、外務省に情報公開請求（申立人・高木公明）を行った。

2004年9月28日朝日新聞朝刊
　よど号犯「関与せず」北朝鮮説明、工作員は日本語堪能　拉致問題
北京での日朝実務者協議に出席した外務省の斎木昭隆アジア大洋州局審議官は27日夕、拉致被害者家族連絡会(家族会)のメンバーらと内閣府で会い、安否不明の10人らに関する北朝鮮側とのやりとりを説明した。(略)また、同じ場で斎木審議官から説明を受けた「北朝鮮に拉致された日本人を救出するための全国協議会」(救う会)の佐藤勝巳会長によると、北朝鮮側は、「よど号」事件グループは日本人拉致にはかかわっていないとし、「特殊機関の人たちは日本語が堪能で、よど号犯が関与する必要がない」と話したという。

　2012年10月12日に外務省に赴き、情報公開申請を行った。外務省の窓口では、簡単に申請用紙を出され「2002年、2004年の日朝実務者会議の資料、議事録、メモ等日本語、朝鮮語の全て」を求めた。

(2) 外務省からの通知

　2012年11月9日付け外務大臣名で「行政文書の開示請求に係る決定について(通知)」が届いた。その内容は、2002年の実務者会議は、議事録等を作成しておらず取得していないので不開示とした。しかし、2004年の日朝実務者会議は、9件の文書があり、それらは、「他国等との協議の内容が子細に記されており、公にすることにより、国の安全が害されるおそれ、相手国等との信頼関係が損なわれるおそれ、または交渉上不利益を被るおそれがあるため、不開示としました。」とのことであった。以下は決定内容である。

2002年の実務者会議

行政文書の名称等：2002年9月日朝実務者会議議事録原文および朝鮮語原文

決定区分：不開示(不存在)。

決定理由：当省では該当する文書を作成、取得していないため、不開示（不存在）としました。

2004年の実務者会議

行政文書の名称等①日朝実務者協議（記録：11日午前）②日朝実務者協議（記録：11日午後）③日朝実務者協議（2日目：記録）④日朝実務者協議（少人数での懇談：記録）⑤日朝実務者協議（記録：25日）⑥日朝実務者協議（記録：26日午前）⑦日朝実務者協議（記録：26日午後）⑧第3回日朝実務者協議（結果）（平成16年11月9日〜14日）⑨第3回日朝実務者協議（逐次記録）（平成16年11月9日〜14日）

決定区分：不開示。決定に係る該当条項：5条3号。

決定理由：理由1のとおり（ここでは省略）

いずれも対象文書は「拉致問題等について、公にしないことを前提に行われた日朝間の協議の内容等が具体的に記載されている。これを公にすることにより、拉致問題等の解決に向けた北朝鮮との交渉上不利益を被るおそれがあると行政機関の長が認めることにつき相当の理由がある」「不開示とすることが妥当である」というものだ。決定に不服や取り消しを求めることができるとの文書（下記参照）も記載されていた。わたしたちは不服申立を行った。

この決定に不服があるときは、行政不服審査法（昭和37年法律第160号）第6条に基づき、この決定があったことを知った日の翌日から起算して60日以内に外務大臣に対して異議申し立てをすることができます。また、この決定の取消しを求める訴訟を提起する場合は、行政事件訴訟法（昭和37年法律第139号）第3条第2項の規定により、この決定があつたことを知った日から6か月以内に、国を被告として（訴訟において国を代表する者は法務大臣となります。）以下の裁判所に処分の取消しの訴えを提起することができます（なお、決定があったことを知った日から6か月以内であっても、決定の日から1年を経過した場合には処分の取消しの訴えを提起することができなくなります。）。

⑶ 不服申立て

2013年1月7日に、外務大臣に対して不服申立てを行った。決定の取消しを求める訴訟を提起することも考えられるが、まずは不服申立て（下記参照）をすることにした。不服申立てに対して外務大臣が2013年8月22日

情報公開・個人情報保護審査会に諮問（2013年8月15日付け）したとの
通知があった。決定の取消しを求める訴訟期限の6か月が過ぎてしまった。

「行政文書の開示請求に係る決定について」異議申し立てについて

表記の件について平成24年11月9日付け情報公開第02385号の決定に
ついて、異議申し立てをします。平成24年10月12日付け情報公開第
02212号で開示請求を受理している行政文書「2004年8月　第3回日朝
実務者会議議事録原文および朝鮮語原文」を全面開示することを申し立て
ます。

背景
　2002年9月17日に国交正常化に向けて、日朝平壌宣言が調印されま
した。そして2004年5月22日第2回日朝首脳会議が行われました。さ
らに2004年8月第3回日朝実務者会議が行われました。だが、この会議
以降日朝の交渉等は、私の知り得る限り2012年11月に日朝局長級会議
が開かれたのみです。日本政府は、朝鮮民主主義人民共和国（以下朝鮮と
いう）と国交を正常化せず、東アジアにおける緊張を継続させています。
本来は、敵対関係のある状態を解除し、平壌宣言にあるように日朝が国交
正常化を果たされていなければならないはずです。そこから相互理解が得
られ、また、真摯な相互批判ができるはずです。国民は、その国交正常化
を阻んでいるのは何が原因であるのかを、知る必要があります。日本は、
朝鮮の存在を無視してきたところから、日朝平壌宣言を調印し、そこから
国交正常化へ向かうはずが、十数年も経過しながらまったく進展していま
せん。

請求の理由
　行政機関の保有する情報の公開に関する法律の主旨は、第1条目的にあ
るよう、原則公開すべきです。しかし、例外はあることは、当然です。今
回の場合、情報公開を求める文書は、8年を経過しており日朝双方の政府
も変化をしており、何ら日本政府が国交正常化に結果を出せないのである
から、その原因を明らかにする必要があります。また、行政機関の保有す
る情報の公開に関する法律の5条3号に該当させたのは、一方的に外務省
であり、その際国民は一切意見を反映させることができません。会議の概
要や新聞記事である程度明らかになっているところがありますが、その真
偽とその内容の判断を国民に仰ぐことが必要です。

⑷ 情報公開・個人情報保護審査会に諮問

　外務大臣（玄葉光一郎）は、2013 年 8 月 22 日に「行政機関の保有する情報の公開に関する法律」に基づく開示決定等に対する不服申立てについて、同法第 18 条の規定により情報公開・個人情報保護審査会に諮問した。2013 年 9 月 25 日に外務省の理由説明書が送付され、申立人の意見書または資料の提出についての通知もあった。意見書と報道資料を提出することにした。

外務省　理由説明書

(経緯)：当省は、異議申立人が平成 24 年 10 月 12 日付けで行った開示請求「2004 年 8 月 第 3 回日朝実務者会議議事録原文および朝鮮語原文」に対し、文書 9 件を対象文書として特定の上、その全部を不開示とする決定を行った (平成 24 年 11 月 9 日付け情報公開第 02385 号、以下「原決定」という。)。これに対し、異議申立人は、原決定の取消しを求める旨の異議申立てを行った。

(理由)

1 本件対象文書について

　本件異議申立ての対象となる文書は、平成 16 年 8 月から 11 月にかけて 3 回にわたって行われた日朝実務者協議の記録である。なお、対象文書の特定は、請求者と協議の上で行った (応対録別添)。

2 不開示とした部分について

　対象文書には、他国等との協議の内容が記載されている。これらの情報については、公にすることにより、国の安全が害されるおそれ、相手国等との信頼関係が損なわれるおそれ、または交渉上不利益を被るおそれがあるため、情報公開法 (以下「法」という。) 5 条 3 号に基づき不開示とした。

3 異議申立人の主張について

(1) 異議申立人は、「情報公開を求める文書は、8 年を経過しており日朝双方の政府も変化をしており、何ら日本政府が国交正常化に結果を出せないのであるから、その原因を明らかにする必要があります。」、「会議の概要や新聞記事である程度明らかになっているところがありますが、その真偽とその内容の判断を国民に仰ぐことが必要です。」などとして、原決定の取消しを求めている。しかしながら、原決定は、文書の内容を精査した結果、公にすることにより、依然として上記 2. のおそれがあるとして不開示としたものであり妥当なものである。

4 結論

　上記の論拠に基づき、当省としては、原決定を維持することが適当であると判断する。

以 上

意　見　書

原決定は、２０１２年１１月９日、２００４年８月、同年９月、同年１１月に行われた日朝実務者会議に関する文書が９件も存在することを明らかにしながら、その全てを不開示としました。そして、原決定は、情報公開法第５条３号をそっくりなぞっただけの理由で全部を不開示にしていますが、このような不開示の理由は、到底、納得できるものではありません。

１　報道もされており、国の安全が害される内容とは思えないこと
２００４年８月、同年９月、同年１１月の日朝実務者会議は、新聞報道もあり、会議の内容が少なからず報道されています。

　本意見書に添付した２００４年９月２８日付読売新聞によれば、北京での日朝実務者協議に出席した外務省の斎木昭隆アジア大洋州局審議官は、拉致被害者家族連絡会（家族会）のメンバーと内閣府で会い、安否不明の１０人らに関する北朝鮮とのやりとりを説明したとされています。そして、その際、朝鮮側は、よど号グループは日本人拉致には関わっていないとし、「特殊機関の人たちは日本語が堪能でよど号が関与する必要がない」、「よど号メンバーを通じて拉致をする必要がなかった」などと説明したとまで報道されています。

　このように、日朝実務者協議は拉致問題が主たるテーマであったとのことであり、外務省高官が拉致被害者の会にその内容を説明したという事実や報じられた説明内容をも考えますと、協議の内容自体、国の安全が害されるほどの内容でないことが察しられます。実務者協議の内容を明らかにすることが、どれだけ国の安全を害することになるのでしょうか。
国の安全が害されるとはどのようなことなのかを具体的に明らかにされない限り、納得はできません。

２　国の安全を害する部分のみ不開示にすれば足りること
　仮に、協議内容が多岐に渡り、その中に、国の安全を脅かす内容があるというのであれば、そのことを明らかにして、その部分に限って不開示にすべきものであり、そうでない箇所については、原則に立ち返って開示すべきだと思います。一部に国の安全に関わる内容があったからといって、これを理由として協議内容の全部を不開示にすることは、法の許容するところではないと思います。私たちは、国家の安全を脅かしてまでも情報公開を求めるものではありませんが、そうでない課題については、できる限り広く開示されるべきではないでしょうか。

３　信頼関係を損なうとの具体的理由がないこと

また、相手国との信頼関係を理由に不開示にするのであれば、どのような理由によって信頼関係が損なわれることになるのかを具体的に明らかにしていただかなければ、納得はできません。

協議自体を公開しないとの朝鮮側との合意があったのでしょうか。確かに、双方公開しないことの合意があったのであれば、相手国との信頼関係を損なうのかも知れません。ある雑誌では、日本は朝鮮側と聞き取り調査した内容を公開しないとの署名をしたとも報じられています。しかし、前記新聞報道のとおり、一部の団体にはその内容が説明されています。そうなると、公開しないという合意が本当にあったのかどうか、疑問が生じます。

また、慣行や便宜的な信頼関係を持ち出すだけでは、情報公開法第１条の目的「…（略）政府の有するその諸活動を国民に説明する責務が全うされるようにするとともに、国民の的確な理解と批判の下にある公正で民主的な行政の推進…（略）」に、真正面から反するのではないでしょうか。

いずれにせよ、いかなる意味において信頼関係が損なわれるのか、説明をいただかないと私は到底納得できません。

4　交渉上の不利益が生じるとは思えないこと

　交渉上不利益を被るとの説明は、現に、その問題について交渉中であるとか直近の話であれば理解もすることができます。しかし、すでに９年も経過しており、その後の双方の関係も国際情勢も変化しています。相手方は全部過去の協議内容が分かっているのですから、その協議内容を、しかも、９年も前ことを国民に公開したからといって、現在又はこれからの交渉上の不利益に繋がるとは思えません。交渉上の不利益は、過去の情報を公開することではなく、これからの交渉カードを相手方に知られてしまうとか、先に出すべきでない情報が相手方に漏れた場合などではないでしょうか。

5　おわりに

　以下は私見ですが、実際の日朝の外交交渉を見ていますと、日本国が相手国の主張や回答に誠実に対応しないことから、交渉上の不利益が生じているようにしか私には思えません。

また、日本は朝鮮との外交交渉において、日本の都合の良いところだけを国民に情報提供していないでしょうか。拉致問題については、特にそのような気がします。前記２００４年９月２８日付読売新聞の報道は真実なのでしょうか。拉致解決が進展しないことは、本当に朝鮮国に問題があるだけなのでしょうか。外務省は、日朝実務者協議の内容を公開することが信頼関係を損ねるとして情報公開を拒否していますが、日本国は日朝交渉において、誠心誠意、相手国との信頼関係を守ってきたのでしょうか。これ

には大いに疑義があると言わねばなりません。

日本政府は、国交回復をすることなく朝鮮に対する敵視政策を維持・強化してきました。拉致が明らかになったのは、そのような関係の中で、事件から数十年も経てからのことでした。日本政府は、朝鮮敵視政策の反省もなく、相手国の拉致を責めていますが、拉致問題はそれだけでは解決しないと思います。

日本国は、日朝交渉の経緯を国民にきちんと情報公開し「国民の審判」を仰ぐべきでしょう。

　以上述べたように、私は、外務省の行政文書の不開示は、情報公開法5条3号に該当しないと思いますので、適切かつ慎重な審査をお願い致します。

　6　添付資料

2004年9月28日付読売新聞（朝刊）

　外務大臣が、情報公開・個人情報保護審査会に諮問してから1年3か月後にやっと答申が出たが、結局、進展はなかった。答申は「よど号」"拉致" 逮捕状の撤回を求める国賠は高裁（棄却）判決がでて、最高裁への上告後であった。

　審査会の判断に少しばかり期待もあったので、審査会に何度か事務局を訪問し、また定期的に審査の進捗状況を電話でも確認してきたが…。

⑸ 情報公開・個人情報保護審査会答申

（略）

第5 審査会の判断の理由

1 本件対象文書について

　本件対象文書は、文書1ないし文書9の9文書であり、平成16年8月ないし同年11月に行われた日朝実務者協議の記録である。諮問庁は、本件対象文書について、法5条3号に該当するとして不開示とした原処分を妥当としていることから、以下、本件対象文書の見分結果に基づき、不開示情報該当性について検討する。

2 不開示情報該当性について

　本件対象文書には、拉致問題等について、公にしないことを前提に行われた日朝間の協議の内容等が具体的に記載されている。本件対象文書は、これを公にすることにより、拉致問題等の解決に向けた北朝鮮との交渉上

不利益を被るおそれがあると行政機関の長が認めることにつき相当の理由
があると認められるので、法5条3号に該当し、不開示とすることが妥当
である。
3 異議申立人のその他の主張について
　異議申立人のその他の主張は、当審査会の上記判断を左右するものでは
ない。
4 本件不開示決定の妥当性について
　以上のことから、本件対象文書につき、その全部を法5条3号に該当す
るとして不開示とした決定については、同号に該当すると認められるので、
妥当であると判断した。
（第2部会）
委員 遠藤みどり、委員 池田綾子、委員 中川丈久

　2014年11月19日　審査会から「外務省が本件対象文書の全部を不開示
とした決定」は妥当であるとの通知があった。

(6) 審査会の不開示決定と特定秘密保護法

　審査会の対応は外務省の決定をそのまま追認した形式的なものである。「特
殊機関の人たちは日本語が堪能でよど号が関与する必要がない」など多くの
報道もされており、「被害者家族」への説明もなされている。また、決定には「国
の安全が害される」「信頼関係を損なう」「交渉上の不利益が生じる」などの
具体的内容を明らかにしていない。国の安全を害する部分があったとすれば
その部分のみを不開示にすれば足りることであり、審査会の同決定は到底納
得できるものではない。

　この国の情報公開制度の形骸化と機能不全。特定秘密保護法の成立後、国
会のチェック機関「情報監視審査会」の設置もされないまま、続々と特定
秘密の指定が始まっている。「拉致」はまさに「特定」の対象だ。審査会第
2部会（委員池田綾子ほか3人）には情報公開に積極的な委員（日弁連）も
いたはずなのだが、「萎縮」が始まってしまったようだ。

(7) 訴訟提起の断念

　文書等の公開・非公開は、各省庁の裁量で決定できる規定である。省庁は、
過去いくつかの例があるが、一方では開示しておきながら、他方では非開示
としている事実も多数存在している。また、防衛省などは、保存期間を過ぎ
た文書を積極的に廃棄している事実がある。裁判所は、公開する側に文書の

存在を立証することを求める判決を出している。さらに、裁判官が、文書を直接確認できる「インカメラ方式」の導入もされておらず、とうてい正しい判断ができるとは思えない。情報公開の制度はあるが、運用は全く後進国である。

　今回の件では、新聞発表などもされており、「よど号」の原告たちの冤罪を証明するためにも必要なものであった。原告たちに出された逮捕状が、これらの文書を開示することで、国の不都合が明らかになるためではないかと考えざるを得ない。

　2014年12月2日外務大臣から「決定書」送付された。この決定から6か月以内に、国を被告に裁判所に処分の取消しの訴えを提起することができるが、国賠裁判は最高裁へ上告理由書・上告受理申立理由書を提出も終わっており、間に合うことは無かったので断念せざるを得なかった。

7．8回の訪朝と変わりゆく平壌

　以下の訪朝記は、『かりはゆく』（発行：かりの会・帰国支援センター）などに掲載されたものを加筆・修正などし掲載したものである。ここ数年の平壌の変化とその息遣いについても読み取っていただきたい。

⑴ 第1次国賠訪朝団（2010年3月）
はじめての平壌

　2010年3月。はじめての訪朝であった。北京空港発JS152便。中朝国境を越えた。そこは平壌国際空港。日本国の閑散とした地方空港のようだ。空港から30分、田園風景から平壌市街へ。平壌の街は静かで整然としていた。色は白が基調、美しい街並みが続く。嘗て映像に映し出されたソ連・東欧圏の街並みが目に浮かぶ。経済制裁下のこの国、興味はつきない。日本国で流される映像、コッチョビといわれるストリートチルドレン、マスゲーム、抑揚のある「偉大なる首領さま」を連発する女性アナウンサー、などなど。そして拉致国家、悪の枢軸国家、独裁国家。ここはまさに「悪意の国家」、その国（くに）だ。

　疾走する車、これまで日本国で焼き付いてきた残像は、少しずつ崩壊していくようだ。道路の舗装はアスファルトではなくコンクリート、少々デコボコでも車はかなりのスピード。信号は全く見かけない。交差点では若い女性警察官が機敏な動作で交通整理を行う。車の量は少ないが車種は豊富、イン

ターナショナルだ。ルーマニア車、旧ソビエト車、中国車、日本車などなど。車マニアにはたまらないかもしれない。中古車が多いが新車もみかける。宿泊先のホテルへ。40年前、HJ（ハイジャック）でこの地に到着直後に滞在（宿泊）したという平壌ホテルだ。

平壌市内の地下鉄

ホテル地下にあるスロットマシーン

　大通りの裏の大衆レストラン、この日は3・8婦人デーもあり超満員。アパート裏の路地では朝鮮将棋に興じる5〜6人の集団をよくみかける。外貨ショップはローレックスなどの外国ブランドも並ぶ。レジには行列ができている。この国は経済制裁の真只中のはずだが、ここ平壌にはその影響はないのであろうか。同行した朝鮮ウォッチャーによれば1990年代は、食料不足で飢餓もあった。工場も完全にストップしたらしい。外国の「支援」などでその困難を乗り越え、と同時に核実験・ミサイル（人工衛星）の先軍政治で軍事的体制を一応整え、その後は「生活第一」をスローガンに生活必需品などは国産化へとシフトし、ここ1〜2年、輸入に頼らず生産体制（ビニールなどの素材開発、工場の設備更新による生産工場の稼動）は順調にいっているという。いわれているデノミ政策の混乱・失敗についても短期間の滞在では正直わからない。滞在したのは平壌のみ、地方については全くわからない。

万寿台、地下鉄などの一通りの平壌市内観光。この国の庶民との接触はなかった。ウイットに富んだ案内人のM氏、結構、議論にも応じてくれる。写真もほとんど制止されることもなかった。ただ被写体になることを嫌うひとたちもいるので慎重にとのこと。どの国でも同じか。

ＨＪから40年。山中訪朝団（救援関係者3名、ジャーナリス4名）に救援関係者の一員として同行、ベールに包まれたあの国を覗いてみたい、平壌4日間の短い滞在であったが、少しだけ視えてくるものもあった。

よど号グループは「ヨーロッパ拉致」逮捕状のでっち上げを訴える。その訴えを直接聞くことができた。国賠ネットではあの八尾恵国賠での苦い経験があるが…。ＨＪを人道的立場から共和国政府は受け入れた。ある意味で「政治亡命」だ。ＥＵの国会議員とも会ったことがあるらしいがヨーロッパであれば帰国は問題にならないらしい。拉致問題で制裁一辺倒の世論の中で日朝関係は身動きがとれない。あらためて40年前のＨＪの経緯、帰国問題を人権問題として「国際水準」から捉え返すことも必要ではないか。そんな思いにもなった。

（井上清志）

旅の醍醐味、平壌訪問記

3月5日〜9日(4泊5日)、朝鮮民主主義共和国(朝鮮)の平壌を訪問した。出発は羽田から。例の「成田」を使わなくていいし、横浜の我が家からは近くて万々歳である。

10時30分発、北京へ。3時間と少し。空港にメディアが迎えに来ている。彼らの車で朝鮮大使館へ。出入国のビザを取得。大使館はわれわれだけとひっそり。白頭山のカルデラ湖（天池）をバックにした金日成、正日親子の200号は超える写実画。もう一方の壁は岩峰が屹立したやはり200号を超える風景画。油絵である。日本の風呂屋のペンキ絵を限りなく上手くした、面白くもおかしくもない絵である。

夜はメディアの人たちと食事。共同通信平壌支局長によれば、朝鮮の都合で滞在がだめになったり、突然ＯＫになったりして、年二ヶ月くらい滞在しているとか？国交のない国だから止むを得ないが国交の回復が早急になされるべきかと。夜は彼らと食事を共にしたが、メディアの裏話など飛び交ったが、話を聞いての教訓は相当しっかり批判的にメディアに接しなければと改めて感じいった次第である。戦前の魔都上海の、魑魅魍魎たちの会話もこんな風だったかもしれない（勿論100分の1位であろうが）。

翌日は北京空港から平壌へ。1時間半くらい。日本との時差なし。北京も寒かったが平壌も寒い。この日は1日で2便だったから、空港は閑散としている。ヘリコプターが5機ほど、滑走路の間に居たのが印象的だった（帰途も居た）。荷物がなかなか出てこない。100人くらいの乗客なのだが、北京から沢山の荷物を共和国の人が持ち込むせいらしい。30分後やっと空港の外へ。出口に「よど号」の方々が出迎えてくれる。彼らの車で平壌ホテルへ。平壌で現在一番古いホテルで、彼らも、ハイジャック初日ここへ泊まったと。

街はごついコンクリートの建物が沢山、林立している。ガラスを壁に使った建物は見なかった。市内だけ移動したせいか平屋の家も見かけなかった。建物の壁は黄色や緑のパステルカラーのものもまざり、北京より少し色彩は豊富であった。北京より黄砂被害がないのできれいではあるが、柳など芽吹いていないので、緑はなく美しい街とはいえない。市内の主な道路は殆ど三車線で歩道も広い。車は勿論すくないが、自転車も少ない。歩いている人が沢山でスタスタと速い速度で歩いている。電力が乏しいのか街もホテルの中も暗い。ホテルの売店も品物はあるが空き棚も一つあった。デノミの影響はどういうわけか全く感じなかった。ビール、焼酎は日本と同じようなものである（安価である）。観光もしたが、金日成の像、凱旋門など大きい。米国も中国も、韓国も大きいが、大きいことはいいことだろうか？　よど号の人と総計6時間話し合いを持った。次の二条件で帰国したいと。政治亡命扱い、拉致逮捕状の撤回である。

4日間で分かったことは、彼らは、自分を誤魔化さない、小生は、誤魔化す（誤魔化すほどの自分もないが）の違いと認識する。人民、民衆、市民、大衆…人間、人への信頼感も彼らは厚い。

旅の醍醐味は何といっても、人間が最大・最高の要素である。よど号の人たちは勿論、同行した他の6人の素晴らしいことにも感動した。それに引き換えわが身のダメさに打ちひしがれた旅であった。老兵は死なず、ただ消え行くのみの心境である。ああ情けない。

共和国の拉致に関しては、小生は「拉致は悪いことであるが、共和国を非難したりしないし、出来ない。戦前の強制連行は小生に責任はないが、記憶はする」というスタンスである。共和国へ行ってから丁度、三ヶ月たつが、よど号諸兄諸姉の帰国へ向けて、微力ながらでも強く協力したいと酔頭でも思っている今日この頃である。

（土屋翼）

(2) 第2次国賠訪朝団（2010年7月）

平壌の変化

　訪朝に同行する予定であったジャーナリス・報道関係者の4人は査証（ビザ）が発給されなかった。日本国政府（報道姿勢）に対する"報復的"措置なのか定かではない。

　平壌の風景。平壌市内は少しずつではあるが変化している。服装も少しだけカラフルに。深夜1時まで営業している開園したばかりの凱旋・青年公園、三回転宙返りのジェットコースターもあり順番待ちだ。デジカメを持つひとも多い。携帯電話をかけているひとも目に付く。ソーラー（太陽光）による街灯も設置され、デパートでは家庭用のものも販売されている。隣国中国のGDP10％前後の経済成長の影響もあり、少しばかりの"活況"か、この国の目標、「強盛大国」はどうなっていくのか。

　偶然の配給現場。夕刻、大衆レストランへの途中、キャベツが山積みになっている。人だかりができている。ここは中層アパート裏の小さな広場、キャベツの配給現場という。配給は整然と行われている。レストランでの食事後の現場、キャベツの山はなくなっている。平壌市民の生活の一面だが、配給とはどこかなつかしい。

中層アパート裏の広場でキャベツが配給中

　平壌市内の普通江ホテル近くのレストラン。犬肉料理を初めて食べた。しかも3種類。それぞれ部位があり骨つき赤身肉、ロース風肉、最後はクッパ。柔らく"まあまあ"の美味、量が多く食べきれない。あぶらぽい。水、ビールなど冷たいものはだめ、焼酎でいただくことに。同行の案内人は完食。日本人は全員食べきれない。食後の発汗と胃壁には消化しきれない異物の残存感。ところで3月訪朝した際、かりの会事務所で出迎えてくれたあの番犬（シ

ロ）がいない。なんと、みんなで美味しくいただいた、という。食文化の差には驚きだ。犬食文化には特にヨーロッパから野蛮なもの、倫理的に劣ったものとの批判がある。これは自分達の文化の優位性にもとづくものだ。犬をペットと見なす文化圏に育ったものとして今回の食は"勇気"と"決断"が必要であった。異文化をも食した異様な満腹感であった。

電子娯楽館の順番待ちする子供たち（凱旋・青年公園）

　平壌在住の「かりの会」との議論。帰国の意思は固い。日本国政府と今後いかに交渉し帰国を実現させるか。過去、「よど号」と日本政府の間で「政治決着」の動きもみられたが、6カ国協議も停止、日米韓の包囲網の強化、各国の思惑もありこの間、「よど号」問題はある意味で外交の「道具」に使われきた。朝鮮は「よど号」に対しては一貫して「亡命者の保護」という立場である。それがいつの間にか、「よど号」は「北朝鮮の工作に関与」、「欧州留学生の拉致工作に関与」した。朝鮮は「テロリストを保護」しているとなった。日本政府は朝鮮に「引き渡し要求」を行うようになる。「よど号」と日本政府の日日問題であったものが、日朝問題の中で"翻弄"されているのだ。どこかで流れを変える必要がある。

　「欧州留学生の拉致工作の関与」の否定。結婚目的誘拐罪の容疑で「拉致」事件にかかわったとされているが、「拉致工作」とは無関係であり、えん罪を「事実と証拠」でもって立証し、同時に「よど号問題」についても主張していくその「見直し」のきっかけ、流れをつくりだせないか。その打開を目指すべく、その道筋、「交渉」へのテーブルにつかせるための前段の闘いとして「提訴」も視野に検討してみようということになった。実際に結婚目的誘拐罪容疑の逮捕状の疎明資料には何があるのか、不透明な部分があまりにも多い。

ＨＪから40年。民主党による政権交代。アメリカでも黒人オバマ政権。政権交代によって何か大きな変化が起きるかもしれないとの期待感、確かにあった。しかし、この国も、アメリカも大きな変化は期待できそうにない。長く蓄積された柵（しがらみ）から脱け出せない、変化への意思があったとしても現実のシステム（官僚）化した磁場に引き込まれてしまう。普天間問題然り、司法では取調べの全面可視化、証拠開示問題、そして極めつけは千葉法務大臣の死刑執行。国外ではアフガン、パレスチナ、朝鮮半島問題など、暗澹たる状況である。

（井上清志）

⑶ 第３次国賠訪朝団（2010年11月）
緊張、延坪島砲撃直後の平壌

緊張。11月23日の延坪島砲撃直後の訪朝であった。訪朝直前、これまでにない緊張感だ。「あの国は何をするかわからない」という世論への誘導、周囲からは「この時期に行かなくても」、直前には身内からの「自粛要請」、半分くらいは納得しながらも個人的には、ともかく北京まで行って判断してみることに。50回以上の訪朝している同行のＹ氏は「いつものことだよ」と平然としたもの。「かりの会」（平壌）からは「大丈夫ですよ」とのメール。

同月26日、羽田の東京国際空港を出発。羽田〜北京の空路は仁川、延坪島の上空近くにも。少しだけ遅れて北京空港に到着、そのまま朝鮮大使館へビザ申請、いつもの大使館担当者は淡々と事務をこなす。申請者はわれわれのみ。しばらくしてビザが発給される。担当者からは"不気味"な"笑顔"で手渡される。

翌日、北京空港の高麗航空搭乗カウンター。朝鮮のアジア大会出場選手ら（石井慧なみの耳のつぶれたひとたち、柔道選手か）の帰国らしい。少しだけ混雑。朝鮮のひとたちの手荷物の量がすごい。半端じゃない。無事、平壌空港に到着。平壌市内は平静そのものだ。零下５度。ともかく寒い。

平壌市内の定時ニュース。「延坪島砲撃」は日本国では「戦争」前夜的なトップニュース。朝鮮のテレビの定時ニュースやラジオニュースでの声明は「朝鮮は領海内の演習に対して度重なる警告をしたにもかかわらず実施されたことに対して島の軍施設への攻撃を行った」との短いもの。いつもの抑揚"おばさん"がテレビ画面で語る。また、今回は死傷者がでたことに対しては「遺憾」を表明。これはいいことだ。平壌市内は「戦勝モード」という報道が一部マスコミに流れたが、これは全くない。

早朝（午前8時ころ）、雪景色の通勤・通学風景

　訪朝の楽しみに料理がある。特に平壌冷麺は抜群だ。前回は犬料理でカルチャーショック、今回はチョウザメ料理。冷麺で有名な玉流館に併設された別館、すっぽん料理、チョウザメ料理（写真）などがでると聞き、日本からチョウザメ料理をリクエスト、少し脂っぽいが白身で美味、別館周辺は人だかりだ。記念撮影屋さん（写真）もいる。

チョウザメ料理（左）
玉流館別館前の写真屋さん（上）

　食事の終わり頃、クーポン券の持参の親子が隣のわれわれの席に。ウエートレスに注意されるが待ちきれぬ親子だ。こうした新しい施設などができたときは、なるべくひとびとに行き渡るように、こうしたクーポン券が配布されるらしい。われわれは食料事情の悪い最貧国といわれるこの国でかなりの贅沢をしたようだ。滞在中、今回もヘマジ（日の出）食堂での朝鮮料理と音曲での日朝交流も実現した。

かりの会平壌事務所での宿泊。訪朝団の財政的理由もあり今回は事務所泊。事務所の向かいは道路を挟んで大きな平壌産院、そして裏手には「拉致被害者」で日本に帰国した地村保志さんの長男が通っていたという平壌機械大学(写真)。この辺りはいわゆる文教地区だ。

事務所近くの平壌機械大学

大学構内に入る学生たち

　事務所は警備24時間体制、そして料理人3名と案内人が。どこかの領事館か、「政治亡命者」として共和国の手厚い処遇だ。この国は住宅費、電気代は無料、平均的な月の給料は日本円で2～3000円か。それでも事務所には電気の使用量を控えてくれとの要請があるという。停電は日常茶飯事だ。「よど号」の生計のための経済活動は以前ほどではないらしい。以前は食堂経営、輸出入商社、外貨ショップなど手広くやっていたが、いまはメンバーの帰国などもあり、小数となり、また高齢化し経済活動からかほとんど撤退しているという。

観光。今回は提訴に向けた議論のため「りんご果樹園」以外は観光はなし。7月に訪ねた時は苗の植え付けの真っ盛りで今回は収穫をみてみようということであったが、この時期は収穫後、一面雪化粧だ。19歳の案内してくれた女性ガイド（写真）によれば1000ヘクタールに及ぶ果樹園はイタリアの技術指導によって完成途上にあり地元住民と軍との共同ですすめられたという。「将軍」の視察もあり、大型バス3台がプレゼントされたという話も面白い。園内には幹部クラスの住宅か、真新しいコンパクトな家が並ぶ。

りんご果樹園（上）
19歳の女性ガイド（左）

提訴に向けた議論もかなり進んだ。訪朝中の同月29日、政府の拉致対策本部は8項目決定事項を発表。これまであった「実行犯引渡し」が「国際捜査を含む捜査の継続」に変更、経済制裁の具体的記載もない。すこしだけ政府の"軟化"姿勢と受け取れるが、一方で「ひとの往来の制限」を検討中とか、「政府」は揺れ動いている。いずれ「よど号ルート」が必要とされる状況をつくりだしたいものだ。延坪島への砲撃後、米韓、日米韓、日米の各演習が連続的に行われ、いまも政府は「緊張」を言い続ける。「外交」不在の現状ではいたしかたないとしても小国（共和国）のしたたかさは相当のものだ。

（井上清志）

⑷ 第4次国賠訪朝団と弁護団訪朝①（2011年7月）

「万景台学生少年宮殿」の子供たちに感動

　7月15日から23日まで、訪朝の旅に発った。今回の訪朝の主目的が帰国実現に向けた3人の方の逮捕状の撤回を求める訴訟準備のためなので、弁護団を伴っての訪朝となった。

　羽田国際ターミナルから今回はＡＮＡよりずっと格安の中国航空で発った。昼食はまあまあだったが、ビールが冷えていない！　氷を出してはくれたが、せっかくのビールの味が半減した。午後2時、北京の朝鮮大使館でビザを申請。翌16日朝、北京空港からおなじみとなった高麗航空で一路平壌に向かった。前回は機内で写真を撮っても何も言われなかったが、今回はだめだと言われた。そう言えば、今回の訪朝でリクエストした訪問先（金剛山、板門店、開城工業団地）の全部が南北関係の緊張が高まっているため、行かれないという。それが機内の撮影にも影響しているのかもしれないと思った。ただ、フランスが9月に平壌に常設事務所を開設することが表明され、朝鮮と外交関係のない国はアメリカと日本だけになるなど、朝鮮は孤立どころかますます開放に向かっているので、これも朝鮮得意の外交姿勢だと思われる。

　平壌空港は、来年の金日成主席生誕100年に向けて立て替え中で、仮のターミナルから入国した。ここも前回より心なしか厳しい審査だった。外には「かりの会」の面々が待ち受け、すっかりと顔なじみとなったガイド氏も一緒。そして、建設ラッシュとなっている平壌市に向かう。確かに前回11月に来たときより新しい高層アパートが増え、車の数も相当多くなっていた。何と渋滞まであった。

　事務所で互いのあいさつと日程の確認をした後、事務所で歓迎宴会となった。小西氏の長演説は毎度のことなので、聞き流し（失礼）、事務所専属の料理人オモニの心のこもった料理とテドンガンビールや焼酎で盛り上がった。17日と18日は提訴に向けた論議で明け暮れ、争点の整理、証拠、証言の収集が精力的に行われた。17日の夜はこれも恒例となってしまったヘマジ食堂でのパーティ。弁護団もカラオケや若い女性スタッフたちとのダンスを楽しんだ。

　18日午後3時からは弁護団を交えての観光として金日成主席の70歳の誕生日を記念して建てられた高さ170メートルのチュチェ思想塔のテッペンから平壌市内（写真）を眺めた後、「人民軍サーカス劇場」に行った。朝

平壌市内

鮮のサーカスは世界的にも有名で、モナコで毎年開かれるモンテカルロ国際サーカスフェスティバルで何度もサーカス界のオスカーと称されるゴールド・クラウン賞を取っている。観覧席は子どもたちや兵士たちで満席。どの演技も確かに見事で、綱渡りや空中ブランコにはヒヤヒヤさせられ、何回かの失敗を乗り越えて挑戦を繰り返す団員の姿に拍手喝采した。井上さんは、あの失敗は計算づくだと決めつけていたが、私は不屈のチャレンジ魂にけっこう感動した。

19日には弁護団が帰り、支援者と「かりの会」との総括会議を行った後、金日成総合大学電子図書館に行き、ＨＰのパソコンが並ぶ教室や講義室を見学した。ちなみにＯＳはリナックスを使っているとのことである。

翌20日は妙香山に行き、金日成主席と金正日総書記に世界から贈られた数万点に及ぶ品々を展示する国際親善展覧館と秀吉の朝鮮侵略軍を撃退した高僧西山大師を祀ってある普賢寺を見学した。展覧館の日本部門はなぜか整理中とかで閉鎖されていた。何か見られたくないものでもあるのかなと思ってしまった。ただ、展覧館場にある中国から贈られたという金日成主席の蝋人形に最敬礼させられたのは、外国の元首や偉人たちに敬意を払うにしてもあまり気持ちの良いものではなかった。

見学後、近くの清流のそばで豚肉とアヒル肉のバーベキュー（写真）

妙香山でのバーベキュー

とニジマスの刺身に舌鼓を打った。

　21日は祖国解放戦争勝利記念館を見学。朝鮮戦争の生々しい実態をたくさんの展示物と丁寧な解説でわかりやすいようになっていた。特にアメリカ軍から押収された戦車、ヘリ、銃器類は圧巻であった。

　午後は、井上さんのリクエストで何と朝鮮女性たちとテニスをした。朝鮮の人はおそらく滅多にすることはないと思うが、ポトンガンホテル近くのテニスコートを予約し、女性と男性、井上さんと女性がダブルスでゲームをした。結果は井上組の圧勝。これも朝鮮の知らなかった一面であろう。ボーリング場もあるとのことなので、次回はやってみたい。

　テニスの後は、今回の訪朝で最高の感動を呼んだ「万景台学生少年宮殿」の見学に行った。毎日五千人の6歳から15歳までの子どもたちの課外学習が行われている。百を超える教室ではコンピュータプログラミング（何とOSはWindows　XP）から書道、琴、ダンス、刺繍、囲碁、飛び込み、テッコンドーなどあらゆる課目が子どもたちの希望と才能にしたがって習うことができる。この日は見ることはできなかったが、銃の打ち方から分解組み立ても習うことできるそうだ。4時からは二千人を収容できる会場で子どもたちの演技を見た。ダンス、太鼓、ドラム、歌などどの演技もすばらしく、とりわけ6歳の男の子の小型の琵琶だろうか、すごい演奏や11歳の男の子の太鼓、やはり6〜7歳くらいの女の子のドラムやダンスには思わずスタンディングオベーションをしてしまった。他の観客も総立ちとなっていた。このような子どもたちのための施設は平壌だけではなく、他の地方都市にもあるとのことだった。

　いじめや自殺が頻発し、コンピュータゲームに夢中となっている日本の子どもたちと比較すること自体がおこがましいかも知れないが、経済的にはまだまだ貧しいが生き生きとした個性を引き出す教育が行われているように思った。

　22日は平壌郊外にあるテドンガンタイル工場を見学した。コンピュータ制御された最新鋭工場では建設ラッシュを支えるため、ありとあらゆるタイルが毎日五万枚作られているとのことである。工場の外壁には「裏切り者李明博（イ・ミョンバク）を打倒せよ」というスローガンが張られ、工場入口には工場防衛隊の女性が兵士姿で銃を肩に担いで立っていた。工場、農村などあらゆる場所、施設には独自の防衛隊が組織され、いざというときは、2000万人を超える兵士があっという間に誕生する。

　朝鮮は（韓国もそうだが）、常に戦争体制が国の基本となっていると思える。

その現実から朝鮮を理解しようとしないとまがまがしい軍事国家、独裁国家という評価しかなされず、国とその国民の姿がまったく見えてこない。したがって日本もアメリカもどんな国であるかが見えない。朝鮮が独裁国家で日本やアメリカが民主国家であるということには疑問符が付く。他国を評価するとき、圧倒的に少ない情報、あるいは偏見に満ちた情報をもとにすることが多い。その中で自分が直接見てきた、経験してきた情報は、絶対的ではないものの大きな判断の礎になると思う。朝鮮にとって戦争は今も継続中の現実であり、日本に続いてアメリカが核爆弾を落とそうとした国である。

　イラク、アフガンに対するアメリカなど、西欧諸国のやり方を見れば、朝鮮にとって自主独立を保つことがいかに大切で大変なことかわかる。アメリカのポチとして他国の戦争のおこぼれで今日の繁栄を築いた恥知らずの日本と日本国民。本当に憲法9条があるから日本は戦争に巻き込まれなかったのだろうか。帝国主義アメリカに従属しその世界戦略をサポートすることを国是としてきたからこそ、直接の戦闘には巻き込まれることなく、他国民の血と命で戦後日本の繁栄は作られた。

　朝鮮の素顔とは。まだまだ語りたいことは山ほどあるが、チュチェ思想に洗脳されたと言う人もいるようなので、この辺で筆を置く。ただ一言。私が見たのは確かに平壌市内とその周辺であり、あらかじめリクエストし、許可されたところだけである。許可されたところ以外を外国人が勝手に行くことはできない。日本人のみならず、どの国の訪朝団にも必ずガイドが付く。多分訪朝団の監視とセキュリティの両面の目的があると思う。タイル工場見学の帰り道、私たちの車が平壌市の市境で兵士の検問にあった。車のナンバーから首都平壌へ外国人が入ることを警戒したようだ。私たちの車には訪朝団の2名と「かりの会」メンバー、つまり日本人しか乗っていない。数名の兵士に囲まれ、どうなるのかなと本気で心配したが、後ろから遅れてついてきた車に乗っていたガイド氏が説明し、兵士はガイド氏に敬礼して解放された。こんなことは滅多になく、連絡ミスで検問所に私たちが通ることが知らされてなかったらしい。首都防衛のための戦争体制の一面である。程度の差はあれ、どの国でも国家機密、防衛情報は外国人には見せないだろうが、自国の良いところを外国人に見せ、あまり自慢にならないところは極力隠そうとするのではないだろうか。日本人は京都を紹介するし、観光客は京都に行く。日本にもスラムがあり、ホームレスも多い。朝鮮にもあるのかも知れない。15年ほど前になるだろうか。ベトナムのサイゴン（ホーチミン市）に行ったとき、巷には戦争の負傷兵たちであふれ、物乞いをしていた。しかし、一昨年行ったときは一人も見かけなかった。どこ

かに保護されたのだろうか。たぶんそうではない。ドイモイ政策の下、高級ホテルが建ち並ぶきらびやかな都市となったホーチミン市にとって目障りな障害者たちをどこかに追いやったのだと思った。市場経済の発展は否応なく謂れなき差別を生み出す。大震災と原発事故に見舞われた今の日本。そこで見られたのは、差別と拝外で満ち、無責任と事なかれ主義が大手を振り、アメリカの顔色ばかり伺って自国民をまったく大事にしない国だった。人権などどこへ行ったと思わせる冤罪を多発させ、権力の横暴がまかり通る。民主主義のかけらもない。これも日本の素顔である。私が見たわずかな朝鮮の姿。これもまた朝鮮の素顔である。日本とりわけ東北地方にあるのとほとんど同じ草木（朝鮮の植物図鑑を買った）が生える大地を持ち、緑豊かな農村風景が広がる朝鮮がどう変わって行くのか。その姿を見て行きたいと思う。

(新居崎邦明)

平壌から150㌔の妙香山へ、そしてテニスも

　昨年の11月以来の訪朝だ。7月16日〜23日の8日間の平壌滞在、今回で4度目の訪朝になる。平壌市内は車が増え一部渋滞もみられる。万寿台地区は建設ラッシュでトラックの往来も多い。携帯電話を持つ人も多い。女性もカラフルに靴は厚底が多い。来年の「強盛大国」に向けたものか、少しばかりの活気も見られるが何処か"あせり"も感じる。この国は「自力更生」と「外資」を呼びこみながら確実に変化しつつあるようだ。しかし、忘れてならないのはこの国は「戦時」ということだ。

　集中した弁護団会議。昨年から訪朝を重ね「よど号」"拉致"逮捕状の撤回に向けた議論を行ってきた。国内でも弁護団との会議を重ね、法的対抗措置の可能性について検討してきた。今回の訪朝では具体的にどうするか、ヒヤ

会議風景

リングを含め平壌の意向の確認のため弁護団に要請し実現したものだ。会議は二日間、集中して行われた。

　警察庁は「拉致」容疑者として平壌滞在の三人を国際指名手配（ICPO）。三人は逮捕状のでっち上げを訴え「拉致」関与を全面的に否定、しかし逮捕状は現在も更新され続けている。刑事手続き中の逮捕状撤回の闘い（国賠）のハードルは高く、出頭し裁判ででっち上げを明らかにしていくことも選択肢のひとつであるが、「帰国問題の見直し」もあり、これはどこか身体（からだ）が動かない。もうひとつは打開のための法的対抗措置の可能性だ。逮捕状、その根拠とされている（らしい）のは赤木恵美子公判（旅券法違反）での八尾証言と一葉の写真だ。会議では八尾証言の一連の偽証を確認した上で「事実と証拠」に基づききちんと反証していくこと、八尾証言の弾劾を通して法的対抗措置をとっていく方向性が確認された。

　朝鮮（平壌）参観。希望していた板門店、金剛山、開城（ケソン）は南北関係の緊張、共和国政府の「物理的対応あるのみ」という「戦時」のため今回は実現不可能に。滞在期間の余裕からか参観は盛り沢山だ。

　平壌から150㌔の妙香山へ。一日がかりの観光だ。途中、核施設があるといわれる「寧辺」近くを経由、田園地帯をひたすら走る。妙香山エリアにある150ヶ国から共和国の主席、総書記に贈られたという22万余点を集めた国際親善展覧館。スターリンから贈られたという防弾「高級車」にはどこか歴史の"悲しさ"を感じる。かなり収蔵されているという日本国の三室は模様替えのため観賞は出来ないとの説明、これには制裁への対抗かと勘ぐってしまう。そして妙香山周辺ハイキングと久しぶりの野外焼き肉パーティ。

　うわさで聞いていたサーカス公演。軍の特殊訓練のようにも見えるが、その迫力と緊張感、特に綱（一本）渡り芸は圧巻。3000人の労働者が働く自動化されたテドンガン・タイル工場、ここにも「李明博を打倒せよ」のスローガン。軍人、労働者、学生など大勢の見学者に"遭遇"した祖国解放戦争（朝鮮戦争）勝利記念館。課外活動での英才教育を行う平壌学生少年宮殿、ここでは元EU議員のA氏と偶然、出くわすことも。システム化された金日成総合大学の電子図書館。どれも共和国自慢の施設だ。人材教育に力を入れる共和国、将来を見据えた長期的戦略の一環なのか。詳細は別の機会に。少しばかり「洗脳」されたようだ。

　スポーツ交流と懇談。平壌は梅雨だ。東京ほどではないが、蒸し暑い。その合間を縫って宿泊所周辺でのランニング（写真）、普通江（ポトンガン）ゲ

ストハウスでの「日朝親善」テニス（写真）、妙香山周辺のハイキング。訪朝団おじさんたちは健康管理のため、しっかり汗も流してきた。

　朝鮮料理の数々。なんと言っても楽しかったのは訪朝時には必ず訪れるヘマジ食堂（通称、日の出食堂）、弁護団を交えての料理と歓談。演奏（今回はサクソフォーン）と歌と踊りの楽しいひとときを過ごした。

（井上清志）

平壌市内をランニング

「日朝親善」テニス後の記念撮影

(5) 第5次国賠訪朝団と弁護団訪朝②　（2012年4月）
「人工衛星」の発射（失敗）直後の平壌

　4月21～24日の4日間の平壌滞在。2011年7月の訪朝以来、約9か月ぶりだ。訪朝直前の4月13日に「人工衛星」の発射（失敗）があり、滞在中には南への「革命武力の特別行動」をとるとの宣言（宣戦布告か）、市内は緊張かと思いきや、いつもの"ピョンヤン"であった。昨年も延坪島砲撃直後の訪朝、この緊張感（延坪島近くの上空が航路）こそがこの国を訪れる際のゲートなのかもしれない。忘れてはならないのは、この半島は戦争状態（休戦中）にあり、何が起きてもおかしくないのだ。

　平壌市内の街路樹の杏子の花が満開、美しい。日本での"桜並木"（桜の多くは日本国の象徴として伐採されたという）といったところ。街路樹（花）とスローガン、朝鮮独特の風景だ。今回は、弁護士を含めカタコトの朝鮮語を学んでの訪朝、スローガンも少しは読める。結構、これが楽しい。「백전백승！」（百戦、百勝！）などなど。

　今回の訪朝の目的は「よど号」"拉致"逮捕状の撤回に向けた弁護団会議。平壌在住の原告（予定）らの提訴への意思は固く、会議では議論が活発に行われ、今後の方向性も確認された。

弁護団会議。平壌での弁護団会議は昨年に続き2回目。前回会議以降、国内では弁護団会議、支援者会議は十数回に及んだ。更に立証に必要な調査活動を継続的に行ってきた。これまで収集してきた証拠、そして関係者証言からしても「よど号」の拉致への関与はあり得ず、関与する理由もなく、3人に対する"拉致"逮捕状は完全なでっち上げであることは明らかであった。訴状の骨格についても議論された。

　国賠と今後の課題。本国賠は①拉致逮捕状撤回を求める闘いであること、②この撤回なしには帰国への道筋をつけることができないこと、③圧倒的な反北朝鮮キャンペーンの中でこれまで具体的対抗措置をとることもできず、言わば"放置"してきたことから、"反攻"への第一歩であること、④提訴によって、よど号（帰国）問題は日・日問題であることを再度明確にすること、などこの裁判の位置づけもしっかりしてきた。

　また、M・Tさん（田宮氏の長男）への悪質な報道にみられるように帰国者を含め家族は、「拉致容疑者」家族として「叩かれ」、不当な扱いを受けている。このことも「損害」部分でしっかり主張していく。今後、悪質なマスコミ報道に対しては訴訟も検討することになろう。更に、帰国者の一部が拒否されている旅券の再発給の申請も連動してやっていくことも必要だ。しかし、ハードルも高い。国賠（損賠）は、原告が日本国内不在の（原告本人が証言できない）状況では訴訟自体に厳しいものがある。また、逮捕状の撤回を求める国賠裁判は、逮捕状発付の違法性を争うことになり、その根拠となっている「八尾偽証」を明らかにすることになる。また最高裁判例を突破していかねばならない課題もあった。国賠提訴と同時に世論喚起のための出版、提訴の時期（最も有効な時期）、支援会の結成など課題も多い。

　平壌観光と料理。訪朝の楽しみに料理と観光がある。高麗ホテルの平壌冷麺は抜群だ。最近できたというイタリアンレストランのピザが美味しい。同レストランでの覚えたばかりの朝鮮語による朝鮮風「アリラン」の熱唱（新居崎氏）とピアノの弾き語り。今回は会議中心で観光は少なかったが、いくつか訪問することができた。万寿台に完成したばかり金日成主席と金正日総書記の巨大な像（20m以上はある）、主席の生家（万景台）、新設された音楽情報センター（音楽ライブラリー）、平壌郊外の巨大な果樹園（同園までの高速道路はかなり整備されている）。平壌サーカスは2度目だが、一級品だ。段取りもテキパキとしており飽きさせない。そして、建康管理のための早朝ランニングと散策も欠かさなかった。

訪朝は朝鮮外交団事業総局（外務省の外郭）を通しての"招請"というかたちをとる。「よど号」は、前回訪朝リポートで書いた通り、「政治亡命者」の扱いを受けており「外国人」として"優遇"されている。朝鮮のこの姿勢、「亡命者」としての国際的人権配慮は一貫して変わらない。残念なことに、朝鮮側のこうした配慮が日本国にはきちんと伝わっていないようだ。

　平壌市内の車両は政府、軍隊、大使館（青）、外国人（黄）、一般（白）とナンバープレートの色によって区分されている。「よど号」車両プレートは黄色、つまり外国人用である。車の使い方も優遇（土日運転可）されているようだ。今回訪朝団も市内のレストラン、観光へと「よど号」車両がフル回転であった。"招請"に感謝したい。

（井上清志）

⑹ 第6次国賠訪朝団と弁護団訪朝③　（2013年2月）

酷寒の平壌、滞在中に核実験

　2月の平壌は酷寒だった。平壌国際空港に降り立った。マイナス6℃。この時期の平壌は、ともかく寒い。空港ターミナルの入国審査手続へ。入国審査後、手荷物受取へ。ところが手荷物コンベアは停電による度々の停止。手荷物にはビニールシートに包まれた生活物資であろうたくさんの段ボール箱、そしてじっと我慢するたくさんの訪問客・帰国者。いつもの空港の風景だ。空港ターミナル内は暖房なしだ。寒い。しばらくして同行者のひとり（女性弁護士）がトイレタイム、ところが手荷物用ベルトコンベア周辺にはトイレが無い。しばしの間、途方に暮れる。ガマン、ガマン…。止むを得ず入国管理官と交渉、一時的（瞬間的）ではあるが出国し用を足した後、再入国をするというハプニングも。ほかの国では考えられない牧歌的な対応だ。無事、手荷物も受け取り、今度は手荷物チェック、ここはいつもよりスムーズだ。これまでは空港に預けなければならなかった携帯電話などが持ち込み可能とり、その手続きが無くなったためだ。そして出迎えの平壌在住の「よど号」と久しぶりの再会、握手。

　先月から外国人の携帯電話、スマートフォンが持ち込み可能になり、SIMカードを買えば通話可能との情報を入手していたので早速、空港内の「高麗リンク」のカウンターに手続きへ。弁護士2人の携帯（ドコモ）と筆者の携帯（au）、北京で報道関係者から入手した2台（古いモトローラ製）の計5台を、「高麗リンク」の若い女性担当者と朝鮮規格のSIMカードの設定を

試みたが、残念ながらすべて不具合。1 台ぐらいは大丈夫かと思っていたが。はじめての朝鮮国内から日本への携帯電話による通話は今回、見送りとなってしまった。筆者の携帯電話の知識の乏しさもあるが、恐ら WCDMA3G の SIM フリー型携帯であれば通話は可能であったようだ。因みに料金表には SIM カードは 50¢（約 6000 円）と表示されている。次回訪朝の際は是非、規格に合う機種を持ち込んでみたい。なお朝鮮は 3G モバイル通信が運営されているようで最近、ユーザー数も 180 万人を超えているという。

　弁護士 3 名、支援者 4 名の計 7 名の訪朝団。今回は"偶然"があった。50 年前、日本海で消息を絶ち、現在は平壌で暮らす寺越武志氏 (63) の母・友枝さんと羽田から平壌の空港まで一緒であった。「旅は道連れ、世は情け」。彼女のさまざまな「思い」「苦労」を聞くことができた。訪朝は 64 回に及び、81 歳とは思えないフットワーク。離れて暮らす親子、「近くて遠い国」のようにいわれるが、決してそうではない。具体的に足を踏み入れることで朝鮮の「生活」を肌で感じておられるようでこれからも訪朝は続けていくとのことである。平壌の空港で暫しの別れ。

　滞在中に核実験。2 月 12 日午前 11 時 57 分。朝鮮と日本の時差（2015 年 8 月 15 日から 30 分の時差）はない。核実験があったのは 2 月 12 日午前 11 時 57 分。平壌駅前ロータリーに面した、大型スクリーン近くの大衆食堂でカレーライス（ジャイガイモがメインの野菜カレーは旨い）を食べている頃であった。地震の規模はマグニチュード 5.2 というが、体に揺れは感じない。食堂には平壌市民が次から次へとやってくる。食事後、ホテルに戻り、午後 2 時前後の NHK・BS 放送（確か韓国 KBS ニュースを放映）であったであろうか「地震と核実験の可能性」について特集番組が放映されていた。

平壌駅前の大型モニター（右側が食堂）

「ついにやったのか」と居残り訪朝団（弁護団はこの日の早朝、帰国の途に）は冷めた興奮。このことをこの日の朝鮮国立交響団公演（モランボン劇場にて午後３時開演）鑑賞のため同行した案内人M氏に聞いてみたが、朝鮮では、発表はまだないとのことだ。多分、午後５時の定時ニュースで発表するのではないかのことであった。その後、朝鮮の発表があった。「核実験を成功裏に行った」「以前と違い、爆発力が大きいながらも、小型化、軽量化された原子爆弾を使って高い水準で進行」「合法的な衛星発射の権利を侵害した米国の敵対行為に対処して、国の安全と自主権を守るための対応措置」との内容。これは朝鮮が従来から主張してきたものであるが、更に「米国が最後まで敵対的な姿勢を取るのであれば、第２次、第３次の措置を取らざるを得なくなる」「船舶検査や海上封鎖などはすなわち戦争行為とみなし報復攻撃を誘発させる」とも。「おいおい、われわれの帰国は大丈夫か」ということになるが、「朝鮮ではいつものこと」と至って冷静であった。

　核実験後の平壌市内に変化はない。予定通りの朝鮮国立交響団公演。同公演で、「人工衛星」成功の"精神"を意識したもの、パルコルム、朝鮮民謡、イギリス民謡など幅広い演目であった。「核実験」について触れることはなかった。朝鮮の核実験後、米韓は、大規模軍事演習を４月末まで実施。「威嚇」「挑発」の心理戦が展開されていた。特に、米軍の演習は凄まじかった。B52（核兵器搭載可能な戦略爆撃機）、B2（ステルス戦略爆撃機）、F22（ステルス戦闘機）が動員された。「空飛ぶ要塞（B52）が核の傘を開きつつ、空の幽霊（B2）が猛爆し猛禽類（F22）が掃討する」というシナリオの「大演習」だ。米国自身も「やり過ぎ」と認めたほどだ。朝鮮は開戦前夜の雰囲気か。そして朝鮮はソウルの外国人には国外退去を勧告した。「対話」と「協議」がはじまろうとしていたのだが、どこまで心理戦が続くのか。

　平壌での弁護団会議は昨年４月に続き３回目。10、11日の両日、集中して行われた。今回は新たに大谷恭子弁護士も参加。これまでにない活発な議論が交わされた。国賠の訴状、証拠関係、原告陳述書の確認を行い、今後の見通しについても議論された。

　日米韓は朝鮮と国交がない。先進国の中で国交がないのは、あとはフランス（イスラエル、エストニア）であろうか。朝鮮は世界の162ケ国と国交がある。平壌には各国大使館も多くある。国交がないのは世界の中ではほんのわずか、日米韓は少数派ということになる。このことも日本ではあまり知られていない。その背景には米（韓国）との戦争状況（休戦）が続いている

議論に集中する弁護団会議

ことがある。朝鮮（半島）は戦時体制にあることをどこか忘れがちだ。「北朝鮮憎し」では、一歩も前に進むことはできない。日本で被曝した人たちの治療保障問題、従軍「慰安婦」問題、そして「拉致」問題のすべてが留保されている異常な事態が続いている。2002年9月の「日朝平壌宣言」は日本の戦前の植民地支配の責任を認めたうえでの国交正常化への一歩であったはずであった。「よど号」に対しては、朝鮮は一貫して国際的慣習にしたがい「亡命者」として処遇してきた。朝鮮は「亡命者」の帰国問題については日朝の問題ではなく「亡命者」と日本、つまり日・日問題であるとのスタンスである。日本政府もこのことを認めていた時期もある。それがいつの間にか「テロ犯引き渡し」「テロ支援国家の解除の条件」という風に変質していった。

国賠では「よど号」の43年間の「検証」をしつつ、日朝問題にも一石を投じることになるであろうか。

平壌市内はタクシーが多くなった。流しのタクシーも見かける。今回、昼食をとるためホテルから評判のイタリアン・レストランへはこの「平壌タクシー」をはじめて利用した。ホテルにきたタクシーは何と1970年代のボルボ社製のもの、ドアは手動、ドアノブは壊れている。凍てつく道路、大丈夫か、心もとない。寒冷地に強いボルボエンジンだけは健在ということか。ようやく目的地に到着。タクシー料金は3ドル。3ドル（市内　短距離）か5ドル（市内　中・長距離）のどちらかだという。メーターもなくわかりやすいが…。ほかワーゲンなどにも乗車。便利になったものだ。平壌市内は東欧、ヨーロッパ、中国製の車・タクシーが多く、日本車はあまり見かけない。

平壌の料理といえば玉流館の平壌冷麺、ここはいつ行っても美味しい。そして大谷弁護士絶賛の「ごまもち」も新発見。ところが今回、筆者は到着か

ら3日目午後から体調不良のためダウン。ホテルでまる一日休養へ。新設されたアイススケート場、最先端の「乳がんセンター」の見学は、筆者は不参加となった。この休養がきいて翌日（12日）からは絶好調。そしてこの日は「核実験」だ。今回は会議中心で観光は少なかったが、いくつか訪問することができた。前記のモランボン劇場での朝鮮国立交響楽団（1946年創立、1985年団伊玖磨、最近では2011年10月井上道義が定期演奏会で指揮、また今年3月には同氏の平壌公演の再演も決定しているという）、そしてイタリアから技術導入された「くつ下自動化生産工場」などの見学があった。今回も平壌市内に限られているが、次回は開城、板門店などにも足を運びたいものだ。平壌市内でお土産として買った「塩漬け松茸」（約1200円/kg）は香りもあり絶品の部類であった。

（井上清志）

靴下の自動化生産工場。機械はイタリアから輸入（左）
ホテルからタクシーに乗り込む筆者ら（右）

(7) 第7次国賠訪朝団（2014年4月下旬～5月上旬）
開村した日本人村

　春たけなわの平壌市。今回の訪朝は、このほど開村した日本人村に行く初めての代表団としてである。

　4月25日に日本を発ち、26日、平壌空港に着いた。いつもの小西さん、若林さん、魚本さんとMさんの笑顔が迎える。今回の訪朝団は山中団長に加え、初めての訪朝である映画監督の森達也さんに支える会メンバー4人の計6人。森さんは、日本で聞いている朝鮮の悪評が本当かどうか気になると見えて、相当積極的な取材姿勢であったが、時には誤解を超えてちょっとそれは？　と思える質問も多くてむかっとくることもあった。例えば朝鮮の

ことを「独裁国家、軍事国家で、人々は情報をコントロールされ、自主的な判断をできないようにされているのではないか」といったことである。そのこともあって、今回の訪朝では、半日間の討論が5回とかなりの時間を使って、国賠第一審の総括から今後の方針、森さんの朝鮮に対する疑問に答える、また、森さんへのよど号グループからの質問の時間を取った。でも、森さんは、事実に対する鋭い感覚の持ち主で、次第に朝鮮の実態に目を開いていったように思えた。このことは、いずれ森さんの口から聞けると思うので、ここでは割愛する。

　平壌は、昨年10月に来た時よりさらに近代化したように思える。街は活気にあふれ、タクシーの数は増えているばかりではなく、色々なカラーのものとなっていた。少なくても5種類はあった。高層住宅も増えたように思えた。

　杏の花の盛りは過ぎたものの木々は新緑に包まれ、春たけなわといったところだった。とりわけ、日本人村のある農村部は、いたるところに様々な野花（日本名で言えば、キンポウゲ、タンポポ、ジャコウソウ、シロバナスミレなど）が咲き、田では苗代作りが始まっており、畑には野菜の芽生えも見える。いいね、とつぶやきたくなる。

　空港からまずポトンガンホテルで森さんたちがチェックインした後、日本人村へ。ホテルから小1時間程の大同江（テドンガン）のほとりにある広大な敷地に10棟ほどの建物があり、そのうちの4つを事務所、食堂、宿舎、グループのアパートとして使っている。他は以前の事務所等であるが、管理人事務所や警備隊の宿舎などの他は今のところ空き家となっているとのことだ。村に入るには、警備が立ち番をしている門を通る。ここは亡命者らを保護する国の施設なのだ。（＊朝鮮では外国人居住区には警備が立つ）

　宿舎は、7人が泊まれる。誰の趣味だろうか、かなりファンシーな布団やタオルが目立ち、サウナもあるちょっと素敵なゲストハウスといったところか。広い食堂、事務所、6家族が生活できるアパートなど、朝鮮当局の亡命者への気遣いが良くわかる。

　夜は恒例の歓迎会が村の食堂で開かれた。素晴らしい料理を作ってくれたのは、市内にあった事務所の食事を作っていた顔なじみのおばさんだった。若い3人のスタッフの女性と村全体を管理する政府の役人の女性と乾杯した。

　翌日の討論を終えた午後3時過ぎに村を出発。夕食は市内の「万寿橋肉商店食堂」のアヒルなどの焼肉。アヒルの肉は初めてだったが、とてもおい

しかった。森さんたちは、凱旋青年公園の絶叫マシンに乗りにいき、私たちは、帰村した。森さんは高所恐怖症とのことだが、それでもジェットコースターに乗ったそうだ。

28日は一日観光。私は昨年も行った戦勝記念館の膨大な展示の見学に正直疲れたが、朝鮮民衆の心意気を素直に感じることのできる施設であることは間違いない。玉流館の冷麺で昼食。森さん等は万景台の金日成主席の生家やチュチェ塔など市内の定番観光コースへ。私たちは、鉄砲打ちにメアリ射撃館へ。美人インストラクターが親切に指導してくれるとのことだった。確かに美人ではあったが、親切な指導はほとんどなく、一人30発ほど、ライフル、拳銃、競技用ライフルを撃った。22口径なのでそれほどの衝撃はないが、音と硝煙の匂いはなかなかのものである。しかし、ほとんど当たらない！ 高木さんは、グアムで相当撃った経験があったとかで、当たる！ 当たる！ 8割の命中率。グアムでは「殺し屋」などと賞賛？ されたそうだ。今、検査されたら硝煙反応が出てやばいかな、などと冗談も出る初めての経験であった。

夕食は、昨年も行ったことがある高級料理店ヘダンファ（浜茄子）食堂で取ったが、お腹の調子も良くなく、豪華な料理を十分に楽しめなかったのは残念だった。

ホテル組は今日から村泊まりとなるので、全員で村へ戻り、それぞれ、家庭を訪問することにし、私は若林さんと魚本さんの部屋を訪問した。40年以上暮らしてきた朝鮮でのそれぞれの思いが、飾られた写真などから感じた。

29日、30日は討論の他は市内観光。以前の事務所の隣の公園にできた小児科病院は、この国がいかに子どもたちを大事にしているかが理解できる。子どもたちが外来や入院に不安を持たないように廊下や壁にはアニメの人気ものが描かれ、遊び場も各階にある。また、困難な病気を国挙げて治療するための病院間のテレビネットワークも完備していた。医療器械はドイツのシーメンス社製であった。そのあと行ったムンス・ムルノリジャンは、大きなプールやアスレチックなどウオーター設備満載の遊園地。水着などを借りて入ったが、なぜ平日の昼間、こんなに人が多いのかと不思議になるくらい老若男女であふれ、歓声が響く。私は1時間程で森さんと引き上げ、平壌曲技団（サーカス）へ。綱渡り、空中ブランコなど世界的にも有名な朝鮮のサーカスに森さんも拍手、拍手の連続だった。

夕食は大同江号船上レストラン。昨年も私は来たが、テドンガンビールの

生が飲めることで知られている。それに前回は寒いので、船は動かなかったが、今回は出帆し、大同江を２時間程航行した。橋や高いビルなどにイルミネーションを施してあり、船から見る平壌市の夜景は素晴らしいものだった。おまけに船内の食堂でスタッフのかなりの美人さんが歌を歌ってくれ、さらに皆さんのカラオケと、大いに盛り上がった夕食であった。もちろんテドンガンビールの生は抜群にうまかった。ちなみにテドンガンビールの製造機械等はイギリスから工場単位で購入し、イギリスの技術指導で作られているそうだ。

翌日は、核シェルターかと思われるような深い所に駅がある地下鉄に乗る。朝鮮ウォンで買える百貨店や外貨ショップでお土産の買物を楽しむなどで過ごし、夜は村での歓送の宴となった。長いようであっという間の訪朝は終わり、明日５月１日は帰国となる。

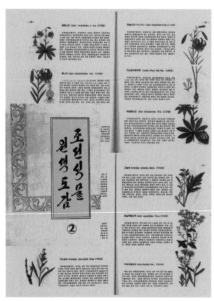

植物図鑑

帰国の朝、よど号グループはもちろん、管理人、スタッフが見送ってくれたが、門の前では警備隊５人全員が敬礼で送ってくれたのには感激した。

そうそう、忘れてはならないのが、よど農場に種まきをしたことだ。長靴を購入し、仲間が持っていったゴーヤ、インゲン、ニンジン、ミニトマト、枝豆、スイカなどの種を蒔き、枯れ草を刈って養生した。ただ、鍬がないのは不便だった。夏から秋の収穫が楽しみだが、私が収穫しに行くとものすごく高価な野菜になってしまうので、結果だけを知らせてもらうことにした。来年はきのこ栽培もしたいと思い、近辺に原木となる木がないか探したところ、ミズナラとブナがあったので、きのこ栽培に挑戦したいと思っているが。

お土産には朝鮮の植物図鑑（写真）を購入した。

また、支える会（準）として今後の国賠控訴審の方針他、運動の進め方に

も新たな提起をした。

　ともあれ、日本村開村は、帰国運動と日朝友好への大きな架け橋となることは間違いない。

（新居崎邦明）

日本人村の住居

【コラム】日本人村の家庭訪問

　家庭訪問といえば小学校時代のそれを思い出す。先生が訪問する前の、あの緊張感だ。掃除などの準備など大変なはずだ。家庭訪問がはじまった。居室はともに 90〜100㎡ の 3LDK とかなりの広さだ。大同江の眺望をよい。

　各家庭には子供たちが日本から「里帰り」した際の居室が準備され、そこはきれいに整理されていたのが印象的であった。

　U宅は2回訪問。自家製水槽があり部屋はどこか落ち着く。生き物との共生か農業へのこだわりが想像できる。家族写真も多く生活感のある生活空間だ。

　A宅も2回訪問。リハビリ室もあり健康器具があちこちに。漢方など東洋医学にこだわりか。出された朝鮮のヨーグルトは濃くて美味しい。

　W宅は唯一夫婦で居住されているが、どこか"同志"的空間のようだ。趣味のサッカー部屋。壁にはユニホーム、そしてサッカーグッズの数々。

　M宅は「Simple Life（シンプルライフ）、自分に最低必要な生活空間の確保とその生活スタイルが伝わる。一部は書庫倉庫（故田宮氏）のようだ。壁には朝鮮人（在日）サッカー選手（元代表）のポスターも。

　K宅もシンプルだ。各部屋にはジクソーパズルの絵画。ミレーの「落穂拾い」のある部屋（全く同じものが筆者の実家にある）、帰国したパートナーと娘の協力による作品とか。ベッドを使わず直接、床に布団が。

　家庭訪問は訪問者も被訪問者も疲れるものだ。本当にお疲れでしたと言いたい。

（井上清志）

⑻ 第 8 次国賠訪朝団（2016 年 10 月）

特別調査委員会の解体、2 年半ぶりの平壌

　訪朝は 8 回目。2014 年 4 月の「日本人村開村」の訪朝から約 2 年半ぶりだ。この時の訪朝は作家の森達也さんを含め 6 人であったが、今回は 3 人と少人数。日本政府の独自制裁に対する対抗措置なのか、朝鮮（外務省）は、この間、「よど号」支援関係者について家族以外はビザの発給をしなかったが、7 月にようやく発給されるようになり訪朝が可能になった。7 月の訪朝はツイッターを開設したメンバーが中心（第一次山中訪朝団）。今回（第二次）は国賠総括本の出版（座談会）、特別調査委員会の解体後の"ヨーロッパ拉致でっち上げ逮捕状"の撤回と帰国をどう実現させていくか、などの課題について話し合う訪朝である。

　北京からの JS152 便は、ほぼ満席、ヨーロッパ系の観光客が多い。ユニセフの職員も。新装の平壌国際空港に到着、エアポケットもあり近代化された空港だ。昔のあの肖像画のあるレトロの空港がなつかしい。

　今回の入国審査手続きはこれまでにない厳しさであった。ＰＣの写真・ビデオデータ（以前の訪朝ビデオ）までチェックされることに。案内人のＭさんが介入しても入国審査は続く。反朝鮮本、アダルト本など特に厳しくやっているらしい。結局、いくばくの抵抗も空しく WiFi ルーターは出国まで預かりとなり、わが訪朝団はこの便の最後の入国者となってしまった。

　第一日目。古賀滋さんの報告。関西で社会運動情報・阪神ブログを運営し、そこにも掲載されている「世直し・社会変革」の様々な活動（反原発、反共謀罪など）を画像で報告、古賀さんのフットワークには感心だ。その後、帰国問題について議論。国賠終結後に期待していた朝鮮の特別調査委員会は解体という最悪の日朝関係の現状からどう活路を見出していくか。課題が多く、しっかりした展望が見えてこないのがもどかしい。

　第二日目は座談会。よど号『えん罪・欧州拉致―よど号グループの拉致報道と国賠訴訟』の出版（発行：社会評論社）を予定しているが、そこに掲載するための座談会である。約 2 時間に及んだ。筆者が進行役を務めた。在朝 46 年、朝鮮の三代（金日成、正日、正恩）の指導者を在朝日本人、そして貴重な生き証人として、現在の金正恩体制はどう思うか。国賠は終結したが、国賠を闘ってきた感想、その総括とは。期待をしていた朝鮮政府の特別調査委員会解体の影響についてなど多方面にわたる座談会が続いた。特別調査委員会の解体は支援者にとって非常に残念なものであったが、森さん、黒

田さん、魚本さん3人（元原告）にとってはなおさらだ。強い期待感があっただけに衝撃的なことでもあったらしい。日本への帰国準備も行っていたようだ。特別調査委員会の報告の中で石岡さん、有本さん、松木さんの入国経緯、朝鮮での生活から"死亡"に至る詳細と元原告らの「ヨーロッパ拉致」の関与を否定する内容も含まれているのではないかとの期待感があったのだ。

座談会は熱気があった。熱くなり身を乗り出して語るあの時代を彷彿させる場面（小西氏）も。座談会は無事終了。詳細は同書に掲載予定だ。

第三日目は「ようこそyodo-go日本人村へ」（仮称）のＨＰの立ち上げについて。すでにツイッターを開局しているが、その総括を踏まえて、いまある「よど号」関係のＨＰを統一化（リンク）しデータベースを含めた新たなＨＰを立ち上げていきたいという構想について議論。次回の訪朝団で最終的に固めていくことになる。

3日間の議論ではこの特別調査委員会解体の意味について議論が集中したが同委員会の本気度について触れておきたい。これまで「よど号」側から聞いていた特別調査委員会による事情聴取は委員会メンバーの顔合わせと国賠裁判資料など提供時の面談、この2回と聞いていたが、実はその後、数回にわたり個別、全体の聴取が行われていたそうだ。特別調査委員会の報告があるまでは、聴取については公表しないという"約束"であったため今日まできてしまったとのこと。この"約束"のため聴取内容については明らかにできないということであるが日本政府は早急に報告書を出せる環境を整え日朝（合意が前提らしい）で発表してもらいたいものだ。

朝鮮スタイル。特別調査委員会の解体は拉致被害者らを含む再調査の全面的中止を意味するものであった。同委員会の解体は2016年2月に日本政府が独自制裁を強化したことへの対応である。これによって2014年5月の「ストックホルム合意」は破棄されたも同然であり、解決はさらに遠のいてしまった。安倍政権は制裁を科す一方で「対話」の継続というが、全く「対話」の進展がないのが現状だ。「対話」の交渉チャンネルがあるのかどうかも不透明。安倍政権には「強硬」には「超強硬」で対応する、「物乞いはしない」という朝鮮スタイルの学習が全くできていないようにも思える。案内人にも聞いた。朝鮮の人もよく言う。「70年間、ずっと制裁下にあり、そのもとで生活をしてきた。90年代の"苦難の行軍"の混乱期を経験し、食料、消費財の"内製化"と科学技術重視、人材重視の自強力第一主義で国内経済は活性化している」。確かに平壌市内はモノが豊富になり、豊かになったようにみえる。購買力のある層（新中間層）が間違いなくいるようだ。2年半前の訪朝時に

比べタクシーの数にはビックリだ。レストランの前で待機しているタクシーも多い。制裁を前提に朝鮮型経済システムが機能しているようだ。これまでの制裁一辺倒では日朝関係の進展はないことは明らかだ。制裁が効かないのは中国のせいとよく言われるが、朝鮮の「自力更生（自強力第一主義）」、核と経済建設の並進路線についても認識したほうがよさそうだ。

これまの訪朝で必ずあった停電。今回は定期の検査時以外は全くなかった。2年半前に比べ平壌市内は間違いなく豊かになっているようにみえる。科学者通りのカラフルな高層住宅、黎明通りが建設中ということもあり一部道路は通行できないこともあって道路は一部渋滞も。水害被害のため大型トラックが復興に回っているというが、建設工事用大型トラックも多く行き交う。

朝鮮での食。玉流館のいつもの美味しい冷麺、対文協系レストランでは若かりし頃の吉永小百合さん似の女性従業員とのヒット曲「白頭山へ行こう」の合唱などしながらの料理。そして日本でも報道された回転寿司店にも、その味は？　職人募集が必要といったところか。それでも努力賞か。日本人村の野外でのほぼ食べ放題のまつたけパーティ、女性軍手作りまつたけご飯は美味。ビール祭りの行われたムジゲ号での生ビール（大同江ビール）など、朝鮮の料理を満喫。

訪朝前日（10日）の北京での報道2社との懇談会でも話題になった料理人藤本健二氏が平壌市内に開店予定という寿司レストラン。現地に行ってみようということになり有名「百貨店」隣のレストランへ。レストラン関係者によれば寿司、そばなどの日本食レストランの開店のはなしは確かにあるが具体的日程は聞いていないとのこと。開店が楽しみだ。

最近建設された科学技術殿堂。中心には「衛星」がおかれ、大人たちだけでなく子供たちの学習施設にもなっている。子供たちの喧騒と熱気。

新装となった万景台学生少年宮殿。ここは何回行ってもあきない。ピアノ練習室などが個室に改装されている。各教室の英才教育はどう開花していくのか。案内してくれた話術教室の13歳の少女（写真）、モランボン楽団のファンでもあり、楽団メンバーもここで学んだひとがいるという。幸い木曜日のレビュー舞台のある日に重なり、多くの外国人をはじめ平壌市民も楽しんだ。舞台は移動式に改装され今回のレビューはコンパクトにまとまっていた。筆者と古賀さんは舞台に花束（5ユーロ）贈呈も忘れない。

ルンラ遊園地内の3D映画館にも。3D映像は「つくば万博'85」、大阪のユニバーサル・スタジオ・ジャパン（USJ）以来だ。朝鮮のすごいところは戦闘機搭乗による攻防戦の連続的戦闘シーンだ。スリル満点だ。

日本人村に趣味のスポーツバイク（ロード・クロス）を一台と思い、平壌市内のスポーツ店を探しまわったがみつからず今回は断念。いずれ日本人村内、平壌市内、郊外田園地帯を走行したいものだ（因みに筆者は夏の富山湾岸サイクル大会で約170kmを走破）。

　平壌市内の変貌ぶりについて語っているにすぎない筆者であるが、「首都平壌はショーウインドーにすぎず、じゃ地方は？」と必ず日本人は聞いてくる。地方は行っていないのでわからないと答えるしかないが、これまでの経済の常識として次第にその効果は地方にも波及していくはずのものだ。百聞は一見にしかず。一度訪朝してみたらと勧めたい。独特の国家（経済）システムの中にもひとびとの日々の生活がある。ここが接点のように思える。

13才の館内ガイド（話術教室）と記念撮影

　玉流館前の広場で古賀メロディーに応えるひとりの平壌市民のノリには感動した（写真）。金日成時代のなつかしい楽曲は「오직 한마음（ただ一つの心）」。このノリは続く。新たに完成した自然博物館（宇宙館、動物館、植物館などで構成）と中央動物園へ。大型バスが十数台、入り口付近は入場を待つ長蛇の列。同園館長の出迎え後、大学で農業経済を専攻したというつも笑顔の女性ガイドの案内で館内へ。地球誕生の歴史を学ぶことに。館内でも古賀メロディー、よく聴いてくれる。圧巻は見学後の大広場。古賀さん奏でるアコーディオンが始まるや、徐々にまわりはヒト、そしてヒト。かなりのヒトが取り囲む。まずは「この世にうらやむものは何もない」。合唱がはじまる。子供から大人まで。カメラ、ビデオを回すひと。手拍子の盛り上がり。少年団行進曲〜童謡「半月」「落花流水」。拍手が続く。やめられない。次は「百頭山に行こう」で決まりだ。あの新宿西口フォークゲリラを想起する。次の曲を待っているようだ。立ち去ろうとしない観客。ついに10曲も。7kgのアコー

ディオンは体の一部、どこに行っても離さない古賀さんには脱帽、魔術師ここにありだ。音楽の力はすごい。

平壌市のアコーディオン魔術師（写真上）
古賀メロディにひかれ集まりだす市民（下右）
玉流館前で歌う市民（下左）

　高麗航空。世界一不評の機内サービスと機内食といわれるが、機内サービスは最低限のことはなされているのでこれ以上は求めない。機内食についていえば行きも帰りもハンバーグ。牛肉から鶏肉に変化したものの固いパンはまずい。しかし一工夫。自宅に持ち帰り、レンジで1分間でチン。パンも柔らくなりキャベツ、ケチャップ（マヨ）でいただければ抜群のおいしさだ。試してみてはいかがですか。

（井上清志）

第6章 「朝鮮から日本を考える」活動

序

　「祖国のための活動」というテーマを受けた。「よど号グループ」は「日本人拉致」など「北朝鮮の支配下でテロ工作」活動に従事していたというデマ宣伝をうち破るためだ。

　「よど号"ヨーロッパ拉致"でっちあげ」事件当時、1980年代の私たちの活動は、大きくは帰国のための活動だが、具体的には思想理論活動、宣伝出版活動が基本であった。平たく言えば、私たちの「祖国のための活動」とは、「朝鮮から日本を考える」活動であったと言える。その活動の具体化として1981年に思想理論研究誌、季刊『日本を考える』を発刊した。機関誌の名前に「考える」という動詞が入るのは少し奇妙ではあったが、「朝鮮から日本を考える」という自分たちには何かぴったりのネーミングに思えた。創刊号の表紙に載せた散文詩、そこには『日本を考える』という名前一つにも議論沸騰した当時のみんなの想いが、若さゆえの気負いも交ざりつつ刻まれている。

　　日本を考える
　　愛するがゆえである
　　日本を考える
　　今日の祖国の惨状を憂え
　　明日の日本に希望を託すからである
　　われわれは
　　人間として、日本人として
　　国を愛するものとして、日本の進むべき道を
　　懸命に考えていこうと思う

　創刊号の表紙デザインには、中央に日本地図を刻んだ羅針盤が描かれた。日本の進路を探求する、という意気込みを表したものだ。このデザインは『日

本を考える』編集委員会（当時の組織名）のシンボルマークとして毎号、裏表紙を飾った。

『日本を考える』という思想理論誌発行を通じて、朝鮮にいながらも「祖国のため」に仕事をする、そして『日本を考える』という「顔」を通して現在の「よど号」を祖国の皆さんにご理解いただく、そしてそれを帰国実現につなげる。これが「朝鮮から日本を考える」活動に私たちが託したことだった。

1.「朝鮮から日本を考える」活動をやろうとした理由

私たちが「朝鮮から日本を考える」活動をやろうとした理由は、大きく以下の二つだ。

第一の理由は、私たち「よど号」の原点である赤軍派の思想総括にある。赤軍派の総括を通じて、過去の「自己中心」を克服し、「人民第一」の観点に立って新しく出発すること、これが私たちの決意だった。帰国に向けた「祖国のための活動」はその総括の実践であり、「民意を第一」に日本を考える活動を行っていく。これが「朝鮮から日本を考える」活動の原点だと言える。

第二の理由は、朝鮮にいる日本人という私たちの位置からくる独自の役割を考えてのものだ。「朝鮮ならではの『見えるもの』」、日本では見えにくい時代の息吹を伝えることもまた、自分たち「よど号」の使命だと考えたからだ。

(1) 原点は赤軍派総括
本気で最後まで責任を持って成就するため
―自己中心克服、人民第一の観点を

忘れもしない 1971 年、夏、私たちは田宮の司会の下で総括会議をもった。議題は「大衆観点を正しく持つために」だったが、内容は赤軍派の思想的欠陥を克服するための総括会議だった。正しい大衆観点とは、「人民を信じ、人民に依拠する」観点、言い換えれば人民第一の観点を身につけることだった。言われてみれば、当たり前のことのようだが、気がつくのはそれほど簡単なことではなかった。

ハイジャック闘争時の自身の思考方式を振り返れば、自分たちの問題点がよく見える。自分たちは革命の大義のために命がけでやっているのだから、乗客、乗務員には多少の精神的、肉体的苦痛はがまんしてもらう。「大義」がすべてに優先するのだ。結果的に乗客の方々の理解も得られて（と思っていた）誰も傷つけることなく成功、勝利した闘いだった。だから達成感こそ

あれ、この闘いに問題があるとは考えなかった。今から考えれば、はなはだしい「自己中心主義」だった。闘争に起った自分たちは「先覚者」、闘争に起っていない一般大衆は「覚醒対象」と見ていた。だから自分たちを上に置いていたし、ゆえに自分の党派の大義が最優先、乗客、乗務員の事情など念頭になく、自分の都合が中心になっているということを考えもしなかった。「韓国軍突入か！」の死の恐怖に耐えた夜、運悪く「よど号」に乗ったため親の死を看取ることができなかった無念、自分の意志ではどうにもしようがない理不尽さ…、自分を乗客に置き換えてみればわかることがわからなかった、いやわかろうとしなかった。

　革命は誰が要求し、誰がやるのか？　人民が要求し、人民がやるものだ。自分がやりたいからやる、逆にやりたくなければやらない、そういうものではないはずだ。自己中心から人民第一へ！　革命を本気で最後まで責任を持って成就しようとするのなら、この根本にしっかり立つ決意と覚悟が問われたのだ。

　この決意と覚悟の下に新しく出発する、これが私たちの原点だ。

「民意を第一」に

　赤軍派当時の自己中心思想を克服するために、私たちは人民主義というスローガンを掲げて「人民第一」の観点をうち立てるようにした。「朝鮮から日本を考える」活動では、「民意を第一」に、日本を考えるということになるだろう。

　これは今も継続した私たちの課題だ。最近の例では「よど号"ヨーロッパ拉致"疑惑」に対する厳しい世論に直面した時、私たちの「民意を第一に」が揺らいだ。

　当初、私たちは、これが米国の謀略であることを必死に訴えた。しかし「拉致容疑者」「非国民」という世論は容易に変わらなかった。「八尾証言」の具体性、動物園で石岡さんと一緒の写真の存在などで、「やってないなら釈明を」という声の方が強かった。これに対し、自分たちは米国の謀略の被害者なのになぜ釈明しなければならないのか！　と国民世論に理不尽さを、さらには反発さえ覚えた。ついには「いくら言っても無駄ではないのか」と私たちの中に無力感、あきらめさえ生まれるようになって、さすがにこれではいけないと思うようになった。

　「原点に戻ろう」、責任者として小西がみなにこれまでの考えを見直すことを訴えた。「民意を第一」に、国民の声、世論にもっと真摯に耳を傾けよう

ということだった。国民が怒っているのは、同胞を拉致するような行為に怒っているのであり、これ自体は日本国民として当然の感情ではないのか？　いやむしろ「拉致被害者」、同胞の不幸に黙っていられないという、この同胞への愛情、想いを信じるべきではないのか？　これを民意と受け止め、この思いに応える努力をすべきではないのか？　「自分たちが被害者なのに」というのは自己本位的な考え方ではないのかということに気づき、「国民から見たらどう見えるのか」？　ここからこの問題を考えることができるようになった。

　こうして私たちは、「よど号拉致疑惑」について自ら釈明することが、人として日本人として国民に果たすべき「よど号」の責務だと考えられるようになった。それ以降、「拉致逮捕状」の不当性を問う国家賠償請求の裁判を通じて、自身にかけられた容疑について釈明を行ったり、朝鮮での40余年間の生活と活動を手記の形で単行本化して国民の前に明らかにするようにしたのは、そのように考えを改めたからだった。

　このように私たちは、帰国のための活動準備に入った1970年代後半以降、今日に至るまで「民意第一」の立場に立って「朝鮮から日本を考える」活動を行ってきた。

(2) 時代の風—朝鮮から見える世界

朝鮮ならでは、の「見えるもの」

　1970年春に「よど号ハイジャック闘争」で渡朝して以来、46年、およそ半世紀もの間、朝鮮で生活してみて実感することは、朝鮮から見える世界は日本で見える世界とはかなり異なる。

　「北朝鮮の核とミサイル」問題での国連制裁決議がもめていたとき、私たちは「米国が笛吹けど世界は踊らず、踊ったのは日本と韓国だけ」と「かりはゆく」（帰国支援センター月刊紙）に書いたが、この国際社会の現実を裏付けるＴＶ番組があった。今年（2016年）9月放映のＢＳ朝日ＴＶ「いま世界は」で国連安保理「北朝鮮制裁委員会」所属の専門家パネル委員を最近まで勤めた古川勝久氏が、米主導の「核とミサイル」問題での対北朝鮮制裁では、「むしろ日本、韓国が例外」なのだと、現場の実態を語った。実際、制裁決議以降、山中訪朝団を迎えに行ったピョンヤンの国際飛行場や訪朝団と参観した学生少年宮殿の劇場は欧米からの観光客であふれていた。

　ピョンヤンに大使館街と呼ばれる区域があるが、そこは朝鮮が世界156

カ国と国交を結んでいるということが一目瞭然の場所だ。この区域では大使館のない日本と米国が世界の例外であり、対朝鮮外交に限って言えば、孤立しているのは日本と米国であるとも言えるのだ。

日本からは見えない、朝鮮ならでは、の「見えるもの」があるのだ。

自主性の時代というもう一つの時代相

今もそうだが朝鮮は東西冷戦時代から発展途上国、自主独立の非同盟運動の世界に属する一員と自らを国際社会の中に位置づけている。

非同盟運動は、1960年代に登場した時代の新しい潮流だった。東西冷戦時代にあって、「東側」であろうと「西側」であろうと超大国の支配に反対し、民族の自主権を擁護するという国際的運動であった。この非同盟運動の創始者たち、旧ユーゴスラビアのチトー大統領、カンボジアのシアヌーク殿下、インドネシアのスカルノ大統領、インドのネルー首相らと朝鮮の金日成主席とは親しい盟友、同志的関係にあった。

スカルノ大統領が金日成主席のインドネシア訪問時に贈った「金日成花」（洋ランの一種）の逸話は朝鮮では有名だ。その因縁で今もデビ夫人（スカルノ大統領夫人、日本在住）が太陽節（主席の生誕日4月15日）にピョンヤンで開催される「金日成花」展示会に貴賓として度々招待されている。

「よど号ハイジャック」と同じ年、外遊中に親米派のクーデターで国を追い出され亡命客の身となったシアヌーク殿下に対し、非同盟運動の盟友として金日成主席がピョンヤン郊外に宮殿を建立、プレゼントしたが、その時、「国を追われた王族に好待遇を与えていったいどうするつもりなのか」と某「東側」社会主義大国から批判があったそうだ。これなどは当時、朝鮮が世界でどのような位置にあったかを示す好例だ。

70年代から80年代にかけて、アジア、アフリカ、中南米の民族解放闘争はほとんどが勝利し、独立を勝ち取った旧植民地諸国は、新興独立国家群として「東側でも西側でもない」第三世界と呼ばれる一大勢力を成した。70年代中葉、これらの国々が資源自主外交を展開した。植民地支配のなごりである自国資源への不当な低価格据え置きによる法外な収奪に抗して、いっせいに資源価格を引き上げたのだ。資源高騰は世界経済を揺るがした。特に石油の高騰は「石油戦争」と呼ばれ、「石油危機」という事態となって、不当な資源覇権で潤ってきた資本主義諸国の経済を大きく揺るがした。

米ソ超大国支配の東西冷戦の時代にあって、こうした新しい時代の潮流を「自主性の時代」と朝鮮では呼んでいた。私たちは、こうした新しい時代の

風を日本に伝えることも、「朝鮮から日本を考える」活動が果たすべき役割
だと考えた。

2.「よど号"ヨーロッパ拉致"でっち上げ」事件当時、1980年代の 「祖国のための活動」—季刊『日本を考える』誌の発行

　私たちは1981年11月、季刊誌『日本を考える』創刊号を発刊したが、
1990年2月、30号までその発行を続けた。
　創刊号には「日本を考える三つの視点」が掲載され、「一、日本主体の立
場で　二、人間主義の観点から　三、真の民主主義の実現を」、この三つを
指針にすることが謳われた。
　「冷戦の終焉」、ソ連東欧社会主義崩壊という情勢変化を受けた1990年代
に入ってからは、理念をより前面に打ち出した『自主と団結』誌発行に切り
換えた。
　「よど号"ヨーロッパ拉致"でっちあげ」は、『日本を考える』発行の時期、
1980年代初頭に起こった事件である。ここでは事件との関係を明らかにす
るために、私たちの日本国内や海外（主に欧州）での活動があくまで『日本
を考える』誌に反映するためのものであったという側面に絞って述べたいと
思う。

(1) 新しいものに敏感な眼を、肯定に感動する心を
人民なんているのか？
　1980年代は、わが国が60、70年代の高度経済成長期を経て世界第2位
の経済大国、「ジャパン・アズ・ナンバーワン」とまで言われ、国民レベル
でも「豊かな日本」を実感する時期であった。その反面で学生運動、労働運
動は衰退に向かっていた。「大衆の政治離れ、労組離れ」が進行し、若者は
三無世代・五無世代から理解不能な「新人類」になったと言われていた。当時、
ピョンヤンで労働運動、市民運動関連の訪朝団に会う時には、自身の赤軍派
の総括を話すのが常だった。ところが総括自体には賛成しても、人民第一の
観点の重要性を口にすると、しばしば「今の日本に人民なんているのか？」
という反問が返ってきた。
　「朝鮮から日本を考える」うえで、私たちはもっと日本の現実を踏まえる
必要を感じた。こうして日本旅券をもって合法的に日本への往来が可能な女
性たちが国内の労働運動、市民運動などの実情把握の活動を行うようにし、

その現場体験をできるだけ『日本を考える』誌に反映するようにした。

その代表的なものが「新しいものに敏感な眼を、肯定に感動する心を養おう」（14号所収）と題した文章だ。

これは国内に入って工場で働いた女性たちの体験の教訓を総合して書いたものだ。問題は、「人民はいない」のではなく、活動家の眼に「人民が見えない」ところにあるのではないか、ということだった。

例えば労働者の素朴な会話、「体調が悪いからと仕事を休んで仲間に迷惑をかけてはいけない、だから自分は無理してでも出社している」、この言葉をどのように聞くかで見えないものが見えてくる。これを「無理してでも働くなんて、資本家に搾取されていることを知らない無知から来るもの」程度に聞いていれば「人民はいない」となる。しかし体調不良を押してでも職場に出てくる労働者の心の奥底にあるもの、それは自分が犠牲を払ってでも職場の仲間を思いやる「人民の心」ではないのか、そんな「敏感な眼」があれば「人民はいない」とはならないはずだ。何気ない人々の日常の言葉、行動に新しいものを見いだす「敏感な眼」を養い、肯定に「感動する心」を養うこと、これが「人民なんているのか？」という疑問、悩みへの回答ではないのか？　現場で苦闘する日本の活動家へのエールのつもりで、この記事は書かれた。

80年代は、ある意味では「人民が見えない」ことが最大の問題で、このことをどう解決するかが『日本を考える』誌の研究、執筆活動の大きな課題だったように思う。

新人類

80年代後半にもなると、「新人類」と言われていた若者たちとの交流が徐々に増えていった。日本の月刊誌、週刊誌の取材を受けたり、「平凡パンチ」といった若者向けの雑誌への寄稿、投稿が徐々にできるようになって、その反応が返ってくるようになったのだ。月刊『PLAYBOY』(82年12月号)の田宮高麿インタビューあたり以降、日本の若者から手紙が来始めるようになったが、80年代後半に入るといわゆる尾崎豊世代とも言える10代、20代にも交流の輪が広がった。国内に入った女性から「十代のリングを！」と銘打った『ヒストリーズラン』（マガジンハウス社）という投稿誌の存在も伝えられ、彼らとの連係も試みた。

日本から届けられる若者たちの手紙には、「理解不能の新人類」と世間から見られていることへの悔しさが綴られていた。

「大人は私たち若い世代を何も感じない人間…みたいな言い方をしますが、それは違います。胸の奥では絶叫しています。でもそれをどう訴えたらいいのか、難しいし、怖い…」

彼らの手紙の行間には、「死んだように生きたくない」、「不安だけど、何かしなくては」といった叫びが渦巻いていた。当時、無関心、無感動世代だとか、校内暴力、暴走族といった行き場を失ったアナーキーさゆえに、大人たちから「厄介者」と白い眼で見られていた若者たちだ。しかし「新人類」の心を開いてみれば、その心臓には「人民の血」が脈々と流れていた。まさに新しいものを見つける「敏感な眼」、そこにある肯定に「感動する心」を養うこと！　「新人類」の若者たちからは、このことの大切さを学ばせていただいた。

「人民はいない」のではない、「民意」に学ぶ努力が足りないだけだ！
1980年代は、このことを肝に銘じ、少しずつ手応えを感じられるようになった年代だった。

⑵ 時代の風―「反核」と「自主」の結合
「東側でも西側でもない欧州を！」

「よど号"ヨーロッパ拉致"でっちあげ」事件当時（1980年代初期）の私たちの「祖国のための活動」、特に欧州での活動について述べようと思う。（「事件」関連での活動実態は資料「魚本公博・陳述書」参照）

冷戦の終結は、80年代末から90年代はじめの時期になるが、私たちが欧州の運動に注目し始めた80年代初期、「東側でも西側でもない欧州」の運動が起こった。第三世界、発展途上国ではなく、まさに日本と同じ「西側陣営」、資本主義欧州で起こった米ソ超大国の支配する世界を変えようとする新しい運動であった。このことは、私たちの目を引くものだった。

そのきっかけは、「西側」軍事同盟であるＮＡＴＯ（北大西洋条約機構）が1979年に米国の中距離核ミサイル、パーシングⅡ、1018基の欧州配備を決定したことだ。このことは欧州の人々の意識に大きな変化をもたらした。米国の中距離核ミサイルが欧州に配備される、それはもしソ連との戦争になれば、欧州が米ソの核戦争の舞台になることを意味した。

「どうしてアメリカとソ連の戦争に欧州が犠牲にならねばならないのか？」。この疑問が全欧州に広がり、その理不尽さが欧州の自主意識を刺激し怒りに火をつけた。ＮＡＴＯ諸国にあって対ソ最前線に位置する西独は、全土が核の一大貯蔵庫になるといわれ、首都ボンでは40万人デモが持たれ

るなどもっとも大規模な反核運動が起こった。

「なぜ欧州が米ソの核戦争の犠牲にならねばならないのか？」の疑問は、「東（ソ連側）でも西（米国側）でもない欧州を」のスローガン、「オールタナティブ（もうひとつの道）」に結実した。資本主義欧州にも新しい自主の時代潮流が出現したのだと私たちは新鮮な驚きと興奮の目でヨーロッパの新しい運動に注目した。

その新しさは、「反核」と「自主」が結合された運動になったことだ。反核が単なる反戦運動から自主的な欧州のあり方を考える運動になったのだ。新しい時代の風を伝えるために、『日本を考える』3号（1982年）は、「資本主義世界に新しい闘争の時代」という特集を組んだ。ギリシャ、フランスに社会党政権が生まれ、「自主化へ進むヨーロッパ」がテーマとなった。こうした欧州の変化、新しい時代の風から日本のあり方も見えてきた。

非核自主の日本

1980年代半ばになると、米国は極東地域にも中距離核戦力配備に動き出した。レーガン大統領は核軍拡推進論者であり、中曽根首相は「日本を浮沈空母にする」と米国に約束した。日本を米軍の核攻撃基地にするということだ。

米太平洋艦隊に核弾頭を装着する巡航ミサイル、トマホークの実戦配備が決定された。日本に寄港する米太平洋艦隊の空母、戦艦、潜水艦に核ミサイルが配備されることにより、日本の米海軍基地は核基地となり、米ソ核戦争ともなれば日本の基地がねらい打ちにされる。日本が米ソの核戦争の戦場になる、つまり欧州と同じ問題に直面するようになった。

私たちは欧州の運動の経験から反核運動が「東側でも西側でもない」自主的な日本をめざす闘いになる可能性を秘めるものだと考えた。

日本には非核三原則というものがある。核を「つくらず、持たず、持ち込ませず」というのがその三原則だ。80年代の日本の反核の矛先は、米軍に「核を持ち込ませず」であった。

当時、ニュージーランドで誕生したロンギ社会党政権は非核を掲げ、核搭載のすべての艦船を自国に寄港させないという革新的な政策を打ち出した。米国はニュージーランドと結んだ安保条約、アンザス同盟破棄で脅かしたがロンギ政権は揺るぎもしなかった。

私たちは『日本を考える』14号（85年）で「非核自主の大路を開こう！」という特集を組んだ。欧州に起こった「反核」が「東側でも西側でもない欧

州」の運動になったように、日本でも「非核自主の日本」をめざす運動が起こり、対米従属を見直し非核自主の政権ができることを願った。

実際、日本でも反核運動が若者の共感も呼び一定の高揚を見せ、そうした若者が「平和の船」で大挙して朝鮮に来たりして反核の人たちと交流ももった。私たちの願った「非核自主の日本」の実現には至らなかったが、新しい時代の風を伝え、新たな視点から日本のあり方を考えるという私たちの役割が明確な形で見えてきたのは事実だ。

＊　　　　＊　　　　＊　　　　＊

以上 (1) (2) で述べたことは、私たち「よど号グループ」の国内、海外での活動が、日本や欧州の現場で提起された問題を『日本を考える』誌に反映させる活動であったという一例である。「北朝鮮の手先」として「日本人拉致工作」など思いも寄らぬことだった、ということをご理解いただけると思う。

『日本を考える』誌では他にも、その当時、日本で提起されるであろう様々な問題を取り上げた。中曽根政権が「戦後総決算」、改憲の動きを見せたときには、戦後日本では日米安保第一で憲法9条が蔑ろにされてきたこと、ゆえに安保尊重の改憲ではなく憲法尊重の政治に変えること、「尊安から尊憲へ」を訴える特集記事（25、26号）、プラザ合意、前川リポートを契機に日本がグローバリズムに舵を切ることに警鐘を鳴らす「分岐点─覇権国家か自主国家か」（29号）、また「ミーイズム」が政治的無関心の根源と言われたときは「ME イズムと決別し WE イズムを確立しよう」（27号）等々。

こうした「祖国のための活動」は朝鮮にいる私たちが常に「日本を考える」ようにしてくれるものでもあった。朝鮮に「亡命客」としてあっても、人として日本人として生きる、その糧になったといっても過言ではない。

⑶「よど号"ヨーロッパ拉致"」の謀略

「よど号問題」は 1988 年に始まっていた

柴田、八尾逮捕─「ソウル五輪テロ工作のための活動」という理由

80 年代後期には国内での『日本を考える』の印刷、発行体制ができ、読者が書店置き運動をやってくれたりと活気と勢いがつき始めた 88 年、今から思うとこの時が大きな転機となった年であった。その年5月に柴田泰弘、八尾恵逮捕に始まった大々的な「よど号による北朝鮮ソウル五輪テロ工作」キャンペーン、同時に行われた『日本を考える』国内支援者への家宅捜索などは、私たちの「祖国のための活動」の前に暗雲を投げかけるようになった。

米国主導の対朝鮮敵視政策の一環としての謀略「よど号問題」の始まりであった。当時、私たちは米国が朝鮮に対する「テロ支援国家指定」（1988年）を行い、その理由の一つに「よど号ハイジャック犯を匿っている」ことをあげ朝鮮政府に対して「国外追放」圧力をかけているという事実をまったく知らなかった。ゆえに90年代以降も、『自主と団結』誌発行の形で「朝鮮から日本を考える」活動を続けた。

「よど号問題」を正しく解決して帰国―これが第一義に

　「ハイジャック事件」をめぐる問題以外にも「よど号問題」があるということを私たち「よど号」当事者が知るのは、柴田、八尾逮捕から8年の歳月を要した。「北朝鮮によるタイ偽ドル工作」事件で田中義三が米財務省シークレット・サービスによってカンボジアで逮捕されたのが1996年3月だったが、その前月、2月13日付朝日新聞が不可解な記事を掲載したのだ。それは「北朝鮮に対するテロ支援国家指定リストからの削除」の条件として「よど号関係者への適切な措置（国外追放）」が必要だという記事だった。まさにこの「北朝鮮の偽ドル工作犯・田中逮捕」が何を意味するかを予告するかのような記事だった。（1999年8月、田中はタイ裁判所で「完全無罪」を勝ち取った。提出された"証拠"「偽札付着の田中の指紋」は巧妙にコピーされたねつ造ものだった。）

　こうして新たな「よど号問題」（「北朝鮮支配下のテロ犯・よど号関係者追放」問題）に私たちは直面するようになった。特に"ヨーロッパ拉致"疑惑以降は、私たちの帰国のための闘いは、朝鮮敵視政策の一環としての「よど号問題」を正しく解決して帰国するという「よど号問題」見直し帰国が前面に提起されるようになり、この闘いが私たちの第一義的課題となった。

全容解明のために

　2013年に始まった「よど号"ヨーロッパ拉致"でっち上げ逮捕状を撤回させるための国賠」は、「よど号問題」見直し帰国の主要な闘いであった。単行本による「手記」発表などと併せた「世論喚起型国賠闘争」によって、「八尾証言」が一人歩きする最悪の状態から「よど号の言い分も聞いてみよう」と世論の風向きも変わり初めた。新聞、ＴＶ番組などで「よど号」メンバーの紹介時も「ハイジャック犯」と触れるだけで、「拉致容疑者」という以前の決めつけ的なレッテル張りがほぼ消えた。ささやかではあれ、私たちには大きな前進だった。

そして2014年5月、日朝政府間のストックホルム合意がなり、国防委員会傘下に朝鮮特別調査委員会が設置され、「日本人拉致調査」が強力な権限を持って行われるようになった。私たちも積極的に事情聴取に応じた。今度こそは「よど号」関連の拉致問題の全容が解明されると私たちは信じ期待していた。しかし今年（2016年）2月、「北朝鮮の核とミサイル問題」をもっての米国主導の「独自制裁」に安倍政権が応じるという背信行動によって、朝鮮特別調査委員会は解体され調査は中止された。私たちは「よど号拉致疑惑」全容解明の機会を失った。

日朝関係は最悪になった。しかし私たちは悲観していない。むしろ楽観している。

「朝鮮ならでは、の『見えるもの』」でも述べたが、国連安保理「北朝鮮制裁委員会」のパネル委員として制裁の現場を知る方が、米国主導の「北朝鮮制裁」では「むしろ日本と韓国の方が例外」という実状を語ったが、それが世界の現実だ。だから米国の吹く「制裁」の笛に踊って「日本人拉致問題」解決の好機をつぶした安倍政権の朝鮮敵視政策はいずれ破綻する。これが現実的なものの見方だ。だから「よど号拉致疑惑」全容解明の機会は必ず訪れると信じている。

3. 民意が政治を動かす今、「祖国と共に日本を考える」活動を

米大統領選でのトランプ現象が象徴するように、今は民意が政治を動かす時代だ。日本ではSEALD'sの若者が出現、英国では国民投票でEU離脱、また香港や台湾、スペインなど世界で起こっている現実が示しているのは、民意が政治を動かす時代に入ったということではないだろうか。

国民が国のあり方にもの申す、そして民意が政治を動かす、このような時代にあって、私たちは、「朝鮮から日本を考える」活動の継続として、朝鮮から「祖国と共に日本を考える」活動、国内の皆さんと共に「日本のあり方を考える」活動へと発展させていきたいと思う。

(1) トランプ現象の底流—民意の反乱

赤軍派総括、そして『日本を考える』発刊以来、私たちは「民意を第一」に「時代の風」を読みながら、「朝鮮から日本を考える」活動を行ってきた。80年代は「人民なんてどこにいるのか？」という会話がふつうだった。今はその「人民」が実際に政治を動かす時代になりつつあることを実感している。すごい

時代に入ったと思う。

　トランプ現象、すなわち今回の選挙で「想定外」のトランプ大統領を生んだ底流には米国の「民意の反乱」があると言われている。グローバリズムに寄生する既存の政治家、エスタブリッシュメントたるヒラリーを米国の民意は自身の大統領として失格の烙印を押した。グローバリズムの席巻による米国内無視の政治、自国民に格差と貧困、明日のない生活を強いる政治を変えてくれる強いリーダーシップを求めた。この米国の民意は「得体は知れないが、現状だけは変える」トランプを大統領に押し上げた。まさに「民意の反乱」だった。

　英国の民意はＥＵ離脱を決めた。東欧、ポーランドからの移民に職場を奪われたことへの英国労働者の憤激は、民族排外主義によるそれではない。より安価な労働力搾取を求め、国境を低くして「移民」を引き入れ自国労働者を職場から追放するという多国籍資本の強欲政策を遂行するＥＵ・ブリュッセル「政府」、その「ＥＵ政府」の英国主権に対する侵害行為への主権者、英国民としてのまっとうな憤激だ。

　日本ではかつて鳩山・民主党政権を誕生させ自民党政治を終わらせた。当時の2009年8月衆議院選挙を「これは民主党の勝利ではない。国民の勝利だ」と鳩山首相は言った。その前年、米国民は「チェンジ」を掲げたオバマを大統領に選出した。日米政治のこうした「変化」は、格差と貧困をもたらす新自由主義の見直しなどを求める民意の勝利だと言われた。鳩山首相は普天間基地施設の辺野古への移転ではなく海外または県外への移設、日米安保偏重からアジア安保への転換にまで踏み込もうとした。しかしオバマの「チェンジ」も、民主党政権の「自民党政治見直し」も「口約束」に終わった。オバマにも、日本の民主党にも民意は期待を裏切られ、それは失望に変わった。

　それから数年の時を経て、日本で昨年、違憲の安保法制反対の一点でSEALD'sや若いママの会などが生まれ、民主党はじめ既存の政党を突き動かし、政党の力ではなしえなかった選挙でのオール野党「統一候補」を実現させた。これより先に沖縄では「イデオロギーよりアイデンティティ」のオール沖縄で「辺野古への米軍基地移設見直し」を実現する知事を生んだ。そして今年、「世界の常識」を見事に裏切って、米国の民意は、「政治家らしくない政治家」、既存政治を変革する「革命児」としてトランプを大統領に選出した。

　政治家やマスコミがポピュリズムだと警戒する世界至る所で台頭する「民意の反乱」は、すべからくグローバリズムの主権侵害行為を許さない自国主

権擁護の民意の噴出だと見るべきではないだろうか。もちろん排外主義に利用しようとする勢力がいるのは事実だ。しかし私たちが見るべきなのは、グローバリズムの席巻によって主権を剥奪され、軽視、無視されてきた各国の国民が憤激の声を上げ、彼らの主権者としての真っ当な声、民意が政治を突き動かしているという時代の現実だと思う。

⑵ 今、祖国と共に考えなければならないことは？
トランプ・ショック―「米国を頼るな」！

　世界中をトランプ・ショックという激震が走っている。ＴＰＰ脱退宣言、地球温暖化防止のパリ協定脱退、日本に対しては「安保ただ乗り」論を振りかざしての「米軍撤収」の脅し等々だ。一言でいって「米国に頼るな」と世界に脅しをかけている。

　鳩山友紀夫元首相は「どうぞ出ていってください、こう答えればいいのです」とＴＶ番組（日ＴＶ「深層 NEWS」）ではっきり言い切った。「国民が日米安保とはどういうものかを考える機会になる」とも語った。

　他方で、これを好機に９条改憲につなげようと言う人々がいる。

　あるＴＶ番組でケント・ギルバート氏（米人評論家）は「憲法９条を変えればいいのです」と言いながら、「そもそも憲法（９条）があるから日本はアメリカの属国になるのです」とまで言った。憲法９条では日本の防衛ができないからアメリカに頼るしかないのだ、いつまでも属国でいたくなければ自主防衛できるように９条改憲をやりなさいという詭弁だ。

　またフジＴＶプライムニュース出演の石破茂元防衛相は「60年前、鳩山一郎首相は、日本から米軍基地を撤去させる替わりに、改憲して（米軍事拠点）グアム島までを集団的自衛権行使で日本が守れるようにすると提起したが、ダレス国務長官に断られた」としながら、「今は米国が世界の警察官となるのは難しい、ならばその力の空白を誰が埋めるのですか？」と集団的自衛権行使を「違憲」状態から、「合憲」にして日本の自衛隊が米軍の「力の空白」を埋めることを匂わせた。自衛隊が集団的自衛権の行使として、合法的に米軍「警察官」活動の肩代わりができるよう９条改憲をやるということだ。

　すでに「新しい次元の脅威」になった「北朝鮮の核とミサイル問題」への対処を云々しながら、「自衛隊の敵（ミサイル）基地攻撃能力を検討」する、すなわち米軍頼みの「敵基地攻撃力」の一部を自衛隊が担うことを検討すべきだとの言説が出始めていた（稲田防衛相、読売社説）。南スーダンＰＫＯ派兵では「駆けつけ警護」任務、交戦任務が自衛隊に付与された。これらの

狙いは、9条で否定されている交戦権、交戦能力を持つことの肯定、9条改憲だ。

いま「米国を頼るな」への対処で、一つの大きな論点は「日米安保に頼らない日本の自主防衛」をどうするのかを考えることだ。その論議の焦点は、自主防衛が憲法9条でできるのか否か、これに明確な結論を下すことだ。

共に考えるべき日本──「日米安保が『国体』」という戦後日本を見直し、「憲法が『国体』」の自主的な日本について

「安保体制こそ戦後日本の新たな『国体』」、とある国際政治学者の著書にあった。著者はそれを肯定するつもりで書いているのだが、この「国体」規定は戦後日本の本質をついたものではないだろうか。戦前は絶対主義天皇制が「国体」だったが、戦後は日米安保が「国体」となり、今日に至っている。今日、トランプ・ショックで問われているのは、「日米安保が戦後日本の『国体』」という米国頼みだった「日本の『国体』」、それを今後どうするのか？ということでもある。

「安保体制こそ戦後日本の『国体』」になるのは、「憲法9条では日本の防衛はできない」という大前提があるからだ。「憲法9条のために日本の防衛を米国に委ねざるをえない」、こうなっているからだ。前で述べたケント・ギルバート氏が「憲法9条があるから属国になるのだ」とはっきり言ったのはこのことだ。

「安保ただ乗り」論に基づく「米軍撤収」というトランプ・ショックを受けて、自主防衛を叫ぶ人々が「9条改憲の好機」とするのも、「憲法9条では日本を守れない」が根拠だ。

それゆえ「米国に頼らない日本」を考える上で、第一に私たちが「祖国と共に考える」べき課題は、「憲法9条で日本を守れる」のか否か、この問題を考え、解答を得ることだ。

9条自衛論を議論のたたき台に

私たちは、以前に9条自衛論とでもいうものを提起したことがあったが、これを今日の「憲法9条で日本を守れるのか否か」議論のたたき台にできないだろうかと考えている。

私たちが初めて9条自衛論の必要性を感じたのは、グローバリズムの席巻が本格化した1991年代初期、「国際貢献」が声高に叫ばれ始めた頃だ。このとき国連PKO派兵問題で派兵を渋る日本は、海部政権時の湾岸戦争で

は「資金提供」でお茶を濁した。このことで日本は「一国平和主義」だと米国に非難され、これに歩調を合わせる自民党政府が派兵に踏み切りつつあった。このとき、日本の憲法9条による「自国平和主義」こそが日本独自の国際平和貢献であることを主張し、その根拠となる9条自衛論とでもいうものを『自主と団結』6号（1993年）で訴えた。

　まず交戦権、戦力を否定、不保持にした9条は自衛を否定するものではないこと、ただしその自衛に歯止めをかけていることがポイントではないかと考えた。

　次に、自衛に歯止めをかけているのが9条2項に記された交戦権否認、戦力の不保持にあること、特に交戦権否認ということに着目した。「交戦権を認めない」とはいったい何を意味するのか？　私たちは、これを相手国に攻め入って交戦する戦争状態に入ることを「自らに禁じている」と解釈すべきではないかとみた。一般に9条は「戦争放棄」条項と言われているが、その「戦争放棄」意思を「交戦権の否認」として具現したとみるべきではないだろうか。

　これは日本独自の自衛論である。現在、世界的に公認されている自衛戦争は、自衛の延長で相手国への報復攻撃ができる、だから自衛から戦争状態になること自体は国際的に「合法」とされている。これを日本国憲法9条は、「交戦権の否認」という形で自ら禁じ、「戦争のできない自衛」という歯止めをかけたのだ。

　このことによって軍国主義の復活を100％防止する、すべての帝国主義戦争がそうであるように、侵略戦争はすべて「自衛」の名によって行われた。今日もなお、アフガニスタン、イラクへの「反テロ戦争」を見ても、「テロ、大量破壊兵器の脅威からの自衛」を名目に敢行された。9条2項の「交戦権の否認」は、このような形で日本が侵略戦争を再度起こすことが絶対にないように歯止めをかけたのだ。まさにかつての覇権国家、日本が率先垂範する「戦争放棄の自衛論」であり、さらに言えば、侵略戦争に転化する要素をなくしたということは覇権を放棄したということであり、その意味では「脱覇権の自衛論」とも言えるものなのではないだろうか。

　このように9条自衛は、日本一国さえ平和であればよいという消極的、利己的ものではなく、世界に先駆けて「戦争放棄」、「脱覇権」を誓った率先垂範の「自国平和主義」であり、日本独自の国際平和貢献なのではないかと訴えた。

　かつて戦争を引き起こした日本軍国主義を生んだ国として、二度と戦争を

起こす国にならないという戦後の日本国民の総意、不戦の誓いを憲法9条という形にしたのだ。だから日本の自衛は9条自衛！　戦後日本の民意から考えればそういうことになる。

　では問題は、9条自衛とはどんな自衛なのか？　ということだ。それは相手国に攻め込まない自衛、自国領域外に出ない、領域外への撃退にとどめ深追いしない自衛、「撃退自衛」とでも言えるものだ。9条自衛とは「撃退自衛」というものになるのではないか、このように問題を投げかけた。

「民意を第一」に9条自衛論を今の論議に役立つものにするために

　これは20年前のものだが、「米国に頼らない日本」を考える上で、今こそ再び9条自衛論を役立てるときではないかと考えている。

　トランプ・ショックへの対案、「日米安保に頼らない自主防衛」とは何か、これへの解答が迫られている中にあって、「憲法9条では守れない」を根拠にした今日的な改憲論議に対抗できる9条自衛論が必ず必要とされると思う。

　他方ではまた、先の石破茂氏の「（米軍の）力の空白を誰が埋めるのか」という論議、それは結局、核を基本とする米国の強大な軍事力を「戦争抑止力」とする国際平和秩序をそのまま維持するのがよいのか、それとも鳩山元首相の言う、東アジア共同体式がよいのか、という問題も重要だ。つまり日米安保の考え方に代わる国際平和秩序、東アジア共同体が追求するような内政不干渉、武力でなく対話基本、いわゆる「嚙みつく安保」ではなく「吠える安保」といわれるアジア集団安保のような国際平和秩序を構築するのか？「戦争放棄」、「脱覇権」の9条自衛の一環としてこうした論議も必要になってくると思う。

　次に重要なこととして、「日米安保に頼らない自主防衛」を論じるとき国民の間にある「安保肯定」感情にも考慮した論議が必要だと思う。

　「軽武装・経済成長」、これが戦後日本の平和と豊かさを築いたものだという国民感情が存在する。この「軽武装・経済成長」路線を保障したのが、「平和憲法と日米安保体制」だと認識されている。今も世論調査では9条改憲反対と同時に日米安保肯定が多数を占めているのはこのことを裏付けるものではないだろうか？

　この「民意」をどう見るのか？　日本国民は対米従属への認識が弱いという左翼的な批判だけではすまされないと思う。

　「民意を第一」とするならば、その真意を見ることが重要だと思う。例えば、

日本国民は、従属か自主かということよりも、日本が戦争をやるような軍事大国の道を進むことを最も嫌う、この国民感情からくるものではないか？ こう考えることもできるはずだ。「軽武装」、あるいは「非武装」を支持する人がいまだに多いのもこのことの裏付けかもしれない。それだけ日本軍国主義がアジア、太平洋地域に惨禍をもたらしことに対する罪悪感、無意味な戦場死、餓死、被爆、さらには世界唯一の被曝体験などあの戦争での悲惨な体験は国民共通の歴史体験だ。国民的な歴史体験の教訓として、二度と戦争するような国になってはいけないという心情が誰よりも強いからだろう。

こうした「民意を第一」に考えれば、「戦争をしない自衛」の側面を強調する９条自衛論を考えるなど、国民の懸念がどこにあるかを知る努力が必要だと思う。

９条をめぐる防衛論議が、「日米安保が『国体』の戦後日本を見直し、「憲法が『国体』の自主的な日本への道を開く好機となるように、論議が広く国民的に行われればよいと思う。

＊　　　　＊　　　　＊　　　　＊

「祖国と共に日本を考える」活動を、どのように日本とつながって日本の皆さんと共に考える活動にしていけるのか？ 以前のように機関誌発行という一方通行ではなく、互いの考えが交差、交流、議論できる双方向のものにしたいと考えている。いま私たちに可能な手段として電子メールが貴重なツールとしてある。残念ながらインターネットで外とつながることは、外国人であっても各国大使館くらいでないとできない。だから日本で公式サイト、ＨＰを立ち上げ、これをメールで朝鮮とつなぐ。サイト名も「ようこそ―よど号―日本人村」といったものがいいかなとただいま、議論中だ。

(2016年12月 ピョンヤン　かりの会)

第7章　日朝平壌宣言と拉致問題を超えて
日朝関係の正常化を

1. 日朝平壌宣言と国交正常化

　日朝平壌宣言は、2002年9月17日、朝鮮を初訪問した日本の小泉首相と朝鮮の金正日国防委員長 (党総書記) との間で行われた日朝首脳会談後に署名された共同宣言である。

　共同宣言では、日本側が「過去の植民地支配に対し、痛切な反省と心からのおわびの気持ち」を表明し、過去の清算では互いに請求権を放棄し、代わりに国交正常化後の無償資金を始めとする幅広い経済協力の実施を約束した。この方式は、基本的には1965年に締結された日韓基本条約の日本と韓国の「国交正常化」を踏襲している。

　朝鮮側は、宣言の中で核問題に関し「関連するすべての国際的合意の遵守」を確認し、ミサイル発射のモラトリアムを2003年以降もさらに延長していく意向を表明し国際的公約として注目されていた。

　しかし、共同宣言直後の2002年10月、アメリカは朝鮮に対し、高濃縮ウラン (HEU) 生産計画の疑惑を指摘する。これに対して朝鮮は、同年12月に国際原子力機関 (IAEA) の査察官を国外へ追放し、寧辺 (ニョンビョン) の核施設を再稼働、更に、2003年1月には核不拡散条約 (NPT) からの脱退を表明する。

　この第1回日朝首脳会談で朝鮮は、「特殊機関の一部が妄動主義・英雄主義に走って」日本人を拉致した事実を認め謝罪した。拉致被害者13名のうち5名は生存、8名は死亡、2名は北朝鮮入境未確認とした。

　第2回日朝首脳会談は2004年5月22日、平壌で行われた。拉致被害者の帰国は地村家と蓮池家の家族5人、曽我家は後日、第三国にて話し合うことになり、死亡・不明の10人については朝鮮側が再調査を約束した。そして、「25万tの食糧支援、約11億円相当の医薬品、平壌宣言を厳守すれば経済制裁の発動をしない」ことで合意した。

　一連の朝鮮との交渉（合意）に対して拉致被害者家族会では「もうすでに

北朝鮮は十分な資料を持っているはず」とし小泉訪朝を強く批判する。日本の国内では、一気に反「北朝鮮・拉致」キャンペーンが始まる。日本人全員が横田家の一族のごとく「拉致被害者を日本へ返せ」の"大翼賛的"な大合唱が続く。報道機関が後押しながら、反「北朝鮮・拉致」の国内世論が形成されていくのである。「よど号」"ヨーロッパ拉致"の「冤罪」は、この反「北朝鮮・拉致」大合唱の中でできあがっていく。

2.“ヨーロッパ拉致”と政治的“思惑”

　1998年9月に高沢皓司著『宿命』（新潮社）が発売され、2001年9月に八尾恵出演のTV朝日「元妻の証言」が流され、八尾は「よど号の拉致関与」を証言。2002年3月の金子氏裁判で八尾が2回にわたって証言（偽証）するが、一回目の証言の前日にはTV朝日に出演し、有本恵子さんの御両親の滞在先ホテルを訪ねる「謝罪場面」が流される。そして、この日には米同時多発テロ事件半年目の記念行事がホワイトハウス前で開かれ、ブッシュ大統領が「北朝鮮」を「悪の枢軸」の筆頭に上げて非難する。さらに八尾恵著『謝罪します』（新潮社）が発売される。また、かつての仲間であった塩見孝也氏ら支援者からも「拉致問題の真実を語れ」との合唱がはじまる。この大合唱の中、見事な"ヨーロッパ拉致"の「虚構ストーリー」が完成されていく。

　2002年9月17日の日朝首脳会談で朝鮮は、はじめて拉致を認め謝罪するが、その直後の9月25日、この「虚構ストーリー」に基づく逮捕状が魚本（安部）公博氏に発付される。逮捕状は有本氏の結婚目的誘拐容疑。逮捕状はいまも更新され続けている。現在、逮捕状が発付からすでに16年も経過している。

　朝鮮の「拉致」発表は「よど号」グループにもショッキングなことであったが、この間、「よど号」グループはいわば「非国民」的な扱い、「萎縮」した状況が続いていた。2004年には、朝鮮は「よど号」グループの「拉致」関与を否定したが、遅きに失するであった。国内世論はまったく聞く耳をもたくなってしまっていた。

　「よど号」グループは国内世論の逆境の中で、この状況から活路を見い出だすことができないか「暗中模索」していた。こうした中で国賠提訴（2014年4月25日）を決断する。国内世論は北朝鮮と「よど号」グループは一体であり、「これからは嘘には騙されない」と"えん罪"の訴えに反応を示すひとは少数派であった。

こうした逆境の中でも「自分たちの訴えを少しでも聞いてもらいたい」との切実な思いで国賠提訴し国賠裁判を闘ってきた。この国賠裁判の過程では、「よど号」の手記を収めた『「拉致疑惑」と帰国』(河出書房新社)の出版も行い、世論喚起に力を注いできた。

果たして、世論は、「よど号」グループの言い分にも少しは、耳を傾けるようになってくれたであろうか。世論は“冷静さ”を取り戻しつつ事実（＝真実）に向き合おうとしてくれたであろうか。

これまでは「よど号」グループの“ヨーロッパ拉致”の疑惑とその真相は、この世論、特に“拉致”被害者（家族）感情に掻き消されがちであった。この「虚構ストーリー」を崩壊させるには、まず、当事者である平壌在住の「よど号」の発信力にかかっていた。でっち上げの当事者にとって「無実の立証」は、明らかな「不在証明」や「真犯人の登場」でもない限り至難の技である。数多くの冤罪事件の長期裁判、そして何次にもわたる再審請求（裁判）などをみれば明らかなように、高いハードルがある。「よど号」グループの“ヨーロッパ拉致”の「冤罪の構図」は、八尾恵の「虚偽自白」と「自白」本の『謝罪します』と高沢の『宿命』による“嘘と創作”がベースでとなっている。これに対しては、ひとつひとつ丁寧に「事実」を積み上げ対抗していくことで「真相」（＝真実）に迫っていけるはずであった。

八尾と高沢の“嘘と創作”を暴いていくこと、「真相究明」が、本書の目的でもあるが、一方で「真相究明」とは別のところで、「真相」（＝真実）に蓋をしてしまおうとする政治的思惑も見え隠れする。各国の思惑により、「よど号」問題は外交の政治的「道具」としても使われてきた。当初の「亡命者の保護」は、「北朝鮮工作関与」「欧州留学生拉致工作関与」したとして「テロリストの保護」へとなり、さらに「引き渡し要求」へと続いていく。「よど号」は「道具」として使われ、当事者として翻弄されてきたといえよう。こうした政治的思惑は“拉致”問題ついても同様であった。

3. 拉致問題の「最終的解決」とは

拉致問題の「最終的解決」とは一体、何を言うのであろうか。その定義が定かではない。日朝平壌宣言からストックホルム合意は日朝正常化問題の包括的解決であったはずであった。しかし、今日までの日本政府の動きをみていると、同宣言とはかなりのズレがあり、「解決」は永遠にないのではないかという気がしてならない。意図的に解決を「先送り」しているのではない

かとの疑念を持たざるを得ないのだ。「拉致」問題の政治的利用である。

「拉致被害者を生きたまま帰す」こと、これが日本政府の至上命題。これを少しでも否定する発言をするとすぐにパッシングを受けてしまう。パッシングを受けた"評論家"たちも少なからずいる。「横田めぐみさんは、生きていない」と言った田原総一郎氏は叩かれて、「損賠」裁判を起こされ、裁判の過程で謝罪（「和解」）までしてしまった。こうした「生きて帰す」というスローガンは永遠に続くのであろうか。

真実（＝事実）に向かいあうこと、「生死」も具体的に受け止めること、どこかで決着させることも必要なことではないか。ともかく異常な事態が続いているのだ。日朝交渉の膠着の打開、少なくともこのままでは前に進むことができないことは多くのひとたちが漠然と理解している。膠着の打開のためにはやはり真実(＝事実)に向かい合う姿勢が重要なことではないか。「必ず生きている」という"呪縛"から解放されること、拉致被害者の「生死」の前提をなくすこと、この「」をはずすことが必要なことではないであろうか。

日本政府は「北朝鮮による拉致の可能性を排除できない」特定失踪者を含めて"拉致"のハードル（期待値）を上げているようにもみえる。ニュースソースは明らかではないが、「生存者リスト」の記事を掲載した報道機関（日本経済新聞）もあった。この背景には、恐らく実際に「再調査したら見つかった，担当者が隠していたのが見つか·った」と言わせたいのであろう。しかし、その可能性はどうであろうか。朝鮮にとって拉致問題はもともと「解決」済みのものであったものが、果たして、再調査で明らかになるものであろうか。むしろ、これまで発表された内容に、裏付け的な追加的報告がなされる可能性が大ではないかと思われる。

"拉致"のハードル（期待値）を徐々に上げている背景には何があるのか。アメリカの影がちらつく。アメリカは自国への脅威となる朝鮮の核・ミサイル開発は何としてもストップさせたいと思っている。そのためには開発資金の流入となる制裁の解除には全面的に反対しており、日本の動きに神経をとがらせている。"拉致"解決の先送りや無償資金などの経済協力を内容とする"国交正常化"阻止はアメリカの意向であり、アメリカの強い意志が反映されているといってもよい。

朝鮮総連中央本部ビルの競売問題。事実上の「北朝鮮大使館」（外交窓口）である朝鮮総連とは早い段階での「政治解決」は十分可能であったが、かなりの時間をかけた上、一応の解決をみせた。多くの在日朝鮮人をかかえ、その窓口でもある「大使館」問題こそ日朝の包括的解決として協議すべきチャ

ンスであったはずだ。日本政府のこの間の朝鮮をめぐる対応は「拉致一辺倒」の方針（無方針）のままであり、日朝の「包括的解決」とは程遠い。日・米・韓の国際的動向（綱引き）の中で、特にアメリカとの関係の中で揺れ動き、どこか危ういものとなっている。

4.特定失踪者の相次ぐ発見と「疑ってごめん」と言えない国内事情

いまも続く反北朝鮮・拉致キャンペーンの大合唱の中、日本国内での「北朝鮮による拉致の可能性を排除できない」特定失踪者の発見が相次いでいる。

警察庁の発表では、2016年2月時点で"拉致"の可能性ある行方不明者は、886人という。対象は国内や海外渡航中に行方不明になった人のうち、失踪の理由がはっきりせず、北朝鮮に拉致された可能性を排除できない人という。

届け出を受けた都道府県警が、家族が希望した463人についてホームページで公開し、情報を求めている。665人については、ＤＮＡ型鑑定のために家族から資料も採取している。一方、日本政府が拉致被害者と認定しているのは2002年に帰国した5人を含め17人。民間の「特定失踪者問題調査会」が拉致の疑いを調べている「特定失踪者」は約470人で、調査会が拉致濃厚とみているのは78人という。ところが、2015年10月、2016年6月、12月と相次いで「特定失踪者」が発見されている。

特定失踪者とされた中島修一さんを国内で発見
長野県警「北の拉致の可能性なし」

（産経　2015年10月27日）

長野県警は27日、昭和47年9月に長野市で失踪し、北朝鮮に拉致された可能性が排除できない特定失踪者とされていた中島修一さん（63）＝失踪当時（20）＝を国内で発見し、「北朝鮮による可能性はないと判断した」と発表した。同県警によると、今月下旬に警察当局が職務質問をした際に中島さんであることが判明し、失踪の経緯など事情を聞いていた。

調べに対し、中島さんは北朝鮮に拉致されたり、同国に渡航したりした事実はないと話しているほか、失踪から約45年間の行動や生活ぶりなどを詳細に説明しており、長野県警は、拉致された可能性は排除されたと判断した。同県警は、中島さんが発見された具体的な場所や日時については、本人のプライバシーの保護の観点から公表しないという。中島さんは昭和47年9月27日、運転免許の取得のため通っていた長野市内の自動車学校に行ったまま行方不明となっていた。

特定失踪者の男性を発見
福井県警「拉致の可能性ない」

（朝日新聞　2016年6月16日）

　福井県警は16日、北朝鮮による拉致の疑いが否定できないとされる特定失踪者で福井県若狭町の宮内和也さん（51）＝失踪当時32＝が国内で見つかったと発表した。本人の話などから、県警は「拉致の可能性はない」と判断したという。宮内さんは1997年4月24日、福井県三方町（現・若狭町）で行方不明に。2003年、民間団体「特定失踪者問題調査会」が公表した失踪者リストに宮内さんが含まれていた。県警の捜査員が今月上旬、県外で見つけて保護し、家族が面会して本人と確認した。事件や事故に巻き込まれてはいなかったという。

北朝鮮に拉致疑いの68歳男性、日本国内で生存確認
約30年前に行方不明、警視庁

（産経　2016年12月1日）

　昭和60年に東京都江戸川区で行方が分からなくなり、北朝鮮に拉致された可能性が排除できないと認定された香月（かつき）正則さん（68）＝当時（36）＝について、警視庁公安部は1日、11月下旬に国内で無事に発見されたと発表した。事件や事故に巻き込まれておらず、北朝鮮による拉致の可能性はないという。香月さんはすし職人をしていた60年2月、勤務先の米国から一時帰国した後、再渡米の手続きをしている最中に行方が分からなくなっていた。

　「拉致の可能性ある行方不明者」「北朝鮮による拉致の可能性を排除できない特定失踪者」の相次ぐ発見は、この「行方不明者」「特定失踪者」の定義のいい加減さを露呈したものだ。「拉致の可能性」「拉致された可能性が排除できない」からといって、相次ぐ発見は、朝鮮側からすれば、何をか言わんやである。これだけ国内で発見されるなら、再調査する必要性はないのではないかと。日本の捜査当局の「行方不明者」捜査の行き詰まりを朝鮮に押し付けているだけではないか、と思われても仕方がない。こうした一連の特定失踪者の国内発見については、朝鮮に対して「これまで疑ってごめんなさい」と何故、言えないのであろうか。この「ごめんなさい」と言えない現実、こうした現実を生み出してしまった国内事情、国内世論こそ問題にすべきではないであろうか。

5. ストックホルム合意の宿題

　日朝政府間交渉の停滞が続いている。2002年の日朝平壌共同宣言、そして2015年5月のストックホルム合意は「国交正常化」を目指した包括的なものであったはずであった。

　ところが、下記の「拉致問題を巡る日朝間の経緯」で明らかなように日本政府の対応は拉致被害者、行方不明者の調査に偏重したもので、日本側の課題（宿題）、例えば「日本に強制連行された朝鮮人行方不明者の継続調査」（ストックホルム合意事項の第4）、「在日朝鮮人の地位に関する問題の誠実な協議」（同第5）、など、誠意ある対応をしているとは思えない。拉致以外の課題については、全く本気度を窺いしることができないのだ。

拉致問題を巡る日朝間の経緯

①第1回日朝首脳会談（2002年9月）朝鮮は日本人拉致を認めて謝罪、拉致被害者13名のうち5名は生存、8名は死亡、2名は北朝鮮入境は未確認。

②事実調査チームの派遣（2002年9月～10月）

③5人の被害者の帰国（2002年10月）2002年10月15日、拉致被害者5名（地村保志さん・富貴惠さん、蓮池薫さん・祐木子さん、曽我ひとみさん）が帰国。

④第2回日朝首脳会談（2004年5月）小泉総理が再度訪朝し、金正日国防委員長との間で、拉致問題を始めとする日朝間の問題や、核、ミサイルといった安全保障上の問題等につき議論。朝鮮側は、地村さん家族と蓮池さん家族の計5名が、同日、日本に帰国することに同意。安否不明の拉致被害者について、朝鮮側が、直ちに真相究明のための調査を白紙の状態から再開する。

⑤日朝実務者協議（2004年8月及び9月：北京、同年11月：平壌）

⑥日朝包括並行協議（2006年2月：北京）朝鮮側は「生存者は既に全て帰国した」と繰り返す。

⑦日朝国交正常化のための作業部会（2007年3月：ハノイ、同年9月：ウランバートル）朝鮮は「拉致問題は解決済み」との立場。

⑧日朝実務者協議（2008年6月：北京、同年8月：瀋陽）2008年6月の日朝実務者協議では、朝鮮側は、「拉致問題は解決済み」との従

来の立場を変更、拉致問題の解決に向けた再調査を約束。日本側は人的往来の規制解除及び航空チャーター便の規制解除を実施。しかし、2008年9月4日、朝鮮側から日本での政権交代（福田総理の辞任）受け、調査開始は見合わせると連絡。

⑨日朝政府間協議（2012年11月：ウランバートル）

⑩日朝政府間協議（2014年3月：北京）

⑪日朝政府間協議（2014年5月：ストックホルム）朝鮮側は拉致被害者を含む全ての日本人に関する包括的かつ全面的な調査の実施を約束。日本側は独自制裁の一部を解除。

⑫日朝政府間協議（2014年7月：北京）朝鮮側は、特別調査委員会で拉致被害者を含む全ての日本人に関する調査の開始を発表。日本側は人的往来の規制などを解除。

⑬日朝外交当局間会合（2014年9月：瀋陽）

⑭特別調査委員会との協議（2014年10月：平壌）日本側は拉致問題が最重要課題。朝鮮側からは、拉致については、個別に入境の有無、経緯、生活環境等を調査中。

⑮特別調査委員会の解体（2016年2月）

　これは日本のマスメディアの報道にも問題がある。合意事項の朝鮮側による「日本人調査」だけでなく、日本側には「日朝平壌（ピョンヤン）宣言にのっとって、不幸な過去を清算」することも明記されているにもかかわらず、そのことをほとんど報じていないのだ。日朝間の「懸案事項」は拉致問題だけではなく、日本による朝鮮統治の清算と過去の過ちを反省して正すことであるが、マスメディアは、北朝鮮が実施する調査の対象に拉致被害者と「特定失踪者」だけでなく、日本人遺骨・埋葬地、残留日本人、日本人配偶者も含まれていることへの危惧を報じ、対象を広げることで、拉致被害者と「特定失踪者」の調査がおざなりになるのではないかと報道しているのだ。マスメディアは、日朝平壌（ピョンヤン）宣言以降、続いてきた重要なやり取りに触れようとはしないのである。

6. 特別調査委員会の解体から国交正常化へ

　ストックホルムでの日朝政府間協議での合意から 2014 年 7 月の北京での日朝政府間協議で朝鮮側は、特別調査委員会で拉致被害者を含む全ての日本人に関する調査の開始を発表。特別調査委員会は、北朝鮮の最高指導機関である国防委員会から権限が付与されていた。拉致被害者、行方不明者、日本人遺骨問題の再調査を行うというもので、拉致被害者の入境経緯なども再調査するという。「よど号」はこの特別調委員会の動向に注目していた。“ ヨーロッパ拉致 ” 関与の否定の詳細が明らかになるのではないか、との期待であった。

　ところが、日本政府は 2016 年 2 月、核実験、長距離弾道ミサイル発射強行に対する独自制裁措置として人的往来の規制など 4 項目を実施すると発表した。「制裁」強化に舵を切ってしまった。「拉致、核、ミサイルといった諸懸案を包括的に解決する」ためとするが、背景には、拉致問題の行き詰まりと朝鮮への責任転嫁、そしてアメリカの意向が反映されているのであろう。

　その後、朝鮮は日本の独自制裁決定受け、2016 年 2 月、特別調査委員会を解体してしまった。報告書での「よど号」グループの “ ヨーロッパ拉致 ” 関与を否定する内容（日本政府が合意が前提）よっては、捜査当局は “ 自主的に ” 逮捕状を撤回する可能性もわずかに残っていた。同委員会は「よど号」グループとも個別的、全体的に数回、面談し、「よど号」グループからは国賠裁判をはじめとした膨大な資料も提出し、同委員会による調査が進行中であった。同委員会の本気度については本書（第 5 章）でも触れたが、同委員会が解体してしまい、調査資料は朝鮮の手中にあるままだ。なんとしてでも日朝政府間交渉でこの事態から脱出し、中止（中断）された調査を再開して、報告書を明らかにしてもらいたいものだ。

　朝鮮のこれまでの外交戦略には一貫したものがある。「強硬」には「超強硬」「制裁」には必ず対抗措置をとるというスタイルである。日本はこの朝鮮スタイルを理解したうえで、これまでの「制裁」一辺倒という呪縛から解放され、ストックホルム合意の「日朝国交正常化、日朝平壌宣言に則って、不幸な過去を清算し、懸案事項を解決し、国交正常化を実現するために、真摯に協議」するしかないはずである。特に「過去の植民地支配によって、朝鮮の人々に多大の損害と苦痛を与えたという歴史の事実を謙虚に受け止め、痛切

な反省と心からのお詫びの気持ち」をどこかで具現化することが重要なことではないか。

＊＊＊＊＊＊＊＊＊＊＊＊＊＊＊＊＊＊＊＊＊＊＊＊＊

資料1　日朝平壌宣言（平成14年9月17日）

　小泉純一郎日本国総理大臣と金正日朝鮮民主主義人民共和国国防委員長は、2002年9月17日、平壌で出会い会談を行った。

　両首脳は、日朝間の不幸な過去を清算し、懸案事項を解決し、実りある政治、経済、文化的関係を樹立することが、双方の基本利益に合致するとともに、地域の平和と安定に大きく寄与するものとなるとの共通の認識を確認した。

　1．双方は、この宣言に示された精神及び基本原則に従い、国交正常化を早期に実現させるため、あらゆる努力を傾注することとし、そのために2002年10月中に日朝国交正常化交渉を再開することとした。

　双方は、相互の信頼関係に基づき、国交正常化の実現に至る過程においても、日朝間に存在する諸問題に誠意をもって取り組む強い決意を表明した。

　2．日本側は、過去の植民地支配によって、朝鮮の人々に多大の損害と苦痛を与えたという歴史の事実を謙虚に受け止め、痛切な反省と心からのお詫びの気持ちを表明した。

　双方は、日本側が朝鮮民主主義人民共和国側に対して、国交正常化の後、双方が適切と考える期間にわたり、無償資金協力、低金利の長期借款供与及び国際機関を通じた人道主義的支援等の経済協力を実施し、また、民間経済活動を支援する見地から国際協力銀行等による融資、信用供与等が実施されることが、この宣言の精神に合致するとの基本認識の下、国交正常化交渉において、経済協力の具体的な規模と内容を誠実に協議することとした。

　双方は、国交正常化を実現するにあたっては、1945年8月15日以前に生じた事由に基づく両国及びその国民のすべての財産及び請求権を相互に放棄するとの基本原則に従い、国交正常化交渉においてこれを具体的に協議することとした。

　双方は、在日朝鮮人の地位に関する問題及び文化財の問題については、国交正常化交渉において誠実に協議することとした。

　3．双方は、国際法を遵守し、互いの安全を脅かす行動をとらないことを確認した。また、日本国民の生命と安全にかかわる懸案問題につ

いては、朝鮮民主主義人民共和国側は、日朝が不正常な関係にある中で生じたこのような遺憾な問題が今後再び生じることがないよう適切な措置をとることを確認した。

4. 双方は、北東アジア地域の平和と安定を維持、強化するため、互いに協力していくことを確認した。

双方は、この地域の関係各国の間に、相互の信頼に基づく協力関係が構築されることの重要性を確認するとともに、この地域の関係国間の関係が正常化されるにつれ、地域の信頼醸成を図るための枠組みを整備していくことが重要であるとの認識を一にした。

双方は、朝鮮半島の核問題の包括的な解決のため、関連するすべての国際的合意を遵守することを確認した。また、双方は、核問題及びミサイル問題を含む安全保障上の諸問題に関し、関係諸国間の対話を促進し、問題解決を図ることの必要性を確認した。

朝鮮民主主義人民共和国側は、この宣言の精神に従い、ミサイル発射のモラトリアムを2003年以降も更に延長していく意向を表明した。

双方は、安全保障にかかわる問題について協議を行っていくこととした。

日本国 総理大臣 小泉　純一郎
朝鮮民主主義人民共和国 国防委員会　委員長 金　正日
2002 年 9 月 17 日
平壌

資料2　ストックホルム合意（日本の外務省の発表）

5月26日から28日まで、スウェーデン・ストックホルムにて開催された日朝政府間協議の概要以下のとおり。（日本側代表：伊原純一アジア大洋州局長、北朝鮮側代表：宋日昊（ソン・イルホ）外務省大使）

今回の日朝政府間協議は、前回の議論の内容を踏まえつつ、双方が関心を有する幅広い諸懸案について、集中的に、真剣かつ率直な議論を行った。（29日に発表した合意文書は別添のとおり。）

その他、北朝鮮側からは、改めて朝鮮総連本部不動産の競売問題に関して強い懸念の表明があり、日本側から現在、裁判所により進められている手続について説明した。

また、日本側からは、北朝鮮による核・ミサイル開発及び地域・朝鮮半島の緊張を高めるような挑発行動について、北朝鮮の自制を求め、日朝平壌宣言や関連国連安保理決議、六者会合共同声明等を遵守する

よう求めた。

発表した合意文書
　双方は、日朝平壌宣言に則って、不幸な過去を清算し、懸案事項を解決し、国交正常化を実現するために、真摯に協議を行った。
　日本側は、北朝鮮側に対し、1945年前後に北朝鮮域内で死亡した日本人の遺骨及び墓地、残留日本人、いわゆる日本人配偶者、拉致被害者及び行方不明者を含む全ての日本人に関する調査を要請した。
　北朝鮮側は、過去北朝鮮側が拉致問題に関して傾けてきた努力を日本側が認めたことを評価し、従来の立場はあるものの、全ての日本人に関する調査を包括的かつ全面的に実施し、最終的に、日本人に関する全ての問題を解決する意思を表明した。
　日本側は、これに応じ、最終的に、現在日本が独自に取っている北朝鮮に対する措置（国連安保理決議に関連して取っている措置は含まれない。）を解除する意思を表明した。
　双方が取る行動措置は次のとおりである。双方は、速やかに、以下のうち具体的な措置を実行に移すこととし、そのために緊密に協議していくこととなった。

――日本側
　第一に、北朝鮮側と共に、日朝平壌宣言に則って、不幸な過去を清算し、懸案事項を解決し、国交正常化を実現する意思を改めて明らかにし、日朝間の信頼を醸成し関係改善を目指すため、誠実に臨むこととした。
　第二に、北朝鮮側が包括的調査のために特別調査委員会を立ち上げ、調査を開始する時点で、人的往来の規制措置、送金報告及び携帯輸出届出の金額に関して北朝鮮に対して講じている特別な規制措置、及び人道目的の北朝鮮籍の船舶の日本への入港禁止措置を解除することとした。
　第三に、日本人の遺骨問題については、北朝鮮側が遺族の墓参の実現に協力してきたことを高く評価し、北朝鮮内に残置されている日本人の遺骨及び墓地の処理、また墓参について、北朝鮮側と引き続き協議し、必要な措置を講じることとした。
　第四に、北朝鮮側が提起した過去の行方不明者の問題について、引き続き調査を実施し、北朝鮮側と協議しながら、適切な措置を取ることとした。
　第五に、在日朝鮮人の地位に関する問題については、日朝平壌宣言に則って、誠実に協議することとした。
　第六に、包括的かつ全面的な調査の過程において提起される問題を確認するため、北朝鮮側の提起に対して、日本側関係者との面談や関連資料の共有等について、適切な措置を取ることとした。

第七に、人道的見地から、適切な時期に、北朝鮮に対する人道支援を実施することを検討することとした。

——北朝鮮側

第一に、1945年前後に北朝鮮域内で死亡した日本人の遺骨及び墓地、残留日本人、いわゆる日本人配偶者、拉致被害者及び行方不明者を含む全ての日本人に関する調査を包括的かつ全面的に実施することとした。

第二に、調査は一部の調査のみを優先するのではなく、全ての分野について、同時並行的に行うこととした。

第三に、全ての対象に対する調査を具体的かつ真摯に進めるために、特別の権限（全ての機関を対象とした調査を行うことのできる権限）が付与された特別調査委員会を立ち上げることとした。

第四に、日本人の遺骨及び墓地、残留日本人並びにいわゆる日本人配偶者を始め、日本人に関する調査及び確認の状況を日本側に随時通報し、その過程で発見された遺骨の処理と生存者の帰国を含む去就の問題について日本側と適切に協議することとした。

第五に、拉致問題については、拉致被害者及び行方不明者に対する調査の状況を日本側に随時通報し、調査の過程において日本人の生存者が発見される場合には、その状況を日本側に伝え、帰国させる方向で去就の問題に関して協議し、必要な措置を講じることとした。

第六に、調査の進捗に合わせ、日本側の提起に対し、それを確認できるよう、日本側関係者による北朝鮮滞在、関係者との面談、関係場所の訪問を実現させ、関連資料を日本側と共有し、適切な措置を取ることとした。

第七に、調査は迅速に進め、その他、調査過程で提起される問題は様々な形式と方法によって引き続き協議し、適切な措置を講じることとした。

【平壌5月30日発朝鮮中央通信】
朝日政府間会談で合意した内容

2014年5月26日から28日の間に、スウェーデンのストックホルムで行われた朝日政府間会談で合意した内容は、次のとおり。

双方は、朝日平壌宣言に従って不幸な過去を清算し、懸案を解決し、国交正常化を実現するために真しな協議を行った。

日本側は、共和国側に1945年を前後にして共和国領内で死亡した日本人の遺骨および墓地、残留日本人、日本人配偶者、拉致被害者お

よび行方不明者を含むすべての日本人に対する調査を要請した。

　共和国側は、日本側がかつて拉致問題に関連して傾けてきた共和国の努力を認めたことを評価し、従来の立場はあるが、すべての日本人に対する調査を包括的かつ全面的に行って最終的に日本人に関するすべての問題を解決する意思を表明した。

　日本側はこれに従って、最終的に現在、日本が独自に取っている対朝鮮（制裁）措置を解除する（国連安保理決議に関連して取っている措置は含まれない）意思を表明した。

　双方が取る行動措置は、次のとおり。

　双方は、早い時日内に次の具体的な措置を実行に移すことにし、そのために緊密に協議していくことにした。

――日本側

　第一に、共和国側と共に朝日平壌宣言に従って不幸な過去を清算し、懸案を解決し、国交正常化を実現する意思を再び明らかにし、日朝間の信頼をつくり、関係改善を志向して誠実に臨むことにした。

　第二に、共和国側が包括的調査のために「特別調査委員会」を設け、調査を開始する時点で人的往来規制措置、送金報告および携帯輸出申請金額に関連して共和国に取っている特別な規制措置、人道目的の共和国国籍船舶の日本入港禁止措置を解除することにした。

　第二に、日本人遺骨問題に対しては共和国側が遺族の墓参り訪問の実現に協力したことを高く評価し、共和国領内に放置されている日本人の遺骨および墓地の処理、墓参り訪問に関連して共和国側と引き続き協議し、必要な措置を取ることにした。

　第四に、共和国側が提起した過去の行方不明者に対して引き続き調査を実施し、共和国側と協議して適切な措置を講じることにした。

　第五に、在日朝鮮人の地位に関連する問題に対しては朝日平壌宣言に従って誠実に協議していくことにした。

　第六に、包括的で全面的な調査の過程に提起される問題を確認するために共和国側の提起に対して日本側の関係者との面談、関連資料の共有など、適切な措置を講じることにした。第七に、人道的見地から適切な時期に共和国への人道的支援を実施することを検討することにした。

――共和国側

　第一に、1945 年を前後にして共和国領内で死亡した日本人の遺骨および墓地と残留日本人、日本人配偶者、拉致被害者および行方不明者を含むすべての日本人に対する調査を包括的かつ全面的に実施することにした。

　第二に、調査は一部的な調査だけを優先視せず、すべての分野に対して同時並行的に行うことにした。

　第三に、すべての対象に対する調査を具体的に真しに行うために特

別な権限（すべての機関を対象に調査できる権限）が付与された「特別調査委員会」を設けることにした。

第四に、日本人遺骨および墓地、残留日本人および日本人配偶者をはじめ日本人に関連する調査および確認状況を随時日本側に通報し、その過程に発見される遺骨の処理と生存者の帰国を含む去就問題は日本側と適切に協議することにした。

第五に、拉致問題に対しては拉致被害者および行方不明者に対する調査状況を随時日本側に通報し、調査の過程に日本人生存者が発見される場合、その状況を日本側に知らせ、帰国させる方向で去就問題に関連して協議し、措置を講じることにした。

第六に、調査が進ちょくすることに合わせて日本側の提起に対してそれを確認できるように日本側関係者の共和国滞在、関係者との面談、関係場所の訪問を実現させ、関連資料を日本側と共有して適切な措置を講じることにした。

第七に、調査は迅速に行い、その他の調査の過程に提起される問題はいろいろな形式と方法で引き続き協議し、適切な措置を講じることにした。

チュチェ 103(2014) 年 5 月 29 日
平　壌

第 8 章　平壌での座談会と
　　　　　小西隆裕氏への単独インタビュー

　座談会は 2016 年 10 月 12 日、平壌市内の大同江河畔の閑静な日本人村の会議室で行われた。座談会出席者は平壌在住「かりの会」の小西隆裕氏、若林盛亮氏、赤木志郎氏、魚本公博氏（国賠元原告）、森順子氏（国賠元原告）、黒田佐喜子氏（国賠元原告））と訪朝した山中幸男氏（帰国支援センター）、井上清志氏（司会、よど号"ヨーロッパ拉致"でっち上げ逮捕状を撤回する会）。小西タカ子氏（帰国家族）は紙上参加である。座談会は国賠元原告を中心に行われた。

　また、平壌滞在中（2016 年 10 月 11 日～15 日）、かりの会代表・小西隆裕氏に帰国支援センター代表・山中幸男氏が、単独インタビューを行った。

1. 平壌座談会

右から元原告の魚本氏、黒田氏、森氏、赤木氏、司会・井上氏（2016年10月12日平壌）

(1) 在朝 46 年（金日成、金正日、金正恩 3 代）の生活の変化

井上（司会）：在朝 46 年ですね。46 年間、金日成、金正日、金正恩の 3 代にわたって日本人として平壌で生活されてきましたね。日本人としては

235

貴重な存在だと思いますが、その間の変化と現状について話していただけますか。

小西：日本で一般的に言われているのは、正恩さんになって変わったと言うことですね。確かに、変わったところもありますが、一貫して、自主、先軍、社会主義の基本路線を堅持してきました。ここにおいては、何の変わりもありません。その上で変わってきているといえば、正恩さんが登場しながら言ったのは、最後の勝利をめざす段階にきているということです。いろいろな側面で言えますが、朝鮮が今、強調しているのは、自強力第一主義です。誰も助けてくれない、自分の力でやるということです。例えば、国産化、資源から技術まですべて国産化、自分の国でまかなうということです。

井上：女性にも聞きたいのですが、生活の実感として正恩時代になって変わったことなどありますか？

黒田：2013年頃、金正恩さんの時代ですが、「社会主義富貴栄華」という表現（スローガン）があったのですが、その通りで、街でも私たち女性でも振り返るような女性が多くいて、服装などに目がとまります。女性がとても華やかになり、センスもいいですねぇ。私たちが外貨商店（1997年～2004年）をやっていた頃は、日傘が新しい商品としてめずらしかったのですが、今は、色も柄も種類も多く、夏は女性達の日傘が市内で一つの風景みたいです。

森：私たちは、週に一度は市内に買い出しに行くのですが、ほとんどの物は国産です。今は、数年前と違っていろんな物が出ていますよ。

井上：朝鮮の人は朝鮮の物を買いたがるのですか？　つまり国産品ですね。

黒田：そーですよ。特に女性にとっては化粧品、私も使っていますが、とっても良くなりました。みんなが良いと言い、買いたがっています。

若林：買いたがっているのもあるし、買いたがるような物を作ろうということです。制裁をうけても大丈夫という経済です。

井上：朝鮮の経済成長は韓国政府でさえも一時期、数パーセントずつ上がっていると言っていました。いまも穏やかな成長が続いているようですが、それにともなって生活も変わってきているということですね。昨日、案内人Ｍさんにも聞きましたが、"貨幣経済"という表現で経済が動いているという言い方をしていましたが…。給料なども炭坑労働や建設労働などのきつい仕事は、普通の労働者の何倍もの給料をもらっていると言っていました。

一方で聞きたいのですが、否定的なことはないんですか？　正恩さんになってから専制政治と言われていますが…。良いということばかりでなく否定的なことは？

小西：恐怖政治と言われていますが、恐怖政治をやっていたらどうなるのかということです。もちませんよ。

井上：良いことばかりではなく、例えばこういうことを改善してほしいとかはないですか

森：今は、発展途上ですよね、これからです。

若林：国産化といってもまだまだです。目標は世界レベルの物をつくるということですが。

魚本：いろんな試行錯誤してやっていますよ。また農業分野についてですが、一定の物を国家に治めて残りの物は自分たちがうけることができ、意欲が上がっていると感じます。

井上：46年の歴史の中で、大きく変わったことは、何ですか？

赤木：歌い方、昔は両手を握って歌うのが普通。今は、モランボン楽団は違うでしょ。踊りながら歌うでしょ。

若林：バンド演奏も今は立ってギターやっていますね。

小西：日本から来た人たちがよく言うのは、携帯とタクシーについてです。やはり科学技術、ＩＴですよ。情報産業経済なので、知識経済の情報が生活の中で活用されるようにネットでやられています。

井上：お子さんたちも帰国され開村されてから２年半になりますが、ここでの生活は46年間、何も変わらないということですか？

若林：昔と変わったと言えば、お金があれば何でも買えるようになったことです。昔は、お金があっても買えなかった。配給制だったので…。

井上：お金があれば何でも買えるということは、昔は物支給ということですか？

若林：お金があったとしても、物がないから。

井上：今、配給はなくなっていますか。

若林：今も配給制はあります。特に私たち外国人は、せいぜいピョンヤン商店（外貨ショップ）で買えるくらいでした。昔は金を持っていても値打ちがなかったのです。うちの末っ子くらいから買い食いするようになりました。昔は買い食いなんてできないし物がない。時期的には苦難の行軍の後半のころから、市場ができて売店も増えました。人民生活がしんどいんだから、そういうこともやらなければ…、ということです。

黒田：商品の種類が増えました。アイスクリームとか、洋服、化粧品などいろんな分野におよぶようになりました。

井上：1990年代の「苦難の行軍」の後半くらいから劇的に変わったということですね。

小西：街を観ていて感じるのは、子供たち、若い人たちの歩く姿や話している姿などには活気を感じます。

井上：だから日本のマスコミもこれだけ全世界が国連を中心に制裁をやっているのに、カメラを入れた途端にどこに制裁が効いているんだ！　という報道の仕方をしていますね。その裏付けのような話でしたね。

若林：私の勝手な意見ですので、一般化されたら困りますが、まず、指導者との関係ですが、正恩さんはもみくちゃにされても構わない、若いからでしょうか。これまでの金日成、金正日時代は距離感が保たれていましたが、表し方が違いますね。

井上：山中さんは、訪朝はすでに70回くらいですね。人道支援で26年間されてこられたわけですが、その間、朝鮮を観て何か変化したものはありますか？　三代にわたっての朝鮮の変化です。

山中：帰国救援に関しては何ら変わりはありません。朝鮮とのつき合い方は何も変わらないですね。

井上：朝鮮の外交政策としては変化がないということですね。方針が一貫しているということかな。

山中：そうですね。救援活動家の私としては、ぶれない、やめない、ひるまない、というコンセプトです。変わったとすれば、自分が年を取ってしまったことですよ（笑い）。

(2) 最近の朝鮮の核、ミサイル

井上：最近の朝鮮の核、ミサイルについてどう思っていますか？　安倍政権は朝鮮の核、ミサイルなどを「脅威」として、これを利用して安保法制などを成立させていますが。

小西：まず、朝鮮の核、ミサイルは、日本に対して向けられているのではなく、アメリカに対してだということです。弾道ミサイル自体を開発したのは、日本のはるか上空を越えてアメリカまで届くかどうか、そういうものを開発していったものです。核もアメリカに対してです。

井上：日本の行動はともかく、核、ミサイルが優先で報道されていて、朝鮮

の宇宙開発計画などは、全く報道されていないですね。衛星とかの平和
利用の問題などは、きちっと区別されていないです。朝鮮の宣伝の仕方
がまずいんじゃないか、もっと宇宙開発の計画なども言った方がいいと
思っていますが。朝鮮国内では、宣伝をちゃんとされているのですか？

小西：それは宇宙開発としてやられています。それを日本のメディアはミサ
イル、ミサイルと言っているんですよ。

若林：宇宙開発用のは日本だってやっているわけでしょう。それは制裁には
ならない。なのに朝鮮は、なぜ、わが国（朝鮮）だけが宇宙開発の制裁
になるのかと言っていますよ。弾道ミサイルのときは、弾道ミサイルと
言っていますよ。いくらでも転用できると言いますが、そんなことを言っ
たらどこでもそうでしょう。

小西：朝鮮の核、ミサイルは、どこまでもアメリカを相手にしたものです。
では、なぜアメリカを相手にしてやるのかと言えば、アメリカが、核を
覇権の道具にして朝鮮を脅かしているからです。これに対するミサイル
ということです。朝鮮は、「核をなくすための核だ」と正恩さんが言っ
ていますが、朝鮮自身が覇権のために核、ミサイルを開発しているので
はなく、覇権をなくすために核、ミサイルを開発しているということだ
と思います。

若林：そもそも問題は核とミサイル問題なのかです。戦争状態になっている
ことが問題でしょう。止めることは朝鮮の核とミサイルではなくて、平
和協定に変えることでしょう。アメリカが狙っているのは体制転覆です。
だから停戦協定を変えないのですよ。停戦協定状態になっているからこ
ういうことになるのですから、平和協定に変えれば核とミサイル問題は
解決するのです。問題は米朝問題であり、日本は関係ないのです。

井上：実際、宇宙開発だとはっきり言う識者が日本ではいませんね。だから
朝鮮の宣伝の仕方がまずいとしか思えないんです。

若林：農業用地球観測衛星の打ち上げであったことは、国民向けにはやって
います。衛星の打ち上げでこういうことができるようになると労働新聞
で言っています。

⑶ 体制崩壊報道について

井上：正恩体制になってから、日本国内では、イギリスの朝鮮大使館の公使
が脱北した、とか言われたりしています。そして、マスコミを通して体

制崩壊が始まっているんじゃないかと盛んに言われていますが、こうした報道についてはどうですか？　戦争（休戦）状態にあり情報戦ということもありますが…。

小西：崩壊、崩壊って言い続けていますね。しかし、何十年経っても崩壊しないじゃないですか。

若林：最初は、崩壊すると言っていたのは、正恩さんは、まだ若くて経験がないからと言われ、今は、独裁者で恐怖政治だと言われ…勝手につくって言っていますが、金日成さんの時からこういうことは言われていますよ。

小西：崩壊かどうかということは、結局、人民が支持しているかどうかでしょう。人民が支持していれば崩壊しないし、支持してなければ崩壊しますよ。我々が46年いて感じるのは、人民が支持しているということです。あと、よく言われるのは制裁で経済がだめになって崩壊するということですが、この問題を日本の尺度で考えたらだめだと思います。日本みたいに外に頼っている経済だったらそうなるでしょうが、朝鮮の場合は、もちろん外が関係ないわけではないですが、基本は内ですよ。内をしっかり固めて内から発展していっている。だから中国がどうのこうのと言われますが、朝鮮は経済のあり方自身が制裁に強い経済です。だから制裁による崩壊説は当たらない。実際、発展して行ってます。

若林：いちばんしんどかった苦難の行軍時期だってつぶれなかった。あのときより良くなっているのに、つぶれるはずがないですよ。

井上：日本の報道では粛清のことも言われ、独裁が進んでいると言われていますが、そういう話は朝鮮の人は、どうなんですか？

若林：張成沢（チャン・ソンテク）のときは、公開的だったし、皆知っています。労働新聞に載っています。

井上：他のときはオープンにしてないこともあるのですか？

若林：それは我々にもわかりません。

井上：そうですね、粛清された人が報道などの写真で、また、生き返って出てくる人もいますからね。

小西：張成沢（チャン・ソンテク）のときには、朝鮮の人たちは、正恩さんは肚（はら＝肝っ玉）があると言っていましたよ。

⑷ 国賠裁判を振り返って

井上：国賠裁判は、魚本さん、森さん、黒田さんの３人の原告が逮捕状撤
回を求めて損害賠償請求をやったわけです。拉致犯人としての烙印を押
されて精神的に損害を受けたとして一人 500 万円の請求を行い、東京
都を訴えて３年間頑張ってきましたけれど、一審棄却判決、２審棄却判
決、最高裁も上告棄却という結果に終わりました。それなりのものを獲
得できたと思うのですが、実際、当事者としてこういう裁判は初めてだ
と思いますが、それぞれの気持ちを聞かせて下さい。

魚本：まず、こういう方法があるのだということを知らなかったし、できる
のだということですね。これまでは、裁判とかは、やりたという気持ち
もありましたが難しいと思っていました。棄却ということになりました
が、例えば、結婚目的誘拐罪は親告罪であり、誰が告訴したのか曖昧だっ
た、その過程のなかで都は答えたくないとした。裁判官が応えた方がい
いと誘導までしてくれて、それでもだめだったわけですが。これなんか
をみても、政治的な逮捕状だということが言えるのではないか、私など
は、かなり印象づけられました。

井上：告訴があったのかどうか非常に曖昧でしたね。

魚本：私自身がやってないと言っても、日本の人と話しても聞いてくれない
し、煙たがられる。しかし、この裁判の過程で「シロはシロなのですが、
日本の人の認識もクロからグレー」になった感じがします。聞いてみよ
う、これは問題があるんだとなったし、世論喚起型裁判ということで、
本も出版されて、私自身の言い分は、公に言えました。そういう意味で
良かったと思います。

井上：女性（森さん、黒田さん）の場合は、ＮＨＫの特集「よど号と拉致」
の放映などもあって、マスコミからかなり引いていた時期もあったと思
いますが、原告としてやる、という決断をされて結果的にはこのように
なりました。その過程で大変苦労されたと思いますが、どうですか？

森：2010 年に井上さんが初めて訪朝され、そのときマスコミの人も一緒で、
インタビューするといって、私たちが嫌がっていたのを見ていましたね。

井上：あー、彼らが女性たちと話したいと、いろいろ聞いてましたね、でも
引いてましたよね。

森：あの頃は、もう、話すのも嫌だし説明しても理解してもらえないし。こ

ういう状況のなかで国賠をやる前までは、被害者意識が強かったですね。しかし、その何年かの過程では、陰謀だ、陰謀だと、私たち、言ってきましたが、これじゃ、わかんないよね、通じないよね、となって、やっぱり、自分たちがこれまで何をやってきたのか、違うんだ、こうなんだと、ちゃんと自分の言葉で訴えて、それを文字にして話すことによって、被害者意識から脱皮して、少しずつ当事者としての自覚がでてきたかなと思います。裁判というこういう闘い方があるんだなあと思いました。これが成長かな。

黒田：何をやってもだめだというのがありました。ＮＨＫのインタビューも利用されてしまったし。私なんかは、解ってもらえて当然というのがあったから。そういう中で悶々としていてもう情勢に頼るしかないなと陥っていました。しかし、当事者意識をもってしっかり訴えていかなくてはいけないと、国賠を通して皆さんに背中を押してもらったというのが正直な気持ちです。マスコミに取材を受けるのはすごく緊張します。でも、自分がやらなくてはとやってきました。そして、魚本さんも言っていた結婚目的誘拐罪のことをとっても、やれば事実のなかで立証できるんだと、すごく大きな力になりました。

井上：帰国された小西（夕）さんはどうですか。事務局会議など50回くらいやり、集会にもかならず参加し国内でこの国賠裁判を支えてこられましたが…。平壌とのギャップなどありましたか。

小西（夕）（紙上参加）：そうですね。あまりなかったと言えると思います。私の役割は、平壌の皆の思いとか、希望とかが支援の皆さんに正しく伝わり、また、支援の皆さんの考え、苦労が正しく平壌に伝わることだと思っています。

　　そこで一番良いのは、お互いが直接膝を交えて意見を交わすことですから、訪朝していただくことが一番です。　山中さんの尽力で国賠提訴に向けた弁護団・支援者会議の皆さんの訪朝が実現できた時は、本当に嬉しかったです。

井上：しばらく朝鮮には行けませんでしたね。

小西（夕）：はい、日朝関係の悪化で、ここ２年ほど訪朝が途絶えていましたが、また、再開できて裁判の記録を残す本の出版に向けて支援者の皆さんの訪朝が実現できるようになって嬉しい限りです。できるなら弁護団の先生方にも行っていただきたいですね。

井上：まず朝鮮に行ってもらいたいということですね。

小西（夕）：はい、本当に多くの皆さんに支えられて今日の私たちがあることに深く感謝しながら、6人の帰国実現の道をともに歩んで行けることを幸せに思っています。そして、これからも一人でも多くの方が訪朝し、6人に会い、また、朝鮮の真の姿に接していただければと願っています。

井上：山中さんに聞きますが、世論喚起型裁判ということで河出書房で本の出版もしましたね。どのくらい売れたんですか？　初版6000部でしたが。

山中：4000部です。完売はしていませんが、それなりに売れていると思います。

井上：その反応として拉致被害者家族だとか、政府の拉致対策本部とかのこの本に対する評価などは聞いてますか？

山中：出てこないです。感想はもっているはずですが…。反応が出ないということは、言い分を認めているということでしょう。問題があれば罵詈雑言がでてくるはずです。この世界では。

井上：蓮池透さんはどうですか？　何か言ってましたか？

山中：蓮池さんは読んでいますよ。蓮池さんはね、結論的に言えばよど号の関与はないと言ってました。ただ、自分としては言う資格がないということでしょうね。

山中：これは別の事件の話しですが、よど号の拉致関与の逮捕状と城﨑さんの殺人未遂事件（ジャカルタの事件）は警視庁の担当記者はかなり無理筋だと言っています。

井上：ヨーロッパ拉致事件の魚本さんはコペンには行っていない、城﨑さんはジャカルタには行っていない。ともに不在。にもかからず、ある身分を隠しての生活のため不在証明は非常に難しい。ここを捜査当局は利用しているわけですね。

山中：城﨑さんについていえば支援者の山際永三さんがジャカルタでの指紋発見はねつ造されたものとの証言を行い、「えん罪」を証明しようとしました。不在証明の立証の難しさという点では類似した事件ですね。

井上：これまでの「よど号」の主張は、ヨーロッパ拉致はアメリカの謀略、覇権のせいという政治的言語で語られることが多かったですが、国賠を通してこれまでの文献、証言などを精査し、さらに全国の調査、さらにヨーロッパでの文献調査もやり、えん罪の立証、ある意味で地道な立証活動をし「真相」に迫ろうとしてきましたが…、これについてはどうでしょうか？

森：私たちより、むしろ井上さんたちが、どうやってＮさん（バルセロナの動物園で写真を撮ってくれた石岡さんの友人）を探し出したのかと、思いますよ。やはり地道な活動があってできたことなんですね。また、石岡さんの友人のＯさんにも会って下さったんですね。私たちは、そのＮさんに手紙を書きました。今、私たちが置かれている状況と心情、裁判をやりますので発言して下さったら有り難いという内容でした。Ｏ弁護士さんを通して渡したのですが、Ｎさんのご家族にしか会えなかったということです。

井上：結局、Ｎさん本人からの連絡はありませんでしたね。

黒田：私たちは、バルセロナの動物園で偶然に二人に会って、別れ際に写真を撮っただけです。それが唯一の証拠になっているわけです。だから、絶対、Ｎさんの証言が得られれば、石岡さんとは偶然に会ったこと、またマドリッドで会うという約束はしていないということは分かるんです。その証言をしてもらえればいいんです。そこだけを訴えてやってきましたが、動いて下さった支援者の方には、話しを聞くといろいろ苦労があったんですね。

赤木：だから、Ｎさんが写真を撮った経緯を言ってくれれば解明できるということですよ。

井上：そうですね。彼がキーマンですよね。あの写真の前後の写真もいっぱいあるわけですね。そういう写真もみれば、ほんとうにあのスナップ写真も一枚しかなかったということになると思うんですよね。

井上：同じく魚本さんもヨーロッパ滞在時代のＫさんにも手紙を出されましたね。

魚本：私の場合は、弁護士さんが私の名前で出してくれましたが、音信不通ということです。

井上：Ｎさんへの手紙、Ｋさんへの手紙で切実に訴えられましたが残念な結果でした。つぎに、敗訴判決で逮捕状の撤回はできなかったわけで、「捜査に支障をきたす」「捜査は継続中」という理由で、「逮捕状の疎明資料は明らかにできない」、ある意味、実質審理に入らないままの門前払いという形になってしまいましたが…。

赤木：「捜査の密行性」ということでしょう。それは逮捕状が出れば、誰でも逮捕できるということだから。逮捕状によって人権が蹂躙されるということは、まったく訴える場所がないわけですよ。

魚本：そういうものが判決で出ていますが、それに対してそんなこと言って

も、それで人権が蹂躙されるということはどういうことなんだ。世論喚起型としてこれを考えていこう、とされた弁護士さんの着眼と立場は鋭かったです。我々も目が開かれました。

黒田：第2回口頭弁論のときに、裁判長の方が、原告主張に反論すべきところは、反論すべきではないかと言われた。そういうふうに裁判長自身も言わざるをえないということで、東京都側（警視庁）は、しぶしぶ「準備します」となりましたね。

井上：結婚目的誘拐罪の親告罪のことですね。被告東京都（警視庁）は「釈明の必要ない」ばかりだったんですが、弁護士がこだわって、やりましたよね。そうですね、僕もそういう印象があり、あれはヒットしましたね。

井上：親告罪で結婚目的誘拐罪という罪名の逮捕状は、誰が告訴したのかということがうやむやにされてしまいました。有本さん、石岡さん、松木さんが生存しているのであれば当然、かれらの告訴ということになりますが、検察は「告訴権者が行方不明の場合は検察自ら指定できる」とまでは言ったのですが、これも断定的には言わなかったですね。

黒田：ほんとに政治的で無理して出したということがわかりましたね。

若林：マスコミの記者たちは分かっているのですか？

井上：マスコミも分かっていると思いますよ。ちゃんとレクチャーしたつもりです。

山中：ＮＨＫ公安担当記者も毎回、傍聴していましたね。

⑸ 八尾恵の偽証について

井上：八尾証言は、「金日成（キム・イルソン）から"代を継いで革命を実施せよ"との教示を受けた田宮高麿の指示でロンドン留学中の有本恵子さんに声をかけて騙し、デンマークのコペンハーゲンでキム・ユーチョル、魚本さんに引き合わせて、北朝鮮に連れ出した」という荒唐無稽な公安ストーリーに沿ったものでした。このストーリーに沿ってヨーロッパ拉致について逮捕状が更新され続けていますが、当時の「われわれの見解」（発行日を入れる）では、八尾恵が「よど号」の知らないところで拉致に関与していた可能性もある、との記載もありましたが、国賠裁判も終わって、今でもその「見解」に変更はありませんか？

若林：当時はわれわれもまったくわからないから、可能性ということで書いたのですが、日本側の報道で知った2006年の朝鮮の調査報告で「工作

員は日本語が堪能なのでよど号の協力は必要ない」「よど号の拉致関与
はない」と明らかにしました。主観的推測で書いたということで間違っ
ていました。

井上：当時は情報が錯綜していて把握仕切れなかったと言うことですね。し
かし、この間、調査もし分析して、あり得ないということが明らかだと
いうことですね。

山中：八尾恵が任意でとっている供述調書がかなりあるのですが、それは一
切公開されていないんですよね。もしそれを開示させられるとしたら、
国賠訴訟の場でも使うこともあった。今後、この調書を使ってくる可能
性もあるが、嘘の供述調書であり、でっち上げだと主張していくことに
なると思う。

井上：弁護団会議では初め、この八尾（偽証）に対して損害賠償を検討しま
したが、国内では個人への損賠には反対意見もあり、最終的には警視庁
に対する国賠ということになりました。 この反対意見があったことに
ついてはどうですか。

小西（夕）（紙上参加）：損賠が提起された時には、正直、「 できれば損賠で
はない方が 」と思いました。しかし、それしかないというのであれば、
覚悟を決めねば…と思いました。 それで国賠と決まった時はほっとし
ました。

井上：平壌のみなさんはいかがですか。

小西：個人に対するものは一対一になってしまい逆効果になってしまうの
でないか。われわれが釈明すれば釈明するほど逆効果になるという認識
がありました。 国賠にも「逆効果になってしまうのではないか」とい
う意見も確かにありました。意思統一できない事情もありましたが、帰
国後（経済面）のこともみんなで考えていこうとしていましたので…。

井上：八尾証言の分析については、新居崎さんを中心にしつこく精査をして
明らかにしましたが、えん罪を立証しなければいけない、反証しなけれ
ばいけないわけですが、普通は、えん罪なのになぜ答えなければいけな
いのかと思いますが、それについてどうですか？

魚本：「えん罪を晴らすことは難しい」としか言いようがないです。まあ、
被害者意識で済ませようとしていましたね。

森：やはり言いようがないです。自分たちがそうじゃないんだと過去にさか
のぼってやるしかないですよね。それを新居崎さんが40数年の時系列
をつくって下さった。私たちにはこれを作るモチベーションはなかった

ですよ。

若林：そう、そんなモチベーションはなかったです。作ってくれたから、これを契機に当事者としてやっていこうと頭も整理された。

黒田：闘うすべが分からなかったですね、当時は。

⑹ 帰国について

井上：高齢化も進んでいますが、一部の帰国も考えたことはありますか？帰国して闘うのも、ひとつのオプションかと思いますが、女性はどうですか？

森：女性の帰国の問題は、何年か前も言われていました。私たちも討論したし、私自身も考えてきました。ただ、今に至ってはですが、ここまで来たのだから、つまり特別調査委員会の全容解明の段階まできたのだから、私としては、きれいにして帰国したいというのが正直な気持ちです。

黒田：これまで頑張ってきたので最後まで頑張ります。

⑺ 被害者家族に対して

井上：被害者家族の有本さんから、山中さんに連絡があったりしたのですが、皆さんからは、家族の方に何かないですか？

森：家族の方々が願われるようになることを私たちも願っています。

黒田：全容解明がなされることを願っています。

山中：よど号問題の解決と日本人拉致問題の解決とは重なっている部分とそうでない部分があると思う。重なっている部分とは日朝関係の正常化です。ただ拉致問題の解決とは何なのか、その定義がなされていないのでぐちゃぐちゃになっています。よど号は、残っている６人全員帰国ではっきりしていると思います。

⑻ 特別調査委員会の解体

井上：朝鮮に設置された特別調査委員会ではよど号のヨーロッパ拉致関与の否定が明らかされるという報告がなされるかも知れないと言う期待感があったと思いますが、解体されてしまった現状に対して、どうですか？

魚本：一言でいえば、残念です。前例にこだわらないとまで言っていました

247

ので、全容解明に本当に期待していました。

黒田：解体されたときはショックでした。特別調査委員会が設置されたとき
　　　は、全容解明がなされるんじゃないかという期待をもちました。実際、
　　　今回の調査をうけて朝鮮側が全部解決するんだという本気度が伝わって
　　　きましたし、私も積極的に協力しました。だから、調査委員会が解体さ
　　　れたときはショックで…、前の状態にもどってほしいと思います。

森：そうですね。「日朝の狭間で揺れ動く」よど号の存在を改めて実感しま
　　　したね。

井上：昨日は、数回の調査が行われたと言われましたが、公式的には数回、
　　　個別的、全体的になされたと言って良いのですか？

若林：構わないですよ。

井上：調査は、向こうに行ったのですか、こっちに来たんですか？　内容的
　　　に踏み込みたいのですが。

若林：まだ終わったなんて聞いていないし、まだ、途中です。

小西：行ったことも、こっちに来たこともあります。

山中：調査委員会はキム・ユーチュルさん（外交官）に事情を聴けばすべて
　　　が明らかになるように思っています。多分、聞いていると思いますが。

⑼ 日本政府に望むこと

井上：日本政府に望むことは何ですか？

魚本：今回の調査委員会の解体は、日本が核、ミサイルはけしからんと言う
　　　ことから始まったこと。日本の国益を考えても日本としてのスタンスで
　　　しっかりやること、結局、ピョンヤン宣言にもう一度戻るしかないと思
　　　いますし、戻ってほしいですね。

森：被害者家族も言っていますが、核、ミサイル問題と拉致問題は違う、一
　　　緒にしないでほしいと思います。拉致問題は日本独自の立場で解決しな
　　　ければいけないと思います。

2. かりの会代表・小西隆裕氏への単独インタビュー
「よど号問題」の解決をめざして

(聞き手:帰国センター代表・山中幸男氏)

インタビューに答える小西氏(左)
(2016年10月12日 平壌)

山中:あと3年余りで渡朝50年、帰国についてどう考えていますか?

小西:帰国を放棄したりあきらめたりしたことは一度もありません。50年になろうが、60年になろうが、「よど号拉致問題」を解決して必ず帰国しようと思っています。

山中:そろそろ帰国してえん罪を晴らすというようには考えないのですか? 客観的状況も20年前、10年前と比較しても変わって来ていると思うのですが…。

小西:これまで、私たちの仲間たちが数名帰国して裁判を受けましたが、えん罪を晴らせた者は一人もいません。すべての判決文で「北のテロ工作員」は大前提にされています。まして日朝関係が最悪な今日、えん罪を晴らすどころではないと思います。えん罪を晴らし、「よど号問題」がいかに古い朝米、日朝敵対の産物であるのかを明らかにして帰国してこそ、帰国する意義があります。

山中:えん罪である、ヨーロッパ"拉致"を解明するためにこの本を出すのですが、この対談では、この間あったストックホルム合意とその破綻辺りから、話を起こしていきたいと思いますが、どうですか。

(1) 消えた「よど号問題」全容解明

山中：ストックホルム合意が発表されたとき、どう思いましたか？

小西：「合意」が発表されたときは、一般的に「日朝関係改善で一歩前進、
　　　よいことだ」くらいに思っていました。が、その後、国防委員会の下に
　　　特別調査委員会が設けられ、最高の権限で調査が行われるようになった
　　　と知り、日朝国家間のトップレベルの合意により、「拉致問題」解決が、
　　　かつてない力で推し進められ、実現するかも知れないとの期待が一段と
　　　大きくなりました。

山中：自分たちへの調査は行われると思っていましたか？

小西：私たちは拉致とは関係ないので、行われるとは思っていませんでした。
　　　もし行われるとしても、参考人として何か聞かれる程度にしか考えてい
　　　なかったです。

山中：調査するとの通知はいつあったのですか？　その時、どう思いました
　　　か？

小西：通知は、確か　昨年、2014 年の 11 月頃ありました。通知が来たとき、
　　　正直言って、少々驚きました。なぜ私たちが調査されねばならないのだ
　　　と思い、私たちの案内人に聞いてみましたが、彼も分からないと言いま
　　　す。それで、最初の調査のときには、私たち自身、若干憤然たる気分で
　　　した。

山中：調査自体はどうだったのですか？　何を調査されたのですか？

小西：最初、調査についての説明がありましたが、それは納得のいくもので
　　　した。一つは、今回の調査が在朝日本人すべてを対象に行われるもので
　　　あること、もう一つは、私たちに対して日本側から調査依頼が来ている
　　　ので、それに沿って調査するということでした。

山中：調査されてみて、どう思いましたか？

小西：今回の調査によって、私たちが関わったとされる拉致問題の真相と全
　　　容が解明され、それによって「よど号問題」の最終的解決が実現するの
　　　では、という期待を具体的に持てるようになりました。

山中：何を根拠に「真相解明」「全容解明」の期待を抱いたのですか？

小西：それについて明らかにしようとすれば、今回の調査結果にまで踏み込
　　　まなければならなくなります。朝鮮が調査結果について一切公表してい
　　　ない条件で、私たちだけがその一端について話すということにはなりま

せん。

山中：「真相解明」「全容解明」とは、これまで国賠裁判をはじめいろんなところで発言したこと以外に何かあるということですか。単に朝鮮の発表前に話すことはできないということですか？

小西：その通りです。

山中：なぜ朝鮮は調査結果を明らかにしようとしないのですか？　日本政府の合意がないと公表できないということではないのですか

小西：それについてはまったく分かりません。漏れ聞こえてくる話からすると、そこには日本側の事情も大きく関わっているのではないかと思うのですが、実際のところは、それまで含め、まったく分かりません。

山中：ストックホルム合意が破綻したとき、どう思いましたか？

小西：一言で言って、非常に残念でした。段々危うくなってきていた全容解明帰国への展望がやっぱり崩れ去ったという思いでした。

山中：今後の展望について、あなた方はどう思っているか聴きたいのですが、その前にまず、そもそも「よど号問題」とは何で、その解決に向けてのあなた方がどう闘ってきたのか、その辺のところから聴いて行きたいです。

⑵「よど号問題」とは？

山中：そもそも「よど号問題」とは何ですか？　それはどこから生まれたのですか？

小西：「よど号問題」とは、1988年、ソウル・オリンピック妨害の名で柴田と八尾が逮捕され、1996年、偽ドル・ロンダリング容疑で田中が逮捕され、2002年と2007年に、安部と森、黒田に拉致容疑で逮捕状が出されるなど、私たち「よど号グループ」が「北のテロ工作員」にでっち上げられ対朝鮮攻撃、日朝関係敵対に利用された一連の問題の総称です。この問題は、1988年、米国が朝鮮を、私たち「よど号関係者」を匿っていることなどを理由に「テロ支援国家」に指定し、私たちの国外追放などを指定解除の条件にしたことをもって生まれました。そして、上記の事件を次々にでっち上げて朝鮮への圧力を強め、2002年には「八尾証言」を基に、日本政府に私たちへの逮捕状を出させて朝鮮への「引き渡し」圧力をかけさせるなど、連続的に朝鮮への圧力を強める方向で、執拗に続けられてきました。

山中：「よど号問題」としてあなた方が自覚したのはいつからですか？

小西：1996年2月、朝日新聞朝刊一面に米国務省高官の談話として、私たちの国外追放が朝鮮の「テロ支援国家」指定解除の条件だと明らかにされ、その直後に田中のカンボジア・タイ国境での逮捕があったときです。それまでにも出されていた「拉致」問題とも併せて、米国によって生み出された「よど号問題」について初めて気づくようになりました。それまでは、一般的な朝鮮や私たちへの攻撃かと思っていました。

山中：1988年以前は何をしていたのですか？

小西：私たちは、ハイジャックによる渡朝1年半を経る中で、国内の赤軍派が壊滅的状況に陥ったことなどもあって、自らの誤った過去を総括し、まったく新しく闘争を開始するため、日本政府への投降帰国ではなく、広範な国民的支持を背景とする政府と話し合っての合意帰国の実現を決意しそれを目指して闘っていくようになりました。私たちは、そのための闘いの軸を季刊雑誌『日本を考える』の発刊など、徹頭徹尾日本のための思想理論活動に置き、そのためにも、ヨーロッパや日本の現実の中に積極的に入っていくようにしました。それが米国によって探知され、謀略に利用されるようになったのだと思います。

山中：朝鮮は、なぜあなた達のためにそこまでしてくれたのですか？

小西：米国は、それを朝鮮が私たちを「テロ工作員」として利用するためだと言っていますが、それは、まったく理屈に合わない話です。私たちのように国際指名手配され、しかも未熟な者を「テロ工作員」にしなければならないほど朝鮮は工作員に困っていないはずです。朝鮮は、どこまでも私たちを亡命者として受け入れ、帰国を目指す亡命者としての私たちの要求に応えてくれたのだと思います。

山中：柴田さんや田中さんの場合、でっち上げだという証拠が出ているが、「拉致」の場合は出てきていません。なぜですか？

小西：特別なことではないと思います。証人になってくれる人がどこにいるか分からない、等々の理由からです。

山中：あなた達と実際に拉致をやったという朝鮮側との関係がよく分かりません。その辺はどうなっているのですか？　今回の調査でその辺はどう解明されたのですか？　ここが日本ではなかなか理解されない部分ですが。

小西：それについては、先ほども言いましたが、調査内容については朝鮮の報告を待つ以外にないのです。

⑶「よど号問題」解決のための闘い

山中：「よど号問題」の本質もつかめないまま、あなた方は何をしていたのですか？

小西：柴田が逮捕されたときは、柴田が日本国内にいたことをもってなされる誹謗中傷を打ち負かすため、ホテルに泊まり込み、機先を制し、集中的にマスコミとの活動をやりました。そして、なぜ国内にいたのか、「北のテロ工作員ではない」という私たちの意思を広く国民的に宣伝するのに成功したと思います。しかし、柴田裁判などを通じて、「よど号問題」の本質に迫ることができなかったのは事実です。また、八尾の問題に関しては、ことの本質をつかめないまま、適切に対応することができなかったと言えます。

山中：1996年2月、田中さんが逮捕されたときはどうだったのですか？

小西：あのときは、田宮さんが亡くなってすぐということもあり、柴田のときのように先手を打つことができず、すべてが後手後手に回ってしまいました。それに加えて、あのとき、マスコミは私たちとの線を完全にシャットアウトしてきました。そのため、「北のテロ工作員」宣伝攻勢を好き放題、全面的に許す結果になってしまいました。

山中：その後、「よど号問題」の存在に気づき、闘っていくようになるのですが、その闘いはどうだったのですか？

小西：この時期は、米国が2001年の9・11同時多発テロを契機にアフガン、イラク戦争を引き起こし、朝鮮に対して「悪の枢軸」「核先制攻撃」の脅しをかけるなど、その一極世界支配のため、恐怖のネオコン攻勢で圧迫する一方、われわれ「よど号」を国外追放すれば助けてやると救いの手をさしのべ逃げ道をつくってやる、そういう時期だったと言えます。1996年、例の米国務省高官発言を皮切りに、田中逮捕、「偽ドル・ロンダリング」キャンペーン、その上での1998年、高沢による『宿命』発刊などで私たちの「北のテロ工作員」印象を決定付けながら、朝鮮に対しては、私たちの国外追放勧告が執拗に繰り返されたのです。

山中：「拉致」問題をもっての攻撃はどのようになされたのですか？

小西：「拉致」に関しては、1990年代の初めから「疑惑」キャンペーンがなされてきましたが、それが全面化するのは、2002年、朝鮮が拉致を認めた以後、直ちに私たちの安部に逮捕状が出され、日本への引き渡し

要求が出されてきたときからです。その数ヶ月前に、八尾による陳述が
なされ、帰国者の裁判で私たちの「拉致関与」が証言され、それを「懺
悔」した『謝罪します』が発刊されたのは偶然ではありません。

山中：こうして見ると、米国による一極世界支配攻勢と朝鮮攻撃にあなた方
の「よど号問題」が全面的に組み込まれ、体よく利用されたという構図
が見えてくるということですか？

小西：まさにその通りです。私たちは、その間、「よど号問題」の本質がよ
く見えないまま、米国による攻撃に受動的に対応するだけだったと言う
ことができます。当時、私たちは、「北のテロ工作員」攻勢を否定し、
陰に陽に繰り返されてくる「帰国」への誘いを退けるのに追われていま
した。この時期、唯一、私たちが主動的に闘えたのは、帰国のための闘
いだったと言えます。女性たちと子どもたちが拉致キャンペーン渦巻く
日本のまっただ中に帰国したことは、日米両政府の意表をつくとともに、
「北のテロ工作員」キャンペーンに風穴を開ける重要な闘いだったので
す。

山中：その後の闘いはどうだったのですか？

小西：イラク、アフガン戦争が泥沼化するのに歩調をあわせるかのように、
米国による朝鮮に対する攻撃も、私たちに対する攻撃も急速に勢いがな
くなりました。2007年、私たちの女性二名に出した逮捕状は、米国の
路線転換についていけず、梯子をはずされた形でいた第一次安倍政権が
ささやかな「抵抗」を試みたものであって、何ら積極的意味を持つもの
ではなかったと思います。果たして2008年、朝鮮の「テロ支援国家」
指定は、私たちの国外追放に関係なく解除され、その年末には、ブッシュ
からオバマへ、単独行動主義から国際協調主義への転換がなされました。
「よど号問題」を利用しての米国による攻撃がなくなった条件で、私た
ちの闘いにも転換が求められました。

山中：この間の一連の活動は、そうした闘いだったということですか？

小西：そうです。一つは、闘いのスローガン自体、「『よど号問題』見直し」
を掲げ、そこに闘争の目標を表すようにしました。もう一つは、私たち
自身、広く国民に直接問題を提起していくようにしたことです。2010年、
渡朝40周年記念の集会にその間、15年来の活動に見られなかった多
くの方々の協力を得た私たちは、国賠ネットの方々の提起を受けて、国
賠訴訟の裁判を立ち上げることにし、「事実と証拠」にもとづき「えん罪」
を立証しつつ、それを世論喚起型の訴訟として行っていくため、同時に

単行本『「拉致疑惑」と帰国』の発刊準備を推し進めました。その結果、「結婚目的誘拐罪」という親告罪容疑をかけられた私たちが被害者親族の同意もないままにあわただしく逮捕状が出されたという事実が判明するなど、少なからぬ成果が上げられました。一方、謎に包まれた私たちの生き様を見てもらい、そこから「疑惑」を解いて行くため、2014年には、私たちの村（日本人村）に代表団を迎え、マスコミへの公開も行いました。また、この間、ツイッター「yobo—yodo」を立ち上げ、国内のネットとつながれるようになれたのも大変よかったと思っています。このような大きな成果の上に、ブラック一色だった「拉致容疑」がグレイになってきていると言えるだろうと思います。

(4) 闘いの展望

山中：そうした中、この間、ストックホルム合意があり特別調査委員会による調査があったわけですが、期待した調査結果発表を受けての帰国ができなくなってしまいました。その上、日朝関係は最悪です。こうした条件で、帰国への展望はどのように考えているのですか？

小西：一言で言って、私たちは決して悲観的ではありません。それは、今、進行している時代の転換が「よど号問題」の見直しを要求しており、私たちがそこにおいて自らの役割を果たすことが求められているからです。私たちは、その要求に応えていく中で、自ずと帰国への道も開けてくるに違いないと思っています。私たちがこちらに来て以来、幾度か私たち自身の置かれた状況に転換がありましたが、それは概ね時代の転換と結びついていました。1988年の転換は、東西冷戦から米一極支配への時代の転換と結びついていたし、2008年の転換は、ブッシュ単独行動主義からオバマ国際協調主義への転換と一体でした。そして今日の転換です。今度の転換は、8年前の転換とは違っています。米国自身は、新しいかたちの一極支配、新たな米覇権のあり方をねらい追求してくるでしょうが、もはやその一極支配自体、さらには覇権自体が許されなくなっているのではないかと思います。今、世界に現れている反グローバリズム・「自国第一主義」、二大政党制など現行の議会制民主主義とは異なる「新しい民主主義」を求める流れには、そういう質と力があるように思われます。

山中：あなた達の考えていることは分からないではないのですが、今繰り広

げられている「核とミサイル」をめぐる日米韓と朝鮮の攻防を見ていると、それが簡単に収束するようにはとても思えないのです。米大統領が交代するくらいではだめなのではないか？　どちらかが滅びるまで解決不能という気にさえなるのですが。

小西：もちろん、朝鮮の「核とミサイル」を認めるか否かは、米覇権の存亡をかけるくらいの意味を持っているかも知れません。だから簡単ではない、それは事実です。だが、考えてみてください。なぜ日本が朝鮮との友好という自身の国益を犠牲にして、あくまで米覇権に従わねばならないのですか？　そもそも、ストックホルム合意の破綻も、日本が米国の言いなりに対朝鮮独自制裁を行ったからです。

山中：「日本の国益」という観点から見ると、やはり日米関係が絶対的なのではないですか。日朝関係はそれに従わされてしまうと思いますが。

小西：もちろん、日本にとって日米関係は重要です。しかし、それと米覇権の下で生きるというのとは別だと思います。日本はかつて米覇権に楯突いて有史以来の大敗戦をこうむり、もう二度と同じ誤りはしないと総括しました。米覇権が崩壊してきている今日、その誤りがより明確になってきているのではないかと思います。日朝関係のこのどうにもならない行き詰まりは、そのことを示しているのではないでしょうか。

山中：やはり、話は日米関係の見直しというところまで行くのですか。そうなると、事はより大変になってしまうのではないでしょうか？

小西：確かに、話を広げ大きくしすぎるのは良くないです。しかし、今日の時代の転換は、それだけ根本的だとも言えるのではないでしょうか。米国の覇権の下で生きてきた日本のあり方そのものを見直すことが求められているということだと思います。こうした視野に立ったとき、日米韓対朝鮮を絶対視し、その敵対がどうにもならないという風に見るのではなく、「日本ファースト」に日米関係、日朝関係自体を見直すという視座も開けてくるのではないでしょうか。言い換えれば、何が真に「日本ファースト」なのかをめぐる議論の広がりの中で、日朝関係の見直しについても考え議論するということだと思います。

山中：しかし、「日本ファースト」に考えるということ自体が思考のコペルニクス的転換を必要とするのではないでしょうか？

小西：それが、時代の転換ということではないのですか。実際、今、世界的範囲で「自国ファースト」は一般的になってきています。

山中：それは、日米安保体制の下で生きてきた日本ではなかなかそうはなり

ません。米国の意思が暗黙の中に絶対的なものになっています。

小西：だからこそ、そうした意識の転換が問われているのではないでしょうか。私たちとしては、この時代的要請に応えるため、米覇権ともっとも闘っている朝鮮の地で半世紀近く生活し、特にその闘いの渦中で「よど号問題」の当事者となった者として、自らの役割を果たしていきたいと考えています。それが、とりもなおさず、私たちの帰国の展望を開くものになると思います。

山中：具体的にはどういうことをして行くことになるのですか？

小西：私たちは、今、日本にも時代の大きな流れは確実に流れていると思っています。沖縄や原発の闘い、そして昨年、日本が「戦争する国」になるのに反対し立憲主義を掲げて、「普通の学生」「子連れのママ」までかつてない幅の広さで展開された安保法制反対の闘いなどは、その現れだと思います。これこそ、米国の意思の押しつけに反対し、日本の意思、日本国民の意思を第一にする「日本ファースト」の闘いだと思います。この「日本ファースト」の闘いにあって、問われてくるのは、何が日本にとって求められているのか、そのあり方の根本をめぐる闘いです。日朝関係をはじめあらゆる問題ついて。ここに私たちが時代の奔流に合流し、自らの役割を果たす闘いの場が開けているのではないかと思っています。その議論の輪に加わり、自らのなし得る役割を少しでも果たすため、今回、発行が可能になった『えん罪・欧州拉致─よど号グループの拉致報道と国賠訴訟』は強力な武器になると思います。本書の作成と発行に骨を折って下さった皆様に心からの感謝を捧げたいと思います。本当に有り難うございました。

あとがき

　平壌在住の「よど号」グループのうち魚本氏、森氏、黒田氏の３人（元原告）にヨーロッパ拉致に関与したとする「結婚目的誘拐罪」（親告罪）の逮捕状が発付されたのは2002年（魚本氏）と2007年（森氏、黒田氏）でした。一連の逮捕状はいまも更新され続けています。魚本氏ら３人は拉致の関与を全面的に否定し、事件はでっち上げであるとの主張を続けています。この逮捕状の撤回を求める国賠裁判は2014年２月の最高裁判決（棄却）で終結しましたが、逮捕状の撤回を求める闘いはいまも続いています。

　国賠のための調査を行いました。北海道、大阪、沖縄、首都圏へと真相解明のためのものでした。「ヨーロッパ拉致」事件からかなりの年月を経過しており関係者の記憶の曖昧さ、関係者の所在不明など、調査は厳しいものでした。一連の調査からこれまで表にでなかったことも一部明らかとなり、「真相」を垣間見ることもできました。本書ではその一部を紹介しました。

　これまで原告、弁護団とともに国賠裁判を闘ってきた「よど号“拉致”逮捕状の撤回を求める国賠裁判を支える会」は、逮捕状の撤回を克ち取るまでこれからも闘いを継続し、「よど号“ヨーロッパ拉致”逮捕状の撤回を求める会」に改組（会の名称にある“拉致”は国内で発生した“拉致”と混同されやすく“ヨーロッパ拉致”に変更）し再スタートしています。

　そして現在、同会は以下の課題に取り組んでいます。

　　朝鮮の特別調査委員会の報告内容によっては、日本政府に法的手段を含め検討していくことになっていました。ところが朝鮮は日本の独自制裁決定受け、2016年２月、同委員会の解体を宣言しました。報告書での「よど号」拉致関与否定の内容次第（日本政府が合意が前提）では、捜査当局は“自主的に”逮捕状を撤回する可能性もわずかに残っていました。同委員会は「よど号」とも個別的、全体的に数回、面談し、「よど号」からは国賠裁判をはじめとした膨大な資料も提出し、同委員会による調査が進められていました。同委員会の本気度については本書でも触れましたが、同委員会が解体してしまい、報告書は朝鮮の手中にあるままです。なんとしてでも日朝政府間交渉でこの事態から脱出し、報告書を明らかにしてもらいたいものです。

旅券問題。1988年に「よど号」帰国家族（子供たちは除く）の６人に「北朝鮮工作員と接触した疑いがある」と旅券返納命令が出せれ、その後も外務省は旅券の発給を拒否しています。この機会にもう一度、「渡航の自由」を定めた憲法に違反しないか。「国益を害するといったあいまいな基準」の不当性を訴える損賠の可能性はないか、最高裁の損賠判例である「公共の福祉のための合理的な制限」は合憲との判断を突破できないか検討していくことにしています。

　出版活動。ようやく本書で実現しました。刊行によって“ヨーロッパ拉致”の虚構性を明らかにし、平壌在住の原告３人への“ヨーロッパ拉致”逮捕状の撤回を求める運動がさらに広がっていけば幸いです。国賠準備のために弁護団を含め支援者の訪朝は７回にも及びました。その後、本書刊行のために2016年10月、2017年２月下旬〜３月上旬に訪朝しました。“ヨーロッパ拉致”逮捕状がでっち上げであり、ヨーロッパ拉致疑惑の「真相（＝事実）」にどこまで迫ることも出来たか、読者のみなさんの判断に任せたいと思います。

　多忙な中、第２章の「北朝鮮・拉致報道の検証とヨーロッパ拉致」の執筆（特別寄稿）をしていただいた浅野健一氏に心より感謝を申し上げます。浅野氏は、同志社大学で定年延長妨害＝解雇クーデターにより教授職を追われながら原告とし現在も「地位確認」を求める訴訟を闘っています。その勝利を信じ、「復帰」されることを切に願っています。

　刊行のために委員会を作り、会議を重ねてきましたが、資料は膨大であり、まず、その整理からはじめました。さまざま編集作業にかかわってくれた刊行委員会の委員、ヒヤリングや座談会のテープ起こしなどにも協力してくれた平壌の皆さんに感謝いたします。本当にお疲れさまでした。

　本書の出版が現実のものとなったのは社会評論社・松田健二社長の編集者としての決断によります。感謝の気持ちでいっぱいであります。また編集者の本間一弥氏に感謝します。

2017年３月

『えん罪・欧州拉致─よど号グループの拉致報道と国賠訴訟』刊行委員会
井上清志

監修者・執筆者プロフィール

【監修者】

前田　裕司（まえだ・ゆうじ）

　1948 年生まれ。弁護士。日弁連取調可視化実現本部副本部長。刑事弁護フォーラム代表世話人 独協大学法科大学院特任教授。『えん罪・氷見事件を深読みする』（編著）。現在は宮崎県弁護士会に所属。

【ピョンヤン　かりの会】

小西　隆裕（こにし・たかひろ）

　1944 年生まれ。東京大学医学部中退。在学中に一時期、野球部（右翼手）に在籍。在学中の 1970 年のＨＪ（ハイジャック）で平壌へ。平壌在住 46 年。『「拉致疑惑」と帰国』（共著）。かりの会代表。第 8 章座談会、インタビュー

若林　盛亮（わかばやし・もりあき）

　1947 年生まれ。同志社大学経済学部中退。「裸のラリーズ」の結成メンバー。在学中の 1970 年のＨＪ（ハイジャック）で平壌へ。平壌在住 46 年。『「拉致疑惑」と帰国』（共著）。第 6 章執筆、第 8 章座談会。

赤木　志郎（あかぎ・しろう）　　　　　第 8 章座談会
魚本　公博（うおもと・きみひろ）　　　第 8 章座談会
黒田　佐喜子（くろだ・さきこ）　　　　第 8 章座談会
森　順子（もり・よりこ）　　　　　　　第 8 章座談会

【特別寄稿】

浅野　健一（あさの・けんいち）

　1948 年生まれ。慶應義塾大学経済学部出身。同大学新聞研究所修了後、共同通信社入社。、ジャカルタ支局長など歴任。同志社大学大学院社会学研究科博士課程教授（京都地裁で地位確認係争中）。『犯罪報道の犯罪』など著書多数。「人権と報道・連絡会」世話人。第 2 章執筆（特別寄稿）

【刊行委員】

井上　清志（いのうえ・きよし）

　1949 年生まれ。同志社大学文学部（哲学倫理学専攻）卒業。国賠ネットワーク世話人。原告として「ピース缶」国賠訴訟（一部勝訴）や「報道被害」の損賠訴訟にもかかわる。ほか、氷見冤罪国賠支援などにかかわる。元朝日新聞関連会社勤務。第 1 章 2、5 章、7 章執筆、8 章座談会（司会）

高木　公明（たかぎ・きみあき）
　1948 年生まれ。東邦大学理学部卒業。国賠ネットワーク世話人。労働組合や原告として「家宅捜索」国賠にかかわる。ほか、氷見冤罪国賠支援などにかかわる。元地方公務員（環境部門）。第 5 章 7 執筆

新居崎　邦明（にいざき・くにあき）
　1947 年生まれ。早稲田大学法学部中退、東京教育大学（現・筑波大学）理学部中退。国賠ネットワーク世話人。労働争議や原告として警官の暴行「黒ぬり」国賠にかかわる。民間会社（出版・編集）を経て行政書士開業。1996 年より福島県で農場を経営。第 1、3、4 章執筆

山中　幸男（やまなか・ゆきお）
　1949 年生まれ。東京都立大学法学部（現・首都大学東京）卒業。救援連絡センター事務局長。数々の救援活動にかかわる。かりの会・帰国支援センター代表として 26 名の帰国実現に尽力。元法律事務所勤務。第 8 章インタビュー（聞き手）

小西　タカ子（こにし・たかこ）
　第 8 章座談会参加者（誌上参加）

古賀　滋（こが・しげる）
　編集（校正）

「よど号」"ヨーロッパ拉致"でっち上げ逮捕状の撤回を求める会
連絡先：03-3591-1301（救援連絡センター気付　山中、井上）

＜資 料 編＞

──── 解説 ────

　国賠訴訟記録には以下の①～⑫がある。

　①訴状 ②被告答弁書（地裁 1、2）③準備書面（地裁 1～4）④東京地裁・意見陳述書（森、若林、魚本）⑤各証拠及び証拠説明書（マスコミ関係、警視庁 HP 他）⑥被告準備書面（1～2）⑦地裁判決⑧東京高裁・控訴理由書、⑨原告準備書面 1、2 ⑩高裁判決 ⑪最高裁上告受理申立書、上告理由書⑫最高裁決定。

　資料編には、上記の記録の中から以下の 4 つの記録を掲載した。

　Ⅰ.訴状（東京地裁）

　Ⅱ.原告 3 人の東京地裁での意見陳述書

　Ⅲ.東京地裁判決書

　Ⅳ.高裁での控訴理由書

　訴状はかなりの長文であり、「えん罪 “ヨーロッパ拉致”」の全容が理解できる。意見陳述書では原告が “えん罪” を切実に訴えている。東京地裁判決書は全文。控訴理由書では東京地裁判決の刑訴法 234 条の解釈を誤っていること、結婚目的誘拐罪は親告罪であり、有効な告訴を欠く逮捕状請求行為は違法であるとの主張・展開を行っている。そのほかの記録については第 5 章を参照。

Ⅰ.訴状（東京地裁）

2013 年 4 月 25 日

東京地方裁判所民事部　御中

〔訴状目次〕

請求の趣旨

請求の原因

第 1 はじめに

第 2 背景事情

第 3 当事者

　1 原告ら

　2 被告

第 4 被告の責任

第 5 原告らに対する逮捕状請求が違法であること

　1 有本恵子に対する結婚目的誘拐罪

(1) 八尾恵の供述
(2) カストロップ空港での有本恵子キム・ユーチョルの写真
(3) カストロップ空港での森順子と「YAMATA_Jera」の写真
(4) 1988年9月6日の石岡亨の手紙
(5) 朝鮮当局の発表
(6) 小括
2 石岡亨及び松木薫に対する結婚目的誘拐罪
(1) 八尾恵の供述
(2) バルセロナの動物園での写真・石岡亨の2通の葉書
(3) カストロップ空港での森順子の写真・石岡亨の手紙・朝鮮の発表
(4) 小括
3 八尾恵の供述及び行動には著しい変遷があること
(1) 八尾恵の逮捕とその後の対応の概要
(2) キム・ユーチョルに関する供述の変遷
(3) 小括
4 結婚目的誘拐罪が被疑事実であることの問題点
(1) 起訴の要件を欠いた逮捕状請求であること
(2) 告訴なき親告罪の容疑で逮捕することの問題性
(3) 小括
5 結論
第6 逮捕状請求行為に対して損害賠償請求することの可否
1 逮捕状請求行為に対する損害賠償を否定する判例の存在
(1) 小山事件判決
(2) 小山事件判決における国家賠償請求を否定する理由
2 小山事件判決の誤り
(1) 国家賠償請求を禁ずる規定は存在しない
(2) 刑事訴訟での手続と民事訴訟とは異なること
(3) 捜査の密行性は否定の根拠にならないこと
(4) 刑事手続での不服申立の不存在は否定の根拠にならないこと
(5) 民事と刑事の時効の違いによる弊害
(6) 民事訴訟自体を封ずることによる不利益
3 本件の特殊事情
4 結論
第7 国家賠償請求訴訟における逮捕状請求の違法性判断基準
1 逮捕状請求時における嫌疑の程度
2 逮捕状請求行為の違法性判断の時期及び基準
第8 原告らの受けた損害
第9 結論

資料編

請求の趣旨
1　被告は原告らに対し、それぞれ金500万円及びこれに対する訴状送達の翌日
から支払済みまで年5％の割合による金員を支払え。
2　訴訟費用は被告の負担とする。
との判決並びに仮執行の宣言を求める。

請求の原因
第1　はじめに

　本件は、朝鮮民主主義人民共和国（以下「朝鮮」という）に在住する原告らが、
石岡亨、松木薫、有本恵子らを拉致・誘拐したとして、結婚目的誘拐罪による逮
捕状が発付されたことに対し、被疑事実は全くの事実無根であり、これにより原
告らが「拉致犯人」との汚名を着せられ、名誉が著しく侵害されたとして、逮捕
状を請求した警視庁所属の警察官たる司法警察員の逮捕状請求行為の違法を理由
に、国家賠償請求をする裁判である。

第2　背景事情

　1970年3月31日、田宮高麿をリーダーとする赤軍派のメンバー9人は、羽田
空港発板付空港（現福岡空港）行き日本航空351便（よど号）をハイジャックし
た。よど号は、同年4月3日、朝鮮に着陸し、9人はそのまま朝鮮にとどまるこ
ととなった。その後同人らは、朝鮮政府により「亡命者」として受け入れられ、
国際的慣習に従った処遇を受けることになった。この9人は、田宮高麿、小西隆裕、
安部公博、岡本武、若林盛亮、赤木志郎、田中義三、吉田金太郎、柴田泰弘であ
る。このうちの安部公博が本件訴訟の原告魚本公博（結婚して魚本姓となったもの）
である。以下、よど号ハイジャックの実行者らを、便宜上、「よど号グループ」と
呼ぶ。
　よど号グループのうち、田宮高麿、岡本武、田中義三、吉田金太郎、柴田泰弘
は既に死亡している。小西隆裕、魚本公博、若林盛亮及び赤木志郎の4名は現在
も朝鮮に在住し、引き続き、亡命者としての処遇を朝鮮国内で受けている。また、
よど号グループの多くは、1970年代後半、朝鮮で日本人女性と結婚した。田宮高
麿と結婚したのが原告森順子、若林盛亮と結婚したのが原告若林佐喜子（結婚前
の姓名は黒田佐喜子）、柴田泰弘と結婚したのが後述の八尾恵である。
　1980年代前半、ヨーロッパで、旅行中または留学中の石岡亨、松木薫、有本恵
子が行方不明となった。1988年、石岡亨が札幌の家族宛の手紙を送り、現在事情
あって平壌市に松木薫、有本恵子と共に住んでいる旨知らせた。この事実を1991
年1月7日、毎日新聞がスクープした（甲5）。また、1980年4月、石岡亨がバ
ルセロナの動物園で、森順子及び若林佐喜子と一緒に写真を撮っており、この事
実が写真と共に1994年3月の週刊文春で報じられた（甲6）。これらのこともあっ
て、朝鮮に渡ったよど号グループが日本人を拉致しているのではないかとの疑惑

265

が徐々に報じられるようになった。

　そのような中、よど号グループの一人、赤木志郎と朝鮮で結婚したＡ・Ｅが、朝鮮から日本に帰国した際、旅券返納命令に違反したとして旅券法違反で起訴され、刑事裁判になった。この裁判で、検察官請求の証人として、八尾恵が出廷し、2002年3月12日及び同月27日に供述した（甲7、甲8）。この中で八尾恵は、田宮高麿から、キム・イルソンの指示に基づき、代を継いで日本革命の中核となる日本人を獲得するように、そして男性は既に獲得しているので今度は女性を獲得するようにと指示をされ、これに基づきロンドンで知り合った有本恵子を、魚本公博や朝鮮の工作員キム・ユーチョルと共謀のうえ、朝鮮に市場調査の仕事をしないかと偽って誘い、デンマークのカストロップ空港発の飛行機で朝鮮に連れ出した旨、また、森順子、若林佐喜子も男性2名を獲得していると聞いていた旨供述した。

　八尾恵が供述した同じ年、2002年9月17日、平壌で行われた日朝首脳会談で、金正日総書記は小泉純一郎首相に対し、朝鮮が1977年から1983年にかけて、石岡亨、松木薫、有本恵子を含む日本人13名を朝鮮に連れて来ており、そのうち5人が生存、8人が死亡しており、石岡亨、松木薫、有本恵子はいずれも死亡している旨伝えた（甲9）。

　その直後の2002年9月、警視庁所属の警察官たる司法警察員は、有本恵子に対する結婚目的誘拐罪容疑で、魚本公博の逮捕状を請求し、逮捕状が発付された。さらに、2007年6月、警視庁所属の警察官たる司法警察員は、石岡亨と松木薫に対する結婚目的誘拐容疑で、森順子と若林佐喜子の逮捕状を請求し、逮捕状が発付された。これらの逮捕状は、現在に至るまで更新され続けている（甲10）。

　このように、魚本公博について、結婚目的誘拐罪での逮捕状が発付されたのは、有本恵子の「拉致事件」が発生したとされる1983年からすでに20年の歳月が経った2002年である。また、森順子、若林佐喜子に対する結婚目的誘拐罪での逮捕状が発付されたのは、石岡亨らの「拉致事件」が発生したとされる1980年から27年、1988年8月に石岡亨及び松木薫の朝鮮在住の事実が明らかになった時からも20年を経過した後であり、八尾恵が東京地方裁判所で自らも関与した「よど号グループによる拉致」を供述した2002年から数えても5年もの歳月が経過している。

　これらの事実は、原告らに対する逮捕状が、国家による当時の一定の政治的意図をもって発付され、その後も発付され続けてきた事実を示している。

　森順子及び若林佐喜子に逮捕状が発付された2007年、当時の安倍晋三首相は「拉致問題」をもって朝鮮脅威を煽り、わが国を米ブッシュ政権の反テロ戦争へ参戦できる体制とするための憲法改正を唱えた時期であり、他方で頼みの米ブッシュ政権が自身のイラク「反テロ」戦争の破綻など米一極支配の崩壊時期にあって、朝鮮に対しても「テロ支援国家指定解除」を軸に従来の圧力一辺倒政策の変更に踏み出そうとした時期でもあった。

　いわば「拉致問題」で政権維持を図ってきた安倍政権が、対朝鮮圧力の後ろ盾を失う危険に瀕していた時期であった。この年の始め安倍首相の意を受けた漆間警察庁長官は「（拉致問題で）立件できるものはすべて立件しろ」という異例の檄を飛ばしている。

そして、原告らに対する逮捕状発付は、朝鮮という隣国に対する敵視感情を煽り、小泉首相の訪朝で日朝ピョンヤン宣言という双方の敵対関係というこれまでの不幸な歴史を終わらせ友好協力の国交正常化への動きを阻害するきわめて大きな役割を果たすものであった。

しかし、原告らに対する逮捕状請求は、以下に述べるように、いずれも「罪を犯したことを疑うに足りる相当な理由」が証拠によって裏付けられていないものである。原告らは、石岡亨、松木薫、有本恵子を結婚目的で誘拐する行為などしていない。原告らは日本への帰国を考えているが、この事実無根の容疑による逮捕状により、現在も、帰国できず朝鮮に在住し続けている（以上の「背景事情」につき、甲1～甲4）。

第3　当事者

1　原告ら

原告魚本公博は、2002年9月、有本恵子を朝鮮に拉致したとする結婚目的誘拐罪で逮捕状が発付され、その後も逮捕状が更新され、日本の捜査機関によりいつでも逮捕状を執行され得る立場にある者である。

原告森順子及び原告若林佐喜子は、2007年6月、石岡亨、松木薫の両名を朝鮮に拉致したとする結婚目的誘拐罪で逮捕状が発付され、その後も逮捕状が更新され、日本の捜査機関によりいつでも逮捕状を執行されうる立場にある者である。

上記のように魚本公博は、よど号グループの1人、森順子はよど号グループの田宮高麿の妻、若林佐喜子はよど号グループの若林盛亮の妻であり、いずれも現在朝鮮に在住し、朝鮮政府により「亡命者」及びその妻として受け入れられ、その後も現在に至るまで同様の立場で、国際的慣習に従った処遇を受けている者である。

2　被告

被告東京都は、結婚目的誘拐罪の被疑事実で原告らの逮捕状を請求した警視庁所属の警察官たる司法警察員の公権力の行使について、国家賠償法上の責任を負う地方自治体である。

第4　被告の責任

警視庁所属の警察官たる司法警察員は、2002年9月、魚本公博が有本恵子を結婚目的で誘拐したことを疑うに足りる裏付け証拠がないのに、有本恵子に対する結婚目的誘拐の容疑で魚本公博に対する逮捕状の請求を、また、2007年6月、森順子及び若林佐喜子が石岡亨及び松木薫を結婚目的で誘拐したことを疑うに足りる裏付け証拠がないのに、森順子及び若林佐喜子に対する逮捕状請求を、それぞれ裁判所に請求し、裁判所をして逮捕状を発付せしめた。以後、原告らに対する逮捕状が今日に至るまで更新され続けている。

警視庁所属の警察官たる司法警察員による原告らに対する逮捕状請求は、原告

らが「罪を犯したと疑うに足りる相当な理由」がないにもかかわらず、なされたものであり、違法な逮捕状請求であって、被告は国家賠償法1条による責任を負う。

第5　原告らに対する逮捕状請求が違法であること

　原告らについて、有本恵子、石岡亨及び松木薫に対する結婚目的誘拐容疑の逮捕状請求の根拠となった証拠が何であるかは、捜査機関ではない原告らにしてみれば、推測するしかない。しかし、本件については日本国民が強い関心を持ち、広く報道され、多くの出版物も出されているため、相当程度その証拠が何であるか明らかになっている。

　そして、その証拠は、いずれも原告らが結婚目的誘拐罪を犯したことを疑うに足りる相当な理由の裏付けとなるものではない。以下、その理由を詳述する。

1　有本恵子に対する結婚目的誘拐罪
　魚本公博が有本恵子を結婚目的で誘拐したとする証拠としては、①八尾恵の供述（甲7、甲8）、②デンマークのカストロップ空港で有本恵子と朝鮮の外交官でザグレブ副領事のキム・ユーチョルが一緒に写っている写真（甲11）、③同じくカストロップ空港で森順子と一緒に「YAMATA　Jera」なる男性が写っている写真（甲12）、④1988年9月6日札幌の石岡家に届いたポーランド消印の石岡亨のエアメール（甲13）、⑤有本恵子を朝鮮に連れて来たことを認める朝鮮当局の発表（甲9）、等であると推察される。

　しかし、これらはいずれも魚本公博が有本恵子を誘拐したことを示すようなものではない。

(1)　八尾恵の供述
ア　八尾恵の経歴
　八尾恵は、上記のとおり、よど号グループの一人柴田泰弘と朝鮮で結婚し、子供を設けた者である。八尾恵は、1977年に朝鮮に渡った後、同地で柴田泰弘と結婚し、1984年に日本に帰国した。その後横須賀市で「夢見波」というカフェ・バーを経営していた。1988年5月25日、偽名でアパートの賃貸借契約をしたとして有印私文書偽造・同行使の被疑事実で逮捕され、勾留の後、この件では不起訴になったが、公正証書原本不実記載・同行使の罪名で略式命令を受けた。また、1988年8月1日、外務大臣は八尾恵に対し、旅券法13条1項5号にいう「著しく且つ直接に日本国の利益又は公安を害する行為を行う虞があると認めるに足りる相当の理由がある者」に該当するとして旅券の返納を命じた。

　これらの事件に関し、報道各社は、八尾恵を「北朝鮮の工作員」等と報じたため、八尾恵は、事実無根であるなどとして、報道各社を相手に損害賠償訴訟を提起し、さらに、外務大臣による旅券返納命令の取消しを求め行政訴訟を提起するなどしていた。

　これらの裁判で八尾恵は、自分は、よど号グループとは無関係であり、朝鮮には行ったこともない等と述べていたが、後にこれを認めるに至った。八尾恵は虚

偽の主張をして次々と裁判を起こしていたのである（甲17）。

八尾惠は、2002年3月12日と同月27日、上記A・Eの旅券法違反被告事件の裁判で供述している。この法廷での供述が、逮捕状請求の主たる証拠となっていると推測される。

イ　八尾惠供述の要旨
有本恵子誘拐に魚本公博が関わっていたとする八尾惠供述の要旨は、次のとおりである（甲7、甲8）。

八尾惠は、朝鮮にいた1970年代末、よど号ハイジャック犯のリーダーだった田宮高麿から、朝鮮の主席だったキム・イルソンの教示と呼ばれる指導に基づき、代を継いで日本革命の中核となる日本人を発掘、獲得、育成するようにと言われた。獲得というのはその人を北朝鮮に連れていくこと、育成というのは、キム・イルソン主義で武装させ、指導中核に育てるということ、獲得方法については、いろんな口実を作ってその人を獲得していくという方法である。さらに、既に男性は獲得しているので、今度はロンドンで日本人女性を獲得するように、と指示を受けた。また、1978年末のよど号グループの総会で、日本革命の指導的役割をする党創設準備委員会を設立し、党創設のため、日本革命の指導中核になる日本人を、目的を秘して獲得して北朝鮮に連れてくる任務を田宮高麿から課せられた。八尾惠はロンドンで知り合った有本恵子を獲得しようと考え、1983年6月末ころ、旧ユーゴスラビアのザグレブにあったよど号グループの前線基地と呼ばれた場所で、朝鮮の工作員であるザグレブ副領事キム・ユーチョルや魚本公博と、有本恵子誘拐の手段を検討した。1983年7月中旬、コペンハーゲンのチャイニーズレストランで八尾惠、キム・ユーチョルと共に魚本公博も、身分を貿易会社社長と偽って有本恵子に会い、朝鮮で市場調査の仕事がある旨虚偽を述べ、これを信じた有本恵子は翌日、八尾惠と魚本公博がカストロップ空港で見送るなか、キム・ユーチョルと共にモスクワに向かい飛び立った。その後八尾惠は有本恵子に会っていない。しかし、有本恵子は平壌の招待所と言われる場所で森順子、若林佐喜子が獲得した男性2人と暮らしていること、同じくよど号グループの田中義三の妻M・Kが有本恵子にチュチェ思想の教育をしていること、よど号グループの一人赤木志郎が有本恵子を若くてぴちぴちしていると述べていたこと、を聞いたことがある。

八尾惠は、以上のように供述した。

ウ　八尾惠供述の疑問
しかし、魚本公博が有本恵子誘拐に関与したということは八尾惠が供述しているだけで、魚本公博の関与を裏付ける証拠は、八尾惠供述以外は皆無である。

魚本公博が1983年6月末にザグレブにいたこと、同年7月中旬にコペンハーゲンにいたことを示す証拠はない。魚本公博はこれまでデンマークに入国したことは一度もない。

後述のように、有本恵子は1983年7月にカストロップ空港を出発する際、朝鮮の工作員としてキム・ユーチョルをマークしていたデンマークの情報機関に写真を撮影されているが、魚本公博はその写真及び情報機関が撮影したその他の写

真にも写っていない。デンマークの情報機関はキム・ユーチョルを監視し、同人と接した人物を漏らさないように撮影しており、その際有本恵子も撮影されたものと思われるが、八尾惠の供述によれば、その場に一緒にいて有本恵子をカストロップ空港で見送ったとされている魚本公博が写されていないのである。

八尾惠の供述に出てくる、日本人獲得の目的とされる党創設準備委員会についても、よど号グループが党創設準備委員会という組織を設立した事実はない。よど号グループは自らの政治的主張を内外に複数の出版物で公表していたが、重要な政治的活動であるはずの党創設準備委員会の設置に関しては、一切記述がないのである。

有本恵子が平壌で石岡亨、松木薫と暮らしていたことは、石岡亨が1988年にポーランド経由で実家の札幌に宛てた手紙（甲13）に記載されており、八尾惠の供述はこれに沿うが、八尾惠が供述したのは、2002年3月であるところ、石岡亨の手紙の内容は既に1991年1月7日の毎日新聞のスクープ（甲5）等で周知の事実となっている。八尾惠の供述には、いわゆる秘密の暴露と言えるような事実、即ち供述により初めて明らかになり、供述後に客観的事実であることが確認された事実は、一切存在しない。

(2) カストロップ空港で有本恵子とキム・ユーチョルが一緒に写っているとされる写真

報道機関の発刊した出版物によると、デンマークの情報機関は、1984年ころ、カストロップ空港で1981年から1983年ころにかけて撮影された写真数十枚を警視庁に提供した。デンマーク国内で北朝鮮の外交官等が外貨稼ぎのため違法行為を行っていると疑い関係者を隠し撮りしたものであり、情報機関は特にキム・ユーチョルをマークしていた。その中に、よど号グループの妻らが撮影されていたものもあった。その後、日本の警察は自らもヨーロッパ各国の情報機関から隠し撮り写真等の資料を入手した。

こうして入手した写真の中に、1983年7月16日（朝鮮側の発表では7月15日）にカストロップ空港で撮影された1枚の写真があり、その写真には、有本恵子と男性が並んで座っている姿が写されていた（甲11）。この男性はキム・ユーチョルであると警視庁は見ている旨報じられている。但し、当該写真は、有本恵子が中心に写っており、男性は左端に一部のみぼやけて写っており、当該人物がキム・ユーチョルか否かは、写真自体からは判別困難である。

この写真は、1983年7月に有本恵子がカストロップ空港からキム・ユーチョルと一緒に飛び立った、とする八尾惠供述と整合するものがあり、魚本公博の逮捕状を請求する証拠の一つになっているものと思われる。

しかし、2002年3月に八尾惠が供述したときには、既にこの写真は周知のものとなっていたのであり、八尾惠の供述で初めて明らかになったものではない。むしろこの写真に合わせて供述するのであれば、八尾惠供述がこの写真と整合するのは当然である。

それよりも注視すべきは、ここに魚本公博が写っていない、という事実である。この写真を撮影した者が誰かは不明であるが、上記の経緯からして、朝鮮の関係

者をマークしていたデンマーク等の情報機関が当該朝鮮関係者（それがキム・ユーチョルであるか否かは不明）と接触した者を撮影した可能性は高い。そうすると、当該情報機関は当日の当該朝鮮関係者の動向を監視し続けていたことになり、当該人物と接触した人物は漏らさず撮影したはずである。八尾恵の供述が真実だとすれば、有本恵子がカストロップ空港を出発する日には魚本公博は八尾恵と共にキム・ユーチョルと有本恵子を空港で見送ったというのであるから、魚本公博はキム・ユーチョルとも有本恵子とも接触していたことになるはずである。にもかかわらず、魚本公博の写真はないのである。

(3) カストロップ空港での森順子と「YAMATA　Jera」の写真
　1982年3月、コペンハーゲンのカストロップ空港内のカフェと思われる場所で森順子と男性が写っている写真がある（甲12）。これはデンマーク等の情報機関が隠し撮りしたものと思われる。当該写真は、かなり不鮮明で、顔ははっきりしない。日本の公安当局はこれをヤマタ・ジェラ（YAMATA　Jera）名の偽造日本旅券を持つ者で、これが、魚本公博である旨捉えているようである。
　上記のように八尾恵は、カストロップ空港を利用して魚本公博と共に有本恵子を朝鮮に拉致した旨供述している。そのカストロップ空港に、同じよど号グループの妻の森順子とヤマタ・ジェラの偽名を使った魚本公博が一緒に西側情報機関に撮影されているというのであり、これも魚本公博の逮捕状を請求する証拠の一つになっているものと思われる。
　しかし、この写真に写っているヤマタ・ジェラなる人物は、魚本公博ではない。魚本公博はデンマークに行ったことはない。八尾恵自身、法廷で、これは魚本公博ではなく、よど号グループの別の一員である岡本武か赤木志郎である旨述べている（甲8・61頁。頁数は、同調書1枚目を1頁として通しで数えたもの）。そもそもこの撮影時期は1982年3月であり、有本恵子がカストロップ空港を出発した1983年7月とは異なる。空港から拉致された者がいるとして、同じ空港に1年4ヶ月前にいた事実があるからといって、その者が拉致犯人である根拠にならないことは当然である。

(4) 1988年9月6日の石岡亨の手紙
　石岡亨は、1988年、札幌の家族宛にポーランド消印の手紙を送ってきた（甲13）。その内容は別紙1のとおりであり、事情があって現在平壌におり、松木薫、有本恵子と一緒に住んでいるとして、赤ん坊の写真が同封されていた、というものであった。
　これは、田宮高麿から代を継いで日本革命の中核となる日本人を獲得するようにと言われ、さらに、既に男性は獲得しているので今度はロンドンで日本人女性を獲得するように、と指示を受けた、その指示を受けて有本恵子を朝鮮に拉致した、有本恵子は平壌の招待所と言われる場所で森順子、若林佐喜子が獲得した男性2人と暮らしていると聞いた、との八尾恵供述と整合するものがあり、魚本公博の逮捕状を請求する証拠の一つになっているものと思われる（後述するように、森順子及び若林佐喜子に対する逮捕状請求の証拠の一つでもあると推測される）。

しかし、この石岡亨の手紙は1991年1月の毎日新聞の報道（甲5）で周知の事実となっており、2002年3月の八尾恵の供述（甲7、甲8）で初めて明らかになったものではない。むしろこの手紙に合わせて供述するのであれば、八尾恵供述がこの手紙と整合するのは当然である。

　また、この石岡亨の手紙自体には、どのような経緯で3人が朝鮮に渡ってきたのかは全く触れられていない。仮に、それが「拉致」であるとしても、この手紙自体から拉致した者を特定することは不可能となっている。

(5)　朝鮮当局の発表

　2002年9月17日、平壌で行われた日朝首脳会談で、金正日総書記（当時）は、小泉首相（当時）に対し、朝鮮が1977年から1983年にかけて、石岡亨、松木薫、有本恵子を含む日本人13人を連れて来て、そのうち5人が生存、8人は死亡、と伝えた（甲9）。

　朝鮮の説明について、首相官邸ホームページは次のように公表している。

　石岡亨と松木薫はいずれも、特殊機関工作員の共和国訪問の勧めに同意して1980年6月7日ヨーロッパから朝鮮に連れて来られたが、石岡亨は1988年に死亡、松木薫は1996年に死亡した。有本恵子は1983年7月15日特殊機関のメンバーが共和国に一度行ってみないかと誘いに一度行ってみたいといったことからヨーロッパから朝鮮に連れて来られたが1988年に死亡した。その目的は、3人とも「日本語教育に引き入れるため」であった。

　上記13人の中には、横田めぐみ、地村保志、蓮池薫など、「拉致」したと表現されている人が7人いる。このほかにも田口八重子については本人が共和国に3日程度なら観光がてら行きたいという意向を示したことから特殊工作員が身分偽装に利用するために連れてきた、原敕晃については本人が金儲けと病気治療（歯科治療）のため海外行きを希望していたところ工作員が本人の戸籍謄本を受け取る見返りとして100万円と共和国への入国を密約して朝鮮に連れてきた、などと説明している。

　このような朝鮮の発表によると、石岡亨、松木薫、有本恵子については、朝鮮の特殊機関工作員が勧誘して連れて来たというものではあるが、よど号グループやその妻が代を継いで日本革命を担う中核を育成するために拉致した、との八尾恵の供述内容とは食い違う。原告らの関与については、2002年9月の朝鮮の発表を伝える首相官邸ホームページでは、松木薫については、「よど号との関連については解明されていない」とされている。

　そればかりではなく、朝鮮当局は、逆に、拉致へのよど号グループの関与を否定している。日朝首脳会談の2年後、2004年9月北京で行われた日朝実務者協議で、朝鮮側は、よど号グループは日本人拉致には関わっていないとし、「特殊機関の人たちは日本語が堪能でよど号が関与する必要がない」「よど号メンバーを通じて拉致をする必要がなかった」と説明した（甲16）。

(6)　小括

　以上のように、石岡亨の1988年の手紙や朝鮮当局の発表は、石岡亨ら3名が

朝鮮に連れてこられたことを示すものではあっても、魚本公博が誘拐したことを証明するものではない。むしろ朝鮮の2004年の発表は拉致へのよど号グループの関与を明確に否定している。

また、1982年3月、コペンハーゲンのカストロップ空港での森順子とヤマタ・ジェラの写真は、場所が同じというだけで、有本恵子が同空港を出発した1983年7月とは時期が全く異なり、そもそもヤマタ・ジェラは魚本公博ではないので、魚本公博が有本恵子を誘拐したことを示す証拠にはなり得ない。

1983年7月、有本恵子がカストロップ空港でキム・ユーチョルと思われる人物と一緒に写っている写真は、有本恵子がこの際朝鮮に出立した可能性を示す証拠である。しかしこのときの写真に魚本公博の姿は写っておらず、撮影した情報機関がキム・ユーチョルと接触した人物を写さないはずがないことから考えて、当該写真は魚本公博の関与がないことを示すものである。

結局、魚本公博が有本恵子誘拐をしたとするほぼ唯一の証拠は、八尾恵供述のみ、ということになる。しかし、八尾恵の供述には、いわゆる秘密の暴露と言われるようなものはなく、上記のように一見石岡亨の手紙とカストロップ空港での有本恵子の写真などと整合しているように見えるが、八尾恵の供述はこれらが周知になった後の供述にすぎない。また、魚本公博はコペンハーゲンには行ったことがなく、党創設準備委員会なるものも設立されたことはない。そもそも八尾恵の2002年の法廷での供述は、1983年に魚本公博が有本恵子を誘拐したとするもので、19年前の出来事を述べるものであるから、類型的に信用性が乏しいものである上、八尾恵の供述は極めて多くの変遷を重ねており、これまでにも虚偽の主張を述べ立てて多数の訴訟を提起した事実があり、全く信用できないものである。このような八尾恵の数々の陳述、供述については、捜査当局は十分に把握しているはずであり、八尾恵の供述の変遷について捜査当局は熟知しているはずである（甲17）。

以上、魚本公博が結婚目的で誘拐をしたとする容疑を基礎付ける証拠は、いずれも魚本公博の関与を証明するものではないか、信用できないものばかりであり、この程度の証拠で逮捕状を請求することは「罪を犯したと疑うに足りる相当な理由」がないのに、逮捕状を請求することになるのであって、刑事訴訟法の要件を欠く違法な請求である。

2　石岡亨及び松木薫に対する結婚目的誘拐罪

森順子及び若林佐喜子が、石岡亨及び松木薫を結婚目的で誘拐したとする証拠としては、石岡亨と松木薫に共通するのは、①八尾恵の供述（甲7、甲8）、②石岡亨の手紙（甲13）、③朝鮮へ連れて来たことを認める朝鮮当局の発表（甲9）である。また、石岡亨一人に関しては、④1980年4月中旬ころバルセロナの動物園で撮影された石岡亨と森順子、若林佐喜子が一緒に写っている写真（甲14）、⑤1980年5月、同年6月に石岡亨が日本の友人宛に出した葉書2通（甲14、甲15）、森順子の関与については、⑥カストロップ空港での森順子の写真（甲12）などであると考えられる。

しかし、これらはいずれも森順子及び若林佐喜子が石岡亨及び松木薫を誘拐し

たことを示すようなものではない。

(1) 八尾恵の供述

　石岡亨及び松木薫の誘拐に森順子と若林佐喜子が関与していたとする八尾恵の供述の要旨は以下のとおりである。

　よど号グループは、田宮高麿から、キム・イルソンの教示に基づき、代を継いで日本革命の中核となる日本人を獲得するように指示をうけた。また、田宮高麿の指示で日本革命の指導的役割をする党創設準備委員会を設立し、党創設のため、日本革命の指導中核になる日本人をその目的を秘して獲得して北朝鮮に連れてくる任務を課せられた。田宮高麿は、八尾恵に、日本人女性をロンドンで獲得するよう指示した際、男性ばっかり獲得したやろ、女性も獲得せなあかんやろと話していた。森順子と若林佐喜子がそれまでに獲得してきた男性2人が平壌にいるということは聞いていた。また、有本恵子の事件後、田宮高麿が、有本恵子は、平壌の招待所で森順子や若林佐喜子が連れてきた2人の男性と今一緒に3人で暮らしているが3人でなかよくしてしまってどっちとも結婚する気がないみたいで困った、という話をしていた。八尾恵は森順子と若林佐喜子が連れてきたという男性2人とは会ったことがない。

　八尾恵の供述は以上のとおりである。

　一見して明らかであるが、森順子及び若林佐喜子と石岡亨及び松木薫とのかかわりに関する部分の八尾恵供述は、全て伝聞である。しかも既に死亡して確認不能な田宮高麿からの伝聞、あるいは誰か不明の者からの伝聞である。八尾恵自身は石岡亨、松木薫とは面識も一切ない。石岡亨、松木薫、有本恵子が一緒に平壌に住んでいることは1991年の毎日新聞（甲5）で報道され、バルセロナの動物園で石岡亨が森順子、若林佐喜子と一緒に写った写真（甲14）も1994年3月の「週刊文春」の記事（甲6）に掲載されて報道されており、2002年の八尾恵の供述時には既に周知となっていた。ここでも八尾恵の供述には秘密の暴露といえるようなものは皆無である。

　八尾恵の供述は、有本恵子に関しては、自らの体験として語られているものであるが、石岡亨、松木薫に関しては、全てが伝聞にすぎない。しかもその伝聞の時期も不明確で、供述した2002年より何年も前に聞いたとされるものにすぎない。さらにその多くは死亡している田宮高麿からの伝聞で、確認することが不可能なものとなっている。八尾恵の供述は全く信用できない。

　当然のことながら、伝聞供述は刑事裁判では証拠能力がない。

(2) バルセロナの動物園での写真及び石岡亨の友人に宛てた2通の葉書

　八尾恵供述以外の「証拠」としては、石岡亨については、1980年4月中旬にバルセロナの動物園で石岡亨、森順子、若林佐喜子が一緒に写った写真（甲14）、石岡亨が同年5月8日にマドリードから日本の知人に宛てた葉書（甲14・別紙2）、及び石岡亨が同年6月3日にウィーンから日本の別の知人に宛てた葉書（甲15・別紙3）がある。ただし、松木薫については、森順子、若林佐喜子との接触を示すような写真等の客観的証拠は皆無である。

石岡亨は 1980 年 4 月半ばころ、旅行で一緒だった知人 1 名と共にバルセロナの動物園に行き、その際、動物園に来ていた森順子、若林佐喜子と出会い、当該知人の撮影で石岡亨、森順子、若林佐喜子の 3 人が並んでベンチに座っている写真を撮った（甲 6、甲 14）。バルセロナの動物園で写真を撮って 1 ヶ月近く経過した同年 5 月 8 日、石岡亨は、マドリードから日本の友人宛に葉書を出した。その葉書の中で、石岡亨は、一緒に旅していた知人とは既に別れ、自分はこの 3 週間 alones　travel を続けていること、5 月 1 日からマドリードにいるがこれで旅は終わりで、ポルトガルに寄るか農家と交渉して滞在を延ばすか考えている旨述べている（甲 14）。さらにその 1 ヶ月ほど後の同年 6 月 3 日、石岡亨は、ウィーンから日本の別の友人宛に葉書を出し、その中で、現在ウィーンに滞在していること、マドリードで知り合った人達と共に 4 人でルーマニア、チェコスロバキア、モスクワを旅行し、7 月にスペインに戻る予定である旨述べている（甲 15）。

　　これらの葉書の内容からすれば、石岡亨は 4 月半ばにバルセロナの動物園で森順子、若林佐喜子と出会ったが、同人らとの関係が続くこともなく別れ、同人らと一緒に行動する予定もなく 1 人旅を続け、その後 5 月 8 日に日本の友人宛に葉書を出した時点では 1 人でマドリードにいて今後の具体的な予定もなかったが、その後、状況が急変し、マドリードで何者かと知り合い、「マドリードで知り合った人達と共に 4 人で」共産圏を旅行することになったことが明らかである。マドリードで知り合った 3 人とは何者かについては葉書からは全く不明である。日本人か朝鮮人かその他の外国人か、あるいは、男性か女性かも不明である。森順子および若林佐喜子の 2 人とはバルセロナで出会ったのであり、同人らを「マドリードで知り合った人達」とは呼ばないはずである。森順子や若林佐喜子が石岡亨を「獲得」したいのであればバルセロナで知り合った時点で勧誘の試みをするであろうが、5 月 8 日の石岡亨の葉書からはそのような形跡は全く見られないのである。5 月 8 日や 6 月 3 日の時点で石岡亨はマドリードやウィーンにいて全く自由の身なのであり、友人に出す葉書で虚偽を記載する必要はなく、森順子や若林佐喜子のことを殊更に隠す必要もないのであるから、バルセロナの写真とその後の石岡亨自身の葉書（甲 14、甲 15）を併せ検討すれば、森順子や若林佐喜子が石岡亨と出会ったのはバルセロナでの一時だけということになる。

　　結局、森順子や若林佐喜子に対する逮捕状は、バルセロナの写真（甲 14）とその後に石岡亨が朝鮮に行った事実(甲 14)から発せられていることは明らかである。

(3)　カストロップ空港での森順子の写真・石岡亨の手紙・朝鮮の発表
　　上記のように、森順子、若林佐喜子の逮捕状の証拠として推察されるのは、以上の他は、有本恵子の場合と共通するが、①カストロップ空港で森順子がヤマタ・ジェラと一緒に写っている写真、②石岡亨が 1988 年に家族に宛てた、事情があって有本恵子、松木薫と一緒に平壌に住んでいる旨の手紙（赤ん坊の写真同封）及び③朝鮮が 2002 年 9 月の日朝首脳会談で石岡亨、松木薫らの朝鮮へ連れて来たことを認めた発表などである。
　　しかし、これらについては、いずれも、森順子及び若林佐喜子が石岡亨、松木薫を結婚目的で誘拐したことを示すようなものではない。

カストロップ空港で森順子がヤマタ・ジェラと一緒に写っている写真は、1982年3月に撮影されたものであり、同日同所に森順子がいたからといって1980年に石岡亨、松木薫が失踪した件と森順子が関係するとの証拠になどならない。1988年の石岡亨の手紙と2002年9月の日朝首脳会談での朝鮮の発表は、石岡亨が朝鮮にいたことを示すものではあっても、朝鮮の発表では連れてきたのは特殊工作員とされ、石岡亨も松木薫も同意があったとされている。森順子と若林佐喜子が関与したことを示すものでは一切ない。

むしろ朝鮮当局は、よど号グループの拉致への関与を明確に否定している。2004年9月、北京で行われた日朝実務者協議で、朝鮮側は、よど号グループは日本人拉致には関わっていないとし、「特殊機関の人たちは日本語が堪能で、よど号犯が関与する必要がない」と話しているのである（甲16）。

⑷ 小括

以上のように、石岡亨については、森順子及び若林佐喜子が石岡亨を誘拐したことを示すような証拠は、八尾恵の伝聞供述（数年前に聞いたというもので原供述者はすでに死亡している）、そしてバルセロナの動物園での写真のみ、ということになる。確かに、石岡亨は朝鮮から来た森順子らと1980年4月にバルセロナの動物園で一緒の写真を撮り、その数ヶ月後に音信が途絶えて、ずっと後に、朝鮮にいることが判明したことになる。しかし、この事実だけで、森順子と若林佐喜子が、石岡亨を結婚目的で誘拐したことを疑う相当な理由があるとすることができないはずである。しかも上記のように、石岡亨自身のその後の葉書によれば、石岡亨はバルセロナで森順子、若林佐喜子とは別れ、その後接触なく、一人で旅行を続けており、マドリードで知り合ったという何者か3名と一緒にその後の行動を共にするようになったと理解することができるのである。

松木薫を誘拐したという容疑に関しては、さらに根拠薄弱である。森順子、若林佐喜子と松木薫の接点を示す証拠は、両名が獲得してきた男性2名と一緒に有本恵子が平壌に居ると聞いた、とする八尾恵の伝聞供述以外には一切存在しない。

以上、森順子及び若林佐喜子が結婚目的で石岡亨及び松木薫を誘拐したとする容疑を基礎付ける証拠は、いずれも極めて薄弱であり、この程度の証拠で逮捕状を請求することは、「罪を犯したことを疑うに足りる相当な理由がある」とはいえず、刑事訴訟法の要件を欠いた違法な行為である。

3 結婚目的誘拐罪が被疑事実であることの問題点

⑴ 起訴の要件を欠いた逮捕状請求であること

原告ら3名は、いずれも、結婚目的誘拐罪（刑法225条）で逮捕状が発せられている。その結婚目的誘拐罪は親告罪である（刑法229条）。告訴権者の告訴がなければ、原告らを同罪で起訴することは出来ない。

告訴権者は、原則として被害者本人であるが（刑事訴訟法230条）、被害者が死亡したときは、その配偶者、直系親族、または兄弟姉妹が告訴権者になる（刑事訴訟法231条2項）。

したがって、本件では、有本恵子、石岡亨、松木薫の各本人が告訴権者であり、

同人らが告訴していない限り、原告らを結婚目的誘拐罪の事実で起訴することはできない。仮に有本恵子、石岡亨、松木薫が死亡しているのであれば、その直系親族や兄弟姉妹が告訴権者であり、これらの者が告訴していない限り、結婚目的誘拐罪の容疑で起訴することはできない。この場合は、有本恵子らの死亡の事実を示す証拠と共に、有本恵子らの直系親族ないし兄弟姉妹の告訴状が存在することが起訴の要件となる。

　本件では、有本恵子、石岡亨、松木薫本人の告訴状がないことは明らかである。また、2002年9月の日朝首脳会談で朝鮮側は有本恵子、石岡亨、松木薫が死亡したと説明しているが（甲9）、日本政府は朝鮮の説明を根拠がないとして信用しないとの態度を貫いている。要するに、有本恵子、石岡亨、松木薫が死亡している証拠は、現時点ではないのであり、3人はどこかで生きている可能性は否定できない。そうすると、当該3人に対する結婚目的誘拐罪の告訴権者は、被害者とされている当該3人のみなのであり、同人らの告訴がない以上、本件はそもそも起訴の要件を欠くことになる。結局、本件結婚目的誘拐罪の被疑事実では、起訴に必要な法律上の要件を欠き、起訴出来ないことが明白である。本件は、起訴の要件を欠く被疑事実に基づき、原告らに対して逮捕状が請求・発付され、長年にわたって更新され続けていることになる。

(2)　告訴なき親告罪の容疑で逮捕することの問題性

　親告罪は、告訴の存在が公訴提起の条件になっているということであるから、理屈の上では、告訴がなくても逮捕、勾留自体は可能ではある。しかし、捜査は犯罪の嫌疑があるとされたときの公訴提起に向けた合目的的行為であり、被疑者の逮捕・勾留は、起訴後に有罪となる可能性のある事件につき、証拠隠滅や被告人となりうる者の逃亡を防ぐという目的に基づくものであるから、起訴の要件を欠き、公訴提起を断念せざるを得ない事件について、逮捕・勾留をすることは、あってはならないことである。

　例えば、犯罪捜査規範121条も「親告罪事件の逮捕状請求」と題して「逮捕状を請求するに当って、当該事件が親告罪に係るものであって、未だ告訴がないときは、告訴権者に対して告訴するかどうかを確かめなければならない」と規定している。本件では、有本恵子、石岡亨、松木薫の告訴がないばかりでなく、同人らに対して告訴するかどうかを確かめる手続すら履行していないことは明白である。

　結婚目的誘拐罪が親告罪とされている趣旨は、被拐取者の名誉あるいは被拐取者の結婚した相手との人間関係、さらには被拐取者と結婚した相手との間に生まれた子との関係などに配慮したものである。しかるに、本件で捜査機関は、被拐取者とされる有本恵子、石岡亨、松木薫にその意向を一切確認することもなく、告訴が得られる見込みも皆無であるにもかかわらず、逮捕状を請求し、それをマスコミに大々的に公表し、現在も逮捕状を更新し続けている。

(3)　小括

以上のように、本件では、そもそも起訴要件を欠くにもかかわらず、逮捕状が請

求されて発付され、長年にわたって逮捕状が更新され続けているのであり、この点も本件逮捕状請求行為の違法・不当性を示している。

4 結論

原告らは、有本恵子、石岡亨、松木薫に対する結婚目的誘拐罪の容疑で逮捕状を発せられているという事実を知るのみであり、その逮捕状請求の基礎となる証拠が何であるかは知りようがない。これまでの報道や裁判等の記録などから、上記のような証拠が逮捕の根拠であると推察されるのみである。

しかし、上記のとおり、これらの証拠によって、原告らが結婚目的誘拐罪を犯したと疑うに足りる相当な理由があるとは言えない。本件原告らに対する逮捕状の請求行為は、要件を欠く違法なものである。

第6 逮捕状請求行為に対して損害賠償請求することの可否

1 逮捕状請求行為に対する損害賠償を否定する判例の存在

(1) 小山事件判決

本件訴訟は、逮捕状請求行為に対して国家賠償請求を求めるものである。

民法及び国家賠償法の規定上、このような請求を否定する条文は存在しないが、「被疑者が罪を犯したことを疑うに足りる相当な理由」の不存在を理由に、逮捕状請求をした行為の違法性を主張する国家賠償請求訴訟は、刑事手続終結に先立っては許されないとする司法判断がある。<u>これが、いわゆる小山事件と呼ばれる国家賠償請求訴訟における判決である（一審東京地裁昭和62年12月21日判決・判例時報1295号77頁、二審東京高裁平成1年1月24日判決・判例時報1304号92頁、上告審最高裁平成5年1月25日判決・民集47巻1号310頁・判例時報1477号49頁）である（以下「小山事件判決」という）。</u>

(2) 小山事件判決における国家賠償請求を否定する理由

小山事件判決が、逮捕状請求行為に対する国家賠償請求を否定する理由は、次のとおりである（上記東京高等裁判所判決）。

<u>「捜査機関の行為…が、国家賠償請求の原因たる不法行為として主張され、その主張が捜査機関…による犯罪の嫌疑についての相当性の判断の誤り自体を内容とし、あるいはこれを前提とする場合は、</u>その違法性の審理は、事柄の性質上刑事訴訟の主題である犯罪事実の存否自体の審理と重複せざるを得ないから、刑事手続の終結に先立ち、国家賠償請求訴訟でこれを審理しようとすれば、結局、犯罪事実そのものを刑事手続に先んじて民事訴訟において審理して、判断することを容認することになる。ところで、民事訴訟手続である国家賠償請求訴訟においては、その審理につき弁論主義及び公開主義が支配するから、双方の証拠資料はすべて公開の法廷における口頭弁論に提示され、それによって捜査の密行性が覆され、捜査の遂行に重大な支障を来す虞があり、これを回避するために捜査資料を提出しないとなれば、一方的な証拠資料のみによって審理を行うこととなり、当事者対等の原則に反する事態を生ずる。右の結果に鑑みると、犯罪事実の存否に関す

る判断ないしこれを前提とする行為の違法性については、究極的には民事訴訟においてこれを審理しうるとしても、少なくとも刑事手続が進行中の場合には刑事手続法規に基づく審理が優先されると解するほかなく、刑事手続に先行し、民事訴訟において犯罪事実の不存在を理由にその嫌疑の有無の判断ないしこれを前提とする行為の違法性を判断することは、現行制度のもとでは容認されていないといわなければならない」。

さらに、小山事件東京高裁判決は、現行刑事訴訟法上、身体拘束に対する厳格な時間的制約が課せられていること、逮捕状発付にあたり裁判官の審査があり、逮捕状が執行され勾留請求の段階での裁判官の審査があること、事後的補償の制度として、起訴後は刑事補償制度、不起訴処分の場合には被疑者補償規程に基づく補償があること、刑事手続終了後の国家賠償請求訴訟の提起はなし得ることなどを挙げ、これにより人権侵害を受けた者に対する救済は図られるとする。さらに、逮捕に対する準抗告を正面から認容する規定がなく、判例も逮捕状発付の裁判及び逮捕状に基づく処分は準抗告の対象にならないとしていること（最高裁決定昭和 57 年 8 月 27 日）は相当であるとの判断の下に、「刑事訴訟法が逮捕状の発付について準抗告を認めていないことからすると、右時点（刑事裁判終結前）における不服申立は、如何なる手続によってもこれを認めないのがむしろ法の趣旨であるというべきである」としている。

小山事件東京高裁判決は、以上の理由から、逮捕状請求行為に対する国家賠償請求は、刑事手続完結前は許されない、とするのである。

そして、その上告審である最高裁第二小法廷判決は、逮捕状請求における捜査機関の被疑者が罪を犯したことを疑うに足りる相当な理由があったとする判断の違法性を主張して国家賠償請求を請求することは許されないとしつつ、その理由について、「けだし、右の時点において前記の判断の違法性の有無の審理を裁判所に求めることができるものとすれば、その目的及び性質に照らし密行性が要求される捜査の遂行に重大な支障を来す結果となるのであって、現行法の予定するところではないといわなければならないからである」とした。

しかし、これらの判断は、以下に述べるように、何ら条文上の根拠のないものであり、誤った解釈である。

2　小山事件判決の誤り

(1)　国家賠償請求を禁ずる規定は存在しない

第一に、違法な逮捕状請求行為に対する国家賠償請求を禁じる規定や法律は存在しない。

刑事手続では勾留等の身体拘束に対する不服申立手段は法により限定列挙されているところ、逮捕状発付に対する不服申立は、刑事訴訟法 429 条 1 項各号に直接の規定がないため（ただ、同号「勾留」に入るとの解釈の余地があり、そのような解釈をする研究者も存在する）、実務上許容されていない。判例（最高裁決定昭和 57 年 8 月 27 日）も準抗告の対象にならないとしていることは上記のとおりである。

他方で、民事手続においては、いかなる行為であれ、故意又は過失によって自

己の権利や法律上保護される利益を侵害された場合には、民法709条に基づき損害賠償請求ができ、その特別法としての国家賠償法も「公権力の行使に当る公務員が、その職務を行うについて」した行為とする以外には、その対象を限定していない。したがって、司法警察員等による逮捕状請求行為に対する国家賠償請求を禁じるような特別の条文は存在しないのである。小山事件東京高裁判決自身、「刑事手続終了後、右の原因（注・逮捕請求行為）に基づき国家賠償請求訴訟を提起しうることは当然」と明言している。小山事件判決は、このように、逮捕状請求行為であっても、刑事手続終結後に事後的に国家賠償請求をすることは認められるが、刑事手続進行中は認められない、とするのである。

　しかし、小山事件判決が指摘するような、時期によって国家賠償請求の可否を区別する国家賠償法上の規定も、また、特別の法律も存在しない。

　小山事件判決は、刑事裁判確定前の逮捕状請求行為に対する国家賠償請求を否定する理由として、要するに刑事裁判と民事裁判の矛盾の回避、捜査の密行性の保持、当事者対等原則遵守等を述べる。しかし、これらはいわば法の条文を離れた政策的な配慮を述べるものに過ぎず、民法又は国家賠償法の条文から法解釈として導かれるものとはいえない。

(2)　刑事訴訟での手続と民事訴訟とは異なること

　次に、小山事件判決の述べる実質的な理由にも根拠がない。上記のように小山事件判決が逮捕状請求行為に対する国家賠償を否定する理由の一つは、刑事裁判と民事裁判の矛盾の回避である。しかし、我が国の法体系は、民事上の責任と刑事上の責任は別個独立のものとして扱うというものになっている。刑事裁判に先立って民事裁判が行われても、刑事裁判は民事裁判の結果には左右されない。その逆も成り立つ。現に、刑事と民事での司法判断が異なることは判例においても頻繁に見られる現象であり、それぞれの判断が他方の判断を拘束する関係にはなっていない。

　例えば交通事故の被害者が告訴をして、その加害者が刑事手続上の責任を問われると共に、民事損害賠償の被告となるということは日常的に発生している。痴漢容疑で無罪になった者が民事裁判では痴漢を行ったと認定されて損害賠償を命じられた例もある。このように刑事手続上の判断と民事手続上の判断とが異なる事案は、現に発生しているのであり、これを法は許容している。小山事件判決は、民事訴訟上の判断が先行してなされたとしても、それが刑事手続の判断を拘束するものではないということを看過しているのである。

　確かに、先行した民事訴訟上の判断が刑事手続を拘束するとすれば、小山事件判決の指摘するとおり、刑事手続を先行しなければならないという理屈になる。しかし、そのような解釈はわが国ではなされていない。刑事手続と民事手続とでは立証責任が異なり、また、それぞれの裁判ごとに証拠構造が異なるからである。また、刑事手続上の違法と国家賠償請求訴訟における違法性判断とは明らかに異なるからである。例えば、国家賠償請求訴訟では無罪とされた事件であっても、検察官の公訴提起が直ちには違法とされないとされ、また、刑事手続における各種の裁判が違法であっても、裁判官の職務行為につき裁判官が責任を負うのは、

当該裁判官が違法又は不法な目的を持って裁判をしたなど、裁判官がその付与された権限の趣旨に明らかに背いてこれを行使したと認めうるような特別の事情があるときに限られるとする解釈がなされていることなどを想起すれば、このことは明白である。

したがって、公務員による職務行為が違法である場合に、その行為の適法性・違法性が刑事手続で争われる場合であっても、これを民事の損害賠償（国家賠償）請求として、刑事手続上の判断に先立って行うことができないとの理由はない。そして、民事と刑事とで、同一の行為の違法性が争われる場合には、それぞれの訴訟等における違法性判断の基準にしたがって、責任が肯定されるかどうかが判断されるだけのことである。そして、民事上の手続が先行したからといって、その判断が刑事手続上の判断に影響することもない。刑事上の判断が民事訴訟の判断に拘束される関係にはなっていない。

⑶　当事者対等原則は国家賠償請求を否定する根拠にはならないこと

小山事件判決は、刑事訴訟が進行する前に民事上の判断がなされることは容認できないとする理由として、当事者対等原則を前提として捜査の密行性が害されることを挙げている。即ち、「双方の証拠資料はすべて公開の法廷における口頭弁論に提示され、それによって捜査の密行性が覆され、捜査の遂行に重大な支障を来す虞があり、これを回避するために捜査資料を提出しないとなれば、一方的な証拠資料のみによって審理を行うこととなり、当事者対等の原則に反する事態を生ずる」という。

しかし、この論旨は、刑事手続上の違法を問う国家賠償請求訴訟の実態には全くそぐわないものである。刑事手続上の違法を問う国家賠償請求訴訟の場合、民事手続で顕出されるべきほとんどの証拠は、被告とされた国家機関などが保有している。そして、小山事件判決がいうような「双方の証拠資料はすべて公開の法廷における口頭弁論に提示され」などという状況は、民事訴訟のあるべき姿や進め方として、極めて望ましいとはいえるが、刑事手続上の違法を問う国家賠償請求訴訟事件における証拠提出の現状は、およそ、そのような状況にはない。捜査機関は、「捜査の密行性」の刑事訴訟法上の根拠既定の一つとする刑事訴訟法47条を理由に、あらゆる捜査上の証拠を開示しないからである。そして、これに対して、裁判所が民事訴訟法220条による文書提出命令を出そうとしても、「刑事事件に関する訴訟記録」は除外されている。そこで、裁判所が国家賠償請求訴訟の被告に刑事事件記録の開示を命ずることもおよそあり得ないのである。したがって、「双方の証拠資料はすべて公開の法廷における口頭弁論に提示され、それによって捜査の密行性が覆され、捜査の遂行に重大な支障を来す虞があり」などという事態は、現状の訴訟を前提とするかぎり、決しておこらない。

また、「（捜査の密行性が覆され、捜査の遂行に重大な支障を来す虞）を回避するために捜査資料を提出しないとなれば、一方的な証拠資料のみによって審理を行うこととなり、当事者対等の原則に反する事態を生ずる。」などいうことも起こりえない。なぜなら、上記のとおり、刑事手続に関する証拠を、国家賠償請求する原告側が一方的に保有していることもあり得ないからである。

そもそも捜査機関は、刑事手続終結後に、民事事件で裁判所から任意の開示を求められても、上記刑事訴訟法47条を根拠に、捜査段階の記録は一切開示しないのであり、他方で刑事事件の弁護人も、開示された記録の目的外使用は刑事罰をもって禁止されている。そこで、実際の国家賠償請求訴訟は、刑事手続終結後であっても、刑事事件の記録はほとんど利用できないままに裁判を続けざるを得ないのが実情である。

　刑事手続上の違法を理由とする国家賠償請求にあっても、その成否の判断は、民事訴訟の一般原則に立ち返り、その形式の中で立証責任を負う者がどれだけの証拠で主張事実を証明できるかにかかっているのであって、小山事件判決で示されたような、証拠の構造を理由として、刑事手続に先立って民事訴訟の判断をするべきでない、とする根拠は完全に崩れている。

　小山事件判決は、特に最高裁判決は、捜査の密行性に重大な支障を生ずることを理由とするが、その前提を欠いている。また、国家賠償請求訴訟の提起を封ずることによって、刑事手続上の証拠隠滅行為を防止しようとするものであるが、そのような方策を採らなくても、刑事訴訟法上の罪証隠滅を防止する措置は十分に準備されているのである。小山事件判決は、余りにも政策的な判断にすぎると言わざるを得ない。

⑷　刑事手続上の不服申立の不存在は国家賠償請求を否定する理由にはならないこと

　小山事件東京高裁判決は、「刑事訴訟法が逮捕状の発付について準抗告を認めていないことからすると、右時点（刑事手続終結前）における不服申立は、如何なる手続によってもこれを認めないのがむしろ法の趣旨であるというべきである」としている。

　要するに、刑事訴訟法が逮捕状発付に準抗告を認めていないことが、逮捕状請求行為に対して国家損害賠償を認めない法律上の根拠になるというのである。しかし、これは逮捕に対する準抗告を認めない趣旨を誤解したものである。

　確かに、現行刑事訴訟法上、逮捕に対する準抗告は認められず、判例も逮捕に関する裁判及びこれに基づく処分は準抗告の対象にならないとしている（最高裁決定昭和57年8月27日）。

　しかし、このように刑事訴訟法も判例も逮捕自体に対する刑事手続上の不服申立を認めていないのは、不当な身体拘束からの解放という目的のためには逮捕自体に対する刑事手続上の不服申立を認めなくても弊害は比較的少ないと考えるからである。即ち、逮捕による身体拘束の期間は最大72時間と短期間であるため、逮捕の正当性を審理する時間的余裕がなく、仮に審理を認めても審理終了時には逮捕による拘束は既に終了している。身体を解放するためには、逮捕それ自体ではなく勾留状発付の段階で勾留の適法性を争えばよい。無理にでも72時間以内に逮捕の正当性の審理を終了させようとすれば、捜査官としては本来の勾留のための証拠収集に加えて、準抗告の審理のための記録送付・弁明その他の手続が必要になり捜査のための手持時間を圧迫することにもなる。刑事手続として逮捕に不服申立制度を立法化していないのは、このような理由による。

しかし、権利が侵害されたことへの賠償という目的であれば、逮捕の違法性を審理することには十分な合理性があり、認めないことによる弊害は大きいといえる。即ち、違法な逮捕で身体拘束されることは、その期間が72時間で終了したとしても重大な権利侵害であり、当然賠償が認められる必要がある。72時間の拘束が終了した後でもその賠償を認められることは、被逮捕者の権利救済になる。その審理に時間を要することは賠償を否定する理由にはならない。72時間の身体拘束期間内に賠償の審理を行う必要はないので捜査官の手持時間の圧迫にもならない。そして違法な逮捕をしても賠償を認めない扱いにすることは事後の違法逮捕を助長することになり弊害が大きい。違法行為の抑止という観点からは、刑事手続上逮捕に対する不服申立がないだけに、むしろ、民事上の損害賠償請求を認める必要は高いと言える。

したがって、公訴提起前であれ、公訴提起後であれ、判決確定後であれ、どの時点であっても、違法な逮捕状請求とこれに基づく処分に対しては、国家賠償請求をすることは当然に肯定されるべきであり、刑事訴訟法が不服申立手段を立法化していないことは、何ら損害賠償を否定する根拠にはならない。

⑸　民事と刑事の時効の違いによる弊害

小山事件東京高裁判決は、「違法性の審理は、事柄の性質上刑事訴訟の主題である犯罪事実の存否自体の審理と重複せざるを得ないから、刑事手続の終結に先立ち、国家賠償請求訴訟でこれを審理しようとすれば、結局、犯罪事実そのものを刑事手続に先んじて民事訴訟において審理して、判断することを容認することになる」として賠償請求を否定している。刑事手続完結前は逮捕状発付について損害賠償請求することは出来ないとしているのである。

しかし、「違法性の審理は、事柄の性質上刑事訴訟の主題である犯罪事実の存否自体の審理と重複せざるを得ない」面もあることは確かであり、そのことだけを理由として逮捕状請求行為の違法を問う場合には、その理屈はあてはまるかもしれない。しかし、逮捕状の発付は犯罪事実の存否だけで決まるのではなく、審理の対象は必ずしも一致するものではない。例え、「罪を犯したことを疑うに足りる相当な理由がある」と認められても、「明らかに逮捕の必要がない」場合、即ち、被疑者の年齢、境遇、犯罪の軽重・態様その他諸般の事情を総合して、「逃亡すると疑うに足りる相当な理由」や「罪証を隠滅すると疑うに足りる相当な理由」が存在しない場合には、逮捕状を発することができないのである（刑事訴訟法199条２項）。したがって、小山事件東京高裁判決の論理は、これらの違法を理由とする逮捕状請求行為に対する国家賠償請求を封ずる根拠とはならない。

また、不法行為による損害賠償請求権の消滅時効は損害及び加害者を知ってから３年であり（民法724条）、これが国家賠償請求訴訟にも適用されるから、刑事裁判が３年以上長期化して終結しないときは、国家賠償請求が不可能になってしまい、この点でも小山事件判決は誤りである。換言すれば、小山事件判決の基準に従うならば、捜査機関は違法な逮捕状請求をした場合、国家賠償を回避するためには、刑事裁判の終結を３年以上引き延ばせば損害賠償責任を免れることになり、捜査機関の不正を助長し迅速な裁判を阻害することになりかねない。

仮に小山事件判決の言う「刑事手続の終結に先立ち」という意味が刑事裁判の確定まで意味するのではないというのであれば、「刑事手続の終結」の意味が不明であり、何時まで損害賠償請求が不可能で何時から可能になるのかが極めて曖昧になる。小山事件判決の論理に従えば、不起訴処分になっても刑事の時効が成立しないかぎりは国家賠償請求訴訟が提起できないという理屈になるが、それ自体不当であるばかりか、その時点では民事上の時効が成立しているので国家賠償請求もできないというような自体になれば、その不当性は一層顕著である。

⑹　民事訴訟自体を封ずることによる不利益

　刑事手続上、逮捕状発付それ自体の適法性を争う方法が現行法には存在しない。原告らが民事訴訟により、逮捕状請求の違法性の一端を明らかにしようとするのは、そのためである。しかし、小山事件判決のように、民事訴訟での争いをも封ずることになれば、その結果、逮捕状が発付された対象者は、その逮捕状請求の根拠となった疎明資料が全く根拠のないものやデッチ上げられた虚偽のものであったとしても、そのことによって被った名誉毀損等のさまざまな不利益を刑事手続に先だって民事上も争うことができないばかりか、いったんは身体拘束されて、刑事手続の結果を待ってでなければ、民事上の救済も受けることができないことを覚悟しなければならないということになる。

　この場面に限っては、まさに、戦前における国家の無謬性がまかりとおることになる。わが国の場合には、逮捕された被疑者が司法官憲の前に引致され、勾留の審査をされるのは、逮捕から 72 時間以内であり、少なくともその間は身体拘束を余儀なくされることになる。幸いに勾留審査の裁判官によって、逮捕の違法性が是正されたとしても、全く無実の人が 72 時間もの身体拘束を受忍しなければならず、最終的な刑事司法手続による解決を待たない限り、民事上の救済もできない、などということが不当であることは誰も否定しないであろう。

3　本件の特殊事情

　仮に小山事件判決を前提にするとしても、本件は、小山事件判決の趣旨が及ばない事案である。

　上記のように小山事件判決が刑事手続の終結に先立って逮捕の違法性について民事上の判断をすべきでないとする主たる理由は、民事裁判で証拠を提出すると「捜査の密行性」が侵害されるから、ということにある。しかし、本件では、原告らの逮捕状請求の主たる証拠は、既に捜査上の秘密ではなくなり、広く一般国民の知りうるところとなっている。

　即ち、本件逮捕状の主たる疎明資料は、上記のように八尾惠の公判廷での供述、石岡亨の手紙や葉書、森順子、若林佐喜子が石岡亨と一緒に写った写真、有本のデンマークのカストロップ空港での写真、森順子が男性と一緒にカストロップ空港で撮影された写真等であるところ、これらの証拠は、別の裁判や、あるいは市販公刊された書籍等多くの出版物により既に公知のものとなっている。朝鮮による拉致問題は、日本国民の強い関心の的であったため、このような証拠は様々な報道、出版物で明らかにされてきた。この点に本件の特殊性がある。通常の事件

と異なり、本件では、既に原告らの逮捕状の根拠となる証拠が大々的に公になっているのである。

　したがって、仮に小山事件判決を前提にしても、本件では民事裁判を先行させることにより「捜査の密行性」が阻害されることはないのであり、小山事件判決の趣旨は本件には及ばないと解される。

4　結論

　以上のように、民法及び国家賠償法上、逮捕状請求行為に対する損害賠償請求が認められないとする理由はない。これを否定した小山事件判決は、法的根拠を欠くものである。仮に国家賠償が認められないのであれば、本件原告らの場合には、逮捕覚悟で朝鮮から帰国しないかぎり、逮捕されて刑事手続のうえでしか違法性を争うことしかできないことになる。そうだとすると、余りにも侵害利益が大きすぎる。

　よって、本件で、逮捕状請求行為に対する国家賠償請求を提訴すること自体が許容されないという理由はない。

第7　国家賠償請求訴訟における逮捕状請求の違法性判断基準

1　国家賠償請求訴訟における逮捕状請求行為の違法性についての見解

　刑事手続上の概念として、犯罪の嫌疑については、その証明の程度に関する以下のような見解がある。

　判決言い渡しの段階では、有罪判決をするには合理的な疑いを超えた証明が必要である。有罪であることの確信、間違いないという程度が必要である。検察官が公訴提起をする段階では、検察官においてそれまでに収集した証拠から合理的疑いを超えた証明をすることができる見込みがあるという程度の嫌疑は必要である。逮捕状や勾留状発付の段階では、検察官が公訴提起の段階で抱く嫌疑の程度にまで達する必要はないが、収集した証拠により、嫌疑に相当な理由があることが必要である。

　したがって、逮捕状請求行為の違法を理由として、国家賠償請求訴訟をする場合の違法性判断基準は、上記の判断基準を参照しつつ、逮捕状請求行為の際に収集した証拠に基づき、客観的に、被疑者が「罪を犯したと疑うに足りる相当な理由が」存在したか否かである。

2　御崎事件判決における逮捕状請求行為の違法性判断基準

　東京地方裁判所平成16年3月17日判決（御崎事件一審判決）は、以下のように述べる。

　捜査機関がある被疑事実について被疑者を逮捕した場合、仮にその後に同人の嫌疑が不十分であるとして起訴猶予処分となるか、あるいは公判手続において同人の無罪判決が確定したとしても、直ちに上記逮捕が違法とされるものではない。一方、被疑者の逮捕は、被疑者の身体拘束など被疑者に重大な不利益を及ぼす処分であり、上記逮捕が法に定める手続を適法に経ているからといって、直ちに捜

査機関がすべての点において免責されることにはならない。捜査機関は、法定の強制処分を行使する以上、法の許容する限界を越えてはならないという職務上の義務を負っており、逮捕状の請求にあたっては、捜査機関の主観的判断では足りず、その行為には、客観的妥当性、合理的な理由が要求されることはいうまでもない。

　以上からすると、国家賠償法1条1項に基づく損害賠償請求において逮捕状の違法性の判断をするに際し、（刑事訴訟）法199条1項にいう「罪を犯したことを疑うに足りる相当な理由」とは、事後的に審査した結果、捜査機関による逮捕状が請求された当時すでに収集されていた捜査資料に基づき、合理的な判断過程により、被疑者が当該犯罪を犯したことを相当程度高度に是認しうる嫌疑があると認められることであると解される。

　なお、被疑者の逮捕は、犯罪捜査の段階においてなされるのであるから、逮捕の理由に裁判所が有罪判決をする場合に求められるような犯罪事実の存在を確信するに足りる証拠の存在を要しないことはいうまでもなく、公訴を提起するに足りる程度の嫌疑までも必要になるわけではない。

　これに対して、東京高裁平成17年10月27日判決（御崎事件控訴審判決）は、以下のように述べている。

　捜査機関がした逮捕状請求が国家賠償法上違法というためには、逮捕状請求者において職務上遵守すべき義務に違反しているかどうかから検討することを要する。逮捕状請求について、その時点において、捜査官によって適法に収集された資料を総合勘案して合理的な判断過程により、罪を犯したと疑うに足りる相当な理由があり、かつ、逮捕の必要があるかぎり、違法性を欠くというべきである（最高裁昭和53年10月20日第二小法廷判決、最高裁平成元年6月29日第一小法廷判決）。

　このように、職務行為の時点のみを基準とするか、職務行為の時点を基準としつつ事後的な要素を踏まえての事後的審査において違法とされる場合にも違法とするのかについて、御崎事件一審判決と御崎事件控訴審判決との判断が分かれているが、国家における違法性は客観的違法により判断されるべきであるから、御崎事件一審判決の判断こそ妥当である。

　したがって、本件においても、御崎事件第一審判決の基準に従い、逮捕状請求手続の違法性が判断されるべきである。

第8　原告らの受けた損害

　被告の行為により、逮捕状が発付されたため、原告らは「日本人拉致犯」という汚名を着せられ、「重大犯罪者」として社会的糾弾を受ける境遇におかれ、これにより原告らの社会的信用が失墜し、多大の精神的苦痛、打撃を被ったほか、全くいわれのない罪でいつでも逮捕され得る立場になった。そのため、森順子及び若林佐喜子は、日本に帰国出来ず朝鮮に滞在し続けることを余儀なくされている。これによる精神的損害は、原告らそれぞれにつき、少なくとも500万円を下らない。

第9　結論

資料編

　よって、原告ら3名は被告に対し、国家賠償法第1条1項に基づき、それぞれ慰謝料として金500万円及び本訴状送達の翌日から支払済みまで年5％の割合による遅延損害金の支払いを求める。

（別紙1）1988年9月6日に届いた石岡亨の手紙（甲13）

　家族の皆様方、無事に居られるでしょうか。長い間、心配を掛けて済みません。私と松木さん（京都外大大学院生）は、元気です。途中で合流した有本恵子君（神戸市出身）供々、三人で助け合って平壌市で暮らして居ります。事情あって、欧州に居た私達は、こうして北朝鮮にて長期滞在するようになりました。基本的に自活の生活ですが当国の保護下、生活費も僅かながら月々支給を受け居ます。但し、苦しい経済事情の当地では、長期の生活は苦しいと言はざるを得ません。特に衣服面と教育、教養面での本が極端に少なく、三人供困って居ります。取り敢へず、最低、我々の生存の無事を伝へたく、この手紙をかの国の人に託した次第です。とに角、三人、元気で暮らして居りますので御安心して下さる様、御願い至します。松木さんの実家（熊本市）、有本君の実家（神戸市○○区○○、Tel ○○）の方へも連絡願います。更に、この手紙を送ってくれた方へ、そちらからも厚く御礼をしてくれる様、御願いします。
息子・亨より

（別紙2）　1980年マドリード消印の石岡亨の葉書（甲14）

　Hi. ケラバヤビエン？　may-01 より、マドリにいますが、もう、観光巡りには、ほとほと飽きが来た。スペイン北部の町 Irun や、サン・セバスチアンでは、マドリの他、東京は勿論、パリスやモスクワにはない clean な nature は勿論、人々の、素朴さがありました。ただバスクには、ライフコストが少々かさむために long times staying can not to me のでした。僕の、ヨーロッパ巡りは、これで finished　西田（仮名。バルセロナで写真を撮った一緒に旅行していた者）とは、もう、別れており、alones travel になってもう 3weeks が経ちます。彼は more dangerous な、モロッコ、アルジェリアに、旅立ちました。これから、madrid の生活が 11day の間、続きそうです。フィルムの現像をしたので、それが出来るまでかなりかかるのです。すばらしい写真ばかり出来ました。Kodacrom25×2 と、後は白黒 ×8 です。そのほとんどは、色々な人々のポートレイトで、観光的なのはあまりありません。旅の本来の目的は、もう十分に、達成しました。後は、この旅の核心である to visit farm です。Portog-al に、一度寄るかも知れませんが、ヨーロッパも既に 8 カ国回ってきたことだし、ここで、農家と交渉して、出来るだけ滞在期間を延ばしてみます。ISHIOKA 06 madri
　『平壌からの手紙』（棟方周一編著、2008年　寿郎社）31 〜 32 頁
原文は、全てカタカナ書きだが、別紙では判読しやすいように、仮名文字にして

いる。前半が赤いボールペン、後半が黒いボールペンで記載されている。

『平壌からの手紙』（棟方周一編著、2008 年　寿郎社）12 ～ 13 頁

（別紙 3 ）　1980 年 6 月 3 日ウィーン消印の石岡亨の葉書（甲 15）

　拝啓、国を出て、早や 2months 経過して居ます。現在オーストリアの、ウィーンに滞在中ですが、これから、ルーマニア、チェコスロバキア、そして再びソヴィエト（モスクワ）へ行こうと思って、スペインの madrid で知り合った人達と共に 4 人で、共産圏を旅して来ます。スペインには、7 月に戻る予定です。スペインの住所を報告しておきます。(Toru Ishioka Hostal SanPedro Calle Jardines 11 Izquierda Madrid 14 Espana)

　君も、今年で大学生活に終止符を打つのでしょうが、今回の欧州旅行？　で本当に、貴重な経験をたくさん得られたことは、生涯の Big Event であり、私の人生における一つの自信となることでした。夏休みでも利用して君もマドリードへ来ませんか？　1 か月や 2 か月は。この辺で、石岡より

『平壌からの手紙』（棟方周一編著、2008 年　寿郎社）17 ～ 18 頁

Ⅱ. 原告3人の意見陳述書（東京地裁）

陳 述 書

2002年4月25日

東京地方裁判所民事部　御中

魚本公博

　私、魚本公博は、有本恵子さんを拉致したとして逮捕状が発行されていますが、その発行理由は八尾恵証言に拠っています。今回、八尾証言による私への逮捕状発行によって私が受けている精神的苦痛と物質的損害に対し、損害賠償を求める裁判を提訴するにあたり、私が有本恵子さんの拉致に一切関与したことはないことを以下に陳述します。

　私は1948年3月19日、大分県別府市南石垣で生まれました。そして1970年4月3日、いわゆる赤軍派学生による「よど号ハイジャック事件」によって、朝鮮民主主義人民共和国（以下「共和国」と略す）に政治亡命し、現在も共和国に政治亡命者として在住しています。

　私たちは、朝鮮に来て、日本の学生運動の脆弱性、孤立性を深刻に考えざるをえなくなりました。それは、当時の日本の学生運動の究極にあった赤軍派の思想を再点検するものとしてありました。

　その思想的な過ちの根本は、日本人民に依拠して運動をしようとするのではなく、「世界武装プロレタリアート」という架空の外部勢力に依拠しようとした非主体的な思想であり、日本人民を主人と見るのではなく、自分たちの考える「革命」に従わせるという自己中心思想ということでした。

　私たちは、こうして71年に、赤軍派の思想の過ちを確認しながら、この思想と路線から決別することを決意しました。このことは72年の5月に日本から来ていた訪朝取材団との記者会見で明らかにしています。

　その後私たちは、赤軍派の思想を受け入れていた自らの思想を深刻に問い正すことを進めながら、人として日本人として生きていくことを我々の思想的な立場にし、祖国日本への帰国を実現しようと、それを最大の目標にして生きてきました。

　しかるに八尾は、私たちが共和国に「マインドコントロール」され、その「工作員」となって、その指示の下に拉致を行ったかのような話しを作っています。

　この八尾証言によって、日本の世論は共和国憎悪一色になり、これを背景にして日本政府の朝鮮敵視政策も最高潮に達し、日本は米国の朝鮮圧殺政策の最先頭に立つようになりました。しかし今や、こうした朝鮮敵視政策の破綻は明らかであり、それを見直す気運も高まっています。こうした中で、「拉致疑惑」をはじめ、

「北朝鮮支配下の対日工作」というストーリーも全面的に見直すときに来ています。

　まさに今回、八尾への損害賠償訴訟を起こそうとする目的は、八尾証言の虚偽性を明らかにすることによって、自身にかけられた言われなき嫌疑を晴らすと同時に、この見直しに少しでも寄与したいという思いからです。

１　政府、当局がこのような逮捕状を請求するに至ったいきさつは、八尾の公判における証言と八尾が出した『謝罪します』という本を「根拠」にしていると考えられ、八尾のこれらの行為がなければ当局もこのような逮捕状請求という手段は取り得なかったと思います。

　2002年３月のＫ・Ｅさんの旅券法違反容疑での公判で証人として出廷した八尾証言の概要は、「1983年６月にザグレブ前線基地に居た安部に有本さんを獲得したことを知らせ、その後７月にザグレブで有本さん誘拐の具体的方法を協議したということ、それに基づいて、コペンハーゲンで安部が貿易会社の社長に扮し、キム・ユーチョルが北朝鮮の貿易の仕事をしているということにして、安部が有本さんに、北朝鮮で市場調査の仕事をしてみないかと誘い、７月15日か７月中旬に、コペンハーゲンからモスクワ経由で北朝鮮に送った」というものです。しかし、この八尾証言は、まったく事実無根です。

２　そもそも私がコペンハーゲンで有本さんと会い北朝鮮に送り出すための話しをしたという1983年７月15日や、その翌日、空港からモスクワに送ったとされる７月16日に、私はウィーンに居住しており、コペンハーゲンにはいませんでした。

　私がウィーンに居たのは、当時欧州で盛んになっていた反核運動の実情を知り、それを機関誌『日本を考える』に反映するため、ウィーンで『おーJAPAN』というミニコミ誌を発行していた人たちと交流するためでした。

　当時、私たちは、日本に帰国することを最大の目的とし、そのためには、過去の思想を総括し、真に日本のために尽くそうとしていることを広く日本国民に知ってもらう必要があると考えて『日本を考える』を発行し、その充実に全力を傾けていました。そのために、その頃、欧州で盛んになっていた反核運動が反米もしくは離米をはらむ自主の運動になることに注目した私たちにとって、それを現地で詳しく知ることは切実な問題でした。

　私はウィーンに居住しながら、『おーJAPAN』の人たちと交流し、その周辺にいる人たちや欧州の活動家たちとも交流したり、ウィーンにあったアジア・アフリカ協会が経営する留学生会館に出向くなどして、反核運動に関する様々な資料を収集し、それを整理し、『日本を考える』誌に載せる文章案を作ったり、頼まれれば『おーJAPAN』の記事を書くなど多忙な日々を送っていました。『おーJAPAN』に書いた記事は当時の欧州での責任者であったＫ・Ｎさんに頼まれたもので、「街から村から」欄の無署名記事などであり、英字新聞を利用したりして苦労したことを思い出します。

　この時、収集した資料や文章案に基づいて、『日本を考える』6号の「動きだした日・米・『韓』三角軍事同盟」（83年４月）、9号の「危険な『東西軍縮』論」（84年１月）などが書かれています。

また、この運動では「オールタナティブ」（もう一つの道）ということが言われ、東西両陣営に属さない欧州自主の考え方として興味を引かれ、その考え方をまとめたり、「人間第一主義批判」「人民のためではなく人民と共にであるべき論」などについて、考察して文章化したりするなどということもしており、資料集めと思索で忙殺された日々だったと記憶しています。

　さらにはまた、1983年8月21日から31日までリビアで開かれた「第2回全アフリカ青年フェスティバル」に参加する仲間（小西、若林）のリビアへの渡航を実現するために、アフリカ人の留学生を経てアジア・アフリカ協会のアフリカ人スタッフに会って、便宜をはかってもらうように働きかけ、実際、簡単な推薦状をもらい平壌に送りました。平壌ではその推薦状も一定の保証になって在ピョンヤン・リビア大使館（人民代表部）に行き、ビザ発給を受けたとのことでした。それが丁度7月に入ってのことであり、7月にザグレブで八尾と会ったとか、コペンハーゲンに行くことなどは、まったくできない状況でした。

　私は、82年の10月頃、ウィーンに行き、83年の3月に一度朝鮮に帰り（この時「全アフリカ青年運動」主催のフェスティバルがリビアで開かれるという情報をウィーンのアジア・アフリカ協会から入手、平壌に伝えた）、5月に再びウィーンに入り、そこで生活していました。住居は、民宿や知り合った運動圏の人の所に居候したりして解決していました。また、K・Nさんが居住していたアパートは彼の夫人Rさんの両親が所有していたもので借り易かったため、K・Nさんから部屋を借りた形にして住んでいたこともあります。

　以上のように、私のウィーンにおける活動は、『日本を考える』の充実に全力を傾けることでした。ですから、ウィーンを拠点として活動していた『おーJAPAN』の人たちと交流することが何よりも大事な仕事であり、ウィーンを離れて他のことをするなどということはなく、ましてや日本人拉致に関与するはずがありません。

　このことは、以下述べるように、共和国に在住していた私たち「よど号グループ」が、なぜ欧州の反核運動の実情を知ろうとしたのかについて理解していただければ、およそ私たちが日本人拉致に関与するはずがないことがわかると思います。

　1977年ころ、朝鮮において日本向け機関誌発行準備を計画していた私たちは、日本の現状に直接関与できないという中で、まず欧州の運動から運動の経験を学ぼうとして、77年末からウィーンにいた日本人留学生のグループと交流を始めました。留学生のグループと知り合ったきっかけは、ピョンヤンで会った訪朝団の中に第3世界連帯運動などをやっている欧州の活動家がいて、その方から日本人留学生グループの存在を伝え聞いたことでした。そして、その方に仲介の労をとってもらって、交流が実現したものです。1977年当時は第3世界連帯が国際的な運動の主流で、多少の反原発運動がある程度でしたが、1979年に「ソ連の中距離ミサイルに対抗する」ということで米核ミサイル「パーシングⅡ」配備がNATO会議で決定され、これへの反対運動が起きるであろうとは予想されていました。この運動の中心はドイツでした。1981年くらいからこの中距離核ミサイルの欧州配備反対の反核運動がドイツなどで起こり、欧州の反米自主的運動に発展していきました。運動の中心地は、具体的に配備されるドイツ、フランス、ベルギーな

どでしたが、中立国オーストリアは、東西の狭間にあるという関係上、反核運動はシビアに問われ運動も盛んでした。

　私の印象に残ったこととしては、こうした反核運動は、直接的には反米自主的な運動でしたが、オールタナティブ（もう一つの道）という言葉が使われて、ソ連を含む大国の覇権主義・支配主義に反対するもの、今から思えば「反覇権自主」的な運動の性格になっていたということでした。当時、これをどのように評価判断するかについては、我々も議論したことが印象に残っています。ですから高沢皓司が『宿命』で、この運動をあたかもソ連など社会主義圏擁護の運動にしようと、朝鮮労働党がわれわれを使って後ろから糸を引いていたという話は、論理的にも合わず、ありえない話です。

　八尾はその証言において、「1978年の末によど号グループの中で総会が開かれた。田宮から、キム・イルソン主席の教示を受けた新しい活動の課題などが示された。日本をキム・イルソン主義化するための戦略戦術や方法論に対して、どういうふうにそれを遂行していくか、貫徹していくかという、具体的な内容を明らかにする総会だった。党創建準備委員会を設立。委員長に田宮、副委員長に小西がなった。日本革命の指導中核となる日本人の発掘、獲得、育成。田宮が思想的に獲得する場合もあるが、いろんな口実を作って人を獲得する方法を打ち出した。朝鮮労働党連絡部56課の協力を得た。」とありますが、もちろん、総会というものなどなく、党創建準備委員会を設立したこともありません。特に「いろんな口実を作って人を獲得する方法を打ち出した。」とあり、これが欧州における日本人拉致活動のことだというのでしょうが、私たちの欧州での活動は、そのようなものではありませんでした。八尾の証言はまったくの作りごとです。

　また八尾は、証言の中で、1975年5月6日に金日成主席による「教示」があり、「キム・イルソン主席が、日本革命をやるためには、代を継いで革命を行っていくようにしなければならない云々という教示なるものをしたということを、田宮さんや、ほかの男性のメンバーや、朝鮮の労働党の人から聞いた」と証言し、また、『謝罪します』において「私は、教示を学習しているうちに、75年5月6日の教示に『『よど号』ハイジャック犯メンバーにも結婚相手を見つけて、代を継いだ革命を行っていかなければならない」ということが書かれているのを確認しました。この教示は75・5・6教示と呼ばれ、とても重要なものとされていました。朝鮮労働党で「よど号」グループを担当している56課は、この教示を実現するため、日本人女性を北朝鮮に連れてくる結婚作戦を遂行したのです。」と記述し、私たちの活動がそうした目的のためだったと述べていますが、そもそも共和国の最高指導者である金日成主席が私たちに直接話をすることはあり得ませんし、このような荒唐無稽な「教示」など聞いたことも見たこともありません。したがって「75・5・6教示」なるものも、「朝鮮労働党56課」も存在しません。

　さらに八尾は、「私が北朝鮮に渡った1977年頃から、『よど号』グループはウィーンで最初の本格的な政治活動を始めます。それは、反核運動のミニコミ誌を作る団体を隠れ蓑にした活動でした。・・・『よど号』グループは、反核の市民運動を利用して自分達のシンパやメンバーを作ろうとしました。77年の秋、田宮高麿は、自分の部屋のすぐ前にある応接室で行われる朝の会議で、『ヨーロッパに我々の思

想を宣伝し、支持者を作るためのミニコミ誌を作るんだ』と言いました」などと
述べていますが、『おー JAPAN』は、欧州に居た日本人留学生が自ら作ったもの
であり、八尾の言うような「ヨーロッパに我々の思想を宣伝し、支持者を作るた
めのミニコミ誌」ではまったくありません。

　『おー JAPAN』の創刊号には、その四大使命と題し、以下のように書かれてい
ます。

　①この新聞は、人間の理性に基づき、不正、腐敗を弾がいし、正義と真理を全
ての人々に訴える社会公器たらんとする。

　②この新聞は、日本国民大衆の良心と知性を総結集し、民主、自主、平和の新
しい日本を創造する先駆者たらんとする。

　③この新聞は、民族の誇りと良心を持って立派に生きていこうとする海外同胞
の道しるべたらんとする

　④この新聞は、日本国民大衆と、全世界の人人との友好と連帯のきずなたらん
とする。

　かなり大げさに思えるかもしれませんが、当時の日本人留学生グループの気概
を端的に表していると思います。

　こうした気概を持って出発した『おー JAPAN』は、号を追うごとに内容も広が
りをもち充実していきました。その後、久野収さんや宇井純さんを顧問に迎え、
欧州だけでなく日本国内でも反核運動の中心的な情報誌となっていきます。久野
さんが顧問になったいきさつについて佐高信氏がその著書『面々授受　市民久野
収の生き方』の中でこう書いています。

　「この間違いを久野が知ったのは、ウィーンで発行されている『おー JAPAN』
の 81 年 10 月号の投書欄を読んだからだった。・・・パリへ行く前から注目してい
たこの雑誌の関係者に会いたいと思っていた久野は、パリ到着後まもなく、偶然
の機会を得て、同誌のパリ連絡部の責任者、K・J とそのパートナー、H・H と
知り合い、親交を結ぶ。H・H について久野は次のように紹介しているが、それ
はそのまま、久野がどういう若者に期待するかを語っている。

　『・・・パリには、こういう日本の女子学生もいて、かなり見事な語学力でフテ
ンス系学生と競争し、アジア、アフリカ系学生と親交を深め、日本と日本人を国
際的に理解させる民際的交流の一役を果たしている事実を、日本人はもっと知る
べきでしょう』

　そして、K・J、H・H 両君の報告を受けて、ウィーンから、『おー JAPAN』
の編集長、K・Y が久野を訪ねて来る。飛行機ならパリまで三時間余なのに、費
用を節約するため、K は夜汽車に揺られて十五時間かけてやってきた。彼は一等
通訳の資格を取り、それで生計を立てながら、ウィーン大学に学び、そして、『た
いへんな費用とエネルギーを割き、仲間たちの中心になってもう四年以上、この
雑誌の発行をつづけてきた』と久野は書いている。のちに私も、私とほぼ同年輩
の K・Y と会ったが、久野は K・Y のような人が現われたことを本当に喜んでい
た。

　K・Y、K・J、H・H とともにほとんど徹夜で語り合った一夜は、パリ滞在
中の最も有意義な夜だった、と久野は回想している。・・・『おー JAPAN』は硬い
雑誌に思われるかもしれないが、そうではなく、内容は世界各地の旅行記あり、

宿泊施設の紹介あり、民俗風習のルポあり、食べものの記事から料理法の説明まで、多種多彩だと付け加えている。

　Kたちの熱心な希望を受け入れて、久野はこの雑誌の顧問となった。

　そして、『私は余力のかなりの部分を割いて、この雑誌の内容の向上と普及に務めたいと決心し、彼らと会って話しあうため、もう一度、欧米に足を向け、今度はかなり準備したうえで、この雑誌のフランス語版とドイツ語版を出せたらと願っている』と語っていたが、その機会は無念にも訪れなかった。

　さらに、1983年4月には、『おーJAPAN』創刊5周年を迎えてと題し、久野、宇井両顧問より以下の文書が寄せられています。

　ペンの力で剣の力を封じ込めよう！　　久野　収
　創刊5周年を迎える『おーJAPAN』のペンによる活動にお祝いのあいさつを贈ります。しかしお祝いは同時に、前途への気分を新しくした出発を意味している以上、あまりお祝い気分にひたってもいられないでしょう。核の廃棄と全世界の平和と諸民族の友好的協同という、われわれの主張は、まだ一進一退の中で揉まれつづけていて、実現への大道にとどくにはまだまだの現状です。われわれ、『おーJAPAN』に集まるグループは、この主張をペンの力によって全世界に浸透させ、そこから生れる、さまざまな運動に参加するという使命を負っています。ペンの力によって剣の力を封じこめるという、仕事を、われわれは肩に力を入れ過ぎず、悲壮な面持ちになりすぎず、口笛をふきながらやりつづけたい。かつてペンの力だけを頼りにアンシャン・レジーム（旧体制）と闘いつづけたヴォルテールの活動を評して、アナトール・フランスは「彼の指先にあって、彼のペンは踊り、笑う」と評しました。われわれのペンもヴォルテールのペンにあやかりたいものです。そのためには、編集の方法、誌面のレイアウトから見出しのすみずみまでの気配りが必要でしょうし、文体も硬軟さまざまな様式があってよいでしょう。しかし何よりも大切なのは、見透しの確かさですし、この確かさは、毎回の評論やレポートの反省の積み重ねから結果する累積的効果以外にありえません。それが、可能の世界をせんさくするアカデズムではなく、現実的世界と格闘するジャーナリズムの光栄ある任務であるはずです。お互いに大地に足をおろして頑張りましょう。

　今日本で必要なもの、外国にいて忘れてならないことは？　　宇井純
　『おーJAPANL』発刊5周年おめでとう。今日本で必要なものは、目を広く世界に向けながら持続的な活動をすること、意見のちがいを尊重しながら、有効な共同運動をつづけることでしょう。そのためには、せまい日本の中から1度外へ出ることが役立ちます。日本の自然を考えに入れること、アジアの中の日本、という視点を忘れないこと、これが外国にいると、重要な点だと考えるしだいです。

　読者の皆さんへ筆峰を高くかかげ、さらに前進！

　つまり、『おーJAPAN』は自立したミニコミ誌として独自の評価を受けながら、

1987年に廃刊されるまで91号を数えたのです。八尾の証言と著書『謝罪します』がまったく事実に基づかいないものであることは明らかです。そして、この『おーJAPAN』の発行を通じて、1982年3月21日には「新しい民主の波」ヨーロッパ委員会という反核反戦平和運動を担う組織が誕生しました。「新しい民主の波」は、日本に真の民主主義を実現することを使命とし、日本の平和と民主のための闘いをヨーロッパの地において展開するとともに、日本とヨーロッパの反核反戦運動、民衆の連帯を目的として、ヨーロッパ在の日本人有志によって結成されたものです。その結成会議を掲載した『おーJAPAN』48号には、岩井章氏（元総評事務局長）や宇都宮徳馬氏（参議院議員）などのお祝いのメッセージが掲載されているように、日本においても高い評価を得ています。

　以下はその結成会議でのアピールです。

「新しい民主の波」ヨーロッパ委員会

　現在、日本とヨーロッパにおいて大国とそれに追随する為政者による核戦争の危機が日々つのっています。

　レーガン政権は「力の政策」をかかげ、軍拡と戦争準備を大々的におし進めており、わが国為政者は行きづまった政治経済危機を打殺するために米国につきしたがい、軍備増強して、極東有事体制にすすんで加担しています．

　もし核戦争が起こされれば、犠牲になるのは私達国民大衆であり焦土となるのはわが愛する郷土です。核戦争を防ぎ、平和を守ることは世界の安全と人類の生存のための切実な課題となっています。

　私たちは、世界平和と安全を守るため、わが国民大衆の安寧のためにすべての国で核兵器を廃絶し、軍拡を中止しアジアとヨーロッパに非核地帯を創設することを強く主張します。

　せまりくる核戦争の危機を前にし、大国の戦争策動とそれに追随するわが国支配層に反対し、闘っていくことは当然のことであり、私達は平和を尊ぶすべての人が今こそ非核反戦の闘いに立ち上がり一致団結し闘争していくことを訴えます。

　1982年3月21日

　1982年12月には日本で「新しい民主の波」が協力し、西独の青年反戦活動家が訪日して「平和は私たちの手で！ヨーロッパの反核・反戦・平和運動報告講演会」が自治労会館で開かれ、また、ヨーロッパ反核平和ポスター展も開かれました。また、小田実氏が突然、ウィーンに来られ、「新しい民主の波」の代表であるK・Y宅で懇談会が開かれ、西ベルリンでエコロジー、反戦反核運動に取り組み、おーJAPAN、新しい民主の波にも協力していただいている田代夫妻の著書『広島―原爆が落ちた後の人々』がドイツ語で発売されるなど、『おーJAPAN』を中心とした運動は大きく広がっていきました。

　しかし、私たちはあくまで学ぶという立場であり、亡命者であったことから、こうした行事に出席し何か意見を言うということはまったくなく、『おーJAPAN』は、私たちが「隠れ蓑」とできるような余地のまったくない、徹頭徹尾、日本人留学生たちによって作られ、担われた運動でした。

295

3　私が、有本恵子さんを拉致したとされる件に一切の関わりがないという事実は、八尾証言を証明する証拠写真が存在しないことによっても明らかです。

　この事件で客観的な証拠とされるものは、西側情報機関が83年7月15日にコペンハーゲンに現れたキム・ユーチョルの動静を監視する中で、7月16日にカストロップ空港の搭乗便待合室の椅子にキム・ユーチョルと有本恵子さんが並んで座っている所を撮影した写真と、その日、有本さんが朝鮮名（HOUN SUK KIM）の朝鮮パスポートを使ってキム・ユーチョルと共にモスクワ行きの飛行機に乗ったという「通報資料」です。

　しかし、ここには私がその現場に居たという写真や証言は一切ありません。この時、西側情報機関はキム・ユーチョルを尾行・監視し、彼が7月15日に市内の中国料理店で会った人物、空港で会った人物について多数の写真を撮影したとなっています。そうであれば、その現場に私が居たのなら、当然私の写真も撮られていたはずです。しかし、それが一切ないということは、逆に私がそこに居なかったという傍証になるのではないでしょうか。

4　私がコペンハーゲンに居たということを傍証するためか、有本さん事件の前年82年の3月にコペンハーゲンで私が森順子と共にいるところを西側情報機関が撮ったという写真について、日本の科学警察が安部と鑑定していますが、それは私ではなく岡本武です。この写真に写っている森順子さんも、今回提出した陳述書に「私は1982年3月に旅券の再発給の申請をコペンハーゲンで行きました。写真はそのときに金（ユーチョル）先生と偶然会った岡本さんと一緒にいるところを撮られたものだと思います。この頃、M・Kさんも旅券更新で来ており、これにF・Tさんも同行、岡本さんはたしかこの年、4月に金日成主席の生誕70歳の行事に参加するために朝鮮に帰還する途上にあって、出入国の世話をする金（ユーチョル）先生とコペンハーゲンに来たのだと思います。皆がスムーズに共和国に入れるようにと、この金先生が手続きをしてくれたと、記憶しています。岡本さんは、この時、ドイツに行って欧州の運動の了解活動をしていたと聞いています」と述べています。

5　その当時、私はザグレブにもいませんでした。

　八尾証言では、83年の6月にザグレブに前線基地に常駐していた安部に、有本さんを獲得したことを電話で知らせ、7月には、そこで有本さんを誘拐する具体的な方途を相談したと言っています。しかし、私の活動は、前述したようにウィーンで『おーJAPAN』の人たちと交流して、欧州反核運動の実情を知ることであり、ザグレブに常駐した事実もなければ、居住したという事実もありません。

　また、「ザグレブ前線基地」について言うならば、私たちの活動には不必要であり、このような基地はありませんでした。それについては、別記の小西隆裕の陳述書に明らかにしたとおりです。

6　以上、私が有本さん「拉致」に関与したという八尾証言は、まったく事実無根です。

資料編

　私たちは、小西隆裕の陳述書で明らかにされているように、帰国のための活動を行っていたのであり、八尾証言にあるような日本人獲得、日本人拉致などは一切行っていません。

　私自身について言えば、八尾証言によって、私に有本さんを結婚目的で誘拐したという容疑で逮捕状が出されているのであり、それによる、私自身の精神的苦痛、家族の精神的苦痛や実害は耐えられないものです。

　それ故、今回、八尾に対する損害賠償を求めての提訴に踏み切ったわけですが、裁判官の皆さんが、こうした事情を考慮され、この提訴を是非取り上げていただくよう切に望むものです。

　最後に、私が、常に祖国日本を考え、帰国を最大の目標にしながら、人として、日本人として生きようとしてきたかを示す資料を引用しながら、その思いを訴えたいと思います。

　私は、1993年6月発行の『自主と団結』6号で、日本への思いを以下のように書いています。

　「私は、チョソンに非常に長く住んでいる。日本にいたときよりも長くなった。ただ長く住んでいるというだけではない。私はチョソンの人々に限りない恩義を感じている。日本では私たちは『暴力団』か何かのように誹謗中傷されてきた。今でも根拠のない不当なレッテルを貼られている。しかし、チョソンの人々は、私たちを立派な志をもった青年だと言って、その志を認めてくれた。私はチョソンの人々のそのような信頼と愛の中で、革命の真理を知るようになり、真の人間として生きる道を知るようになった。一言で言えば、生きがいある生をチョソンに来て得たと言える。だからこそ私たちは、チョソンの人々に恩を感じているし、チョソンの人々も好きだし、愛している。

　しかし、私は日本人である。チョソンを愛しているからといって、チョソンの人々がチョソンを愛しているほどに私がチョソンを愛しているとは思えない。私自身も、チョソンに対する愛よりも祖国日本に対する愛の方がより深く強い。チョソンに住んで何年たっても、この情感を押さえることはできない。私にとって、いつまでも忘れることができないのが祖国日本である。私たちを誹謗中傷ばかりする『憎き』祖国ではあるが、それでも日本は私の祖国なのだ。私は祖国日本を愛し、死ぬまでには祖国日本のために何かしたいと思っている。

　「私は日本を愛す。私は日本だけではなく、世界各国、各民族、人民も愛す。私だけでなく、自国自民族を愛する人は誰もが、他国他民族人民をも愛すると思う。世界の人々を愛するがゆえに、私は、日本のために、日本の自主化のために闘う。

　世界は国と民族から成り立っている。世界のために尽くすことは、まず何よりも自国をよくすることである。自国をよくすることによって世界をよくしていかねばならない。それが世界各国人民の使命だと思う。日本が自主化されるならば、世界の自主化にどれだけ寄与できるかしれない。

　『国際貢献』のため、他国人民のためと言って、他国に出かけて闘ったとしても、日本が、自主とはまったく反対の従属と侵略の道を歩むなら、世界のため、世界の進歩のため、世界の自主化のために闘っていると言えるであろうか。まず何よ

297

りも我が国の自主化のために。だからこそ自主愛国主義が決定的に必要である。

日本を愛し、日本の自主性を何よりも貴重に考える。何よりも日本の自主化のために我が身を捧げよう。これが私の確固たる信念である。これこそが世界の進歩のため、自主化のためである。」

私たちは、このような思いをもって、この40余年を生きてきました。そのような私たちにとって日本人を拉致して共和国に連れてくるというな行為が生まれてくることはありえません。それ故、私たちの思いを踏みにじり、ツバするような八尾の思想と証言を許すことはできません。そういう意味でも、この損賠提訴が受け入れられることを切に望むものです。

以上、良心に誓って真実を陳述します。

＊＊＊＊＊＊＊＊＊＊＊＊＊＊＊＊＊＊＊＊＊＊＊＊＊＊＊＊＊＊＊

陳 述 書

2002年4月25日

東京地方裁判所民事部　御中

森　順子

私は、私と黒田さんが、石岡さん、松木さんを拉致したとされる件に関して、以下のとおり、陳述します。

私は1953年5月12日、神奈川県川崎市で生まれました。朝鮮民主主義人民共和国（以下共和国と略す）に行ったのは、1977年11月1日のことです。

私は父の遺骨を故郷に返すため共和国に来ました。私の父は帰化しませんでしたが母国語も話せず身内もなく孤独に生き死にました。そのような父を私は死んでからでも朝鮮人にしてやりたく、また家族のもとへ返そうと決め、私は遺骨とともに1977年3月30日、羽田から日本を発ちました。香港に行き中国を経由して共和国に行くことになっていましたが、共和国の事情でマカオにしばらくいるようになり、それが長引き結局、半年近く共和国行きを待っているという状態でした。その間の生活は共和国側にお世話になりました。共和国に来てからは父の家族は見つかりませんでしたが、墓をたて何とか娘としての道理は果たせたと思いました。その後、私が田宮高麿と出会ったのは、共和国に居る赤軍派に会えるのなら会ってみたいと希望したからです。本当に会えるようになったのにはびっくりしました。田宮らは海を隔てた朝鮮の地から日本のことを常に思い、その現実にしっかり立脚して考えていること、そして、自分と生まれ育った国である日本を一体に結びつけて生きていこうという姿勢は、私に、異国である日本で死んだ父の生きた姿勢とは真逆のものであることを感じさせました。そして、また私は田宮と父の生き方をみて人間の幸と不幸の両極をみたようにも思いました。私

はこうして田宮らを日本に帰したいという思いを強くもつようになり、田宮高麿と結婚し3人の子どもをもうけ、日本への帰国の道を追求しながら生活と活動を共にしてきました。

そうして、1980年ころから、赤軍派という「過激派集団」であるという認識を変え、私たちの帰国が理解されるような環境をつくるための活動を本格化させました。機関誌『日本を考える』の発刊、これを保障するためのヨーロッパでの運動を学び反映させる活動、訪朝団との交流、活動、経済活動など具体的な動きを開始しました。こうした活動の蓄積の上に立って、1985年には当時の中曽根首相に帰国に関する書簡を送り、帰国への意思を公式に明らかにしました。そして、1988年には文芸春秋誌上に合意帰国を提案しました。ところが、日本政府・当局は、当時帰国していた八尾恵さんに対して「北朝鮮スパイ」であると決めつけ、女性たち5人に、「北朝鮮の工作員と接触し、日本の利益と公安を害するおそれがある」という理由で旅券返納命令を出しました。しかし、1990年には当時の海部首相に書簡を送り、再度帰国への意思を明確にした上、1991年には社会党の井上泉衆議院議員を顧問として「よど号人道帰国の会」を結成し、日本の多くの人々の力を頼みに帰国する準備を進めました。旅券返納命令が出された女性5人は92年に結婚していることを公表し、直ちに旅券の再発給について弁護士を通じて外務省との交渉を開始しました。ところが、旅券返納を前提に外務省と話し合っている時に、政府・当局はまたもやこうした動きを妨害するために、1993年に女性5人に旅券返納命令拒否罪で逮捕状がだされ国際指名手配を行うという暴挙を強行したのです。

私たちはこうした妨害にもひるむことなく、日本の多くの方々の支援を受け、2001年5月の3人の娘たちの帰国を皮切りに、女性たちは旅券不返納罪による不当な逮捕、長期勾留、有罪判決を受けながらも、帰国を果たし、共和国に在住していた私と若林佐喜子さんを除く女性5人と1人を除く子どもたちの帰国が2007年6月5日に完了しました。

共和国から堂々と帰国することを何としても押しとどめたいと考えた政府・当局は、帰国を間近にしていた私と若林佐喜子さんに、こともあろうに結婚目的誘拐罪で逮捕状を取ったというのです。石岡亨さん、松木薫さんを拉致して共和国に連れて行ったということで国際指名手配までされました。2009年1月に残っていた最後の子どもが帰国しましたが、もし私たちが逮捕状をそのままにして帰国すれば、まったく謂れのない結婚目的誘拐罪で逮捕され、「北朝鮮支配下のテロ工作関与者」「日本人拉致犯人」として帰国することになります。また、私たちへの「日本人拉致容疑」は朝鮮への敵対感情をいっそう煽るものとなっているだけに結婚目的誘拐罪という「拉致容疑逮捕状」の不当性をそのままにした帰国はできません。また、そのような帰国は、「拉致犯引き渡し」という圧力外交を続けてきた日本政府の覇権的で不当な行為を不問に付す結果をもたらします。私はこのような帰国を到底するわけにはいきません。この結婚目的誘拐罪での逮捕状は、その後も更新され続けていると聞いております。これが私たちの帰国への妨害を意図したものであることは明白です。

そして、政府、当局がこのような逮捕状を請求するに至ったいきさつに八尾さ

んの公判における証言と八尾さんが出した『謝罪します』という本を「証拠」にしていると考えられ、八尾さんのこれらの行為がなければ当局もこのような逮捕状請求という手段は取り得なかったと思います。

　以下、八尾さんの公判における証言と八尾さんが出した『謝罪します』という本の記述内容がなんら事実も根拠のないものであり、到底、逮捕状請求を可能にするものではない虚偽であることを陳述します。

1　八尾さんは、証言において、概要、「森と黒田が二人の男性を獲得したと聞いていた」と供述し、著書『謝罪します』においては、概要、「彼女ら（森と黒田）は、4月にバルセロナの動物園で旅行中の石岡さんと出会い、石岡さんと旅行していた石岡さんの友人のカメラに収まりました。私は、3人がマドリードに来たのは偶然ではなく、マドリードで会う約束をしていたのではないかと思います。」と、述べていますが、まったくの事実無根です。

　私は、共和国から、マドリードに行くまでの経路についてまず述べます。

　ピョンヤンから空路でモスクワを経由しベオグラードまでは、朝鮮公民の旅券を使いました。このときは、朝鮮の人の同乗者はいなかったので、日本旅券は身につけて共和国を出国しました。ベオグラードでは大使館の人に朝鮮の旅券を預け、ベオグラードに着いたときは連絡しますという約束をし、日本旅券を持って列車でマドリードに向かいました。

　朝鮮旅券を使用した理由は、朝鮮にいた期間が長いので、日本旅券を使用すれば東欧諸国での「不当滞在」になりかねません。このようなことから朝鮮旅券の使用という便宜提供を受けました。私は共和国への出入国の際、朝鮮旅券を使用しなければならないため朝鮮の人の協力を得たのであって、八尾さんの言うような私たちの専門の部署があり特定の人間が協力者として固定されていたというのは事実ではありません。実際、ベオグラードで会った人は、キム・ユーチョルという人ではなく、大使館にいる外交官の方だったと記憶しています。

2　私たちが、石岡さんと写真を撮ったことは事実です。しかし、石岡さんとマドリードで会う約束はしていません。したがって、バルセロナで別れて以降、私たちが、石岡さんと会うことはありませんでした。

　まず、私が、石岡さんを拉致したという物的証拠となっている写真に関して陳述します。

　私たちは、1980年4月中旬、マドリードへ向かう途中の駅であるバルセロナで、列車乗り継ぎの間に、旅行本に載っている白ゴリラで有名な動物園に行きました。園内で石岡さんとその友人に声をかけられ、私と黒田さん、石岡さんとその友人と一緒に見て回りました。動物園内が広かったという記憶ではないので時間としては40分くらいかと思います。そして、帰り際に石岡さんから「写真でも」と言われ、私と黒田さん、石岡さんの3人を石岡さんの友人が自分のカメラで撮りました。私は動物園で石岡さんと友人と別れ、黒田さんと駅に向かいました。それゆえ、私はバルセロナの動物園で黒田さんとともに石岡さんと写真を撮ったのは事実です。

資料編

　しかし、私は石岡さんとマドリードで会う約束はしていません。それは、石岡さんの友人に聞けばわかります。動物園ではずっと一緒に見て回り、その間、4人がどんな話をしたか、約束をしたのか、しなかったのか、石岡さんの友人も聞いているからです。

また、私は石岡さんとその友人と園内を見て回りましたが、互いに名前を名乗った記憶はありません。石岡さんの友人の名前も聞いていませんし、この友人とは言葉を交わさなかったと記憶しています。また撮ってもらった写真の送り先は聞かれることはなく、私たちも適当な送り先しか言えないのですから、こちらから「写真はこの住所に送って下さい」と言うわけありませんし、実際言いませんでした。そもそも、互いに初めての広いマドリードで、会う約束をしていなければ会えるはずがありません。だから、私たちが石岡さんとマドリードで会ったというのは事実ではありません。また、バルセロナの動物園で会った人が石岡さんという名前であったことを知ったのは、92-93年の週刊誌に実名が載ったときです。

　また、私は、松木薫さんについて会ったことはもちろん、一切の面識がありません。

3　私は、スペインでの活動が、八尾供述にある「日本人獲得活動」、すなわち石岡さん松木さんの「拉致」とは、全くの無関係であることを述べます。

　私たちがスペインに行こうとした目的は、1980年が私たちを含む「よど号グループ」の帰国のための活動が本格開始の年である事に関連しています。これを八尾さんは、「日本人拉致（獲得）工作」開始の年としようとしていますが、まったく事実に反しています。

　私たちがなぜ日本への帰国を本格化させたのか。それは男性たちが赤軍派の思想、路線の誤りを根本から総括し10年近くの間、その教訓をもとに学習と研究などの時期を通して、今度こそ、日本の国民と現実の中に入り社会運動を行おう、そのためには帰国実現が優先的な課題となりました。80年4月の季刊雑誌『使者』に「祖国を離れて10年」（未来社）という文章に帰国活動を開始するという内容を発表したことに現れています。この頃から、男性たちに対する印象を良くし正しい認識をもってもらう活動によって日本の国民から認められるための帰国の条件をつくっていく活動が始まりました。基本はピョンヤンでの雑誌を発行するための活動、思想理論活動であり、他方は財政的地盤を築くための商売活動でした。私が80年スペインに行ったのもあくまでも個人輸入業などの商売活動の可能性を探すためのものです。

　共和国もこの日本への帰国のための活動に対しては、さまざまな便宜を図ってくれました。共和国からの出入国の手続への支援はその最たるもので、八尾さんはあたかも「北朝鮮の工作員」であるかのように描く共和国の外交官キム先生（キム・ユーチョル氏、1980年秋在ベオグラード北朝鮮大使館勤務、1981年ユーゴスラビア在ザグレプ北朝鮮領事館副領事）には、私たちの共和国からの出入国の際の便宜を図っていただくため、ヨーロッパでお会いしたことがあります。その他の共和国の外交官の方々にもお世話になりましたが、それはあくまでもヨーロッパでの経済活動や政治活動を通して、日本への帰国を実現することを共和国が認

301

めて援助してくれたことであって、共和国のために日本人を拉致してくることではありません。

　そして、帰国のための活動の中心は、あくまで平壌であり、欧州での活動は、平壌での活動を補強することを目的としてものでした。

　1980年4月、私と黒田さんがスペイン、フランスに行った目的は、上記の目的のための経済的な地盤をつくっていくために、女性が日本を往復できるような個人輸入業などできないかというプランのもとに、そのような物を了解するためでした。スペインにしたのは、旅行本によると日本人が好む物が多く物価が安いことなどであり、フランスは女性が好むブランド品も多くあるのでパリに行きました。

　4月の初旬頃（日付は覚えていません）にピョンヤンを発ったのですが、それまでスペイン語の単語を覚えた記憶があります。マドリードには一ヶ月は居る予定にしていたので語学の勉強はやろうと決めていました。当時の私としては、今後も経済的な活動を行う上で語学を身に付けることは必須だと考えていたので、このときの活動は語学の勉強もというのが半分は頭の中を占めていたと言えます。マドリードやパリは誰でも行ってみたい街です。私もそれと同じようにフラメンコや闘牛、エフェル塔、シャンゼリゼなど、かならず見ようという気持ちでいたことを覚えています。

　私は4月の初旬頃に空路でピョンヤンを発ち、モスクワ、ベオグラードに、ベオグラードからは列車でイタリアを通過してバルセロナ、マドリードに入りました。

　マドリードで何をしていたかについて述べます。マドリードでは、午前は語学学校に通い、午後は物を見るために店めぐりをし、夜は語学学校の復習予習をするという生活を送りました。語学学校は復習予習をしなかったらついていけなかったので、結構忙しく生活した記憶があります。私は会話を基本にする学校を選び、黒田さんは確か文法的なことをやっていたようです。朝鮮では語学は覚えられないしこのような機会はめったにないのだからと、毎晩、真面目に二人で勉強しました。「拉致」を検証するあるテレビ番組で語学学校の先生が私の勉強ぶりを誉めてくれましたが、そのくらい私としては熱中しました。午後は、土産物店、デパート、市場、のみの市などに毎日のように出かけました。私たちが考えていたのは、革製品のバッグや財布、ベルト、カバン、アクセサリーなどが手頃で持ち運びにはよいと見ていました。

　また、マドリードでは日本の人とも気軽に接することもしました。旅行者の女性とフラメンコを何回か観に行った記憶もあり、のみの市では、アクセサリを売っている日本の人と話し、どのように仕入れしてどこに売っているのか、どのくらい儲かるのかなど聞いたり、日本食のレストランをやっている日本人のおばさんには、街のことや日本の観光客はどんな物を好むのかなども聞いた記憶があり食事も何回か行った覚えもあります。ただ、私は、日本人と接するうえで気をつけていたことがあります。それは、日本を離れて3年になるので、知らないことが多いということです。また、日本での仕事や住所などを聞かれると困るので、旅行者として行きずりの日本人として接するようにしました。それゆえ、ペンショ

ンを借りても、人を呼ぶことなどはしませんでした。したがって、八尾さんの証言にあるように、日本人獲得のため食事に招待していたというのは嘘です。

　私は、マドリードで黒田さんとこのような生活をおくり、5月の末（日付は覚えていません）にマドリードを発ち列車でパリに向かいました。パリでは、免税品や香水を見て歩きました。また、パリ市内の観光地のような所は見学しました。私的なことですが、私はマドリードよりパリの街と商品に期待していましたが、ゴミは多いし、歌に出てくるようなシャンゼリゼ通りではなかったので内心がっかりしたことを覚えています。それにゲイの人を多く見かけたし地下鉄で変な人に追いかけられたり、ジプシーの子にまとわりつかれ財布を盗られたり（エッフェル塔の近くだったと思う）と、パリでのいい記憶はありません。パリには一週間くらい居たと思います。その後、列車でパリからスイス、オーストリアを通過してベオグラードに向かい、ベオグラードから空路でモスクワに行き、ここを経由してピョンヤンに帰りました。ピョンヤンに着いたのは6月の中旬頃と記憶しています。

　また、『謝罪します』には、「彼女たちは一緒に旅行しようと2人を誘い、4人でウイーンに行きました。Iさんがウイーンから日本の友人に出した葉書があります。この葉書の消印は80年6月3日、ウイーンとなっています。それを見ると森さんたちは、ウイーンで彼らに共産圏を旅行しよう、頃合いを見て北朝鮮にも行こうともちかけて平壌に連れてきました。」とあるが、事実ではありません。パリからスイス、オーストリアを経由してベオグラードに向かうのにウイーンを通過していますが、私はウイーンに滞在したことはありません。

　以上、私が述べたように、マドリードでの活動は経済活動の可能性を探るための活動、そのために個人輸入業を念頭においた商品の了解を行っていたのであり、「日本人獲得」＝石岡さん、松木さんの「拉致」をやったという八尾さんの供述は事実無根です。

4　八尾さんは、「1975年5月6日、キム・イルソン主席が、日本革命をやるためには代を継いで革命を行っていくようにしなければならない云々という教示なるものをしたということを、田宮さんや、ほかの男性のメンバーや、朝鮮の労働党の人から聞いた」と証言し、私たちの活動が「代を継いで革命をやるために、若い男女を結婚させる」目的のためだったと述べていますが、そもそも金日成主席が私たちに直接話をすることはあり得ませんし、このような荒唐無稽な「教示」など聞いたことも見たこともありません。

　私は、「代を継いで革命をやるために、若い男女を結婚させる」などという「革命理論」を聞いたことがありませんし、そのような革命をやろうと考えたこともありません。私は、逝去した田宮高麿との思い出を綴った『いつまでも田宮高麿とともに』のエピローグで、祖国日本への思いを以下のように書いています。

　「私がチョソンに渡ったことにより、田宮と出会い、結婚をし、そして母親となり、二十数年が経ちました。この二十数年の月日は、すでに、私が生まれ育ち青春時代を過ごした故郷での時間を超過しようとしています。まさか、このように長い歳月、懐かしい故郷に戻れなくなるなどとは、その頃、全く考えもしなかったこ

とです。 それでも娘が帰国できたことは嬉しく、私自身がやっと我が家に帰れたという気持ちになりました。

　祖国というものは、人間にとって特別なものです。いつも心の片隅には、懐かしい家族や旧知の友人の懐かしい顔がありました。歳月がいくら流れても故郷で過ごした日々は、色あせることはありませんでした。故郷や家族、友人に対する情は歳月の流れととともにさらに深まっていくものです。

　祖国というものは、私にとってより切実な問題でした。チョソン人意識のほうが強かった私が、チョソンに来ることによって、自分が日本人であることを実感させ、日本人として生きることに生きがいと幸せを見出すようになったのも、チョソンで暮らした、この二十数年の歳月と切り離しては考えられません。

　やはり、田宮との出会いが決定的でした。田宮のおかげで私は、祖国というものを持てるようになり、愛するものが何かということがわかるようになりました。そして、愛するということは、一緒にいたいという感情、尽くしたいという感情と一体であるという思いを強く持つようになりました。

　日本を愛し、家族を愛し、そこに自分の生を見出したいと思うことは、誰もが持つ素朴な思想感情であり、願いだと思います。

　ところが、このごく普通の、愛するもののために生きていくことは、決して平坦な道ではないということを今更のように胸痛く思い知らされます。

　2001年9月、帰国したK・Eさんを待ち受けていたのは逮捕と拘置所でした。罪なき罪を着せられ、9ヶ月経った現在でも拘留され、接見禁止さえ解除されないまま異常な裁判が行われています。

　懐かしく温かいはずの祖国の風が、こんなにも冷たく厳しく感じられたことはありません。

　鉄格子の窓から見える祖国の季節を感じても、通り過ぎる猫ほどの自由もない祖国の現実に、Kさんはどんな思いでいるのでしょう。逮捕覚悟の上の帰国ですが、「日本の良さも厳しさも味わってみなければわからないもの」と言った金子さんの苦労が心に重くのしかかるようです。

　本当に考えてしまいます。自分が生まれ育った祖国を愛することが罪なのでしょうか。田宮をはじめとする「よど号」グループ成員と結婚したことが罪なのでしょうか。

　「愛することは罪ですか？」という問いに、「そうです」と答える人はいません。だから、もっと、もっと日本を愛そうと思います。もっと、もっと日本のために尽くせる人間になろうと思います。

　しかし、私たちの行く先は、もっと試練が続くかもしれません。もっと辛いことがあるかもしれません。でも、私には同志たちがいます。そして、頼もしい青年たちや可愛い子どもたちがたくさんいます。私たちは、いつまでも田宮とともに、この道を歩き続けて行きたいと思います。

　このような考えと拉致がどうやったらつながるのでしょうか。共和国ではいまもそうですが、私たちを国際法上の認められた政治亡命者とその家族として扱い、そうした法と慣習に基づき、共和国における生活への援助をはじめ、私たちが自分たちの意思で祖国に帰国することは人道上も国際法上も当然の権利であること

として認め、帰国のための諸活動には一切介入することはなく、必要な援助をしていただきましたが、私たちが、共和国の「工作」に加担、協力することを求められることは当時も今もあり得ないことです。

なお、安部公博さんが、有本恵子さんの拉致に関与した証拠として、安部さんがコペンハーゲンに居たということを傍証するためか、私が82年の3月にコペンハーゲンで安部さんと共にいるところを西側情報機関が撮ったという写真について、日本の科学警察が安部さんであると断定していますが、それは安部さんではなく岡本武さんです。私は1982年3月に旅券の再発給の申請をコペンハーゲンで行い、そのときに金（ユーチョル）先生と岡本さんと街で偶然会いましたが、写真はそのときに撮られたものだと思います。この頃、M・Kさんも旅券更新で来ており、これにF・Tさんも同行、岡本さんはたしかこの年、4月に金日成主席の生誕70歳の行事に参加するために朝鮮に帰還する途上にあって、出入国の世話をする金先生とコペンハーゲンに来たのだと思います。皆がスムーズに共和国に入れるようにと、この金先生が手続きをしてくれたと、記憶しています。安部さんはコペンハーゲンに行ったことはありません。また、岡本さんはこの当時、ドイツで数ヶ月活動していたと聞いています。

私は裁判官の方々の公明正大なご判断により、八尾さんの偽証により不当にも「拉致犯」にされ子供まで「北の工作員」という記事をまき散らされるなど、私と子供たちの精神的苦痛は大きなものです。それゆえ、帰国への道を少しでもたぐりよせられるように損賠提訴が認められることをお願い申し上げます。

＊＊＊＊＊＊＊＊＊＊＊＊＊＊＊＊＊＊＊＊＊＊＊＊＊＊＊

陳 述 書

2002 年 4 月 25 日

東京地方裁判所民事部　御中

若林佐喜子

私は、石岡亨さんと松木薫さんを拉致したとされる件に関して、以下のとおり陳述します。

私は1954年12月13日、埼玉県で生まれました。朝鮮民主主義人民共和国（以下「朝鮮」と略す）に入国したのは、1977年4月のことでした。

私は、その前年の76年6月、チュチェ思想研究会活動にいきづまり、しばらく休みたいという衝動に駆られて海外旅行に出ました。

当時、私は勤めていた保育園で「24時間教育者たれ」という園長先生との関係と研究会活動の両立問題で頭を悩ませていました。さらに、所属地区の責任者が家の反対でこなくなり、私も家族から勘当され、いつかは理解を得られると自分

を納得させて活動していたので、前に進めなくなってしまいました。しばらく研究会活動を休みたいという気持ちに駆られ、すぐに戻れないところという気持ちが強くはたらき海外旅行を考えました。研究会に相談すれば反対されるのは目にみえ、誰にも言わずに日本を発ちました。この時は、2週間位のヨーロッパ旅行を予定し、その間は研究会の事は忘れ日本に帰ってから考えようと思っていました。

モスクワ経由でヨーロッパにいきました。フランスのパリで観光名所など見て歩くなかで、現地に住んでいる日本女性と知り合い、安いアパートが借りられ、ベビーシッターやレストランでのバイトができたので、結局、半年くらい滞在するようになりました。

77年2月頃に、若林と知り合い、いろいろ話すなかで、互いの抱えている問題も話せる仲になりました。若林と共に、77年4月に朝鮮に入国しました。しばらくして、よど号の若林であると紹介されました。若林は、日本での闘いの教訓や、朝鮮に来て赤軍派路線を総括して再出発を決心したこと。日本人民のために尽くせる人間になりたい。日本人民が主人となる社会変革の道を研究していることなどを話しました。若林の話と姿は私に衝撃的でした。日本でキム・イルソン伝や朝鮮のことを学び、朝鮮は人間が大切にされているすばらしい国だと言えても、日本の進路について語ることができないでいたからです。自分の目を開かせてくれ、異国の地にあって、日本に対する熱い想いをもって、日本人民のために尽くしていこうとしている若林（たち）の力になりたい、ともに日本の進路開拓のために歩んでいきたいと考え、結婚し、よど号の人たちと運命をともにするようになりました。その後2人の子供をもうけました。

よど号の人たちとともに朝鮮で生活する間、祖国日本の現状、そして将来に対する関心と日本の変革への思いは強くなっていきました。

1980年代に入って、帰国ための活動が本格化しました。思想理論活動を中心に、出版宣伝活動、訪朝団との活動、そして、第三国に出、日本国内に入る活動など通して、人として、日本人として生き、日本国民から認められ、帰国の条件をつくっていくことでした。「日本を考える編集委員会」を発足させ、思想、理論研究活動と発信、国内の活動家、運動との交流の場にするものとして、季刊誌『日本を考える』を発行するようにしました。同時に、訪朝代表団との活動、国際舞台への参加など押し進めていきました。

私は、特に女性は、海外、日本への出入りが自由にできましたので、80年当初は財政問題を何とか解決できないかと考え、スペイン、フランスに行きました。その後は、日本の運動などの現実を知り、『日本を考える』に反映する活動をおこないました。

出版活動、代表団活動、経済活動の研究を積極的に押し進めるなかで、読者の獲得、活動家からの期待を得ることができるようになり、国際的にも少しづつ認知を受けるようになりました。「ハイジャック犯」から「亡命政治活動家」へと印象を変えるのに一定の成果を見いだしていました。

そのような時期、日本政府は1988年、柴田さん逮捕、八尾さんの逮捕をもって、「ソウル五輪テロ工作」「北朝鮮の女スパイ事件」として大々的にキャンペーンを繰り広げ、よど号を「北朝鮮支配下のテロ工作員」に作り上げました。日本

政府は、1988年8月に5人の女性に官報を通じて旅券返納命令を出します。「北朝鮮工作員と認められる人物と接触などの海外における行動に鑑み・・・著しく且つ直接に日本国の利益または公安を害する行動を行う恐れがあり・・・」という、まったく身に覚えない理由でした。なぜか、私にはだされませんでしたが、状況は他の女性と同じでしたので、身動きがとれなくなりました。1993年に弁護士を通じて旅券返納手続きを行おうとしていた矢先に、政府、当局は5人の女性に対して旅券不返納罪で国際指名手配をおこなうという暴挙にでました。　2000年に入り、全員帰国の道を切り開くために金子さんをはじめ女性たちは逮捕覚悟で帰国しました。特に金子さんの裁判において、旅券不返納罪を問う裁判にもかかわらず、政府・当局は「八尾証言」をぶつけて、「拉致裁判」、反「北朝鮮」キャンペーンを大々的にくりひろげました。

そのような中にあっても、F、U、Mさんは全員帰国の道を切り開くために帰国し、堂々と闘いぬいていきました。

私自身も、帰国のための準備を進めていました。

2004年5月11日、突然、私に政府当局は84年、86年、88年に北朝鮮に入国した際に当時必要だった専用旅券を取らなかった疑い、88年にスイスで旅券の更新を申請する際に虚偽の住所を記した疑いで、旅券法違反容疑（渡航制限違反と虚偽申請）の逮捕状を出しました。逮捕状の容疑事実は1980年代の出来事であり、誰もが一体何のために？　と、首をかしげるものでした。

米国がテロ指定解除に動きだし、梯子をはずされた安倍、拉致政権は2007年6月13日に、森さんと私に、石岡亨さん、松木薫さんを拉致して朝鮮に連れて行ったということで結婚目的誘拐罪で逮捕状をだしました。

私は不当な逮捕状をそのままにして帰国することはできません。もし、そのままにして帰国すれば、やってもいない「拉致犯」「北朝鮮のテロ工作員」として国民の前に帰国することになるからです。また、朝鮮に「拉致犯引き渡し」という圧力外交を続けてきた日本政府の覇権的で不当な行為を認めることになるからです。

結婚目的誘拐罪での逮捕状は、その後も更新され続けていると聞いております。

政府、当局がこのような逮捕状を請求するに至ったいきさつには、八尾さんの公判における証言と八尾さんが出した『謝罪します』という本を「証拠」にしていると考えられ、八尾さんのこれらの行為がなければ当局もこのような逮捕状請求という手段は取り得なかったと思います。

以下、八尾さんの公判における証言と八尾さんが出した『謝罪します』という本の記述内容がなんら事実も根拠のないものであり、到底、逮捕状請求を可能にするものではない虚偽であることを陳述します。

1　八尾さんは、「1975年5月6日に、キム・イルソン主席が、日本革命をやるためには、代を継いで革命を行っていくようにしなければならない云々という教示なるものをしたということを、田宮さんや、ほかの男性のメンバーや、朝鮮の労働党の人から聞いた」と証言し、さらに、自身の著書『謝罪します』の中で次のようなことを記述しています。

「83 年に私とＦ・Ｔさんは、田宮から若い女性を獲得するようにという任務を与えられました。……私はそれ以前に、革命村で行われた経験発表の席で、森順子さんと黒田佐喜子さんから二人の男性を獲得してきたと聞いていましたので、この任務を受けたとき、今度は女性を獲得してきて、この男性達と結婚させるのだなと直感しました。同時に、こうした日本人獲得工作は、金日成が教示した『代を継いで革命を行う』という革命思想・理論に基づき、日本人活動家の結婚相手を求めているのだと思いました」、「彼女ら（森と黒田）は、（1980 年）４月にバルセロナの動物園で旅行中の石岡さんと出会い、石岡さんと旅行していた石岡さんの友人のカメラに収まりました。……私は、３人がマドリッドに来たのは偶然ではなく、バルセロナで森さんたちが石岡さんとマドリッドで会う約束をしていたのではないのかと思います」。

　しかし、すべて事実無根です。

２　私がスペインに行った動機、目的は、以下のとおりです。

　1980 年代に入って、私たちは帰国のための活動を本格化させ、財政問題の解決、思想理論活動を積極的に行っていこうとしていました。私は財政問題をなんとか解決したいと思い、将来日本との往来が頻繁になるだろうということも考慮した経済活動ができないかと考えました。

　具体的には、物価が安いと言われていたスペインの皮製品、衣類、アンティークの小物などを日本に持ち込み、又は個人輸入して委託販売する方法でした。また、当時、日本人に人気のあったフランスのブランド製品（香水、スカーフなど）を免税価格で購入する。ブランドものでなくても洒落た低価格商品を個人輸入するなどして、「パリブランド」を活かして委託販売する方法でした。とにかく自分の目でいろいろ見てみようと、スペインのマドリッドを１ヶ月位、フランスのパリを１週間位の予定で計画しました。個人輸入するには語学が必要であり現地で学べるチャンスなので、その後も勉強を続けることを念頭にスペインでは語学学校に行くことにしました。

３　行程は以下のとおりです。

　私は、森さんと一緒に 1980 年４月初旬に、朝鮮を出発しました。飛行機でモスクワ、ベオグラードに行き、列車でベオグラードからバルセロナに行きました。

　４月中旬にバルセロナを経てマドリッドに到着しました。駅の案内所でホテルを紹介してもらいました。ホテルの名前、住所など覚えていませんが、郊外にあり女主人が日本語で「ご飯だよー」と食事を知らせていました。２カ所目は中心地にある安ホテルに泊まりました。その間に不動産屋でペンションを借り、４月下旬に移りました。もともと１ヶ月位の滞在を考えていたので、自炊のできる安いペンションを借りる予定にしていました。ペンションの住所は覚えていませんが中心地にあり、不動産屋で手続きをしました。

　午前中、語学学校に行きました。ペンションから徒歩で 20 分位のところにある、玄関が大通りに面した４、５建て位の建物の中にある語学学校でした。初級クラスを選択し、授業にはついて行けましたが、宿題が多く語学勉強に結構時間をとら

れました。

　午後は、アンティークショップ、高級デパートから庶民的なデパート、スーパーマーケット、土産物屋、のみの市などにいって、製品のデザイン、質、価格などを見て回りました。写真に撮ったり、カタログを集めたり、衣類など低価格のものは実際に購入しました。夜は、語学学校の宿題や昼間に集めた資料の整理などで忙しかったです。

　せっかくスペインに行きましたので、フラメンコや王宮、プラド美術館などの観光名所にも行き、スペインの歴史や民族性にも触れるようにしました。

　私自身は、フラメンコの踊りや衣装に表現される情熱的な色彩感覚に独特なものを感じ、スペインの人の体系が日本人に似ているのでブルーや黄色などをうまく使ったシャツやズボンなどの衣料品に興味を持ちました。また、ある大きなアンティークショップでは手鏡などの小物までが掲載された通信販売のカタログがあり入手しました。自身が考えていた商売の対象ではありませんでしたが、サングリアが美味しく、ワインも安価だったのが印象的でした。

　語学学校で知り会った日本人女性に、部屋のガスコンロの調子が悪くてみてもらったことがありました。その後も、彼女の彼氏がスペイン人だったので、スペイン語の勉強にもなり、日本人の好みも知ることができたので、学校が終わってから一緒に話したりしました。

　土産物も見て歩き、王宮のそばの土産物屋では日本人旅行者と自然にこれがいい、あれがいいなどと話しになりました。そのうちの男性旅行者と一緒に写真をとったように思います。

　マドリッドを一定程度把握し、予定どおり、５月末頃にフランスのパリに列車で行きました。１週間位を予定していたので、駅の案内所で紹介してもらった安ホテルに泊まりました。場所はリュクセンブルグ公園のはずれだったと思います。あまり清潔でない部屋だったことが印象に残っています。

　オペラ通りやシャンゼリゼ通りの免税店、高級ブティックをみてまわり、低価格のデパート、のみの市に行きました。以前、私はフランスに行ったことがあり、対象とする場所の一定の把握がありましたので、私が森さんを引っ張りまわしました。私は、有名な香水などの免税商品を具体的に知ること、しゃれた低価格商品を見つけることにポイントをおいていました。森さんがパリは初めてだったので、エッフェル塔やルーブル美術館など観光名所にも行き、ハードな日程でした。

　６月上旬にパリを発ち、列車でベオグラードに行きました。飛行機でモスクワを経て６月中旬頃に共和国に戻りました。

　持ち帰ったカタログなどの資料は、その後、経済活動が専門家され、柴田泰弘さん、田中義三さんに引き継がれました。

４　石岡さんに会った経緯と状況については以下のとおりです。

　私は、森順子さんと一緒にスペインのマドリッドに行く途中、バルセロナの動物園で石岡さんと写真を撮ったのは事実です。しかし、石岡さんとマドリッドで会う約束をしていませんし、マドリッドで会っていません。

　私は、朝鮮からマドリッドにいくまでの経緯について述べます。

4月初旬にピョンヤンを飛行機で出発しモスクワ経由でベオグラードに到着した。モスクワとベオグラードではホテルに森さんと宿泊しました。

　旅券に関しては、ピョンヤンからベオグラード（ユーゴスラビア）出国の前まで朝鮮人旅券を使用しました。理由は、77年に朝鮮に入国し、すでに3年も経過しており日本人旅券では、モスクワ、ユーゴでの宿泊などに不都合だと考えたからです。

　ユーゴを出国する前に共和国の人に朝鮮旅券を預かってもらい、すでに自分で所持していた日本人旅券でユーゴを出国しました。預かってもらったのはキムさんではありません。

　八尾さんは、『謝罪します』で、私たちを専門的に担当する部署があり、ザグレブを活動拠点にして日本人獲得工作をやっていたかのように記していますが、事実無根です。80年の私と森さんの活動は、スペイン、フランスで商売につなげられるものがないかを自分の目でみて研究し、ピョンヤンに帰って話せばよい活動であり拠点など必要ありませんでした。ザグレブはベオグラードからイタリア、スペインに行くときに列車で通過しただけです。

　私は、80年4月中旬の午前中だったと思いますが、スペインのバルセロナでマドリッドに行くための列車の発車時刻まで時間があったので、その待ち時間に森さんと動物園に行きました。持っていた旅行書に白ゴリラがいる動物園が紹介されていたからです。動物園の中だったと思いますが、石岡さん（その動物園で互いに名前など自己紹介したかも知れませんが、週刊誌などに写真が出たとき、名前はわかりませんでした。その後、マスコミから流される情報でわかりましたが、いつからなのかははっきりしません。）と、その友人から声をかけられました。日本人同士ということで話しながら一緒に動物園をみてまわりました。確か3、40分位の時間だったと思います。話した内容は、友人と旅行中で日本のどこからから来たなど、お互いに簡単な自己紹介をしたと思います。しかし、写真が報道されるようになったとき、名前など記憶にないほどの一時的な出会いでした。別れるとき石岡さんから写真を撮りましょうと言われ、友人の方が撮ってくれました。そして、石岡さんと友人とはその場で別れ、私と森さんはマドリッド行きの列車に乗り、その日にマドリッドに到着しました。石岡さんと友人の方はゆきずりの人であり、私も森さんも石岡さんとマドリッドで会う約束をするそのような間柄ではなかったです。その後、会うこともありませんでした。この事情は、ずっと一緒だった友人の方がわかると思います。

　また、『謝罪します』には、「彼女達は一緒に旅行しようと2人を誘い、4人でウィーンに行きました。Ⅰさんがウィーンから日本の友人に出した葉書があります。この葉書の消印は80年6月3日、ウィーンとなっています。それを見ると森さん達は、ウィーンで彼らに共産圏を旅行しよう、頃合いを見て北朝鮮にも行こうともちかけて平壌に連れてきました。」とあるが、そのような事実はありません。私と森さんは、スペインとフランスのパリで商売の可能性を探りその後、列車でスイス、オー

ストリア、ベオグラードに帰りました。ウィーンでは列車の乗り換えをしただけです。

5　八尾さんは、当時、私たちがスペインで日本人獲得工作をやっていたかのように証言していますが、私と森さんがスペインに行った目的はそのようなものではありません。上述したように、1980年代に入り帰国のための活動が本格化し、財政問題の解決、思想理論活動が提起されるなかで、何か商売につなげられないかと考えて80年4月からスペイン、フランスに行ったのです。

　私は、「代を継いで革命をやるために、若い男女を結婚させる」などという「革命理論」を聞いたことがありませんし、そのような革命をやろうと考えたこともありません。

　私が「若林康子」というペンネームで1992年2月に発行された『自主と団結』7号に書いた「私はチュチェ思想をこのように学んだ」の中での一文を紹介します。

　「最近、映画『男はつらいよ』を見る機会がありました。見知らぬ人でも困っている人がいれば心から助ける寅さんの一家。金のために義理も人情もない現象に心から怒る寅さん。これが下町の庶民の姿であり日本人民の心ではないかととらえることができました。

　もちろん、個人主義思想が蔓延し競争原理が支配する資本主義社会日本で、利己主義的な行動をとってしまうことはありえます。しかし、それは社会歴史的制約性であるととらえ、国と民族を愛し、そのために生きようとする姿、誰よりも義理と人情にあつく、正義のためには何ものにも屈しない日本人民の姿をその本質ととらえるとき、『人間があらゆるものの主人であり、すべてを決定する』という深奥なチュチェ思想の正しさを自らの信念として身につけていくように思います。

　私がチュチェ思想を学ぶようになったきっかけの一つは、主席の子供に対する深い愛情に感動してでしたが、今からとらえかえす時、主席は子供が決して弱い存在だからではなく、国と民族の未来を担う頼もしい世代、まさに国の王様であるがゆえに、最も貴重にし大切にされたのだと思います。

　今、私は人民大衆を真に偉大な存在、強者、『天』として仰ぎ、民族の自主と団結のために闘っていく道でのみ、人間としての真の生活と生きがいがあると確信し、私を生み育ててくれた最も貴重な祖国のために人民大衆の幸福のために少しでも尽くしていきたいと思っています。」

　私は、結婚目的のために、だまして人を連れてくる活動などをやっていませんし、やる必要もありません。やっていないことを誰かに話すことなどありえません。また、私は、松木薫さんに会ったことはもちろん、一切の面識がありません。

6　なお、八尾さんは、随所に金日成主席と私たちが何度も直接会い、教示を受けたと証言あるいは記述していますが、朝鮮の最高指導者である主席が単なる政治亡命者とその家族にわざわざ会うことはあり得ませんし、会う必要もありません。八尾さんも会ったことはないはずです。

　私は、日本で主席の伝記や書かれた書物に触れ、主席の高邁な徳性に感動しチュ

チェ思想を学ぶようになりました。その後、縁があって、朝鮮で若林をはじめよど号の人たちと運命をともにし、人として、日本人として、日本の進路開拓のために生き、闘ってくることができました。その過程でより祖国日本と日本の人々を愛し誇りに思い、少しでも日本のために寄与できる自分になりたいと考えるようになりました。その思いはますますつのるばかりです。

　私は結婚目的誘拐罪という謂れのない不当な罪状で逮捕状がだされ、私の名誉は著しく傷つけられ、愛する祖国日本に帰国したくてもできない状態におかれています。また、仲間をはじめ家族、親族までが家宅捜索を受けるなど多大な物的精神的苦痛を受け続けています。

　さらに胸が痛むのは、日朝関係改善に寄与しなければならない私たちが、「日本人拉致犯」という汚名をきせられ朝鮮敵視政策に利用され続けていることです。

　どうか事実に基づきました判断をよろしくお願い致します。

Ⅲ. 東京地裁判決書

資料編

平成 26 年 3 月 27 日判決言渡　同日原本領収　裁判所書記官
平成 25 年（ワ）第 10800 号　国家賠償請求事件
口頭弁論終結日　平成 26 年 1 月 16 日

主文
　1　原告らの請求をいずれも棄却する。
　2　訴訟費用は原告らの負担とする。

事実及び理由

第1　請求の趣旨

　被告は、原告らに対し、それぞれ 500 万円及びこれに対する平成 25 年 5 月 1
日から支払済みまで年 5 分の割合による金員を支払え。

第2　事案の概要

　本件は、朝鮮民主主義人民共和国による拉致被害者とされる石岡亨、松木薫、
有本恵子（以下、それぞれ「石岡」、「松木」、「有本」という。）に関し、結婚目的
誘拐罪の被疑者とされた原告らが、同国に在住中のため逮捕状の執行がされず、
逮捕状の更新が繰り返されている時点で、捜査機関による逮捕の理由の存否に関
する判断の誤り等を主張して、逮捕状の請求の違法を理由に、被告に対し、国家
賠償法 1 条 1 項に基づき、それぞれ慰謝料 500 万円及び訴状送達の日の翌日であ
る平成 25 年 5 月 1 日から支払済みまで民法所定の年 5 分の割合による遅延損害
金の支払を求める事案である。
　1　前提事実（証拠を掲記しない事実は当事者間に争いがないか、又は弁論の全
趣旨により認められる。）

（1）当事者
ア　原告魚本公博（以下「原告魚本」という。）は、いわゆるよど号ハイジャック
事件〔赤軍派を名乗る 9 名が、昭和 45 年 3 月 31 日、羽田空機発板付空港（現福
岡空港）行きの日本航空 351 便（よど号）をハイジャックした事件。以下「よど
号ハイジャック事件」という。〕の実行犯である。
イ　原告森順子（以下「原告森」という。）は、よど号ハイジャック事件の実行犯
である田宮高麿の配偶者である。

313

ウ　原告若林佐喜子（以下「原告若林」という。）は、よど号ハイジャック事件の実行犯である若林盛亮の配偶者である。

エ　被告は、原告らに対する各逮捕状（以下「本件各逮捕状」という。）を請求した警視庁所属の警察官たる司法警察員の公権力の行使に関し、国家賠償法上の責任を負う立場にある地方公共団体である。

(2) 事実経過等

ア　昭和55年5月頃、スペインのマドリードに滞在していた石岡及び松木（以下この2名を総称して「石岡ら」という。）は、行方不明となった。

イ　昭和58年7月頃、イギリスのロンドンに留学していた有本は、行方不明となった。

ウ　警視庁の警察官は、平成14年9月25日、上記（2）の件について、結婚目的誘拐の罪で原告魚本に対する逮捕状を請求し、その発付を得て、同月27日、原告魚本を国際手配した。

エ　警視庁の警察官は、平成19年6月13日、上記（1）の件について、結婚目的誘拐の罪で原告森及び原告若林に対する逮捕状を請求し、その発付を得て、同年7月6日、両原告を国際手配した。

オ　原告らは、朝鮮民主主義人民共和国在住のため、逮捕状の執行ができず、現時点においても本件各逮捕状の更新が繰り返されている。

2　争点及びこれに関する当事者の主張

(1)「罪を犯したことを疑うに足りる相当な理由」との要件を欠くことを理由とする本件各逮捕状請求行為の違法性（争点1）

（原告らの主張）

　原告らは、結婚目的誘拐罪を犯しておらず、本件各逮捕状の請求も、「罪を犯したことを疑うに足りる相当な理由」との要件を欠いた違法なものである。

　本件各逮捕状請求の根拠となった証拠が何であるかは、捜査機関ではない原告らにとっては推測するしかないものであるが、本件においては、日本国民が強い関心を持ち、広く報道され、多くの出版物も出されているため、相当程度、推測が可能になっている。そして、本件各逮捕状請求の中核ともいうべき証拠である八尾恵の供述には信用性がなく、その他の証拠も原告らが石岡ら及び有本を誘拐したことを示すような証拠ではないなど、いずれも原告らが結婚目的誘拐罪を犯したことを疑うに足りる相当な理由の裏付けとなるものではない。

（被告の主張）

原告らの主張は、原告らの推察及びそれに基づく主張であり、認否をすることにより捜査の密行性に重大な支障を及ぼすおそれがあることから認否しない。

(2) 有効な告訴を欠くことを理由とする本件各逮捕状請求行為の違法性（争点2）

（原告らの主張）

　本件各逮捕状の請求は、有効な告訴を欠いた違法なものである。

　まず、石岡ら及び有本が死亡したことを示す証拠はないから、同人らが告訴し

ていない限り、原告らを結婚目的誘拐罪で起訴することはできないところ、同人らが告訴をしたとはおよそ考え難いから、本件各逮捕状は有効な告訴を前提としていないと考えられる。

　また、刑事訴訟法234条は、「親告罪について告訴をすることができる者がない場合には、検察官は、利害関係人の申立により告訴をすることができる者を指定することができる。」と定めているが、同条は、石岡らや有本という被害者自身のみならず、同法231条から同法233条の告訴権者が全て存在しないか、全て生死不明・所在不明の場合に限って適用されるものであるところ、本件においては、本件各逮捕状請求時点で、同法231条2項の「直系親族及び兄弟姉妹」が生存していることが明らかであったから、同法234条により告訴がされたのであれば、有効な告訴があったとはいえない。

（被告の主張）

　本件各逮捕状の請求は、有効な告訴を前提としてされたものである。

　まず、有効な告訴があったことは、本件逮捕状が発付され、繰り返し更新されていること自体から明らかである。犯罪捜査規範121条が、親告罪事件の逮捕状請求について「逮捕状を請求するに当って、当該事件が親告罪に係るものであって、未だ告訴がないときは、告訴権者に対して告訴するかどうかを確かめなければならない。」と規定しており、裁判所は、本件各逮捕状の更新に当たって、有効な告訴の存在についても当然審査しているはずであるからである（なお、被告は、現時点においては、捜査の密行性に重大な支障を及ぼすおそれがあることから、いずれの者から告訴があったかを明らかにすることはできない。）。

　また、被害者である石岡らや有本が死亡しておらず、同人らによる告訴がなかったとしても、刑事訴訟法234条は、「親告罪について告訴をすることができる者がない場合には、検察官は、利害関係人の申立により告訴をすることができる者を指定することができる。」と定めており、同条に基づく検察官による指定は、告訴権者が生死不明又は所在不明の場合であってもできると解されるから、本件においても、同条を根拠に有効な告訴を得ることが可能である。なお、刑事訴訟法231条2項は、「被害者が死亡したとき」に、「その配偶者、直系親族及び兄弟姉妹」の告訴権を認める規定であるところ、石岡らや有本は死亡したとはいえないから、同項は適用されず、同人らの「直系親族及び兄弟姉妹」がいるからといって、刑事訴訟法234条に規定する「親告罪について告訴をすることができる者がない場合」に当たらないということはできない。

(3) 本件各逮捕状の発付後、更新が繰り返されている時点で、被疑者が「罪を犯したことを疑うに足りる相当な理由」があったとする判断の違法性を主張して、逮捕状請求行為に対して国家賠償請求をすることの可否（争点3）

（被告の主張）

ア　逮捕状は発付されたが、被疑者が逃亡中のため、逮捕状の執行ができず、逮捕状の更新が繰り返されているにすぎない時点で、同逮捕状の請求における捜査機関の被疑者が罪を犯したことを疑うに足りる相当な理由があったとする判断の違法性を主張して裁判所に国家賠償を求めることができるとすれば、その目的及

び性質に照らし密行性が要求される捜査の遂行に重大な支障を来す結果となるのであって、これは現行法制度の予定するところではないから、このような国家賠償請求は許されない（最高裁判所第二小法廷平成5年1月25日判決・民集47巻1号310頁。以下「平成5年最高裁判決」という。）。

　本件においても、本件各逮捕状は発布されたが、被疑者が逃走中のため、逮捕状が執行できず、逮捕状の更新が繰り返されているものであるから、平成5年最高裁判決の趣旨に照らせば、原告らの本訴請求は、国家賠償請求として許されないことは明らかである。

イ　逮捕状の更新が繰り返されているにすぎない時点で国家賠償請求を許すと、民事事件の審理のために、捜査（公訴を提起・遂行するための準備として、犯人及び証拠を発見し確保する捜査機関の活動）の内容や捜査資料の開示を余儀なくされ、証拠隠滅等、捜査の遂行に重大な支障が生ずることを避けられない事態が生ずることは明らかである。

　公訴の提起・遂行の準備に向けられた起訴前の捜査については、犯人の検挙及び証拠の収集を能率的かつ的確に行う必要から、特に合目的性の要請が強い。そのため、刑事訴訟法においては、捜査資料の公判前における公開禁止に関する規定（同法47条）、名誉の保護と捜査妨害の禁止に関する規定（同法196条）、被疑者の勾留に対しては、犯罪の嫌疑がないことを理由として準抗告をすることはできない旨の規定（同法420条3項）等の捜査の密行性の保障を裏付ける規定が存在する。また、同法には、逮捕状の発付に対して準抗告を許す規定もなく、判例も、逮捕状の発付に対する準抗告は許されないとの見解に立っており、逮捕状の請求及び発付に対しては不服申立てを認めないとするのが刑事訴訟法の趣旨と解される。

　以上によれば、現行刑事訴訟法上、捜査の密行性が制度的に保障されているものと考えられるのであって、密行性が要求される捜査の遂行に重大な支障を来す結果となる時点においては、逮捕の理由の存否に関する捜査機関の判断の違法を主張して国家賠償請求をすることは許されない。我が国の法制度においては、犯罪事実の存否は、刑事手続において判断するものとされており、刑事手続が進行中の場合には、刑事手続法規に基づく審査が優先されるほかないものである。

　なお、平成5年最高裁判決は、刑事手続が進行し、捜査の密行性に支障のない時点に至った場合においてまで、国家賠償請求を許さない旨判示しているわけではなく、刑事裁判の終結まで国家賠償請求ができないなどとは判示していない。原告らは、本件においては、本件各逮捕状の主たる根拠となる証拠は大々的に公になっており、捜査上の秘密は存在しないと主張するが、何らの根拠もない単なる推測にすぎない。

（原告らの主張）

　まず第一に、違法な逮捕状請求行為に対する国家賠償請求を禁じる規定や法律は存在しない。

　次に、我が国の法体系においては、刑事上の責任と民事上の責任は別個独立のものとして扱われており、刑事裁判と民事裁判はそれぞれ別個独立に手続が進行し、先にされた一方の判断が他方の判断を拘束するような関係には立っていない。

原告らも、刑事訴訟法上、「捜査の密行性」を制度的に保障する規定（同法47条、144条、196条等）があり、民事訴訟において、証拠提出に一定の制約が生ずることを否定するものではなく、裁判所は、民事裁判においては上記制約を前提とした上で、当事者に主張及び立証を行わせ、最終的には、証明責任の原則に従って適正な判断をすればよいだけのことである。

　平成5年最高裁判決は、捜査の密行性に重大な支障を生ずることを理由として国家賠償請求権の行使を否定するが、捜査の密行性といった曖昧な概念により、また、このような政策的な判断により、国家賠償請求そのものが許されないとの解釈を導くことはできない。

　また、刑事訴訟法や判例が、逮捕自体に対する刑事手続上の不服申立てを認めていないのは、逮捕の正当性を審理する時間的余裕がなく、仮に、審理を認めても審理終了時には逮捕による拘束は既に終了していること等によるものであって、国家賠償請求そのものが許されない理由にはならない。権利侵害されたことについての賠償に関しては、上記のような時間的な問題はないから、どの時点であっても当然認められるべきものであり、また、違法行為の抑止の観点からは、刑事手続上の不服申立てがないだけに、むしろ認められる必要性が高いものである。

　さらに、不法行為による損害賠償請求権の消滅時効は損害及び加害者を知ってから3年であり（民法724条）、これが国家賠償請求訴訟にも適用されるから、刑事裁判が3年以上長期化して終結しないときには、国家賠償請求が不可能になってしまうし、そもそも、いつから損害賠償請求が可能なのか明確ではない。

　以上のように、平成5年最高裁判決は誤りであるが、仮に、平成5年最高裁判決を前提としても、本件において、本件各逮捕状請求の主たる根拠となる証拠は大々的に公になっており、捜査上の秘密は存在しないから、本件は、捜査の密行性を理由に国家賠償請求の時期を制限する平成5年最高裁判決の射程が及ばない事案である。

第3　当裁判所の判断

1　争点1（「罪を犯したことを疑うに足りる相当な理由」との要件を欠くことを理由とする本件各逮捕状請求行為の違法性）及び争点3（本件各逮捕状の発付後、更新が繰り返されている時点で、被疑者が「罪を犯したことを疑うに足りる相当な理由」があったとする判断の違法性を主張して、逮捕状請求行為に対して国家賠償請求をすることの可否）について

(1) 原告らは、本件各逮捕状の請求は、「罪を犯したことを疑うに足りる相当な理由」との要件を欠いた違法なものである旨主張するが、被告は、そもそもこのような理由で逮捕状請求行為に対して国家賠償請求をすることは許されない旨主張するので、まずこの点について判断する。

(2) 平成5年最高裁判決は、「逮捕状は発付されたが、被疑者が逃亡中のため、逮捕状の執行ができず、逮捕状の更新が繰り返されているにすぎない時点で、被疑

者の近親者が、被疑者のアリバイの存在を理由に、逮捕状の請求、発付における捜査機関又は令状発付裁判官の被疑者が罪を犯したことを疑うに足りる相当な理由があったとする判断の違法性を主張して、国家賠償を請求することは許されないものと解するのが相当である。」とし、上記判断の理由として、「右の時点において前記の各判断の違法性の有無の審理を裁判所に求めることができるものとすれば、その目的及び性質に照らし密行性が要求される捜査の遂行に重大な支障を来す結果となるのであって、これは現行法制度の予定するところではないといわなければならないからである。」と判示している。当裁判所も同様の考えに立つものであり、そうすると、本件においても、逮捕状は発付されたが、被疑者が逃亡中のため、逮捕状の執行ができず、逮捕状の更新が繰り返されているにすぎない時点で、被疑者本人が、逮捕状の請求における捜査機関の被疑者が罪を犯したことを疑うに足りる相当な理由があったとする判断の違法性を主張しているものであるから、上記判例の趣旨に照らし、上記主張を前提とする国家賠償請求は許されないものと解するのが相当である。

(3) この点について、原告らは、違法な逮捕状請求行為に対する国家賠償請求を禁じる規定や法律はなく、我が国の法体系においては、刑事上の責任と民事上の責任は別個独立のものとして扱われており、裁判所は、民事裁判においては、捜査の密行性等を理由とする制約を前提とした上で、当事者に主張及び立証を行わせ、最終的には、証明責任の原則に従って適正な判断をすればよいだけであるなどと主張する。

しかし、逮捕状の更新が繰り返されているにすぎない段階において、「被疑者が罪を犯したことを疑うに足りる相当な理由」の不存在を理由として、逮捕の違法を主張する国家賠償請求が許されるか否かという問題は、原告らが指摘するような、ある事実が刑事上の責任と民事上の責任の両方を生じさせ得る場合において両者の責任は別個独立の手続で判断されるという場面とは本質的に異なるものである。すなわち、刑事上の責任については、刑事手続の中で、被疑者ないし被告人の基本的人権の保障を全うしつつ、これを判断することが予定されており、捜査資料（証拠）の開示は、刑事手続に則って行われ、公訴提起後に至ってこれを基にした防御が行われることが予定されているのであるから、本件のように未だ逮捕状が執行されず、更新が繰り返されている時点では、民事裁判において、裁判所が捜査資料の開示を受けて、刑事上の責任の存否に関わる判断をすることは予定されていないというべきであるし、また、事柄の性質上、捜査資料の開示のないまま証明責任の原則に従って、刑事上の責任の存否の判断と密接な関連を有する「被疑者が罪を犯したことを疑うに足りる相当な理由」の存否を判断することが適切な解決をもたらすとも考え難いものである。

次に、原告らは、刑事訴訟法や判例が、逮捕自体に対する刑事手続上の不服申立てを認めていないのは、逮捕の正当性を審理する時間的余裕がなく、仮に審理を認めても審理終了時には逮捕による拘束は既に終了していること等によるものであるところ、権利侵害されたことについての賠償に関しては、上記のような時間的な問題はないから、どの時点であっても当然認められるべきものであり、また、

違法行為の抑止の観点からは、刑事手続上の不服申立てがないだけに、むしろ認められる必要性が高いものであるなどと主張する。

しかし、刑事手続においては、「勾留に対しては、（中略）犯罪の嫌疑がないことを理由として抗告をすることはできない。」（刑事訴訟法 420 条 3 項。同法 429 条 2 項により準抗告にも準用）とされ、勾留段階に至っても、犯罪の嫌疑がないことを理由としては不服を申し立てることはできないとされているものであり、上記のとおり、被疑者ないし被告人は、公訴提起後に至って初めて一定の捜査資料（証拠）の開示を受け、犯罪事実の存否を争うことが予定されている。また、違法な身柄の拘束を受けた者には、刑事補償等の制度があるほか、事後的に国家賠償請求が可能であるところ、未だ逮捕状が執行されていない時点において、被疑者に金銭賠償を受ける権利の実現を速やかに保障しなければならないという事情も見出し難い。このようなことからすると、現行法が、逮捕状の更新が繰り返されているにすぎない時点で、逮捕状の請求における捜査機関の被疑者が罪を犯したことを疑うに足りる相当な理由があったとする判断の違法性を主張して国家賠償請求を認めているものとは解し難いし、また、それは不合理とはいえないものである。

さらに、原告らは、不法行為による損害賠償請求権の消滅時効は損害及び加害者を知ってから 3 年の経過により完成するものであり（民法 724 条）、これが国家賠償請求訴訟にも適用されるから、刑事裁判が 3 年以上長期化して終結しないときには、国家賠償請求が不可能になってしまうし、そもそも、いつから損害賠償請求が可能なのか明確ではないと主張する。

しかし、刑事手続が進行し捜査の密行性の保障に支障のない時点に至った場合には、国家賠償請求権の行使が可能になるものと考えられるから、刑事裁判が 3 年以上長期化して終結しないときには、国家賠償請求が不可能になってしまうということにはならない。また、その行使可能な具体的時点については、各事案に含まれる事情によって左右されるものであるから、一律に明らかにすることは困難な面があるが、他の場合と同様に、民法 724 条の解釈により事案に即した適切な結論が導かれるものと考えられるし、少なくとも、本件のように未だ逮捕状が執行されず、更新が繰り返されている時点においては、国家賠償請求権の行使が許されないことは前示のとおりであり、したがって、時効も進行しないことは明らかというべきである。

そのほか、原告らは、本件各逮捕状の主たる根拠となる証拠は大々的に公になっており、捜査上の秘密は存在しないから、本件は、捜査の密行性を理由に国家賠償請求の時期を制限する平成 5 年最高裁判決の射程が及ばない事案であるとも主張する。

しかし、石岡らに対する拉致被害について、一般に広く報道され、多くの出版物も出されているとはいえ、それ以外の捜査資料（証拠）が存在する可能性は否定できず、捜査の密行性の保障に支障のない状態にあるとは認め難いから、この点に関する原告らの主張を認めることはできない。

(4) 以上によれば、被疑者が「罪を犯したことを疑うに足りる相当な理由」があったとする判断の違法性を主張して、逮捕状請求行為に対して国家賠償請求をすることは許されない以上、争点1について判断するまでもなく、本件各逮捕状請求が「罪を犯したことを疑うに足りる相当な理由」との要件を欠くことを理由とする原告らの請求は認められない。

2　争点2（有効な告訴を欠くことを理由とする本件各逮捕状請求行為の違法性）について

　原告らは、有効な告訴があったか否かについて、刑事訴訟法234条は、「親告罪について告訴をすることができる者がない場合には、検察官は、利害関係人の申立により告訴をすることができる者を指定することができる。」と定めているが、同条は、石岡らや有本という被害者自身のみならず、同法231条から同法233条の告訴権者が全て存在しないか、全て生死不明・所在不明の場合に限って適用されるものであるところ、本件においては、本件各逮捕状請求時点で、同法231条2項の「直系親族及び兄弟姉妹」が生存していることが明らかであったから、同法234条により告訴がされたのであれば、有効な告訴があったとはいえないと主張する。

　しかし、刑事訴訟法231条2項は、「被害者が死亡したとき」に、「その配偶者、直系親族及び兄弟姉妹」の告訴権を認める規定であるところ、原告らも石岡らや有本が死亡したことを主張、立証しているものとはいえないし、同人らの死亡を認めるに足りる証拠はないのであるから、同人らが死亡したことを前提にする同条項が発動する余地はないものと考えられる。そうすると、同人らの「直系親族及び兄弟姉妹」がいるからといって、刑事訴訟法234条に規定する「申告罪について告訴をすることができる者がない場合」に当たらないということはできず、原告らの主張を認めることはできない。

　また、本件においては、現に、本件各逮捕状が発付され、繰り返し請求されては、更新されているものであり、こうした状況の下で、有効な告訴がないことを認めるに足りる特別の事情や証拠は見当たらない。

　したがって、本件各逮捕状請求は有効な告訴を欠いているとする原告らの主張を認めることはできない。

3　結論

　以上のとおり、原告らの請求は理由がないから、これをいずれも棄却することとし、主文のとおり判決する。

東京地方裁判所民事第30部
裁判長裁判官　菅野雅之
裁判官　篠原　礼
裁判官　横山倫尚

平成26年3月27日

Ⅳ.控訴理由書

2014 年 6 月 9 日

東京高等裁判所第 12 民事部 D 係　御中

　判決の判断の誤り及び原判決の刑訴法 234 条の解釈の誤りを指摘した上で、本件逮捕状請求には有効な告訴が存在せず違法であること論ずるものである。

第 1　逮捕状請求の違法を理由に国家賠償請求をすることの可否

1　原判決による平成 5 年最高裁判決の踏襲とその概括的批判
⑴　原判決の認定
　原判決は、「逮捕状が更新されているにすぎない時点で、逮捕状請求の違法（罪を犯したと疑うに足りる相当な理由の不存在）を理由に国家賠償請求をすることは許されない。その時点で裁判所に審理を求めるができるものとすれば、その目的及び性質に照らし密行性が要求される捜査の遂行に重大な支障を来す結果となるのであって、これは現行法制度の予定するところではないといわなければならない」とする、最高裁第二小法廷平成 5 年 1 月 25 日判決を踏襲すると判示した。

⑵　「捜査の密行性」を理由に賠償請求を封ずる見解に対する批判
　しかし、控訴人らは、「捜査の密行性」が、刑事上も民事上も一定の制度的保障を受けるものであることを認め、また、刑事手続上の「捜査の密行性」から、民事訴訟における証拠提出に一定の制約が生ずることを否定してもいない。
　ただ、控訴人らは、「捜査の密行性」は、現行民訴法において、文書提出命令における除外対象として「刑事事件に関する訴訟記録」が規定されているなど、制度として一定の保障がなされているのであるから、平成 5 年最高裁判決や原判決の考えとはまったく逆に、民事裁判所は「捜査の密行性」を理由とした、上記のような制度上の制約の中で、逮捕状請求の違法を理由とする国賠訴訟の審理をすればよいだけのことであって、国賠請求自体を許容しないとする理由はないと主張してきた。
　これに対して、原判決は、平成 5 年最高裁判決と同様に「捜査の密行性」を理由として、国賠請求それ自体を法が許容していないと解釈した。
　しかし、そのような解釈は、現行法の規定から、直接には導けないはずである。また、刑訴法においても民訴法においても、制度として十分に保障されている「捜査の密行性」を、さらに、国賠請求の審理自体を封ずるという方法で保護しようとするものであって、必要性に欠けるばかりか、余りにも政策的な解釈というべきである。そして、現実の国賠訴訟においても、刑事裁判での無罪を理由とする

321

国賠訴訟などでは、「捜査の密行性」の根拠とされる刑訴法47条に基づく書面の開示に対する制約が機能しており、原判決が懸念するような、民事事件の審理のために、捜査の内容や捜査資料の開示を余儀なくされ、証拠隠滅などの捜査遂行に重大な支障が生ずるというような事態は生じていない。「捜査の密行性」は、現行の実務としてもガードされているのである。国賠訴訟が提起されれば、訴訟において、「捜査の密行性」の制度的保障が担保されなくなるという現実では決してない。

　そこで、逮捕状請求の違法を理由とする国賠請求においても、請求それ自体を封ずるのではなく、請求を受け入れて、「捜査の密行性」を配慮した刑訴法上の規定や民訴法上の規定に従った審理を進め、最終的には証明責任の法理により、請求が認容されるものであるか否かを判断すれば済む。「捜査の密行性」を理由として、逮捕状の更新が繰り返されているにすぎない時点での国賠請求を許容しないとする解釈をとる必要はない。

　法が請求を禁ずる何らの規定を置いていない以上、請求自体を封ずるのではなく、「捜査の密行性」を保障する各規定の存在を前提としつつ、当事者に主張及び立証を行わせ、最終的には、証明責任の原則に従って、民事裁判所が適正な判断をすればよいのである。

　また、逮捕状請求行為の違法を理由とする国賠訴訟の提起につき、「捜査の密行性」を理由に時期的制限を加えることができるとの考えは、結局のところ、その提起の時期については刑事裁判の終結まで訴訟提起を待たなければならないという結果になる。そうすると、この間に国家賠償請求3年の時効が経過するようなことがあれば、余りに不合理な結果となる。

2　原判決の控訴人らの主張に対する反論への批判

　以上のような控訴人らの主張に対して、原判決は以下の3点につき応答したが、いずれも、賠償請求を封ずる理由にはならない。

(1)　適切な解決をもたらすとは考えがたいか

　第1に、控訴人らが、刑事上の責任と民事上の責任とは別個独立に判断することができるのであって、民事裁判にあっては裁判所が捜査の密行性等を理由とする制約を前提としつつ、当事者の主張・立証を行わせ、最終的には証明責任の原則に従って判断すればよいと主張した点について、原判決は、①刑事上の責任には刑事手続の中で判断することが予定されているので、ある事実について民事上の責任と、刑事上の責任とを別個に判断すればよいという場面とは本質的に異なるというべきである、②証拠の開示は、刑事手続に則って行われ、公訴提起後に至ってこれを元にした防御が行われるから、民事裁判においては、裁判所が記録の開示を受けて刑事上の責任の存否を判断することが予定されていない、そして、証明責任に従って判断することが適切な解決をもたらすとは考えがたいとした。

　控訴人らも、当該事件の刑事手続が進行中であれば、逮捕の違法については、まずは、その事件の刑事手続法規に基づき審理がなされるべきであることは否定しない。逮捕状請求が刑事手続の一つである以上、原則的にそうなることは当然である。しかし、そうであっても、そのことから直ちに、身体拘束前の逮捕状請

求が更新されているにすぎない段階での、逮捕状請求の違法を理由とする国賠請求は一切許容できないという結論になるのか、何故に、全ての事件において刑事手続法規に基づく審査が優先されるべきであり、全てにおいて刑事手続に先行して民事訴訟において逮捕状請求の違法を判断することが容認されないことになるのか、原判決はその理由を説得的に展開するものとはなっていない。原判決は、結局のところ、刑事上の責任追及はまず何よりも刑事手続で行われることが予定されていると、現行法体系における余りにも当たり前のことを述べているだけにすぎないのである。

控訴人らが主張した、捜査の密行性を考慮しつつ民事裁判の手続に従い、最終的にはその証明責任に従って判断をすればいいのではないかとの問への、原判決の直接的な答えは、そうすることが「適切な解決をもたらすとは考えがたい」という1点である。

原判決のいう「適切な解決をもたらすとは考えがたい」という意味が何であるのか、判示の上では必ずしも明確にはなっていない。推察するに、法的手続を法治国家における最終解決手段と位置づけるなら、控訴人らが主張するような形での民事上の判断は、十分な証拠も揃わない中での判断にならざるを得ないので、裁判所としては真実に迫らないままに一定の判断を示すほかなくなり、そのような半煮えの状態で公権的判断が示されたとしても、当事者にとっての最終解決とはならないのではないかというような意味合いであろうか。しかし、民事裁判の手続が当事者主義を採用し、当事者の立証活動によって裁判の帰趨が決する構造になっている以上は、民事裁判とは、そのようなものであると理解せざるを得ないし、実際にもそうなのである。

また、一般論としては、様々な逮捕状請求があり得るのであって、限られた証拠だけで、逮捕状における「罪を犯したと疑う相当な理由の」の存在が否定できる場合もないとは言えないから、「適切な解決をもたらしとは考えがたい」という理由から、逮捕状請求の違法を理由とした国家賠償請求の門戸を閉じる必要はないというべきである。

(2) 損害賠償の必要性がないか

第2に、控訴人らが、現行刑事訴訟手続においては、逮捕自体に対する不服申立てを容認していないが、それは一定の短い逮捕期間との関係にあるところ、民事上の賠償請求にはそのような時間的制約はない上、逮捕状請求段階での違法行為抑制の観点での賠償請求の必要性があると主張した点について、原判決は、①勾留に対しては嫌疑がないことを理由に不服申立ができない上、公訴提起後に至って証拠の開示を受け、犯罪事実を争うことが予定されている、②違法な身体拘束には、事後的は補償制度があるから、金銭補償をすみやかにする必要性は見いだし難いと、判示した。

しかし、公訴提起前の勾留に対して嫌疑がないことを理由に不服申立てができないかどうかは議論の分かれるところであり、刑訴法60条の柱書きに、「罪を犯したことを疑うに足りる相当な理由がある場合」と記載されている以上は、少なくとも公訴提起前の勾留に関しては、単に、「罪証を隠滅すると疑うに足りる相当

な理由」や「逃亡すると疑うに足りる相当な理由」のみが不服申立の対象となると限定的に解釈する必要はないし、何よりも、無実の人を拘束するほど不正義はないのであるから、嫌疑のないことを理由に不服申立てができないとする根拠はない。身体不拘束の原則を規定した国際人権自由権規約９条３項の趣旨に合致する解釈としては、公訴提起前の勾留に対しては、嫌疑がないことを理由とした不服申立てを認めるべきということになる。したがって、刑事手続上も勾留において、嫌疑のないことを理由とした不服申立てができないのだから、逮捕状の更新が繰り返されている時点での賠償請求の論拠はないとする原判決の立論の前提に誤りがある。

　また、事後的補償があるから金銭補償を求める国家賠償請求を、逮捕状発付の時点において認める必要性が乏しいという点は、確かに、国家賠償請求訴訟が先行したからと言って、逮捕状の効力それ自体を止めることはできないし、逮捕された以降であれば、逮捕を違法とする金銭賠償（補償）を事後的に受ける保障がなされているのであるから、事後的な救済を受ける以外にはない、それでよいのではないかという理屈はある。

　しかし、逮捕状請求の違法を理由にした賠償請求が許されるとすれば、実際に止められるか否かは別として、違法な逮捕状請求に対する抑制の効果はある。また、逮捕される前の賠償の必要性が乏しいから、事前の賠償請求それ自体を封じてもよいとはストレートには言えない。逮捕状が出されたというそのことだけでも、人は著しい不利益を受けることは火を見るよりも明らかであり、それであるのに、その回復を図るは、現実に逮捕されなければできないというのは、余りにも不合理であろう。

　そして、実際の民事裁判の手続で「捜査の密行性」に配慮した証拠収集活動がなされるかぎり捜査に重大な支障が生ずることはないのであるから、逮捕状請求段階での賠償請求自体を封ずる必要はないのである。

(3)　時効問題
　第３に、控訴人らが、刑事事件においては起訴後も事件終結まで補充捜査が行われ、被告人から押収した証拠書類・証拠物などの還付も事件終結後になされるのが実情であることを考えれば、逮捕状請求の時点での賠償請求を認めない見解は、結局「刑事手続の終結に先立って」はできないことになり（平成５年最高裁判決の控訴審判決）、不法行為による時効が完成すると主張した点について、原判決は、①賠償請求できない以上、時効は進行しない、②公訴提起後のいずれかの時点からは賠償請求ができることになり、時効はその時から進行することになる可能性はあるが、それは各事案によって異なり、民法724条の解釈によって適切な解決を図ることができると、判示した。

　以上のように、原判決は、逮捕状の更新が繰り返されている時点での賠償請求を否定する見解は、刑事手続の終結まで賠償請求ができないのではないかと主張に対しては、これを否定し、公訴提起後は一定の時期から請求できるとした。そして、控訴人らの時効が完成するではないかとの主張に対しては、国家賠償請求自体ができないのであるから、時効は進行しないと結論づけた。

確かに、わが国の刑事訴訟手続における証拠開示が公訴提起によって異なる取扱いになることは、原判決指摘のとおりであり、公訴提起を一つの契機として、それ以降にしか賠償請求はできないとする見解はあり得るものではある。しかし、起訴後も事件終結まで補充捜査が行われる一方で、公判前整理手続においてすら、弁護人に全面的な開示が保障されている訳ではなく、また、公判前整理手続に付されない事件にあっては、証拠開示の保障は全くない。また、刑事手続上の証拠開示があれば、これが全て民事事件で使われる保障があるわけでもない（弁護人の開示記録の取扱いを規定した刑訴法281条の4は刑事記録の民事事件での利用を制限している）。証拠開示の有無を理由に公訴提起の前後で、賠償請求の可否を分かつことになるとする見解は、その根拠となる証拠開示の前提が欠けていると思われる。

また、民法724条の解釈によって適切な解決を図ることができるとの保障があるわけではない。

第2　本件逮捕状請求行為は有効な告訴を欠くもので違法であること

1　原判決の刑訴法234条の解釈を誤っていること

控訴人らに逮捕状が発せられた結婚目的誘拐罪は親告罪であり、有効な告訴を欠く逮捕状請求行為は違法である。

そして、原審における被控訴人の主張によれば、控訴人らに対する逮捕状の発付は、刑訴法234条による告訴状によってなされていることは明らかと思われる。しかし、本件の場合には、刑訴法234条の「親告罪について告訴をすることができる者がない場合」との要件を満たしていない。

すなわち、本件では、石岡亨、松木薫及び有本恵子（以下「石岡ら」という）は生死不明であり、生存の可能性も死亡の可能性もどちらの可能性もあるが、石岡らの直系親族、兄弟姉妹等（以下「直系親族等」という）は存在しており、被害者が生死不明・所在不明であっても被害者の直系親族等が存在している場合は、「告訴をすることができる者」が厳然と存在するので、刑訴法234条は適用の余地はないからである。

したがって、本件での刑訴法234条による検察官指定者による告訴状は無効であり、逮捕状請求行為は違法というべきである。

刑訴法230条から同法233条は、「誰々は…告訴することができる」と規定して、いずれも告訴権者（「告訴をすることができる者」）を列挙している。そしてその上で、同法234条は、前条までに列挙した告訴権者がいない場合に、検察官が「告訴をすることができる者を指定することができる」とする。すなわち、刑訴法234条が機能するのは、刑訴法230条から同法233条に挙げられた告訴権者が不存在の場合だけである。

ところが、原判決は、刑訴法230条から同法233条までの告訴権者が存在する場合であっても、その者が事実上「告訴をすることができない場合」にまで同法234条の適用を拡大解釈するものである。

同法234条は、あくまで「告訴をすることができる者がない場合」、すなわち、

告訴権者がいない場合と明示している。にもかかわらず、原判決は、これを「告訴をすることができない場合」と拡大解釈しているのである。このような拡大解釈は、法構造及び文理に明確に反する上、親告罪の趣旨にも反するものである。このような拡大解釈は、もはや解釈を超えた事実上の立法に該当するというべきで、司法の権限を逸脱している。以下、詳述する。

2　刑訴法 234 条の適用の範囲
(1)　原判決の判断内容
　　原判決は、本件では被害者である石岡らの死亡が主張立証されていないから「被害者が死亡したとき」に発動される刑訴法 231 条 2 項は適用されず被害者の直系親族等は告訴権者にならないとした上で、「そうすると、同人（注・石岡らを指す）らの「直系親族及び兄弟姉妹」がいるからといって、刑訴法 234 条に規定する「親告罪について告訴をすることができる者がない場合」に当たらないということはできず」、本件の刑訴法 234 条による告訴は有効であるとしている（原判決 13 頁）。
　　原判決の解釈は、刑訴法 231 条 2 項「被害者が死亡したとき」の意味を、「被害者の死亡が立証されたとき」と解釈している点で議論の余地がある。しかし、このような解釈を採ったとしても、被害者の死亡が立証されないときは、「被害者」が「告訴をすることができる者」と言わざるを得ないから（刑訴法 230 条）、この場合が、刑訴法 234 条の「親告罪について告訴をすることができる者がない場合」に当たらないことは明白である。

(2)　刑訴法 234 条の解釈の前提事実
　　被害者が生死不明の場合に刑訴法 234 条が適用されるかについて学説の対立があるのは、「被害者が生死不明でかつその直系親族等が存在しない場合」である。この場合には適用肯定説と否定説がある。しかし、いずれの説にあっても直系親族等が存在している場合については、刑訴法 234 条の適用の余地がないことは明白で、この点で学説の争いはない。原判決及び被控訴人は、直系親族等が存在する場合についてまで刑訴法 234 条の適用を認めるものであり、学説の争いを超えた議論である。
　　以下、原判決の解釈をとることができないことにつき、直系親族等が存在する場合としない場合に分けて、詳述する。

(3)　被害者の直系親族等が存在する場合
　　被害者が生死不明の場合とは、客観的には被害者は生存しているか死亡しているかのいずれか一方であるが、そのどちらであるかがまだ分かっていないという場合のことである。そして、被害者が生存している場合は被害者が「告訴をすることができる者」であり（刑訴法 230 条）、被害者が死亡している場合はその直系親族等が「告訴をすることができる者」である（刑訴法 231 条 2 項）。刑訴法 231 条 2 項の意味を原判決のように「被害者が死亡したことを立証した場合」と解釈するのであれば、被害者の死亡が立証された場合は直系親族等が、立証されない場合は被害者が、「告訴をすることができる者」になる。
　　いずれにしろ、被害者が生死不明の場合は、被害者か被害者の直系親族等のいずれかが必ず「告訴をすることができる者」なのであって、両方とも「告訴をす

ることができる者」でない、ということは論理的にあり得ない。ただ、生死不明の場合は、被害者と直系親族等のどちらが「告訴をすることができる者」となるか分からない、というだけである。

　したがって、被害者が生死不明の場合は、被害者又は被害者の直系親族等が「告訴をすることができる者」であり、被害者か直系親族等のどちらかは必ず存在するのであるから、刑訴法 234 条「告訴をすることができる者がない場合」には該当しない。

　被控訴人が依拠する大コンメンタールや林・要義の見解も、この点については争っていない。

⑷　被害者の直系親族等が存在しない場合

　上記のように、被害者が生死不明の場合のうち、客観的には被害者が死亡している場合は直系親族等が「告訴をすることができる者」であり、客観的には被害者が生きている場合、あるいは被害者の死亡が立証されない場合は、被害者が「告訴をすることができる者」である。したがって、直系親族等が生きている場合であれば、被害者が生死不明でも、被害者か直系親族等のいずれかは必ず「告訴をすることができる者」となり、刑訴法 234 条の規定する「告訴をすることができる者がない場合」に該当する余地はない。

　しかし、被害者に直系親族等がいない場合は問題になる（被害者に直系親族等が存在しない場合とは、そもそも最初から被害者には親族等の縁者がいない場合や、いたけれども全員死亡した場合などである）。

　直系親族等がいない場合には、被害者が生死不明のうち、客観的には被害者が生きている場合、あるいは被害者の死亡が立証されない場合は、被害者が「告訴をすることができる者」である。

　これに対して直系親族等がいない場合には、客観的には被害者が死亡している場合は、「告訴をすることができる者がない場合」に該当する。つまり、被害者の直系親族等が存在しない場合については、被害者の生死不明のときは、「告訴をすることができる者」がいる場合といない場合の両方あり得るのである。この点が、親族等が存在する場合は「告訴をすることができる者」が必ずいる場合とは異なる。そこで、直系親族等が存在しない場合については、「告訴をすることができる者がない場合」に該当するか否か明らかでないので、刑訴法 234 条の適用を肯定する学説と否定する学説が分かれるのである。

　否定説は、被害者が生死不明であっても、実際に生存しているのであれば被害者という「告訴をすることができる者」がいる可能性が残っていることを考慮し、そして被害者の名誉・プライバシーを尊重するという親告罪の趣旨を重視して、未だ「告訴をすることができる者がない」とはいえないとして、刑訴法 234 条の適用を否定する。

　肯定説は、被害者が生死不明であっても、実際に死亡している場合であれば「告訴をすることができる者がない」場合に該当することから、刑事政策目的や犯人の地位の安定などを併せ考慮して、刑訴法 234 条の適用を肯定するのである。被控訴人が依拠している大コンメンタールや、同じ立場の林・要義は、正にこの肯

定説の見解に立っている。しかし、誤解してはならないのは、大コンメンタールや林・要義などの肯定説は、被害者の直系親族等が存在しない場合についての見解だということである。直系親族等が存在する場合は、上記のように、被害者か直系親族のいずれかが「告訴をすることができる者」として必ず存在するのであるから、刑訴法234条は法文上適用の余地がないのである。

　それゆえ、大コンメンタールは、「本条（注・刑訴法234条を指す）の趣旨は、告訴権が行使されるか否かが実際には確定されていないにもかかわらず、これを行使する者がいないことから訴追・処罰の途が閉ざされるという事態を回避しようとすることにあるのであるから、本条による指定はそのような場合にのみ認めれば足りるのであって、結局、「告訴をすることができる者がない場合」とは告訴権者すべての死亡又は告訴能力の喪失の場合と考えるべきである(注釈刑訴3巻〔佐藤〕284頁、注解刑訴（中）〔高田〕187頁、団藤・条解（上）450頁)」（大コンメンタール第二版第4巻700頁）とするのである。

3　刑訴法234条は告訴権者がいない場合に発動されること
(1)　はじめに
　原判決は、被害者が生死不明・所在不明であれば、被害者の直系親族等が存在する場合であっても、刑訴法234条が適用になるとする。

　しかし、直系親族等が存在する場合は、被害者が生死不明・所在不明であっても、被害者か直系親族等のいずれかが必ず「告訴をすることができる者」として存在する（被害者が客観的に生存している場合、及び、死亡が立証されていない場合は、刑訴法230条により被害者が、また、被害者が客観的に死亡している場合、及び、死亡が立証された場合は、刑訴法231条2項により直系親族等が、それぞれ「告訴をすることができる者」となる）。

　それにもかかわらず、この場合も刑訴法234条の適用を認める原判決は、刑訴法234条「告訴をすることができる者がない場合」の文言を、「告訴をすることができない場合」と拡大解釈しているのである。

　すなわち、直系親族等が存在して被害者が生死不明の場合は、被害者か直系親族のいずれかは必ず「告訴をすることができる者」として存在するが、そのいずれが告訴をすることができるかが不明で、結局いずれも事実上告訴をすることができない、という場合、すなわち、事実上「告訴をすることができない場合」にも、同条適用が可能になると解釈するものである。

　しかし、このような解釈は、刑訴法230条から同法234条の一連の条文についての構造を無視するものであり、同法234条の文理と親告罪の趣旨にも反するもので、取り得ない解釈である。

(2)　刑訴法230条ないし同法234条の条文の構造
　刑訴法230条から同法233条は、「告訴をすることができる者」、すなわち、告訴権者のリストを掲げたものである。

　刑訴法230条は、原則規定として、「犯罪により害を被った者」が「告訴をすることができる」としている。

同法 231 条 1 項は、「被害者の法定代理人」が「告訴をすることができる」としている。

同法 231 条 2 項以下も、それぞれ一定の要件を満たす場合に、「被害者の配偶者、直系の親族又は兄弟姉妹」（法 231 条 2 項）、「被害者の親族」（法 232 条）、「死者の親族又は子孫」（法 233 条 1 項、2 項）を、「告訴をすることができる」として列挙しているのである。

そして同法 234 条は、これらの規定を受けて、前 3 条の「告訴をすることができる者」が、「いない場合」には、検察官が「告訴をすることができる者」を指定することができると規定しているということになる。

刑訴法 234 条は、同法 230 条から 233 条までに列挙された告訴権者のリストに該当する者がいない場合に初めて適用になる規定である。あくまで、告訴権者の存在・不存在を問題としているのであって、その告訴権者が告訴できるか否かを問題としているのではないのである。

したがって、本件のように、被害者が生死不明ではあるが、被害者の直系親族等は存在するという場合は、被害者（刑訴法 230 条）又はその直系親族等（同法 231 条 2 項）のいずれかは必ず「告訴をすることができる者」として存在するのであるから、リストに掲げられた告訴権者はまちがいなく存在するのであり、例えその者が生死不明で事実上「告訴をすることができない」という状況であっても、同法 234 条は適用にならない。

4　拡大解釈をする実質的な理由が存在しないこと
(1)　告訴権者の意思が尊重されないこと
原判決のような刑訴法 234 条の拡大解釈は、実質的に見ても不当である。
原審で指摘したように、刑訴法 234 条の「利害関係人」は、被害者に対する債権者でも良く、検察官の指定する「告訴をすることができる者」には制限がなく、例えば警察官でも良い。

そうすると、原判決のように拡大解釈した場合は、被害者が生死不明の場合、被害者の配偶者、直系親族、兄弟姉妹が存在する場合で、これらの者が告訴を希望しない明確な意思を持つ場合であっても、これらの直系親族等の意思を無視して、検察官は、被害者の債権者（被害者から金を取り立てようと目論んでいる者など）の申立を得て、警察官などを「告訴をすることができる者」に指定して、告訴状を得て、逮捕、起訴することができることになる。

このような結論は、被害者やその親族等の名誉、プライバシー保護を犯人処罰という刑事政策目的よりも優先させるという親告罪の趣旨に著しく反する。

このように、原判決の判断は、実質的に見ても不当である。

(2)　失踪宣告制度が存在すること
また、被害者が生死不明の場合で被害者の直系親族等が存在する場合には刑訴法 234 条の適用を認めないとしても、直系親族等が告訴を希望するのであれば、被害者の失踪宣告を申し立てればよく、失踪宣告が出れば刑訴法 231 条 2 項により直系親族等が告訴できるのであるから、何ら弊害はない。

その場合、直系親族等が告訴可能になるためには時間がかかることになるが、当人の生死不明の場合にその者に関する法律問題の解決に時間がかかるということは本件のような告訴の場合に限らず失踪宣告事例の全てに共通する問題であり、法はそれを踏まえて死亡擬制までに一定の期間を要するという失踪宣告の制度を設けているのである。失踪宣告にはある程度の時間を要するが、被害者が生死不明の場合の処理に時間がかかるということは、現行法の限界であり、このような場合に速やかな告訴を可能とするためには、立法による対処をするしかない。これを法文の解釈を逸脱した勝手な解釈で解決を図ることは許されない。

5　結論

　本件では、被害者である石岡らは、生死不明であり、その直系親族等は存在するのであるから、法文上、石岡らが生きている場合（原判決の刑訴法231条2項の解釈によれば、死亡が立証できない場合も含む）は、石岡らが「告訴をすることができる者」で、石岡らが死亡したときは、石岡らの直系親族等が「告訴をすることができる者」で、このいずれか一方は必ず「告訴をすることができる者」である。したがって、「告訴をすることができる者がない場合」に発動される刑訴法234条は適用の余地はない。原判決は、このような場合に刑訴法234条の適用を認めたのであり、誤った解釈というべきである。

　そうすると、本件では、被控訴人の主張により、刑訴法234条により検察官の指定する者の告訴状に基づき控訴人らに対する告訴状が発せられたことは明らかであるから、このような告訴状は無効であり、この無効な告訴状に基づく本件逮捕状請求行為は違法である。

以上

年　表

1988 年

5 月 6 日　柴田泰弘氏、東京で逮捕。「北朝鮮によるソウル五輪テロ工作に関与」の
マスコミ大キャンペーン

5 月 22 日　八尾恵、横須賀で逮捕。「北朝鮮の女スパイ」キャンペーン（有本恵子さ
ん拉致の「北の大物工作員」とされているキム・ユーチョル氏との写真
を見せられ、「台湾国籍の劉さん」だとして「親密な関係」を認める供述
をしたとされている。6 月釈放）

8 月 6 日　かりの会・女性 5 人に外務省が旅券返納命令

8 月　石岡亨さんの手紙で有本恵子さん、松木薫さんのピョンヤン在住が確認
される

1991 年

2 月　訪日中の朝鮮労働党書記に自民党の中山正輝代議士が「よど号犯の送還
要求」発言

3 月　第 2 回日朝会談で日本政府が「犯人として送還要求」

1993 年

5 月　かりの会・女性 5 人に旅券法違反で逮捕状、国際指名手配。16 カ所に家
宅捜索

1995 年　　子どもたちの国籍取得開始

1996 年

2 月　米国務省高官の「北朝鮮に対するテロ支援国家指定リストからの削除条
件」に「よど号犯に対する適切な措置」必要との談話

3 月　田中義三氏、「偽ドル工作容疑」で米シークレット・サービスによりカン
ボジアにて逮捕、タイに送致。日本では「北朝鮮偽ドル工作事件」とし
てマスコミの大キャンペーン

1997 年

4 月　高沢皓司、雑誌『サピオ』で集中連載「よど号グループは北朝鮮の日本
人拉致に使われていた」。同時期、高沢皓司は、タイで裁判中の田中氏に
「新しい生活を」と転向を勧める

1998 年

8 〜 10 月　米朝高官協議において「よど号グループの追放問題」が議題の一つに取
り上げられるとのマスコミ報道

9 月　高沢皓司著『宿命』（新潮社）発売。「欧州留学生 拉致事件」が詳細に描
かれる（後の八尾証言と完全 一致）

1999 年　　田中義三氏、タイで「完全無罪判決」

2000 年

3 月　第 3 回米朝会談で再び「よど号追放問題」が議題。サンケイ新聞で「消
えた青春」の タイトルで欧州留学生拉致事件を 10 回連載

6 月　田中義三氏、タイから帰国、警視庁に逮捕

331

| 10月9日 | 米朝会談の最終局面、共和国の趙国防委員会副委員長の訪米直前に「よど号容疑者追放の用意—北朝鮮、米側に言明」見出しの一面トップ記事（朝日新聞） |
| 10月 | かりの会・三人娘帰国声明 |

2001年

5月15日	かりの会・三人娘の帰国（帰国第一陣となる）
9月17日	K・E氏帰国、逮捕（直前の11日、米同時 多発テロ事件発生）翌日、八尾惠出演のTV朝日「元妻の証言」が流され「よど号の拉致関与」を「証言」。
	＊引き続き『週刊新潮』に「よど号拉致関与」関連記事を連載。この段階ではまだ八尾自身の「関与」は秘匿
	＊年末放映のTV朝日「元妻の証言」続編で自身が「実行犯」であることを示唆する内容の編集

2002年

3月12日	金子氏旅券法裁判開始、公判で「八尾証言」、欧州留学生拉致実行犯であることを公開の場で「自供」（K氏帰国を前にした前年、5月に「警視庁の事情聴取に応じ自供した」というのが公式見解）
	＊前日にTV朝日に出演、有本恵子さんの御両親の滞在先ホテルを訪ねる「謝罪場面」を流す。この日、米同時多発テロ事件半年目の記念行事がホワイトハウス前で開かれブッシュ大統領が「北朝鮮」を「悪の枢軸」の筆頭に上げて非難
	＊これに連続して八尾惠著『謝罪します』（新潮社）発刊
3月27日	八尾惠が証言（金子氏旅券法違反裁判）
7月	かりの会、「全員帰国」声明
8月	O・H、T姉妹の国籍取得（子どもの国籍問題、全員が解決）
9月	5人の子どもとK・T氏帰国（子どもらへの身体捜索とK・T氏逮捕）
	＊直後の17日、小泉訪朝、日朝ピョンヤン宣言
9月17日	日朝首脳会談で朝鮮が拉致を認め謝罪（石岡、有本、松木を含む）
9月25日	安部公博氏に逮捕状（有本さんへの結婚目的誘拐容疑）
10月	塩見孝也氏、月刊『創』11月号に「『よど号』グループよ　拉致問題の真実を語れ」発表、その内容が新聞、テレビで追いかけ報道
	＊これを契機に「支援者の証言」続出

2003年

4月15日	八尾惠TV朝日出演「ヨーロッパで発行された反核ミニコミ誌が拉致の拠点」という追加的「証言」
4月	A・M氏帰国（逮捕）
6月	NHKスペシャル「よど号と拉致」放映

2004年

1月	かりの会・子ども6人帰国、身体捜索を受ける
2月	U・T氏帰国（逮捕）
7月	かりの会、朝鮮政府宛に、日本政府との協議のための実務的援助を要請する手紙
	朝鮮が「よど号」の「拉致」関与を否定
9月	かりの会・3人の子ども帰国

	10 月	T・K 氏帰国、逮捕

2006 年

	1 月	かりの会・子ども 1 人帰国
	2 月	再開された日朝政府間協議で日本政府が魚本（旧姓安部）公博氏など「よど号グループ」を「拉致関連」で「引き渡し要求」とのマスコミ報道
	6 月	かりの会・子ども 1 人帰国

2007 年

	6 月 5 日	かりの会の O・J 氏帰国（逮捕）
	6 月 13 日	森順子氏、若林佐喜子氏に逮捕状発付（石岡さん、松木さんへの誘拐容疑）と警視庁公安部
		＊同年秋以降、ライス国務長官など米高官の「テロ支援国家指定解除とよど号関係者問題は無関係」発言つづく

2009 年

	1 月	かりの会・子ども 1 人帰国

2010 年

	3 月	国賠ネットワークの土屋氏、井上氏がはじめて朝鮮を訪問
	7 月	2 回目の国賠訪朝団。国賠ネットワークの高木氏、新居崎氏が加わる
	11 月	第 3 回目の国賠訪朝団

2011 年

	7 月 15 日〜23 日	第 4 回目の国賠訪朝団（弁護団も加わる）

2012 年

	4 月	第 5 回目の国賠訪朝団（弁護団も加わる）
	10 月 12 日	外務省情報公開申請。2002 年、2004 年の日朝実務者会議の議事録の全て
	11 月 9 日	外務省から通知。2002 年の文書は不存在（8 月に協議）、2004 年の文書は不開示。「国の安全」「相手国等との信頼関係」「交渉上不利益」が不開示理由

2013 年

	1 月 7 日	文書不開示に異議申立て
	2 月	第 6 回目の訪朝団（弁護団も加わる）
	4 月 25 日	国賠提訴（東京地裁）
		＊同時期に手記『「拉致疑惑」と帰国』（河出書房新社）発刊
	4 月 27 日	『「拉致疑惑」と帰国』出版記念会（涵徳亭）
	6 月 21 日	東京都答弁書提出
	7 月 22 日	第 1 回口頭弁論（東京地裁民事 40 部）
	8 月 12 日〜19 日	訪朝団　山中氏ほか 8 名
	8 月 22 日	外務省から情報公開について審査会に諮問したとの文書届く
	9 月 19 日	第 2 回口頭弁論
	11 月 18 日	第 3 回口頭弁論

2014 年
1 月 16 日　第 4 回口頭弁論
3 月 27 日　東京地裁、請求棄却の判決
4 月 18 日　東京高裁に控訴
4 月下旬〜　7 回目の国賠訪朝団。日本人村開村。作家の森達也氏らも参加
　5 月初
4 月 27 日　平壌で国賠拡大会議
6 月 9 日　控訴理由書提出
6 月 29 日　「国賠裁判を支える会」結成の集い
7 月 16 日　控訴審第 1 回弁論・結審
8 月 27 日　控訴棄却の判決
9 月 10 日　上告（最高裁）受理
11 月 7 日　最高裁へ上告理由書・上告受理申立理由書を提出
11 月 19 日　審査会から「外務省が本件対象文書の全部を不開示とした決定」は妥当
　　　　　　であると通知

2015 年
2 月 5 日　最高裁が上告棄却の決定

2016 年
　　7 月　山中訪朝団（1 次）、ツイッター開局メンバー。2 年ぶりの訪朝
10 月 11 日　山中訪朝団（2 次）、8 回目の国賠訪朝団。国賠本の出版と帰国問題の会
　〜 15 日　議

2017 年
2 月下旬〜　山中訪朝団（3 次）、9 回目の国賠訪朝団
　3 月上旬

えん罪・欧州拉致
————よど号グループの拉致報道と国賠訴訟

2017 年 3 月 31 日　初版第 1 刷発行

監　修————前田裕司
編　集————「えん罪・欧州拉致」刊行委員会
特別寄稿————浅野健一
装　幀————右澤康之
発行人————松田健二
発行所————株式会社 社会評論社
　　　　　　東京都文京区本郷 2-3-10
　　　　　　電話：03-3814-3861　Fax：03-3818-2808
　　　　　　http://www.shahyo.com
組　版————Luna エディット .LLC
印刷・製本——倉敷印刷株式会社

Printed in japan

吉澤文寿 ［編著］　　A5版並製224頁／定価：本体2400円＋税

五〇年目の
日韓つながり直し

日韓請求権協定から考える

海峡を越える市民運動のレポート

　日韓基本条約・請求権協定は、一九六五年に日本と韓国が国交を正常化するにあたって締結された。この条約によって、両国は経済・政治・文化の面で深い関係を結ぶことができた。

　他方、日本軍「慰安婦」被害者、元徴用工ら植民地支配の被害者が起こした戦後補償訴訟等では、この請求権協定が障壁となった。

　締結五〇年にあたり、このような日韓請求権協定を多面的に再検証する。その作業をとおして、日韓が真に信頼し合える同伴者として、東アジアの平和な未来をともに切り開くための道をさぐる。

第Ⅰ部　日韓会談文書を読み解く
第1章　「日韓財産請求権協定で解決済み」論を批判する
第2章　用意周到に準備されていた会談の破壊
　　　　――「久保田発言」と文化財協定合意議事録にある「勧奨」の真意

第Ⅱ部　請求権協定・その論点
第3章　韓日過去清算、まだ終わっていない

第Ⅲ部　日韓請求権協定締結五〇年、改めて「対日請求権」を論ずる
第4章　韓日協定をめぐる世論
第5章　日本の国会は「請求権協定」を中心に

第Ⅳ部　メディアは何を伝えたか
第6章　日本の国会はどう審議し、批准したか？
第7章　在日朝鮮人にとっての日韓条約
第8章　国際法の視点から
　　　　植民地支配犯罪論の再検討
　　　　――国際法における議論と民衆の法形成

資料
第9章　国際法における過去の不正義と「歴史への転回」